云南省哲学社会科学创新团队成果文库

公司治理理论
与应用研究

Corporate Governance: Theories
and Empirical Evidences

陈　红　主编

余怒涛　戴文涛　副主编

社会科学文献出版社
SOCIAL SCIENCES ACADEMIC PRESS(CHINA)

《云南省哲学社会科学创新团队成果文库》
编辑说明

《云南省哲学社会科学创新团队成果文库》是云南省哲学社会科学创新团队建设中的一个重要项目。编辑出版《云南省哲学社会科学创新团队成果文库》是落实中央、省委关于加强中国特色新型智库建设意见，充分发挥哲学社会科学优秀成果的示范引领作用，为推进哲学社会科学学科体系、学术观点和科研方法创新，为繁荣发展哲学社会科学服务。

云南省哲学社会科学创新团队 2011 年开始立项建设，在整合研究力量和出人才、出成果方面成效显著，产生了一批有学术分量的基础理论研究和应用研究成果，2016 年云南省社会科学界联合会决定组织编辑出版《云南省哲学社会科学创新团队成果文库》。

《云南省哲学社会科学创新团队成果文库》从 2016 年开始编辑出版，拟用 5 年时间集中推出 100 本我省哲学社会科学创新团队研究成果。云南省社科联高度重视此项工作，专门成立了评审委员会，遵循科学、公平、公正、公开的原则，对申报的项目进行了资格审查、初评、终评的遴选工作，按照"坚持正确导向，充分体现马克思主义的立场、观点、方法；具有原创性、开拓性、前沿性，对推动经济社会发展和学科建设意义重大；符合学术规范，学风严谨、文风朴实"的标准，遴选出一批创新团队的优秀成果，根据"统一标识、统一封面、统一版式、统一标准"的总体要求，组织出版，以达到整理、总结、展示、交流，推动学术研究，促进云南社会科学学术建设与繁荣发展的目的。

编委会

2017 年 6 月

目 录

第一编　公司治理与信息披露

第二编　公司治理与投融资效率

公司治理与信息披露

环境绩效概念框架及其在实证研究中的度量

余怒涛　陆开森

（云南财经大学会计学院　华中科技大学管理学院）

【摘　要】在环境绩效的实证研究中学者们采用多种多样的度量方法来探究企业的环境绩效。但是多种不同的度量方法和对环境绩效的度量缺乏理论基础导致实证结果的不一致性。因此，我们根据利益相关者理论将环境绩效定义为"企业对其环境因素进行管理从而对利益相关者期望的实现程度"，并根据 Wood（1991）的社会责任绩效模型建立了环境理念、环境处理技术和工艺、环境后果三维度的环境绩效概念框架，并且确定了环境绩效的理论范畴，从指标中识别出了与环境绩效紧密相关的五类环境绩效指标：环保态度和目标类指标、环境管理战略类指标、环境工艺类指标、资源消耗类指标、污染物排放类指标。我们认为环境影响受到了过多的外部因素影响而不属于环境绩效的范畴。由于我国环境绩效相关数据的缺失，研究者采用了环保奖励、环保处罚等作为环境绩效的代理变量，但环保奖励、环保处罚等属于环境影响指标，不属于环境绩效的概念范畴。我们在梳理国外环境绩效指标建立的基础上，对不同类别环境绩效指标的有效性和可靠性进行了分析，为准确使用环境绩效指标提供指导。随着我国环境信息披露的快速发展，对环境绩效的度量应该回归环境绩效本身。

【关键词】环境绩效　利益相关者期望　环境影响

一　引言

随着我国环境状况日益严峻，政府和社会各界开始认识到生态环境保护的重要性。2007 年党的十七大把建设资源节约型、环境友好型社会写入党章，把建设生态文明作为一项战略任务首次明确下来，标志着环境保护进入了国家经济、政治、社会生活的主干线、主战场和大舞台。人们对环境的关注也已经从被动接受转向主动了解，为了维护生存环境的安全，人们开始抵制污染企业的设立、扩张，甚至爆发群体性事件。在这样的背景下，企业的环境决策已经成为企业经营决策中非常重要的部分。环境绩效在近年成为学术研究的一个热点，但是学者对环境绩效的度量方法并未形成统一认识，这导致环境相关的实证研究往往出现相互矛盾的结论。解决这个问题的关键很可能在于对环境绩效的深入认识和准确度量，因此，本文通过对环境绩效相关实证研究进行回顾，在确定环境绩效定义和概念框架的基础上，从稳健性和准确性对环境绩效的不同度量方法进行分析，提出实证研究中环境绩效度量的可靠方法，为环境绩效的实证研究提供帮助。

二 环境绩效度量

（一） 相关实证研究及研究中所用到的环境绩效测量方法

企业环境绩效与公司价值的关系一直是环境会计研究的一个重点，因为随着环境状况的恶化，企业越来越多地被要求在追求经济利益的同时兼顾环境责任。在这两者关系的背后所隐藏的是未来的投资理念之争（Schaltegger and Müller，1997），决定着社会责任投资能否成为未来的主流投资理念。但是现有的实证研究的结果表明，二者之间的关系并不像研究者所预期的那样清楚明白：有的实证结果表明好的环境绩效能提升公司价值关系（Hart and Ahuja，1996；Bhat，1999；Konar and Cohen，2001；Al - Tuwaijri et al.，2004；胡曲应，2012）；有的研究显示公司环境绩效和公司价值之间不存在明显关系（McWilliams and Siegel，2000）或者存在负向的关系（Nehrt，1996；Cordeiro and Sarkis，1997；Halme and Niskanen，2001；Wagner et al.，2002）甚至倒 U 型的关系（刘中文和段升森，2013），更有些结果显示两者存在反向的因果关系（Telle，2006）。这些研究可能揭示了趋势上的方向，但是它们不能证明二者之间的关系是环境绩效对公司绩效的影响造成的[1]。为了解决这个问题，学者们又进一步考虑了两者之间的调节因素，首先是确认环境绩效的影响因素，然后进一步考虑这些影响因素是否在环境绩效和企业价值之间产生调节作用。例如 Karagozoglu and Lindell（2000）发现创新和环境竞争优势会影响环境绩效与企业价值之间的关系。对环境绩效和企业价值会产生影响的因素还有消费者满意程度（Luo and Bhattacharya，2006）、管理能力（Clarkson et al.，2011）、企业成员（Brammer and Pavelin，2006）等。但是，企业环境绩效与企业价值之间的因果关系以及影响因素并没有得到清晰的认识（Lankoski，2008）。许多学者认为在实证研究中存在多种多样的环境绩效度量方法，这是目前实证研究出现结果不相一致的重要原因。度量指标的不同会导致结果出现偏差（Salzmann et al.，2005），同一家企业采用不同的度量指标可能就会得到不同的结果。从根本上说，环境绩效与企业价值的关系取决于环境绩效的度量方法（Busch and Hoffmann，2011）。

（二）值得深思的环境绩效度量方法

2010 年我国环境会计研究中开始出现实证研究。我们检索了 2010 年以来在 SSCI 和 CSSCI 上发表的关于环境绩效的文章，共有 21 篇，其中在国外期刊发表 5 篇，国内期刊发表 16 篇。我们对其所用的环境绩效代理指标进行分类，大致可分为以下四类：环境综合指标、污染物排放指标、环境奖惩指标以及环保投入指标，其中使用最多的是污染物排放指标和环境奖惩指标。所有的文章都没有对环境绩效的概念进行阐述，只是简要说明了选用原因或者列出来源。我们可以发现大部分实证类文章对环境绩效的度量采用了单一指标，而环境绩效是一个多维度的概念（Ilinitch，1998；Xie，2007；Bhattacharyya；2015），李平等（2015）采用了内容分析法构建综合指标，但是打分和权重赋予具有很强的主观性，且数据来源于未经审计的社会责任报告。由于企业社会责任报告大多数未经过外部审计，其真实性难以得到保证而且会存在选择性披露的问题。而污染排放指标大都

---

[1]　具体的综述可见 Gunther et al.（2004），Molina – Azorin et al.（2009），Endrikat et al.（2014）。

采用了使用代理指标间接度量的方法，如用排污费、绿化费等代替企业污染物排放，仅有林立国（2014）的研究采用了污染物排放的直接数据但地区仅限于上海市。许多学者还使用环境奖惩、社会美誉度、环境责任评分等来代替环境后果，代理指标的可信度取决于政府和社会对企业的环境绩效识别的有效程度。而基于声誉的企业环境绩效度量，会带来一种"评级基于声誉、声誉来自评级"（Wood，2010）的风险。因此，总体看来，现有的环境绩效度量方法并非公认的可靠的度量方法，企业的环境绩效值得进行深入研究。

三 环境绩效概念框架的重新思考

（一）环境绩效的定义和多维度的环境绩效

为了准确地度量企业的环境绩效，必须明确的是环境绩效的定义。现有的研究没有给出环境绩效的准确定义，Trumpp（2015）进行文献分析时发现在 133 篇相关论文中仅有 16 篇对环境绩效给出了明确定义。对环境绩效的理解应该先从绩效的理解开始，绩效是指公司对其目标的实现程度和效率，即对期望的完成程度。目前认可程度较高的是 ISO14001（1999）中对环境绩效的定义，其认为环境绩效是指一个组织对其环境因素管理的结果。但是 ISO14001 的设计主要针对企业的内部环境管理，所得到的结果好坏根据企业的具体情况而定。外部第三方对企业进行环境评价之时，结果的好坏并没有具体的衡量标准。利益相关者理论认为，企业的经营管理者应为综合平衡各个利益相关者的利益要求而对企业进行管理，因此，在 ISO14001（1999）的基础之上我们把环境绩效定义为"企业对其环境因素进行管理从而对利益相关者期望的实现程度"。这一定义包括两层含义，首先，环境绩效是企业对其利益相关者期望的实现程度，利益相关者对企业环境绩效的期望是评价企业环境绩效的基准；其次，环境绩效是通过企业对其自身环境因素进行管理而实现的，是企业通过对自身资源的合理运用而实现的成绩。

那么企业的环境活动的哪些具体方面会影响利益相关者的期望呢？最

直接的影响因素在于资源的消耗和污染物的产出，也就是通俗意义上的"节能减排"。但是这就包括了环境绩效的全部了吗？不是，人们对期望的满足程度很大程度上取决于对其未来的预期。企业对于环境保护的认识、企业的环境管理等多个方面决定了企业未来的环境表现，这些因素也应该包含在环境绩效的评价之内。基于此，大多数学者认为环境绩效是一个多维度的概念。

关于环境绩效应该包含几个维度尚存争议，最出名的是 Wood（1991）提出的社会责任绩效模型（CSP），该模型认为，企业的社会责任绩效由三个维度构成：第一个维度是企业的社会责任，即企业履行社会责任的原则、动机或来源；第二个维度是企业社会响应的过程，即对企业社会责任规范性和动机性概念实施内容的补充；第三个维度是企业行为结果。由于企业环境绩效属于社会责任绩效的一部分，因此可以沿用该模型。Ilinitch（1998）在此基础上先将环境绩效分为过程和结果导向，再考虑内外因素组合成四个维度，包括组织制度、利益相关者关系、法规遵守和环境影响。另一个常用的维度划分来自 ISO14031（1999），其将环境绩效分为管理绩效（EMP）和操作绩效（EOP）两个维度，管理绩效关注管理阶层对于改善组织在经营环境绩效所做的努力，且有助于评估管理效能、改善环境绩效的决策与行动的效果，操作绩效反映组织在环境操作系统上的绩效。Xie（2007）实证证明了 EMP 和 EOP 不属于同一维度，Trumpp（2015）进一步发现，EOP 可能又包括多个细分维度，能源消耗和垃圾排放不属于一个维度。Bhattacharyya（2015）建立了一个由四个环境管理绩效（组织制度、利益相关者关系、操作对策和环境追踪）和两个环境操作绩效（输入和输出）构成的系统。在所有的环境绩效维度分类中，Wood 的划分更注重逻辑性，更为贴近环境绩效的概念，更有助于我们理解环境绩效的实现过程，我们按照 Wood 的三维度划分来定义环境绩效的概念维度。我们在 Wood（1991）的社会责任绩效模型的基础上认为环境绩效包含三个维度：第一个维度是环境理念，即企业履行环境责任的原则和动机；第二个维度是环境过程，即企业所制定的环境管理战略、企业的环境工艺等；第三个维度是环境后果，即企业的资源消耗和污染排放。

（二）环境绩效概念的范畴

国外学者广泛采用主成分分析和因子分析的方法来证明其所建结构的稳健性和可靠性，因此在中国适用的环境绩效的维度划分可能需要通过实证检验来证明，但是实证检验离不开理论思想的指导，我们应该考虑的核心问题是确定环境绩效概念所包括的范畴。环境操作绩效（如污染排放、能源消耗等）是企业环境绩效的最直接的体现，环境管理绩效（如环境管理制度、利益相关者关系等）体现的是企业未来环境绩效的"潜力"，将这两者纳入环境绩效概念范畴不存在争议。值得思考的是企业的环境影响（即环境事故、环境奖励等）是否应该属于环境绩效的范畴，环境影响是最容易为公众所获知的企业环境信息，其影响范围最大程度最深。我们从环境绩效的定义出发来考虑其是否属于环境绩效范畴。环境绩效是企业通过对其环境因素进行管理从而对其利益相关者期望的实现程度。首先，环境绩效是企业对利益相关者期望的影响程度，由于企业相对于利益相关者而言具有信息优势，利益相关者有时很难获得企业真实的环境信息，企业的环境影响对如何认识企业的环境绩效确实会产生重大影响。[①] 但是，从另外一个角度考虑，企业的环境影响是社会、公众等利益相关者对企业环境行为做出的反应，它已经超出了企业的控制范围（例如，两家排放相同污染物的企业可能出现一家受到处罚而另外一家没有受到处罚的情况），参见图1。这不符合我们对环境绩效是企业对其自身环境因素进行管理而实现的定义。这也是 Ilinitch（1998）所提出的问题，因此他呼吁对企业环境绩效的评价应该回归企业真实环境表现而不是过多依赖于环境事件。基于上述讨论，我们认为环境影响是一个和环境绩效非常相关但不属于环境绩效概念范畴的维度。

[①] 2016 年 4 月 19 日，据央视报道，江苏常州外国语学校近 500 名学生出现身体异常，家长们把问题指向了学校北边的一片工地，据他们反映，这个地块上原来是三家化工厂，怀疑污染来自对土壤进行的开挖作业。这三家化工厂中，最大的化工厂就是常隆化工。这一事件导致常隆化工股东之一的上市公司诺普信股价放量下跌。早在 2003 年 5 月，国家环保总局决定，通过考核环境指标、管理指标和产品指标共 22 项子指标，对审定的企业授予"国家环境友好企业"的称号。通过创建"国家环境友好企业"，树立一批经济效益突出、资源合理利用、环境清洁优美、环境与经济协调发展的企业典范，促进企业开展清洁生产，深化工业污染防治，走新型工业化道路。

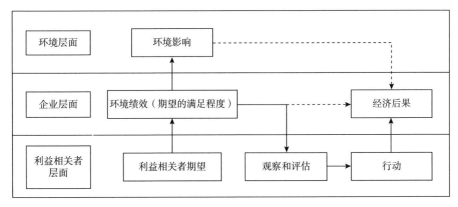

图1 环境绩效逻辑关系

四 环境绩效指标体系

（一）国外环境绩效评价指标体系的借鉴

环境绩效指标正在变得越来越重要，但是目前国内外并没有一个得到公认的环境绩效指标体系，在环境绩效指标的选择标准、指标数量度量、测量技术和指标的标准定义上都存在争议（见表1）。

环境绩效指标在测量技术上可以分为以下几类。

• 0-1指标：企业是否为员工开展环境方面的培训、企业是否采用ISO14001等。

• 绝对指标：废水排放量、罚款与处罚、环境资本/运营支出等。

• 比例指标：单位产品水耗、单位产值水耗等。

• 相对指标：企业单位产品耗水量达到国内同行业领先水平等。

• 聚类指标：总有毒气体排放量、总工业废弃物排放量等。

在环境绩效指标选取发展上也表现出了一定的趋势。

• 基于披露选取指标。

• 环境管理绩效指标与环境操作绩效指标的分类得到了越来越高的认可度。

• 正常化：对数据进行产量和产值的调整保证数据年与年之间的可比性。

• 标准化与聚类化：采取同样的标准进行聚类测量来保证行业间的可比性（例如不具体测量单种有毒气体的排放量而测量有毒气体排放量的总和）。

• 审计：越来越强调第三方审计来保证数据的可信度与完整性。

表 1　国内外环境绩效指标选择比较分析

作者（时间）	环境绩效维度	环境绩效分类	环境绩效指标
Ilinitch et al.（1998）	（1）组织制度		是否披露环境政策（CEP，IRRC） 董事会是否对环境政策负责（IRRC）* 环境绩效是否影响管理层薪资水平（IRRC） 对环境状况报道的责任等级（IRRC） 在环境问题的披露上分配一半以上的时间（IRRC） 在美国国内的设施是否定期进行环境审核（IRRC） 海外设施是否定期进行环境审核（IRRC） 是否采取全面环境质量管理方法（IRRC）
	（2）利益相关者关系		政治行动委员会是否向国会的环境委员会成员进行资助（FEC，CEP） 政治行动委员会的资助金额总和（IRRC） 政治行动委员会是否向拥有糟糕投票记录的国会成员进行赞助（League of Conservation Voters，FEC，CEP） 是否采用美国环保署 33/50 目标（EPA） 是否采用 CERES 原则（CEP） 是否在海外运营中采用行业准则（CEP，IRRC） 是否披露环境资本开支（IRRC） 是否披露环境操作以及维持费用（IRRC）
	（3）法规遵从		有毒物质排放总量（EPA，CEP，IRRC）* 环境事故或环境事件：化学品泄漏（IRRC）、石油泄漏（IRRC） 企业作为潜在责任方是否设置超级基金（EPA，CEP） 是否存在物质环境的或有负债（10－Ks，IRRC） 环境相关的保险费用（IRRC） 环境相关的法律费用（IRRC）
	（4）环境影响		季度空气污染物排放超标量（CEP） 是否违反职业安全与卫生条例（CEP，IRRC） 是否有意违反职业安全与卫生条例（IRRC） 违反职业安全与卫生条例总次数（CEP） 是否遭到政府诉讼（10－Ks，IRRC） 因违反资源保护与回收法案的罚款金额总计（EPA，IRRC） 是否在资源保护与回收法案下达成和解协议（EPA，IRRC） 是否采取资源保护与回收法案下的纠正行动（EPA，IRRC） 是否授予许可证（EPA，IRRC）

续表

作者 （时间）	环境绩效 维度	环境绩效 分类	环境绩效指标
Jung et al. （2001）	（1）一般的环境管理		环境政策/目标；对关键污染物管理问题的识别；环境信息系统；第三方审计
	（2）投入	原料	原料消耗（包括水）
		能源	能源消耗：电、气、油
	（3）过程		产品设计改变/投入代替；过程提高；包装、运输改变；职工培训/参与；资源的回收与重新使用（能源、材料、产品）；新设备的安装/新技术的采用；绿色供应商管理
	（4）产出	满意的产出	资源节约：污染物、垃圾、包装物、能源
		不满意的产出	空气污染物排放；水污染物排放；土壤污染物排放；垃圾排放总量；工作场所安全；健康；噪声、放射性物质
	（5）影响	财务影响	预防措施避免的损失或带来的好处；环境责任的相关信息；罚款与处罚；环境资本/运营支出
		非财务影响	对本地社区的贡献：教育课程；森林；投诉，诉讼；环境相关报道
Curkovic （2003）	（1）战略体系		环境目标是否准确向工厂人员传达；环境责任是否通过一套定义良好的环境政策和规章进行强调；环境要求是否被用于建立工厂级别的环境战略；为开展环境改善提供充足的资源；顾客/利益相关者回应的流程开发；环境实践方面的问题和疑问；对顾客/利益相关者在工厂环境绩效满意度的衡量
	（2）操作系统		环境计划是否影响人力资源管理；保证临时工/直接工人拥有环境意识的培训；保证管理者/监察人拥有环境意识的培训；在产品设计中考虑环境问题；操作程序设计中考虑环境问题；在评估供应商时考虑其环境绩效
	（3）信息系统		持续地把环境相关的信息（例如规则的改变）作为评价基础；对一流的环境表现的信息进行跟踪和记录；将工厂的环境实践、程序和系统与一流的环境表现进行比较；在年报或其他公司出版物中报道企业在环境方面取得的成就；广泛使用成本会计来捕捉和报道工厂的环境问题和成本
	（4）结果		上下游消费者可回收利用直接材料数量；V 废水排放体积；固体废物吨数；有害物质体积；有毒气体排放吨数（氟氯氢，VOCs，二氧化碳，甲烷，硫氧化物等）。

作者 （时间）	环境绩效 维度	环境绩效 分类	环境绩效指标
国家环保总局（2003）①		环境指标	1. 企业排放各类污染物稳定达到国家或地方规定的排放标准和污染物排放总量控制指标；2. 企业单位产品综合能耗达到国内同行业领先水平；3. 企业单位产品水耗达到国内同行业领先水平；4. 企业单位工业产值主要污染物排放量达到国内同行业领先水平；5. 企业废物综合利用率达到国内同行业领先水平；6. 企业建立完善的环境管理体系
		管理指标	1. 自觉实施清洁生产，采用先进的清洁生产工艺；2. 新、改、扩建项目"环境影响评价"和"三同时"制度执行率达到100%，并经环保部门验收合格；3. 环保设施稳定运转率达到95%以上；4. 工业固体废物和危险废物安全处置率均达到100%；5. 厂区清洁优美，厂区绿化覆盖率达到35%以上；6. 排污口符合规范化整治要求，主要排污口按规定安装主要污染物在线监控装置并保证正常运行；7. 依法进行排污申报登记，领取排污许可证；8. 按规定缴纳排污费；9. 三年内无重复环境信访案件，无环境污染事故；10. 环境管理纳入企业标准化管理工作，有健全的环境管理机构和制度；企业环境保护档案完整，各种基础数据资料齐全，有企业定期自行监测或委托监测的监测数据；11. 企业周围居民和企业员工对企业环保工作满意率达到90%以上；12. 企业自愿继续削减污染物排放量
		产品指标	1. 产品及其生产过程中不得含有或使用国家法律、法规、标准中禁用的物质；2. 产品及其生产过程中不得含有或使用我国签署的国际公约中禁用的物质；3. 产品安全、卫生和质量应符合国家、行业或企业相关标准的要求；4. 在环境标志认证范围之内的产品，按照环境标志产品认证标准要求进行考核，已经获得环境标志的产品不再考核

---

① 评定国家环境友好企业所用考核指标，详见《创建"国家环境友好企业"实施方案（试行）》。

续表

作者 （时间）	环境绩效 维度	环境绩效 分类	环境绩效指标
Xie et al. （2007）	（1）环境管 理绩效	组织制度	是否采用 ISO14001；ISO14001 的采用时间；环境负责人在企业中的职位；环境会计、环境审计；环境教育
		利益相关者关系	环境信息披露的范围、环境信息披露内容、环境信息披露方法、对当地社区的贡献
		经营对策	使用可再生能源；使用环境友好汽车、使用绿色采购；使用生命周期分析/评定；实施环境营销；检验供应商的应急医疗服务体系；建立风险管理系统
		环境追踪	跟踪能源的使用范围；跟踪资源使用范围；跟踪一般废弃物排放规模；跟踪工业废弃物排放规模；跟踪排水规模；跟踪空气和水污染物；跟踪温室气体排放；跟踪 PRTR 化学品排放
	（2）环境操作绩效	投入	石油使用；电力使用；水使用
		产出	工业废料；CO_2；PRTR 化学品
Bhattacharyya （2015）	（1）环境管理表现	环境政策	企业是否有提高能源使用效率的政策？公司是否拥有涉及资源使用效率的常规的、通用的政策？企业是否有政策来提升包装物的可持续性？企业是否有政策来提升水使用效率？企业是否有政策来减缓供应链上的环境冲击？企业是否有非物质化的政策？企业是否有生态化设计的政策？企业是否有产品生命周期评估政策？企业是否有常规的、通用的政策来考虑环境产品创新
		环境目标	企业是否设有环境使用效率方面的目标？企业是否设有资源使用效率方面的目标？企业是否设有可持续包装材料方面的目标？企业是否设有水使用效率方面的目标？企业是否设有与供应链环境冲击相关目标
		环境过程	企业在选择供应商或采购合作伙伴时是否采用环境标准（ISO14000，Energy Consumption 等）？企业是否描述（声明拥有或者提及）公司在减少其整体环境的影响方面所做的努力/事项？企业是否描述或者提及使用环境标准（例如生命周期评价）来分析材料的来源或者消除？企业是否描述（声明拥有或者提及流程）能够提高企业能源利用效率的？企业是否描述（声明拥有或者提及流程）提高企业资源使用效率？企业是否描述（声明拥有或者提及流程）提升企业可循环使用包装材料的使用？企业是否描述（声明拥有或者提及流程）提升企业税使用效率

续表

作者 （时间）	环境绩效 维度	环境绩效 分类	环境绩效指标
Bhattacharyya （2015）	（1）环境管理表现	组织结构	企业是否为员工开展环境方面的培训？企业是否拥有环境管理团队？企业是否拥有ISO140001或EMAS认证？企业是否描述、提及与维持环境管理系统相关的事项或程序
		环境监测	企业是否声明使用关键环境指标（KPI）或者平衡积分卡来监测能源使用效率？企业是否声明使用关键环境指标（KPI）或者平衡积分卡来监视资源使用效率？企业是否声明使用关键环境指标（KPI）或者平衡积分卡来监测可循环包装材料的使用？企业是否声明使用关键环境指标（KPI）或者平衡积分卡来监测水使用效率？企业是否声明使用关键环境指标（KPI）或者平衡积分卡来监测供应链的环境冲击？企业是否对供应商的环境绩效进行调查
	（2）环境操作绩效		直接或者非直接的能源消耗连续数据；总耗水量连续数据（立方米）；总二氧化碳（二氧化碳当量排放量）（吨）；总污水排放量（吨）；总有害废弃物排放量

（二）企业的环境利益相关者

企业与利益相关者是一种相互依存的状态。利益相关者为企业提供重要的资源，作为回报，企业满足利益相关者的期望和需求。但是利益相关者各自的利益诉求不同，不同的利益相关者对于企业的环境绩效的期望也是不同的。

利益相关者对企业环境绩效进行关注的动因多种多样。一个普遍存在的动因是道德，人与自然和谐相处的理念已经在全球范围内得到了广泛的认同，企业应该在不破坏环境的前提下实现经济利益，这已成为全社会的共识。政府由于其职能和法律的规定对环境保护具有责任，近年来，随着环境意识的逐年提高，媒体、环保组织和个人也开始关注企业的环境绩效以督促企业保护环境。除了道德因素外，不同的利益相关者会出于自身不同的利益去关注企业的环境绩效，例如企业周边的居民会关注企业生产是否对他们的健康和安全造成影响，企业员工会关注他们是不是在处于事故频发或会造成永久性伤害的环境中工作，消费者会关注企业的产品是不是健康绿色，是否对他们造成影响。此外，与企业存在经济契约关系的利益相关者同样会注重企业的环境绩效。债权人最关注的是企业的盈利稳定性，而环境事件的发生会对企业的利润产生重大的威胁（沈洪涛等，2014）、机构投资者由于政府在贷款、税负方面的优惠会更关注环境绩效较好的企业（黎文靖等，2015）、消费者和顾客会通过服务（购买）受到社会尊重的企业（的产品）实现社会认同（Promberger and Spiess，2006）。对于企业的所有者而言，环境绩效的提高能避免环境事件，而且企业的经营会受到各利益相关者的影响，好的环境表现能提升与利益相关者之间的关系。但是，企业的环境保护需要大量的支出，企业所有者的利益和利益相关者的利益存在冲突。企业所有者相对于利益相关者而言会了解得更多，因此，企业可能采用部分披露或者"软披露"的方式来欺骗利益相关者，所以环境利益相关者会要求企业增加环境披露的透明度和可靠性。另外，国有企业和私有企业需要进行区分，在国有企业内，政府除了本身职能之外也扮演了所有者的角色，政府对国企的环境绩效的要求便充满了"纠结"，一方面政府要求国有企业履行更多的环保义务，并对其在贷款和政策上给予补偿（黎文靖等，2015）；另一方面，对于环境违法的国企，政府特别是地方政府会有袒护倾向，并且针对环境信息公开特别是污染信息公开往往不及时、不充分甚至不准确。

利益相关者关系对实证研究中的变量选取具有非常重要的意义。实证研究中最困难的问题在于大样本中每个公司具有不同的利益相关者结构，不同的利益相关者结构会导致不同的环境绩效诉求。如果是针对某一类利益相关者的研究，要根据他所期望的方面来选取环境绩效代理变量。例如，黎文靖等（2015）选取了企业的直接投资作为环境绩效的代理变量来研究机构投资者持股比例和环境绩效之间的关系，结果发现在国有企业中两者存在显著正向的关系，进一步的研究表明环境绩效较好的国有企业能够获得更多的银行信贷、更低的贷款成本和更多的税收优惠。但是，企业的环境直接投资满足的是债权人而非股东的环境绩效期望，文章实证结果存在的一种可能解释是机构投资者会投资于能够获得更多的银行信贷、更低的贷款成本和更多的税收优惠的国有企业，而这些国有企业存在大量环境资本支出。如果是企业整体性的研究（如企业环境绩效和财务绩效之间关系），则首先抽象出企业共同的利益相关者结构，然后选取主要的几个利益相关者所关注的环境信息构建综合环境绩效指标来衡量企业的环境绩效。

（三）对目前环境绩效代理指标的再思考

我们对目前国内实证研究中所用到的代理指标再次进行讨论与分析。环境综合指标、污染物排放、环保投入符合环境绩效的定义范畴。但是这些指标也存在一系列的问题①，而其余如"环境友好型企业"、环境事故、环保奖励等代理指标中包含了过多的企业外部因素，在数据较难以获得的情况下，它们能在一定程度上作为环境绩效的代理指标，但是其中存在较多的"噪声"。我们也看到了我国环境相关信息缺失的严重性，严格来说，一个理想中的环境管理系统应该是首先建立企业环境会计和环境审计体系，在此基础上企业发布环境报告，外部第三方评级机构再根据企业发布的环境报告来对企业的环境绩效进行评价和评级，但是政府、利益相关者、社会组织、学者们需要在现状下获知相对可靠的企业环境绩效评价或评级信息。目前，我国对于企业环境绩效的治理分为两条主线，一方面以《排污费征收使用管理条例》和《中华人民共和国环境保护法》为代表，对企业征收排污费、对企业的环保升级给予环保补贴，以及新建、改建、扩建工程的劳动安全卫生设施必须与主体工程同时设计、同时施工、同时投入生产和使用的"三同时"制度②；另一方面鼓励企业以自愿披露社会责任报告的形式公布其环境信息。在政府监督方面，除对重点污染源企业进行污染物排放在线监控之外，采用企业申报相关部门核实手段。在企业自身核算披露方面，首先，建立如 ISO14031 等环境管理体系的企业数量极少；其次，企业环境会计核算体系并未建立，以及企业社会责任披露很少经过外部审计，导致企业环境相关信息披露出现模仿性较高、描述性

---

① 2013 年 8 月，中国《第一财经日报》等多家媒体报道显示各省区市都有大量重点污染企业因"政策性免征"不用缴纳排污费，其中河北、江苏、浙江的排污费"政策性"免征企业占企业总数比例分别为 20.78%，34.02% 和 25.96%。

② 和环境相关的管理制度还有污染源限期治理制度、环境保护许可制度、污染物排放总量控制制度等。

话语较多、"软性"信息较多以及选择性披露问题。目前的环境管理状况导致外部第三方获得企业环境相关信息的途径单一，可获取的信息量较少。在对实证研究文献的整理后发现，学者们对企业环境相关信息的获取主要来自于年报和社会责任报告。数据的缺失导致研究者大多采用企业的环境影响作为环境绩效的代理变量。但从我们前面的分析可以看到，环境影响严格来说并不属于环境绩效的范畴。它受到了太多企业外部因素的干扰。但是随着我国环保建设力度的加强，越来越多的环境信息能为利益相关者及第三方研究者所获知①，对环境绩效的度量应回归环境绩效本身。

（四）环境绩效的测量及指标体系

根据 Jung（2001），我们将环境绩效的概念维度细化为具体的环境绩效指标②，见表2。环保态度和目标类指标衡量的是企业的环境理念维度，环境管理战略类和环境工艺类指标衡量的是环境处理技术和工艺维度，资源消耗类和污染物排放类指标衡量的是环境的经济后果维度。而我们在上文讨论过，环境影响虽然与企业环境绩效密切相关，但是它受到太多非公司自身因素的干扰，并不能完全有效地衡量企业的环境绩效。

表 2　环境绩效的维度和相关指标

环境绩效维度	环境绩效指标	
环境理念	管理绩效（EMP）	环保态度和目标类
		环境管理战略类
环境处理技术和工艺	操作绩效（EOP）	环境工艺类
环境后果		资源消耗类
		污染物排放类
环境影响		结果导向类

① 2013 年 7 月，环保部下发《关于加强污染环境监管信息公开工作的通知》及第一批公开目录，对企业自动监控信息在一个工作日内公布。2014 年 12 月，环保部下发第 31 号部令，公布《企业事业单位环境信息公开办法》，督促全国企事业单位对环境信息进行公开。

② 由于很多研究采用 ISO14031 中的环境管理指标（EMP）和环境操作指标（EOP）的分类方式，我们在这里也对环境绩效指标按照 EMP 和 EOP 进行了分类。

这些环境绩效指标具有不同的优缺点。资源消耗类和污染物排放类指标是对企业环境绩效最直接的度量，因为企业消耗资源、排放污染物会对自然环境造成直接的影响。资源消耗和污染物排放是与环境绩效直接相关的指标。但是，使用这种类型的指标来度量环境绩效也存在种种不足。首先，每个公司都会消耗多种不同的资源、排放不同类别的污染物，这些数据很难被完整地监控到。其次，不同公司由于产品和业务流程的不同，所消耗资源和产生的污染物排放也会不同，因此，跨行业对比比较难以实现。再次，不同资源消耗和污染物排放在进行综合衡量时所占的比重难以确定，现行的方法中权重的赋予往往充满了主观性。在这个问题的解决上，数据包络方法是一个可能的突破口，何平林（2012）、胡曲应（2013）运用数据包络方法分别对我国火电行业和钢铁行业进行了分析。利益相关者不仅关注企业的当前环境绩效更关注企业未来的环境绩效，因为污染的治理是一件很难在短期内产生效果的巨大工程。资源消耗和污染物排放指标是一种历史回顾性指标，它并不能提供企业未来的环境绩效的相关信息，这是此类指标存在的最大一个不足。环境工艺类和环境管理战略类指标能弥补这个方面的不足，例如，执行科学的防范和高安全标准相比过去从未出现过环境事故在防范未来出现环境事故的作用一定更大。环境工艺和环境战略类指标也只能提供一个较短时间内的信息，企业是否能够长久地保持较好的环境绩效最根本的还是取决于企业对于环境保护的态度和理念。拥有正确的环保态度和理念的企业制定了长久的环境保护战略，增加了环境方面的投入，制定了科学有效的环保条例，如此才能在未来实现资源利用效率的提高和污染物排放的减少。

根据统计学理论，测量的质量来自测量的有效性和可靠性。我们从环境绩效的概念范畴出发考虑了指标的有效性后，还应对指标的可靠性进行分析。企业环保理念和目标的相关信息很难被量化进行准确计量，而且外部可核查性也会较差，资源消耗与污染物排放类指标则具有相反的特点，它容易被量化，也能够被外部所核查。基于前面的讨论，我们从与有效性相关的三个方面以及与可靠性相关的三个方面对环境绩效的五大类指标进行了分析，见表3。

表 3　环境绩效指标的质量特征

	有效性			可靠性		
	和环境影响的相关度	对环境绩效理念包含的完整度	提供未来相关的信息	量化性	外部可核查性	可比性
资源消耗与污染物排放类指标						
环境工艺类指标						
环境管理战略类指标						
环保态度和目标类						

总而言之，环境绩效的不同度量指标存在各自的优缺点，要描绘完整的环境绩效情况，环境绩效指标体系应该包括表 2 所提到五类环境绩效指标，即环保态度和目标类指标、环境管理战略类指标、环境工艺类指标、资源消耗类指标、污染物排放类指标。

五　结论

环境问题的快速发展要求我国环境会计的建设应保证各领域齐头并进的发展，因此，在现阶段研究出一套相对可靠的、可行的企业环境绩效评价方案具有重要的学术和现实意义。在选用环境绩效指标时首先应注意要满足环境绩效的概念框架，其次应以所研究的利益相关者的期望为基础进行指标选取，最后还应注意不同类别的环境绩效指标的优劣之处，合理地搭配使用指标。本文的研究为实证研究中环境绩效指标选取提供指导，也为政策制定提供参考。

参考文献

[1] 陈琪:《环境绩效对提升企业经济绩效之关系——基于国外实证研究成果的分析》,《现代经济探讨》2013 年第 7 期。

［2］程巧莲、田也壮：《中国制造企业环境战略、环境绩效与经济绩效的关系研究》，《中国人口·资源与环境》2012 年第 S2 期。

［3］陈璇、淳伟德：《企业控制权与高管激励对企业环境绩效的影响——基于化工行业上市公司的证据》，《西南民族大学学报》（人文社科版）2013 年第 6 期。

［4］陈璇、淳伟德：《上市公司环境绩效与环境信息披露——对企业控制权和激励调节效应研究》，《西南民族大学学报》（人文社科版）2015 年第 10 期。

［5］何平林、石亚东、李涛：《环境绩效的数据包络分析方法——一项基于我国火力发电厂的案例研究》，《会计研究》2012 年第 2 期。

［6］胡曲应：《上市公司环境绩效与财务绩效的相关性研究》，《中国人口·资源与环境》2012 年第 6 期。

［7］胡曲应：《上市公司环境绩效的数据包络分析》，《统计与决策》2013 年第 23 期。

［8］李钢、刘鹏：《钢铁行业环境管制标准提升对企业行为与环境绩效的影响》，《中国人口·资源与环境》2015 年第 12 期。

［9］李平、黄嘉慧、王玉乾：《公司治理影响环境绩效的实证研究》，《管理现代化》2015 年第 2 期。

［10］李平、王玉乾：《我国上市公司高管薪酬与环境绩效的关系研究》，《软科学》2015 年第 9 期。

［11］林立国、楼国强：《外资企业环境绩效的探讨——以上海市为例》，《经济学》（季刊）2014 年第 2 期。

［12］刘中文、段升森：《公司环境绩效与财务绩效的 U 型关系——基于中国制造业上市公司的实证研究》，《华东经济管理》2013 年第 11 期。

［13］黎文靖、路晓燕：《机构投资者关注企业的环境绩效吗？——来自我国重污染行业上市公司的经验证据》，《金融研究》2015 年第 12 期。

［14］卢秋声、干胜道：《基于利益相关者预期的企业环境会计信息披露研究》，《广西社会科学》2015 年第 11 期。

［15］吕峻、焦淑艳：《环境披露、环境绩效和财务绩效关系的实证研究》，《山西财经大学学报》2011 年第 1 期。

［16］吕峻：《公司环境披露与环境绩效关系的实证研究》，《管理学报》2012 年第 12 期。

［17］孙燕燕、王维红、戴昌钧：《企业环境绩效与经济绩效的关系研究——基于 Meta 分析》，《软科学》2014 年第 3 期。

［18］孙俊奇、蔡雪雄：《股价包含了环境绩效信息吗？——来自中国沪深两市重污染

行业的经验证据》,《东南学术》2013 年第 6 期。

[19] 吴德军、黄丹丹:《高管特征与公司环境绩效》,《中南财经政法大学学报》2013 年第 5 期。

[20] 吴红军:《环境信息披露、环境绩效与权益资本成本》,《厦门大学学报》(哲学社会科学版) 2014 年第 3 期。

[21] 武剑锋、叶陈刚、刘猛:《环境绩效、政治关联与环境信息披露——来自沪市 A 股重污染行业的经验证据》,《山西财经大学学报》2015 年第 7 期。

[22] 杨小科、石颖:《企业环境绩效影响因素分析》,《中国社会科学院研究生院学报》2015 年第 2 期。

[23] 邹海亮、曾赛星、林翰、翟育明:《董事会特征、资源松弛性与环境绩效:制造业上市公司的实证分析》,《系统管理学报》2016 年第 2 期。

[24] Curkovic, S., "Environmentally Responsible Manufacturing: The Development and Validation of a Measurement Model," *European Journal of Operational Research*, 2003, 146 (1): 130 – 155.

[25] Endrikat, J., E. Guenther, H. Hoppe, "Making Sense of Conflicting Empirical Findings: A Meta – analytic Review of the Relationship between Corporate Environmental and Financial Performance," *European Management Journal*, 2014, 32 (5): 735 – 751.

[26] Günther, E., T. Günther, H. Hoppe, "Are Environmental Aspects Value Drivers for Companies?" *A Review of Empirical Studies*, 2004.

[27] Ilinitch, A. Y., N. S. Soderstrom, T. E. Thomas, "Measuring Corporate Environmental Performance," *Journal of Accounting and Public Policy*, 1999, 17 (4): 383 – 408.

[28] Jung, E. J., J. S. Kim, S. K. Rhee, "The Measurement of Corporate Environmental Performance and Its Application to the Analysis of Efficiency in Oil Industry," *Journal of Cleaner Production*, 2001, 9 (6): 551 – 563.

[29] Meng, X. H., S. X. Zeng, C. M. Tam, "From Voluntarism to Regulation: A Study on Ownership, Economic Performance and Corporate Environmental Information Disclosure in China," *Journal of Business Ethics*, 2013, 116 (1): 217 – 232.

[30] Meng, X. H., S. X. Zeng, J. J. Shi et al., "The Relationship between Corporate Environmental Performance and Environmental Disclosure: An Empirical Study in China," *Journal of Environmental Management*, 2014, 145: 357 – 367.

[31] Molina – Azorín, J. F., E. Claver – Cortés, M. D. López – Gamero et al., "Green Management and Financial Performance: A Literature Review," *Management Decision*,

2009, 47（7）: 1080 – 1100.

[32] Trumpp, C., J. Endrikat, C. Zopf et al., "Definition, Conceptualization, and Measurement of Corporate Environmental Performance: A Critical Examination of a Multidimensional Construct," *Journal of Business Ethics*, 2015, 126（2）: 185 – 204.

[33] Wood, D. J, "Corporate Social Performance Revisited," *Academy of Management Review*, 1991, 16（4）: 691 – 718.

[34] Xie, S., K. Hayase, "Corporate Environmental Performance Evaluation: A Measurement Model and a New Concept," *Business Strategy and the Environment*, 2007, 16（2）: 148 – 168.

高管团队特征、环境绩效与公司价值

——基于中国化工行业上市公司的实证研究

余怒涛　范书梦　杨培蓉

(云南财经大学会计学院　邢台市政建设集团股份有限公司　西安培华学院)

【摘　要】本文以2010~2014年沪深A股化工行业上市公司为研究对象，选取了公司年报和社会责任报告中披露的环保战略和环保投入作为环境绩效的衡量标准，探讨了高管团队特征与环境绩效、环境绩效与公司价值，以及高管团队特征对环境绩效与公司价值的调节作用。研究发现，高管团队的平均年龄、女性比例、平均任期及其异质性显著影响着企业的环境绩效；环境绩效与公司价值呈现负相关关系，但不显著。进一步研究发现，高管团队女性比例和年龄异质性增强了环境绩效对公司价值的负相关关系，而平均年龄则明显抑制了这种负相关关系。

【关键词】高管团队　同质性　异质性　环境绩效　公司价值

一　引言

自1984年高阶理论提出，众多研究发现，管理者会因背景特征不同而具有不同的行为选择和心理特征，从而影响其决策和绩效。从这个角度来说，企业的社会责任行为能够通过高管团队的某些特征，如年龄、教育、任期和性别等预测出来（孙德升，2009）。例如，女性比男性有着更强的"道德特征"，更容易去关心别人，较少伤害别人，能够充分考虑到各方的利益相关者，更愿意履行社会责任（吴德军、黄丹丹，2013；何威风，2015）。就学历来讲，Slater & Dixon - Fowler（2010）的研究表明，拥有MBA学位的CEO可以明显促进公司环境绩效的提升。此外，黄祥芳等

（2015）考察了我国农业企业高管团队特征与企业社会责任的关系，研究结果表明高管团队任期异质性对企业社会责任产生了明显的负向影响。但由于社会责任和环境方面的内容难以准确地量化，因此，只有小部分学者的研究涉及这一议题。

许多研究还探讨了企业环境绩效是如何影响公司价值的，但并没有得到统一的结论。关于两者关系的研究，大致可以分为两个学派——关注成本学派和价值创造学派。以 Walley & Whitehead（1994）为代表的传统成本学派认为，企业在环境保护方面的投入会形成产品的额外成本，从而降低企业竞争力。另外，公司管理层有可能为了提高自己的社会地位而过度投资于社会责任方面（Barnea & Rubin，2006），公司价值也许会因社会责任的过度投资而受损，这也符合委托代理理论的过度观点。相反，价值创造学派则认为加强企业的环境管理，可以成为企业的一种核心竞争力，还可以有利于投资者财务回报途径的改善，从而提升企业的市场价值。胡曲应（2012）和王波、赵永鹏（2012）认为积极地开展环境管理活动，可以实现环境和经济的双赢。黎文靖、路晓燕（2015）从机构投资者投资行为角度进行研究，结果发现环境绩效较好的企业有更高的超额回报。

已有研究成果表明，环境绩效方面的研究体系仍然不够成熟，关于高管团队特征与环境绩效以及环境绩效与公司价值的关系还没有得到比较统一的结论，至于不同特征的高管团队对环境绩效与公司价值两者关系的影响研究更是缺乏。基于这样的事实，本文拟首先研究高管团队特征对环境绩效的影响，接着研究环境绩效与公司价值之间的关系，再将三者结合起来，探讨高管团队特征对环境绩效与公司价值的调节作用，最终希望检验是否可以通过构建高效的高层管理团队，实现环境与经济的可持续发展。

二 理论分析与研究假设

（一）高管团队特征与环境绩效

年龄是一个人最基本的统计学特征，年龄不同，其成长环境不同，需求和偏好不同，价值观不同，工作态度也不同。年纪较大的高管更加稳重甚至保守，更趋于规避风险，一般严格限于法律甚至道德框架内行事，而积极承担社会责任就属于风险较少的决策。普遍而言，年龄大的高管在企业中身居要职的可能性较之年轻高管更大，收入更高。根据马斯洛需求层次理论，当人们的基本层面需求得到满足后，他们将去追逐更高层次的需求，比如个人社会声望的提高、自我社会价值的实现等。而从事环境保护活动，履行社会责任能够在一定程度上凸显高管的社会存在价值。鉴于此，本文提出第一个假设。

H1：高管团队平均年龄与企业环境绩效呈现正相关关系。

高管团队成员在企业工作年限的长短也会对企业环境绩效产生一定的影响。任期较长的高管会更加明确客观地对自己和企业做出定位，对各方利益相关者的利益诉求有较充分的认识和科学的判断，更倾向于向利益相关者承担责任，从而有利于企业环境绩效的提升。孙德升（2009）认为高层管理者在企业任职时间越长，对企业的感情越深厚，越倾向于为企业长远发展做出努力。因此，任期较长的管理者更容易遵守各项环保法规，满足利益相关者的需求，积极进行环境管理，提高企业的环境绩效。此外，经验表明，平均任期越长的高管团队越稳定，产生冲突的次数相对较少，容易做出有利于企业长期发展的战略决策。鉴于此，我们提出本文第二个假设。

H2：高管团队平均任期与企业环境绩效呈现正相关关系。

受教育程度一般认为可以反映个体的认知能力，它与学习力、洞察力、信息处理能力存在正相关关系。受教育程度高的高管，面对复杂的市场环境，仍能保持清醒的头脑，有利于做出正确的决策（Bantel & Jackson，1989）。资源依赖理论认为，企业是由独特的资源整合在一起进行经营管理的组织，企业的发展离不开资源。与低学历层次的管理团队相比，高学历的管理团队所接触的社会人员层次可能会比较高，其社会关系网络资源相对也会更加丰富，对外部资源的获取就较容易。另外，高学历层次管理团队成员的素质可能会更高，其管理方式和理念与低学历层次的管理团队相比，也可能会更加科学，这些都有可能使高学历层次管理团队所管理的企业，取得比低学历层次管理团队所管理的企业更加优异的企业环境绩效。因此，本文提出第三个假设。

H3：高管团队平均受教育程度与企业环境绩效呈现正相关关系。

随着经济的迅速发展，女性的社会角色已经被重新定位，不再是传统意义上的"贤妻良母"，而是成为商业圈里的一股强劲力量。女性高管具有的性格特点，已经帮助她们取得了许多伟大的商业成就（任颐、王峥，2010）。研究发现，不同性别的管理者在风险态度、道德行为以及信息处理能力等方面都存在较大的差异。女性有着更强的"道德特征"，更容易去关心别人，较少伤害别人（何威风，2015），能够充分考虑到各方的利益相关者。高管团队中女性比例越高，企业在制定决策和经营管理时越谨慎，越能顾全大局，会更倾向于关注企业的外部形象和长远发展（孟晓华等，2012），从而更加积极地进行环境保护工作，履行社会责任。因此，本文提出以下假设。

H4：高管团队女性比例越高，企业环境绩效越好。

高管团队人口统计学特征的多元化促进团队的异质性，从而使得团队成员的认知观念、价值观、经验存在一定的差异。企业战略选择要求高管团队具有一定的异质性，但异质性又不可避免地给团队成员带来冲突，而冲突在容易引起成员之间不满和抵触的同时，又有可能因思想的碰撞增强创造力，产生一些创新的思想。那么，异质性资源优势究竟该如何有效利用呢？企业和学术界一直在试图解决这个问题，希望从中找到一个平衡点，可以合理有效地利用高管团队的异质性资源。

高阶理论认为异质性高的团队在战略选择时拥有更加丰富的观点和认知，能够以更加广阔的视角去审视和思考企业面临的内外部环境，促使团队内部对各项决策方案进行更充分、更全面的比较和解读，从而提高决策的质量，而单一的认知则会阻碍战略决策的有效性和准确性。

社会类化理论认为，个体会遵循"正面自我认同"原则，赋予自己所属群体更多的偏爱和好感，排斥或歧视其他群体。这种偏见容易导致管理层出现"小群体"现象，产生不良的团体氛围，甚至会发生带破坏性的冲突，消耗管理者的时间和精力，致使成员经常在一种焦虑、高压的状态下工作，工作效率低下，对企业的发展产生消极的影响。相似吸引理论的研究成果同样支持社会类化理论的观点，这个理论的核心观点就是：特性越相似的人越容易互相吸引，越愿意主动地去理解对方的思想和观点。总之，两种理论有着共同的渊源，均认为多样化的高管团队会降低成员之间的交流频率、沟通效果等，进而对企业的战略决策产生负向影响。

鉴于异质性特征对于企业环境绩效的影响分歧较大，学者们也未形成一致的看法，本文提出如下对立假设。

H5a：高管团队特征（年龄、任期及受教育程度）异质性越大，企业环境绩效越高。

H5b：高管团队特征（年龄、任期及受教育程度）异质性越小，企业环境绩效越高。

（二）基于高管团队特征的环境绩效与公司价值的关系研究

上市公司环境绩效能够影响投资者决策（沈红波等，2012），进而影响公司价值。短期来看，环境治理需要消耗企业的资金成本，并在一定程度上排挤企业营运、研发等其他方面的投资，从而对企业效益产生一定的负面影响，并且企业的环境投入需要一定的时间周期才能显现其经济价值，因此短期内两者的关系不能体现企业长期价值最大化的目标（王波、赵永鹏，2012）。长期来看，环境治理成本作为一种潜在的竞争优势会增加企业的收益，比如在有关环保节能技术改造中得到政府补助、奖励或减税、退税，还有助于改善企业的社会形象，作为一项无形资产来提高企业价值（田翠香、姜桂芝，2011）。另外，当企业发生环境污染事故，不仅会严重损害企业的形象和声誉，通常还会伴随着一系列罚款、赔偿、诉讼事件等，这会影响到投资者对企业未来收益的预期，对企业价值产生严重的负面影响（沈红波等，2012）。可见，环境管理对于企业来说虽然是一笔近期未能看到效益的巨额开支，但可以规避长期风险，有利于未来企业价值的提升。与西方相比，中国机构投资者具有更强的信息优势，更显著的短期逐利性，这使得中国机构投资者既有能力分析企业环境绩效背后带来的价值提升，又可能因为过度关注短期利益而缺乏对企业环境绩效的关注（黎文靖、路晓燕，2015）。基于此，本文提出以下假设。

H6：企业环境绩效对公司价值有一定的影响。

基于前文的理论分析，本研究认为高管团队特征对企业的环境绩效存在显著影响，而企业环境绩效又能够在一定程度上影响公司价值。根据以往的研究成果，高管团队特征对公司价值显然也存在一定的影响。鉴于此，我们可以推测，高管团队特征、环境绩效、公司价值三者之间也肯定存在一定的关系。高管团队特征能否通过改变企业的环境绩效从而进一步对公司价值产生影响呢？高管团队特征又是如何改变环境绩效与公司价值两者之间关系的？因此，本文提出最后一个假设。

H7：在不同高管团队特征下，环境绩效对公司价值的影响具有显著性差异。

三 研究设计

（一）样本选取与数据来源

化工行业是我国重污染行业中样本量最多的一个行业，具有一定的代表性和说服力。因此本文选取 2010 ~ 2014 年，在上海、深圳证券交易所上市 A 股化工行业上市公司为研究样本，并在此基础上剔除了关键变量数据不全的样本以及 ST、＊ST 公司样本，最终获得了 949 个有效样本。本文中高管团队特征数据主要来源于国泰安数据库并将原始数据进行手工计算和处理，环境绩效的相关数据通过上市公司公开年度报告和社会责任报告进行手工收集整理。

（二）变量定义与模型建立

1. H1 ~ H5 的检验模型

本文拟采用多元线性回归模型对变量进行实证分析，对于 H1 ~ H5，构建如下研究模型：

$$EPI_{i,t} = \alpha_0 + \alpha_1 TMT_{i,t} + \alpha_2 SIZE_{i,t} + \alpha_3 LEV_{i,t} + \alpha_4 CSC_{i,t} + \alpha_5 YEAR_{i,t} + \varepsilon \quad (1)$$

其中，EPI 为环境绩效，本文选取管理和经营两个维度来全面度量企业的环境绩效。其中管理绩效指标采用企业的环保战略来衡量，经营绩效指标则采用企业的环保投入来衡量。

（1）环保战略（*STR*）：此项指标为管理绩效指标。通过对企业年度报告和社会责任报告的研究，本文将企业关于环保战略方面披露的内容进行整理，发现主要涉及以下 8 个方面，因此本文将从以下 8 个方面来考查企业的环境绩效。第一，是否公布社会责任报告，有披露，评"1"分，否则为"0"分。第二，是否通过 ISO14001 认证，通过评"1"分，否则为"0"分。第三，环保理念。从企业年度报告中"社会责任情况"部分和社会责任报告中查找是否披露关于公司环境保护、节能减排等方面的环保精神、价值观、环保方针、环保目标和规划等，有披露，评"1"分，否则为"0"分。第四，环境管理制度。从企业年报中的"社会责任情况"部分和社会责任报告中查找是否披露企业实施公司环保规章制度情况，有披露，评"1"分，否则为"0"分。第五，是否设置安全环保部门。从企业年报中的"社会责任情况"部分和社会责任报告中查找是否披露设置安全环保部门情况，有披露，评"1"分，否则为"0"分。第六，环保教育和培训。从企业年报中的"社会责任情况"部分和社会责任报告中查找是否披露对员工进行环保教育和培训情况，有披露，评"1"分，否则为"0"分。第七，环保风险与对策。从企业年报中的"可能面对的风险"部分查找是否披露关于企业的环保风险和对策，有披露，评"1"分，否则为"0"分。第八，突发环境事件应急预案处理。从企业年报中的"社会责任情况"部分和社会责任报告中查找是否披露关于突发环境事件应急预案等相关内容，有披露，评"1"分，否则为"0"分。在此基础上得出：*EPI* = 该企业上述各项汇总分数/理论上的最优得分（8 分）。

（2）环保投入（*INP*）：此项指标为经营绩效指标，用于衡量企业进行环境治理、生态平衡维护过程中所投入的资金。环保投入主要从公司年报中"在建工程"附注来收集相关数据，将所有与环境治理、环保设计与节能、污水治理、脱硫处理、能源集中监测、资源保护等相关内容的借方增加额进行加总。因该数额较大，因此本文将资金投入总额取自然对数作为环保投入指标。

TMT 为高管团队特征，本文选取的有关高管团队特征的同质性变量包括：高管团队的平均年龄（*Mage*）、平均任期（*Mtenure*）、平均受教育程度（*Medu*）和女性比例（*Mgend*），异质性特征变量包括年龄异质性

（*Hage*）、任期异质性（*Htenure*）和受教育程度异质性（*Hedu*）。

为了保证实证结果的可靠性，结合以往的研究成果，笔者决定对可能影响高管团队特征和企业环境绩效两者关系的变量进行控制，分别选取了公司规模（*SIZE*）、资产负债率（*LEV*）、产权性质（*CSC*）作为本研究的控制变量。

2. H6 ~ H7 的检验模型

为了检验 H6，构建如下研究模型：

$$TBQ_{i,t} = \beta_0 + \beta_1 EPI_{i,t} + \beta_2 SIZE_{i,t} + \beta_3 LEV_{i,t} + \beta_4 ROA_{i,t} + \beta_5 CSC_{i,t} + \beta_6 YEAR_{i,t} + \varepsilon$$

（2）

为了检验 H7，构建如下研究模型：

$$TBQ_{i,t} = \lambda_0 + \lambda_1 EPI_{i,t} + \lambda_2 TMT_{i,t} + \lambda_3 EPI_{i,t} * TMT_{i,t} + \lambda_4 SIZE_{i,t} + \lambda_5 LEV_{i,t}$$
$$+ \lambda_6 ROA_{i,t} + \lambda_7 CSC_{i,t} + \lambda_8 YEAR_{i,t} + \varepsilon$$

（3）

四　实证结果与分析

（一）描述性统计

表 1 为描述性统计。从该表中我们可以看出公司价值（*TBQ*）的平均值为 1.69，最大值为 27.43，最小值为 0.12，从最大值和最小值来看，说明样本间的公司价值还是存在一定的差距的。企业环保战略（*STR*）的均值较低，仅为 0.29，说明企业的环保意识还不够强烈，部分企业仍然没有意识到环保的重要性。环保投入（*INP*）的样本数为 278，占总样本数（949）的 29.3%。表示在样本公司中，有 29.3% 的公司在当年进行了环保投入，比例不是很低，说明企业越来越重视环境保护等社会责任行为。高管团队特征部分，样本企业高管团队平均年龄（*Mage*）为 47.36 岁，可能这一阶段的高管人员，在经验和精力上均能保持比较好的状况。平均任期（*Mtenure*）不到 4 年，任期时间较短，远低于工业化国家的平均水平 9.8 年（Tihanyi，2000），说明企业高管团队人员的流动性较大，部分企业应采取相应措施来留住人才。平均学历（*Medu*）得分为 3.19，介于本科

和硕士之间。女性比例（Mgend）方面，仅有 10% 的高管为女性，相当一部分公司高管全部为男性，说明目前化工行业中女性高管仍然占很小一部分。异质性特征方面，年龄异质性（Hage）均值为 0.13，标准差为 0.06，任期异质性（Htenure）均值为 0.39，标准差为 0.30，教育程度异质性（Hedu）均值为 0.51，标准差为 0.17。可见样本公司高管团队构成差异不是很大。控制变量方面，资产负债率（LEV）最大值竟然达到了 1.005，说明部分企业存在一定的风险。盈利能力（ROA）的均值为 0.05，说明我国化工行业上市公司的盈利能力较差。

表 1　描述性统计

变量名	样本量	均　值	标准差	最小值	最大值
TBQ	949	1.69	1.67	0.12	27.43
STR	949	0.29	0.27	0	1
INP	278	16.57	2.04	8.27	22.01
Mage	949	47.36	3.31	35	64.50
Mtenure	949	3.86	1.97	1	13
Medu	949	3.19	0.54	1.75	4.50
Mgend	949	0.10	0.14	0	1
Hage	949	0.13	0.06	0	0.35
Htenure	949	0.39	0.30	0	1.47
Hedu	949	0.51	0.17	0	0.92
SIZE	949	21.8	0.98	18.47	24.94
LEV	949	0.45	0.21	0.007	1.005
ROA	949	0.05	0.07	-0.38	0.37
CSC	949	0.44	0.50	0	1

（二）回归结果分析

1. 高管团队特征与环境绩效

在回归之前，本文检验了自变量之间是否存在多重共线性问题，结果表明，回归分析中的方差膨胀因子 VIF 最大值为 2.027，远小于 10，因此可以忽略多重共线性问题。

　　从回归结果表 2 中，我们可以看出，高管团队平均年龄与环保战略（STR）的系数为 -0.059，T 值为 -1.806，表明两者在 10% 水平上显著负相关，与假设 3 相反。平均年龄（Mage）与环保投入（INP）也为负相关关系（系数为 -0.060），但不显著。说明高管平均年龄的增加并不能提高企业的环境绩效，相反，可能会降低环境绩效。这有可能是因为年龄较大的高管即将面临退休或离职，他们更关注企业的经济利益和自身职业的稳定，偏向于制定风险较小的战略决策。高管团队平均任期（Mtenure）与环保战略的相关系数为 0.046，T 值为 1.122，说明两者存在一定的正相关关系。与环保投入的系数为 0.132，T 值为 1.717，说明其对环保投入（INP）在 10% 的显著水平下正相关，即高管团队平均任期对企业的环保投入具有积极的促进作用，支持了本文假设 4。平均受教育程度对环保战略、环保投入的回归系数分别为 0.027、0.008，T 值分别为 0.842、0.126，说明关系并不显著。假设 5 未得到支持。从描述性统计中可以看出，高管团队平均受教育程度（Medu）均值为 3.19，也就是说在本科水平以上，标准差为 0.54，分散程度较小，最小值为 1.75，也相当于大专水平，这表明我国 A 股化工行业各企业高层管理人员的平均受教育程度都比较高，因此总体来说对环境绩效的影响程度较小。女性比例（Mgend）对环保战略有显著影响，系数为 -0.127，T 值为 -4.032，两者在 1% 水平上显著负相关。女性比例对环保投入在 5% 水平上有显著的负向影响。这说明女性在环保方面仍然缺乏一定的远瞻性，高管团队女性比例越高，企业环境绩效反而越低，与假设相反。这有可能是因为女性相比于男性来说做事更加感性，对于重大战略决策不太敏感。一般来讲，男性高管在制定决策时更愿意公开和直接地表达自己的不同观点（姚振华、孙海法，2011），通常处于主导地位。而女性在战略制定时参与性较低，缺乏远瞻性。对于环保投入方面，因做事谨慎而显得小心翼翼、优柔寡断，从而有可能减少企业的环保投入，致使企业环境绩效降低。

　　任期异质性（Htenure）与环保战略在 5% 水平上显著正相关（T 值为 2.307），而与环保投入在 10% 水平上显著负相关（T 值为 -1.797）。任期异质性较高的高管团队会从多角度处理相关信息，能够制定多种战略方案并对其进行全方位的评估（Dutton，1987），因此在对企业进行战略决策时，更容易考虑到环境保护方面，从而有利于环保战略的制定。而到具体实施阶段，却有可能因为相互间缺少磨合，沟通效果较差，而难以达成高效一致的意见，从而负面影响了环保投入。年龄异质性和受教育程度异质性与环保战略和环保投入的回归结果均未通过显著性检验。过程变量的中介作用也许可以解释这种不显著的现象。

2. 基于高管团队特征的环境绩效与公司价值关系的回归结果

首先采用方差膨胀因子 VIF 进行检验，每个自变量 VIF 大多在 2 以下，因此可以忽略多重共线性的影响。

从回归表 3 中我们发现，环保战略与公司价值（TBQ）系数为 -0.023，T 值为 -0.843，两者关系并不显著，没有验证本文的假说。环保投入和公司价值两者之间也存在负相关关系，但不显著。可见，环境绩效对公司价值有负向影响，但不显著。

表 2　高管团队特征与环境绩效回归结果

变　量	STR			INP		
	B	T	VIF	B	T	VIF
Mage	− 0.059 *	− 1.806	1.185	− 0.060	− 0.965	1.323
Mtenure	0.046	1.122	1.898	0.132 *	1.717	2.027
Medu	0.027	0.842	1.139	0.008	0.126	1.236
Mgend	− 0.127 ***	− 4.032	1.113	− 0.119 **	− 2.023	1.185
Hage	0.007	0.215	1.107	0.067	1.178	1.102
Htenure	0.081 **	2.307	1.385	− 0.115 *	− 1.797	1.407
Hedu	0.012	0.384	1.074	− 0.023	− 0.404	1.097
SIZE	0.256 ***	7.191	1.416	0.420 ***	6.269	1.532
LEV	− 0.011 ***	− 3.015	1.521	0.058	0.866	1.561
CSC	0.117 ***	3.338	1.369	0.060	0.981	1.295
YEAR	控制			控制		
N	949			278		
Adj. − R^2	0.153			0.190		
F	13.240			5.63		

表3　环境绩效与公司价值回归结果

变　量	TBQ			TBQ		
	B	T	VIF	B	T	VIF
STR	− 0.023	− 0.843	1.161			
INP				− 0.034	− 0.798	1.247
SIZE	− 0.481 ***	− 14.993	1.619	− 0.509 ***	− 10.110	1.701
LEV	− 0.088 ***	− 2.587	1.817	− 0.188 ***	− 3.847	1.598
ROA	0.173 ***	5.924	1.336	0.179 ***	4.284	1.172
CSC	0.001	0.046	1.242	− 0.067 *	− 1.655	1.105
YEAR	控制			控制		
N	949			278		
Adj. − R^2	0.397			0.589		
F	70.294			45.058		

注："*""**""***"分别表示在10%、5%、1%的水平上显著，下同。

接下来，本文对模型3进行了多元线性回归，用来验证高管团队特征对环境绩效与公司价值关系的影响。表4报告了环保战略作为环境绩效替代变量时的回归结果。就同质性特征而言，高管团队平均年龄、平均任期、平均受教育程度与环保战略的交互项均不显著，未支持假设7。女性比例与环保战略（STR）的交互项在5%水平上显著为负，说明女性比例增强了环保战略对公司价值的负相关关系。前文我们已经讨论过女性由于谨慎被动的性格特点有可能对企业的环保战略产生负向影响，同时我们认为相对于男性而言，女性高管有可能将更多的精力放在家庭上，从而不利于公司价值的提升（姚振华、孙海法，2011）。因此，女性比例增强了环保战略和公司价值的负相关关系。就异质性特征而言，年龄异质性与环保战略的交互项系数为 − 0.181，在1%的水平上显著，说明年龄异质性越大，环境绩效对公司价值的负相关关系越明显。年龄异质性较大的团队，成员之间的沟通和交流将会受到阻碍，从而有可能对企业绩效产生负面影响。从这个角度来讲，年龄异质性可以在一定程度上增强环境绩效对公司价值的负相关关系。交互项 STR × Htenure 系数为 0.087，T 值为 1.525，接近显著性水平，说明任期异质性有可能抑制环境绩效对公司价值的负向影响。受教育程度异质性与环保战略交互项也未通过显著性检验，假设7没有得到验证，这有可能也是和中介变量的作用有关。

表 4　高管团队特征、环保战略与公司价值回归结果

变　量	TBQ		TBQ		TBQ		TBQ		TBQ		TBQ		TBQ	
	B	T	B	T	B	T	B	T	B	T	B	T	B	T
STR	-0.423	-1.055	-0.093	-1.642	-0.079	-0.455	0.019	0.593	0.136**	2.113	-0.077	-1.614	0.035	0.413
Mage	-0.029	-0.790												
Mtenure			-0.096**	-2.142										
Medu					0.099***	2.651								
Mgend							0.066**	2.005						
Hage									0.034	0.953				
Htenure											-0.110***	-2.749		
Hedu													0.020	0.513
STR×Mage	0.043	1.000												
STR×Mtenure			0.093	1.433										
STR×Medu					0.052	0.294								
STR×Mgend							-0.087**	-2.560						
STR×Hage									-0.181***	-2.725				
STR×Htenure											0.087	1.525		
STR×Hedu													-0.065	-0.717
SIZE	-0.480***	-14.886	-0.477***	-14.835	-0.491***	-15.263	-0.487***	-14.980	-0.490***	-15.245	-0.485***	-15.143	-0.481***	-14.973

续表

变量	TBQ		TBQ		TBQ		TBQ		TBQ		TBQ		TBQ	
	B	T	B	T	B	T	B	T	B	T	B	T	B	T
LEV	-0.089***	-2.608	-0.092**	-2.718	-0.090***	-2.679	-0.084**	-2.476	-0.091***	-2.690	-0.081**	-2.372	-0.087**	-2.543
ROA	0.173***	5.942	0.173***	5.924	0.167***	5.781	0.173***	5.963	0.174***	6.000	0.176***	6.030	0.173***	5.939
CSC	0.002	0.075	0.001	0.045	-0.023	-0.820	0.003	0.109	0.001	0.010	0.007	0.258	-0.001	-0.048
YEAR	控制		控制		控制		控制		控制		控制		控制	
N	949		949		949		949		949		949		949	
Adj. - R^2	0.396		0.398		0.406		0.400		0.401		0.401		0.396	
F	57.546		58.089		59.950		58.440		58.755		58.577		57.470	

表 5 高管团队特征、环保投入与公司价值回归结果

变量	TBQ		TBQ		TBQ		TBQ		TBQ		TBQ		TBQ	
	B	T	B	T	B	T	B	T	B	T	B	T	B	T
INP	-1.44***	-2.758	-0.116	-1.256	0.096	0.403	0.003	0.064	0.015	0.143	0.010	0.145	-0.078	-0.545
Mage	-0.651**	-2.466												
Mtenure			-0.437	-1.320										
Medu					0.325	1.039								
Mgend							0.345	1.445						
Hage									0.138	0.408				

续表

变 量	TBQ		TBQ		TBQ		TBQ		TBQ		TBQ		TBQ	
	B	T	B	T	B	T	B	T	B	T	B	T	B	T
Htenure											0.247	0.745		
Hedu													-0.127	0.317
INP × Mage	1.611***	2.699												
INP × Mtenure			0.371	1.084										
INP × Medu					-0.229	-0.560								
INP × Mgend							-0.353	-1.500						
INP × Hage									-0.175	-0.501				
INP × Htenure											-0.295	-0.881		
INP × Hedu													0.127	0.317
SIZE	-0.503***	-10.066	-0.519***	-10.280	-0.541***	-10.819	-0.504***	-9.932	-0.514***	-10.093	-0.509***	-10.106	-0.509***	-10.056
LEV	-0.204***	-4.218	-0.187**	-3.823	-0.172***	-3.568	-0.185***	-3.772	-0.193***	-3.916	-0.179***	-3.630	-0.188***	-3.832
ROA	0.181***	4.383	0.177***	4.257	0.190***	4.647	0.176***	4.219	0.181***	4.307	0.184***	4.372	0.180***	4.281
CSC	-0.056	-1.386	-0.069*	-1.698	-0.111*	-2.630	-0.072*	-1.711	-0.064	-1.577	-0.062	-1.529	-0.064	-1.529
YEAR	控制		控制		控制		控制		控制		控制		控制	
N	278		278		278		278		278		278		278	
Adj. - R^2	0.598		0.590		0.605		0.588		0.586		0.587		0.585	
F	38.469		37.255		39.631		36.935		36.600		36.806		36.447	

表 5 报告了环保投入（*INP*）作为环境绩效（*EPI*）替代变量时的回归结果。从平均年龄（*Mage*）来看，交互项 *INP* × *Mage* 在 1% 水平上显著为正，说明高管团队平均年龄能够明显抑制环保投入（*INP*）与公司价值（*TBQ*）的负相关关系。通常情况下，平均年龄偏大的高层管理者，更关注企业的经济利益和自身的职业稳定，更愿意制定风险较小的战略决策（韩静等，2014），进而有可能抑制一部分环保投资，并且年龄较大的高管，通常会从大局着想，进而保证企业整体价值的稳定或提升，因此平均年龄（*Mage*）会抑制环保投入（*INP*）对公司价值（*TBQ*）的负相关关系。而其他的高管团队特征与环保投入（*INP*）的交互项均不显著，说明这些特征对环境绩效与公司价值的影响不大，未支持假设。

五　研究结论

如今，环境问题已经受到人们的高度关注，越来越多的学者将企业的环境绩效作为自己的研究领域。作为高阶理论的研究重点——高管团队特征能够影响企业的战略选择，从而影响企业的环境绩效，而企业环境绩效与公司价值又存在一定的相关性，但目前尚无研究将三者联系起来进行讨论。本文用上市公司环保战略、环保投入作为环境绩效的替代变量，研究了 2010~2014 年 A 股化工行业高管团队特征、环境绩效与公司价值三者的关系。希望通过本研究的结论，可以帮助企业构建高效的高层管理团队，使企业在追求可观的经济成果的同时，能够积极考虑环境因素，主动地促进环境管理的改善和提升，实现环境绩效与经济绩效的双赢。主要研究结论如下。

第一，高管团队平均年龄对企业环境战略产生了显著的负向影响，与环保投入有负向关系但影响不大。高管团队平均任期越长，企业的环保投入越多，环境绩效也越好。高管团队平均受教育程度与环境绩效有一定的正相关关系，因我国 A 股化工行业各企业高管团队平均受教育程度比较高，差异性较小，因此从总体来说对环境绩效的影响比较小。高管团队女性比例对企业环境绩效的提升有消极的影响。任期异质性与环保战略显著正相关，而与环保投入显著负相关。年龄异质性和受教育程度异质性对环境绩效均未通过显著性检验，这应该是和过程变量的中介作用有关。

第二，环境绩效对公司价值有负向关系，但影响不明显。女性比例和年龄异质性增强了环保战略对公司价值的负相关关系。由于女性比例和年龄异质性有可能对企业公司价值产生消极影响，因此在一定程度上会加强环保战略对公司价值的负向影响。而年龄较大的高管，通常会从大局着想，进而保证企业整体价值的稳定或提升，因此平均年龄会抑制环保投入对公司价值的负相关关系。其他高管团队特征对环境绩效和公司价值之间关系的影响不是很大。

参考文献

［1］韩静、陈志红、杨晓星：《高管团队背景特征视角下的会计稳健性与投资效率关系研究》，《会计研究》2014 年第 12 期。

［2］胡曲应：《上市公司环境绩效与财务绩效的相关性研究》，《中国人口·资源与环境》2012 年第 6 期。

［3］何威风：《高管团队垂直对特征与企业盈余管理行为研究》，《南开管理评论》2015 年第 1 期。

［4］黄祥芳、周伟、张立中：《高管团队特征对企业社会责任的影响——基于农业上市公司的实证研究》，《内蒙古财经大学学报》2015 年第 2 期。

［5］黎文靖、路晓燕：《机构投资者关注企业的环境绩效吗？——来自我国重污染行业上市公司的经验证据》，《金融研究》2015 年第 12 期。

［6］孟晓华、曾赛星、张振波、李超：《高管团队特征与企业环境责任——基于制造业上市公司的实证研究》，《系统管理学报》2012 年第 6 期。

［7］任颋、王峥：《女性参与高管团队对企业绩效的影响：基于中国民营企业的实证研究》，《南开管理评论》2010 年第 5 期。

［8］孙德升：《高管团队与企业社会责任：高阶理论的视角》，《科学学与科学技术管理》2009 年第 4 期。

［9］沈红波、谢越、陈峥嵘：《企业的环境保护、社会责任及其市场效应——基于紫金矿业环境污染事件的案例研究》，《中国工业经济》2012 年第 1 期。

［10］田翠香、姜桂芝：《试论企业环境绩效的价值相关性》，《商业会计》2011 年第 12 期。

［11］王波、赵永鹏：《企业环境绩效与财务绩效相关性实证研究》，《财会通讯》2012

年第 12 期。

[12] 吴德军、黄丹丹:《高管特征与公司环境绩效》,《中南财经政法大学学报》2013
年第 5 期。

[13] 姚振华、孙海法:《高管团队组成特征、沟通频率与组织绩效的关系》,《软科
学》2011 年第 6 期。

[14] Bantel, K. A., S. E. Jackson, "Top Management and Innovarions in Banking: Does
the Composition of the Top Team Make a Difference," *Strategic Management Journal*,
1989, 10 (2): 107 - 124.

[15] Barnea, A., A. Rubin, "Corporate Social Responsibility as a Conflict between Share-
holders," *Journal of Business Ethics*, 2006 (97): 71 - 86.

[16] Hambrick, D. C. et al., "Upper Echelons: The Organization as a Reflection of Its Top
Managers," *Academy of Management Review*, 1984, 9 (2): 193 - 206.

[17] Slater, D. J., H. R. Dixon - Fowler, "The Future of the Planet in the Hands of
MBAs: An Examination of CEO MBA Education and Corporate Environmental Per-
formance," *Academy of Management Learning & Education*, 2010, 9 (3): 429 - 441.

[18] Walley, N., B. Whitehead, "It's not Easy Being Green," *Harvard Business Review*,
1994, 72 (3): 171 - 180.

产权性质、公司治理与环境绩效关系研究

——基于中国化工行业上市公司的实证数据

余怒涛　杨培蓉　范书梦

（云南财经大学会计学院　西安培华学院　邢台市政建设集团股份有限公司）

【摘　要】 本文用企业实施环境战略的程度作为环境绩效的替代变量，选取重污染行业中的化工类上市公司 2010～2014 年的数据，在全样本和分组样本下检验了产权性质、公司治理与环境绩效的关系，实证结果显示：产权性质与环境绩效显著正相关，即国有企业对提高环境绩效具有积极作用；机构投资者持股比例与环境绩效显著正相关，且这种关系在国有企业里更为明显，在民营企业中的影响较小；股权集中度与环境绩效的关系在全样本下不显著，但按照产权性质分样本后，表现出明显的相关关系，即高度集中的股权能够提高国有企业的环境绩效，而适度分散的股权可以改善民营企业的环境绩效；不论在国有企业还是民营企业中，董事会规模对环境绩效都具有正向的影响，而独立董事比例对环境绩效的影响均不显著；董事长与总经理二职合一与环境绩效在国有企业中显著正相关，但在民营企业中表现不明显。该研究为改善国有企业和民营企业的环境绩效提供了相关的理论和实证依据。

【关键词】 环境绩效　股权结构　董事会特征　产权性质

一　引言

改革开放 30 多年来，中国经济实现快速增长，然而经济的腾飞伴随着大量消耗资源、过度工业污染和生态的恶化。《2014 中国环境状况公报》数据显示，在监测的 161 个城市中，空气质量达标的仅有 16 个，占比

9.9%，未达标的高达 90.1%，我国的环境问题不容乐观。而环境的污染主要来自企业的生产经营活动，企业过分追求经济利益及监管不善造成重大环境污染事件频频发生。面对严峻的环境形势，国家采取了一系列措施进行环境治理，并将企业作为治理环境问题的重点对象。李克强总理在 2016 年政府工作报告中强调未来将重拳治理大气雾霾、打击非法排放对象，这一举措更是凸显了政府治理环境的决心。此外，其他利益相关者如投资者、公众和媒体等对企业的环境行为较之前更为关注。在此背景下，我国的企业必须进行绿色经营，注重环境绩效的改善，走出一条经济效益与环境效益"双赢"之路。公司治理机制作为协调公司和所有利益相关者关系的一套制度或机制安排，在很大程度上影响着股东和代表股东利益的董事对待环境的态度，决定着企业环境保护的意识和发展战略，因而会影响到企业的环境绩效。同时，产权性质不同的企业中公司治理的有效性和环保责任的要求有所差异，进而会对企业环境绩效产生不同的影响。基于以上考虑，本研究欲从公司内部治理机制的角度出发，探讨股权机构、董事会特征与环境绩效的关系；并区分产权性质，考察不同产权属性对二者关系的影响，最终希望检验是否可通过设计良好的公司内部治理机制，改善不同产权性质上市公司的环境绩效，进而实现企业的长久经营。

二　文献综述

从 20 世纪 90 年代开始，国际机构和国内外学者对环境绩效展开了深入的研究，重点集中在环境绩效评价标准上，研究成果主要有：国际标准化组织于 1999 年制定的 ISO14031 环境绩效评价标准，包括了环境绩效指标（EPIs）和环境状况指标（ECIs）。其中，环境绩效指标又分为经营绩效指标（OPIs）和管理绩效指标（MPIs）；世界企业可持续发展委员会（WBCSD）于 2000 年发布生态效益指标，该指标通过计算产品服务价值与环境活动影响的比值来评价环境绩效；全球报告倡议组织（GRI）于同年发布的《可持续发展报告指南》将指标分为核心指标和附加指标，主要反映对生态系统、水和土地等的影响，该指南为世界各国制定适合本国的可持续发展报告提供了依据。此外，国内外学者对环境绩效的度量也进行了相关的研究。国外有政府或机构公布的排污数据和环境绩效排名的数据，学者们通常采用 TRI（美国环保署公布的有毒物质排放清单）和 CEP 指数（经济优先权委员会）度量企业环境绩效。由于我国没有官方公开的排污数据库，也没有非营利组织开发的环境绩效评分指数，我国学者主要用单一维度指标或将几个单一指标综合后度量环境绩效。吕峻（2012）采用企业是否因违规排放而被处罚来衡量；胡曲应（2012）采用单位营业收入排污费和其年度变化量来度量；林立国、楼国强（2014）通过公司的排污和生产经营数据，考察外资企业的环境绩效；黎文靖等（2015）将环境资本支出作为环境绩效的替代变量；秦颖等（2004）通过综合某些废弃物的排放情况反映企业的环境绩效；邓丽（2007）通过对企业的环保认证情况、有无环境友好企业称号、环保核查情况和是否发生过环保事故进行打分来评价环境绩效；沈洪涛等（2014）基于《企业环境行为评价技术指南》，从污染排放维度、环境管理维度和社会影响维度出发，通过设定权重得到环境绩效综合得分。从以上的文献梳理，我们发现环境绩效评价的研究较为丰富，然而环境问题的复杂性以及各国国情背景的不同，导致至今世界范围内还没有统一的标准，但这些成果推进了环境绩效研究的发展。

由于环境绩效度量的困难性，许多文献主要集中于探讨环境绩效的评价方面，而鲜有文献对公司治理机制与环境绩效关系进行研究。目前，国内外学者的研究成果主要有：Josefina（2008）研究发现，股权结构通过影响管理者面对环境压力的反应来作用于企业的环境绩效。Cox et al.（2004）发现，机构持股对承担社会责任有促进作用，然后进一步考察专注的机构和临时的机构对承担社会责任的影响时发现，专注的机构持股比例越大越能提高社会责任的履行（Cox & Wicks，2011）。Walls et al.（2012）的研究表明董事会对环境绩效产生重要影响，其中董事会规模、董事会独立性和环境委员会与环境绩效显著正相关。我国学者廖小菲等（2015）选取制造业上市公司 2007 ~ 2011 年数据进行实证研究时发现，国有股比例、独立董事比例、监事会规模对环境绩效有显著的正向影响。虽然国内外关于公司治理与环境绩效的文献不多，但从已有的研究我们发现，公司治理对于改善环境绩效发挥着重要的作用。

此外，由于产权属性不同，国有企业和民营企业在公司治理方面存在明显的差异，在进行研究时不加以区分可能影响结论的可靠性（李维安、李汉军，2006）。我国学者冯丽丽等（2011）实证检验了产权性质、股权集中度与社会责任三者之间的关系，表明股权集中度越高，越能促进企业承担社会责任，且在国有企业中加强了这种关系，民营企业中没有明显的影响。陈璇、淳伟德（2013）在研究控制权和高管激励与环境绩效的关系时，发现不管什么类型的实际控制人都没有对环境绩效产生影响，当将实际控制人类型进一步细分以后，发现省级以下政府为企业的控制人时，环境绩效要高于其他类型控制人所控制的企业。由以上文献的梳理可知，基于我国特殊的制度环境，在研究中有必要区分产权性质来讨论公司治理与环境绩效的关系，使得结论更可靠。

三　理论分析与研究假设

公司治理明确了公司各利益相关者之间的权、责、利的分配，其中股东、董事会成员的环保意识在很大程度上会影响公司环境战略的制定与执行，进而作用于环境绩效。所以本文从公司治理的股权结构和董事会特征两方面来考察其与环境绩效的关系。同时，产权性质不同的企业对待环保的态度不同，且公司治理的机制会有所差异。因此，在考察公司治理与环境绩效关系的基础上，加入产权性质，考察三者的关系。

（一）公司治理与环境绩效

机构投资者在资金集中和管理、专业知识等方面具有优势，偏好于价值投资和长期投资，他们不只注重企业的短期财务绩效，对企业的环境保护行动也很重视，会鼓励企业实施对其长远发展有利的战略。当机构投资者持股数量较多时，他们在公司治理中将能充分发挥自身的作用，进而影响企业的经营发展战略。因此机构投资者持股比例越大，越有利于企业环境战略制定，积极促进所投资的企业进行环境保护的活动，改善企业的环境绩效。基于此，本文提出假设1。

H1：机构投资者持股比例与企业环境绩效正相关。

股权集中度反映了公司结构的稳定程度。契约理论认为分散的股权为经营者损害股东的利益制造了机会。相反，一定程度上的股权集中对企业来说是有益的，因为持股比例较大的股东往往追求稳定的长期收益，他们的利益与公司利益密切相关，他们既享受正确的公司战略选择带来的回报，又要承担战略错误造成的损失，所以在战略决策上会更加谨慎。面对外部严苛的环境规制，股权的充分集中，一方面实现了股东对公司环境战略行为的全面控制，推动环境战略的制定；另一方面能够有效监督管理者执行环境战略的情况，从而获得较好的环境绩效。基于此，本文提出假设2。

H2：股权集中度与企业环境绩效正相关。

董事会作为企业制定和执行生产经营决策的核心机构，其规模大小在一定范围内能提高董事会的监督职能和整体的专业能力（张正勇，2012）。环境问题是一个复杂且新的问题，环境政策的实施及结果具有不确定性，规模大的董事会中董事具有多元化的背景，其中可能有支持环保的人士和具备处理环境问题能力的董事，他们能够意识到环境保护的重要性并且会提供相关的建议，为公司带来更多的解决环境问题的资源，这些资源是企业进行环境战略制定的必要条件，有利于企业环境战略决策。此外，规模大的董事会对经理层环境决策执行情况的监管将更为科学和全面，使其积极进行环境改善的活动，故提出假设3。

H3：董事会规模与企业环境绩效正相关。

独立董事被认为是监督和控制上市公司管理人员行为的有效机制，其对企业发展具有决策、监督、咨询等多种职能。随着外部利益相关者越来越关注企业的环保行动，董事会中独立董事比例高，一方面可以进行有效监督，防止内部高管为了自身短期利益实施违反环保法规的行为；另一方面，独立董事都是某一方面的专家，独立董事比例的提高能为企业有关环保方面的项目决策和战略发展提供多方面、多领域的专业意见，有利于企业环境绩效的改善。基于以上分析，本文提出假设4。

H4：独立董事比例与环境绩效正相关。

董事长担负制定战略决策的使命，总经理负责公司的日常管理，执行董事会制定的战略决策。在两职合一的情形下，经理具有决策的制定权和监督权，权力的过分集中会严重影响董事会的独立性，制约内部机制的正常运行。企业环境战略的制定执行、环保投入的增加等环境管理行为在短期内不会增加企业的经济效益，经营者为了自身利益最大化，很可能会做出以牺牲环境战略投资来换取短期财务绩效的决策，而他的双重职位角色使其决策很容易在董事会中通过，这样一来，改善环境绩效的方案就不大可能立即施行。基于此，本文提出假设 5。

H5：董事长与总经理二职合一与环境绩效负相关。

（二）产权性质、公司治理与环境绩效

在我国，企业按照不同的产权属性，可以分为国有控股企业和非国有控股企业（谢德仁、陈运森，2009）。在国有控股企业中，政府作为其实际控制人，会要求企业承担较多的社会责任。而非国有控股企业受到的政府干预较少，只会被动地履行相应的社会责任。在履行保护环境的社会责任时，国有企业具备经济和非经济的双重目标，政府会参与企业的绿色经营和环境治理，影响环境战略的制定。而民营企业追求的是自身利益最大化，在环境政策的约束下，其只是被动地承担环境责任，它的环保活动具有较强的趋利性动机。由此看出，产权差异会对环境绩效产生影响。据此提出假设 6。

H6：企业产权性质的不同对环境绩效的影响也不同。相比民营企业，国有企业更关注环境绩效的改善。

从中国上市公司治理实际情况来看，产权性质的差异使国有企业和民营企业在经营管理和战略决策方面存在较大差异。股权结构方面，相比民营企业，国有企业的股权集中度较高，政府作为控股股东使其受到更多的行政监督和社会关注，能够较好地履行环保责任。同时，国有产权的控股股东（政府）控制力适中，从控制权争夺上看，机构投资者在国有企业中可以较好地发挥公司治理作用（杨清香等，2010）。而从董事会特征方面看，董事会治理效果在不同所有制企业中存在差异（高明华、谭玥宁，2014），这种差异可能也会对环境绩效产生不同的影响。据此，本文提出假设 7。

H7：产权性质的差异会导致公司治理结构的差异，进而影响公司治理

因素对环境绩效的作用有所不同。

四　研究设计

（一）样本选择与数据来源

本文选取除去创业板外的沪、深 A 股化工行业上市公司 2010～2014 年的数据，在剔除数据缺失和异常的公司后，共得到 1039 个有效研究样本，其中 2010 年 182 个，2011 年 209 个，2012 年 214 个，2013 年 214 个，2014 年 220 个。环境绩效数据通过巨潮资讯网公布的年报和社会责任报告，公司治理中的机构投资者持股比例来自 WIND 数据库，其他数据来自 CSMAR 数据库。相关数据统计分析采用 SPSS17.0。

（二）变量界定

1. 因变量

环境绩效指企业为满足利益相关者的期望进行环境治理活动取得的环境经营方面和环境管理方面的效益。由于目前我国环境信息披露尚不健全，环境经营方面的数据如生产资源的投入量和利用率、污染物的排放量的数据较难收集，使得对其量化造成了困难。而环境管理方面的数据则较丰富地进行了披露，且该指标是一种前瞻性指标，能够指导企业的环境行为；同时该指标不受行业限制，可以进行不同行业间的比较。基于以上考虑，本文采用反映企业环境管理效益的环境战略指标度量环境绩效。环境战略是企业为了降低生产过程中对环境造成的负面影响，而采取的持续不断的环境友好行为（Aragon‒Correa & Sharma，2003）。秦颖等（2004）的研究证实环境战略（行为）指标与环境绩效指标间具有较强的相关性，如果企业环境战略（行为）指标得分较高，环境绩效指标的分数也高。程巧莲等（2012）的研究也表明企业越重视环境战略，相应的环境绩效越好。因此，选取环境战略作为环境绩效的替代变量具有一定的合理性。

Darnall et al.（2010）将环境实践的总和作为环境战略的度量标准，本文在参考 Darnall 等提出的 9 个方面的基础上，结合国家环保总局 2003

年发布的《关于企业环境信息公开的公告》、2008 年上海证券交易所发布
的《上市公司环境信息披露指引》和环保部 2010 年发布的《上市公司环
境信息披露指南》（征求意见稿），以环境管理行为的整个流程作为分类标
准，提出了环境战略的计量指标，主要有环保理念、环境管理、环保投
入、环保合规四个部分，形成的环境战略度量指标如表 1 所示。

表 1　环境战略度量指标

	项　目	具体指标
环境绩效 （环境战略）	环保理念	企业环保方针、环境保护目标和计划
	环境管理	环境管理制度
		安全环保部门
		环保教育与培训
		ISO 环境管理体系认证
		发布社会责任报告
	环保投入	环保设施、项目的建设与运行
	环保合规	执行"三同时"制度
		开展清洁生产
		污染物排放达标

本文采用内容分析法对环境战略指标进行度量，通过阅读年报、社
会责任报告对每个指标进行赋值，如果内容中进行了披露，赋予分值 1；
没有任何相关信息披露，赋值 0。在对每一项指标打分后，将所有指标
的得分进行加总，即得到环境战略的分数，以此来衡量企业环境绩效的
情况。

2. 自变量和控制变量的界定（见表 2 所示）

表 2　变量定义

变量名称	符　号	变量定义
企业环境绩效	CEP	实施环境战略的程度
产权性质	STATE	当上市公司的实际控制人为政府时取 1，反之则为 0
机构投资者比例	INO	年末前十大股东中机构投资者持股数与上市公司总股数之比
股权集中度	TOP1	第一大股东持股比例

续表

变量名称	符　号	变量定义
董事会规模	*DNO*	董事、独立董事和董事长合计数
独立董事比例	*IDR*	独立董事人数与董事会总人数的比值
董事长与总经理二职合一	*DUAL*	二职合一为 1，反之则为 0
企业规模	*SIZE*	公司总资产取对数
净资产收益率	*ROE*	净利润与股东权益的比值
资产负债率	*LEV*	总负债与总资产的比值
会计年度	*YEAR*	当年取 1，其他年份取 0

（三）模型建立

为了验证假设 1～5，构建模型（1）：

$$CEP = \beta_0 + \beta_1 INO + \beta_2 TOP1 + \beta_3 DNO + \beta_4 IDR + \beta_5 DUAL + \beta_6 SIZE +$$
$$\beta_7 LEV + \beta_8 ROE + \sum YEAR + \varepsilon \qquad (1)$$

为了验证假设 6，构建模型（2）：

$$CEP = \beta_0 + \beta_1 STATE + \beta_2 SIZE + \beta_3 LEV + \beta_4 ROE + \sum YEAR + \varepsilon \qquad (2)$$

为了验证假设 7，在模型（1）的基础上加入产权性质与公司治理的交叉变量，构建模型（3）：

$$CEP = \beta_0 + \beta_1 STATE + \beta_2 GOVERN + \beta_3 STATE \times GOVERN + \beta_4 SIZE +$$
$$\beta_5 LEV + \beta_6 ROE + \sum YEAR + \varepsilon \qquad (3)$$

此外，为了进一步验证假设 7，按照产权性质对模型（1）进行分组检验，考察不同产权性质下，公司治理与环境绩效关系的差异。

五　实证分析

（一）描述性统计

如表 3 所示，环境绩效的极小值是 0，即企业没有进行环境管理方面的行为，极大值是 10，说明部分企业在环境战略实施中有非常好的表现，从而使环境绩效较高。但从总体来看，我国企业的环境绩效平均值仅为 2.830，这表明，我国企业的环境战略决策没有很好地执行，环境绩效水平总体不高。产权性质均值为 0.474，说明国有控股企业在化工行业上市公司中所占比例还是比较高的，国有控股企业是我国化工类上市公司中的主要组成部分。股权集中度极大值 0.85，极小值 0.04，两者相差较大，表明我国化工行业上市企业中，有部分企业存在"一股独大"的局面。机构持股比例在 0.02 到 0.91 之间，均值为 0.370，可以看出我国机构投资者在上市企业中所占的比例越来越大，成为参与公司治理的重要一方。董事会规模介于 4 ~ 15 人之间，均值 8.869，从总体上来看分布较为均匀。独立董事的比例介于 0.25 ~ 0.60 之间，均值为 0.364，从均值看，绝大多数企业在形式上满足了公司法的要求，但还有部分公司独立董事比例不符合规定，需要改进。董事长与总经理二职合一均值为 0.230，说明样本公司中很少有二职兼任的情况。

表 3　描述性统计分析

变　量	样本数	极小值	极大值	均值	标准差
CEP	1039	0	10	2.830	2.567
STATE	1039	0	1	0.474	0.499
TOP1	1039	0.04	0.85	0.346	0.145
INO	1039	0.02	0.91	0.370	0.202
DNO	1035	4	15	8.869	1.532
IDR	1035	0.25	0.60	0.364	0.048
DUAL	1030	0	1	0.230	0.421
SIZE	1039	18.29	24.95	21.804	1.026
LEV	1039	0.01	4.11	0.486	0.284
ROE	1039	− 50.08	37.14	0.034	2.030

（二）相关性分析

表 4 为主要变量的相关系数矩阵。从表 4 中我们发现所有变量的相关系数在 0.4 以下。所以本文模型中各变量之间不存在严重的共线性问题，对回归结果影响不大。

表 4　各变量相关系数

	CEP	STATE	TOP1	INO	DNO	IDR	DUAL	SIZE	LEV	ROE
CEP	1									
STATE	0.139**	1								
TOP1	0.045	0.050	1							
INO	0.149**	0.335**	0.331**	1						
DNO	0.161**	0.104**	-0.161**	0.051	1					
IDR	-0.024	-0.065*	0.032	-0.001	-0.383**	1				
DUAL	-0.042	-0.292**	-0.040	-0.221**	-0.147**	0.093**	1			
SIZE	0.329**	0.177**	0.192**	0.245**	0.232**	0.002	-0.193**	1		
LEV	0.007	0.307**	-0.057	0.101**	0.094**	-0.027	-0.189**	0.198**	1	
ROE	-0.003	-0.012	-0.052	-0.023	-0.021	0.035	0.029	-0.040	-（0.022）	1

注："*""**"分别表示在5%、1%水平（双侧）上显著相关。

（三）实证分析

1. 公司治理与环境绩效

本文通过模型 1 对公司治理因素与环境绩效的关系进行回归检验，回归结果如表 5 所示。

表 5　公司治理与环境绩效回归结果

	系　数	t	Sig.	共线性统计量	
				容　差	VIF
（常量）	− 14.937 ***	− 8.544	0.000		
INO	1.094 ***	2.713	0.007	0.818	1.222
TOP1	− 0.211	− 0.371	0.710	0.816	1.225
DNO	0.188 ***	3.362	0.001	0.744	1.344
IDR	0.497	0.292	0.770	0.831	1.203
DUAL	0.135	0.724	0.469	0.891	1.122
SIZE	0.694 ***	8.604	0.000	0.795	1.257
LEV	− 0.575 **	− 2.113	0.035	0.915	1.093
ROE	0.001	0.015	0.988	0.988	1.012
YEAR	控制				
F	16.021 （0.000）				
adj. − R^2	0.150				

注：" * "" ** "" *** "分别表示在 10%、5%、1% 的水平上显著。

由表 5 可知，机构投资者持股比例的回归系数为 1.094，与环境绩效在 1% 的水平上显著正相关，支持了假设 1，即机构投资者在上市企业中持股比例越大，越有利于环境绩效的提高。股权集中度的回归系数为负，显著性水平为 0.710，说明股权集中度与环境绩效关系不显著，与假设 2 预期不一致。董事会规模的回归系数为 0.188，与环境绩效在 1% 的水平上显著正相关，验证了假设 3，即适度提高董事会规模对改善环境绩效具有积极的作用。独董比例的回归系数为正，但显著性水平为 0.770，没有通过显著性检验，说明独董比例与环境绩效不存在显著的相关关系，回归结果没有验证假设 4。董事长与总经理二职合一的回归系数为 0.135，显著度为 0.469，表明二职合一与环境绩效存在不显著的正相关关系，回归结果拒绝了假设 5。

2. 产权性质、公司治理与环境绩效

为了验证假设 6 和 7，本文利用模型（2）和（3）进行回归检验，回归结果如表 6 所示。

首先，从产权性质与环境绩效的回归结果看，产权性质的回归系数为 0.576，显著度为 0.000，在 1% 的水平上通过了显著性检验。这说明产权性质与环境绩效存在显著的正相关关系，假设 6 得到了验证，即国有控股企业，相较于非国有控股企业，具有更高的环境绩效。其次，从产权性质和公司治理交叉变量与环境绩效回归结果看，产权性质与机构投资者持股比例的交叉项回归系数为 2.417，与环境绩效在 1% 的水平上显著正相关，说明在产权的影响下，机构持股比例对环境绩效的提高具有加强作用，即国有企业中，机构投资者持股比例对环境绩效的正向影响加强。产权性质与股权集中度的交叉项回归系数为 4.55，与环境绩效在 1% 的水平上具有显著的正相关关系，说明受到产权性质的影响，股权集中度与环境绩效的关系增强，即相比于民营企业，国有企业的股权集中度较高时会提高环境绩效。产权性质与二职合一交叉项与环境绩效在 5% 的水平上呈显著的正相关关系，即在产权性质的影响下，增强了二职合一与环境绩效的正向关系，说明国有企业董事长与总经理二职合一对环境绩效的提高具有积极的作用。但是，产权性质与董事会规模的交乘项与环境绩效呈不显著的负相关关系，且产权性质与独董比例的交乘项与环境绩效呈不显著的正相关关系，即不能验证产权性质对董事会规模和独董比例与环境绩效关系的影响，可能需要分组检验。

表 6　产权性质、公司治理与环境绩效回归结果

	CEP	CEP	CEP	CEP	CEP	CEP
STATE	0.576 *** (3.687)					
STATE × INO		2.417 *** (3.016)				
STATE × TOP1			4.55 *** (4.383)			

续表

	CEP	CEP	CEP	CEP	CEP	CEP
STATE × DNO				− 0.041 (− 0.422)		
STATE × IDR					0.370 (0.120)	
STATE × DUAL						0.899 ** (2.153)
SIZE	0.760 *** (10.206)	0.759 *** (10.043)	0.737 *** (9.746)	0.698 *** (9.189)	0.756 *** (10.153)	0.768 *** (10.152)
LEV	− 0.772 *** (− 2.795)	− 0.772 *** (− 2.803)	− 0.663 ** (− 2.395)	− 0.808 *** (− 2.944)	− 0.781 *** (− 2.826)	− 0.805 *** (− 2.884)
ROE	0.019 (0.511)	0.029 (0.790)	0.023 (0.632)	0.020 (0.552)	0.019 (0.532)	− 0.002 (− 0.052)
YEAR	控制	控制	控制	控制	控制	控制
F	23.311	20.945	19.933	19.958	18.589	19.242
adj. − R^2	0.147	0.161	0.154	0.155	0.145	0.151

注："*""**""***"分别表示在10%、5%、1%的水平上显著。

总之，通过回归分析，我们发现产权性质加强了机构持股比例、股权集中度、二职合一与环境绩效的关系，即说明产权性质对部分公司治理与环境绩效的关系产生影响，验证了假设7。为了进一步验证产权性质对公司治理与环境绩效的关系，我们考虑按照产权性质对模型（1）进行分样本检验，回归结果如表7所示。

表7　分样本下多元回归结果

	国有控股上市公司		非国有控股上市公司	
	系　数	T 值	系　数	T 值
（常量）	− 16.699 ***	− 7.021	− 12.630 ***	− 4.829
INO	1.267 *	1.656	− 0.004	− 0.007
TOP1	1.989 *	1.949	− 1.538 **	− 2.272
DNO	0.179 **	2.375	0.196 **	2.306
IDR	0.374	0.153	1.370	0.571

续表

	国有控股上市公司		非国有控股上市公司	
	系　数	T 值	系　数	T 值
DUAL	0.901 **	2.460	− 0.059	− 0.270
SIZE	0.761 ***	6.828	0.600 ***	5.113
LEV	− 1.149 **	− 2.413	− 0.591 *	− 1.719
ROA	0.007	0.152	− 0.209	− 0.795
YEAR	控制		控制	
F	10.902		6.396	
adj. − R^2	0.197		0.107	

注:"*""**""***"分别表示在 10%、5%、1% 的水平上显著。

由表 7 可见,公司治理与环境绩效的关系在不同产权性质下发生了变化。首先,机构投资者持股比例与环境绩效的关系在国有企业中较为显著,且是正相关关系,而在民营企业中二者关系不显著。由此说明,在国有企业中增加机构投资者的持股比例有利于提高环境绩效。股权集中度与环境绩效的关系在国有企业和民营企业中表现出截然相反的关系。在国有企业样本中,股权集中度与环境绩效在 10% 的水平上显著正相关,而在民营企业样本中,股权集中度与环境绩效在 5% 的水平上显著负相关。出现相反的关系原因可能是,国有企业中,政府作为控股股东,股权的高度集中能够有效发挥政府对企业的行政干预,使国有企业更好地承担包括治理环境在内的社会责任,从而有利于提高环境绩效;而在民营企业中承担环保责任仅是出于外界环境的规制和利益相关者的压力,其目标更多地着眼于经济目标,股权的高度集中加剧了控股股东追求经济利益而忽视环境治理的行为,从而不利于环境绩效的提高。董事会规模与环境绩效不论在国有企业还是民营企业中,都在 5% 的水平上呈显著正相关的关系,这与全样本回归的结果一致。说明董事会规模的适度扩大,对所有类型的企业提升环境绩效都有积极的作用。独立董事持股比例与环境绩效的关系在国有企业和民营企业中都不显著,说明独董比例对环境绩效没有实质性的影响。董事长与总经理二职兼任情况与环境绩效的关系在国有企业中较为显著,且为正相关关系,而在民营企业中关系不显著,说明国有企业二职合一有利于提高环境绩效。

综上可知，在不同产权上市公司中，公司治理的作用机制也有所不同，公司治理对环境绩效的作用会因产权性质的不同而存在差异，进一步验证了假设7。

六　结论与启示

本文以提高上市公司的环境绩效为研究出发点，在明确环境绩效概念及其度量指标后，选取 2010～2014 年沪、深化工业上市企业的数据，检验了股权结构和董事会特征对环境绩效的微观治理效应，并结合我国的产权属性，考察了产权性质对环境绩效的影响，以及不同产权性质下，股权结构、董事会特征与环境绩效的关系是否存在差异，这对于改善国有企业和民营企业环境绩效具有积极的作用。研究结果显示：我国的环境绩效水平总体较差；国有企业的环境绩效好于民营企业；机构投资者持股比例的增加有利于环境绩效的提高，且这种关系在国有企业中更为明显，而在民营企业中不显著；在国有企业中，股权的高度集中有利于环境绩效的提高，相反，股权的适度分散有利于民营企业环境绩效的提高；董事会规模的适度增大不论在国有企业还是民营企业都有利于提升环境绩效；独董比例对两类产权性质企业的环境绩效没有实质性影响；董事长与总经理二职兼任有利于提高国有企业的环境绩效，而二职兼任情况对民营企业没有显著的影响。

本文的贡献在于：首先，本文以企业实施环境战略的程度来度量环境绩效，能够反映现在和未来的环境绩效情况，同时可以进行不同行业之间的比较，从管理效益方面衡量企业的环境绩效；其次，从影响和决定企业环保态度和环保战略的股东、董事会两个角度探讨与环境绩效的关系；最后结合我国的制度背景，分析产权性质对二者关系的影响，这既对环境绩效的度量进行了探索性的研究，同时为提高国有企业和民营企业的环境绩效提供了理论依据。本文的局限性在于，环境绩效是一个多维度的概念，本文从环境管理效益方面来衡量环境绩效，不够全面；此外，影响环境绩效的因素较多，本文仅从股权结构、董事会特征两个方面进行了探讨，今后还需进一步研究和扩展。

参考文献

［1］ ISO，ISO14031：Environmental Performance Evaluation：Guidelines，Geneva ISO，1995. 5 – 10.

［2］ WBCSD，Measuring Eco – efficiency：A Guide to Reporting Company Performance，ISBN，2000.

［3］ GRI，Sustainability Reporting Guidelines – G3 Sustainability Reporting Guidelines，Amsterdam，2006.

［4］ 吕峻：《公司环境披露与环境绩效关系的实证研究》，《管理学报》2012 年第12 期。

［5］ 胡曲应：《上市公司环境绩效与财务绩效的相关性研究》，《中国人口·资源与环境》2012 年第 6 期。

［6］ 林立国、楼国强：《外资企业环境绩效的探讨——以上海市为例》，《经济学》（季刊）2014 年第 2 期。

［7］ 黎文靖、路晓燕：《机构投资者关注企业的环境绩效吗？——来自我国重污染行业上市公司的经验证据》，《金融研究》2015 年第 12 期。

［8］ 秦颖、武春友、瞿鲁宁：《企业环境绩效与经济绩效关系的理论研究与模型构建》，《系统工程理论与实践》2004 年第 8 期。

［9］ 邓丽：《环境信息披露、环境绩效与经济绩效相关性的研究——基于联立方程的实证分析》，重庆大学硕士学位论文，2007。

［10］ 沈洪涛、黄珍、郭肪汝：《告白还是辩白——企业环境表现与环境信息披露关系研究》，《南开管理评论》2014 年第 2 期。

［11］ Cox，P.，S. Brammer，and A. Millinglon，"An Empirical Examination of Institutional Investor Preferences for Corporate Social Performance," *Journal of Business Ethics*，2004（1）：27 – 43.

［12］ Cox，P.，and P. G. Wicks，"Institutional Interest in Corporate Responsibility Explanation," *Journal of Business Ethics*，2011（1）：143 – 165.

［13］ Walls，Judith L. Pascual Berrone and Phillip H. Phan，"Corporate Governance and Environmental Performance：Is there Really a Link？" *Strategic Management Journal*，2012（33）：885 – 913.

［14］ 廖小菲、晏维莎：《公司治理与环境绩效关系研究——来自我国制造业上市公司

的数据》,《财会通讯》2015 年第 18 期。

[15] 李维安、李汉军:《股权结构、高管持股与公司绩效》,《南开管理评论》2006 年第 5 期。

[15] 冯丽丽、林芳、许家林:《产权性质、股权集中度与企业社会责任履行》,《山西财经大学学报》2011 年第 9 期。

[16] 陈璇、淳伟德:《企业控制权与高管激励对企业环境绩效的影响——基于化工行业上市公司的证据》,《西南民族大学学报》(人文社会科学版)2013 年第 6 期。

[17] 张正勇:《产品市场竞争、公司治理与社会责任信息披露——来自中国上市公司社会责任报告的经验证据》,《山西财经大学学报》2012 年第 4 期。

[18] 谢德仁、陈运森:《金融生态环境、产权性质与负债的治理效应》,《经济研究》2009 年第 5 期。

[19] 杨清香、俞麟、胡向丽:《不同产权性质下股权结构对投资行为的影响——来自中国上市公司的经验证据》,《中国软科学》2010 年第 7 期。

[20] 高明华、谭玥宁:《董事会治理、产权性质与代理成本——基于中国上市公司的实证研究》,《经济与管理研究》2014 年第 2 期。

[21] Aragon – Correa, J. A., S. Sharma "A Contingent Resource – based View of Proactive Corporate Environmental Strategy," *Academy of Management Review*, 2003, 28 (1): 71 – 88.

[22] 秦颖、武春友、徐光:《企业行为与环境绩效之间关系的相关性分析与实证研究》,《科学学与科学技术管理》2004 年第 2 期。

[23] 程巧莲、田也壮:《中国制造企业环境战略、环境绩效与经济绩效的关系研究》,《中国人口·资源与环境》2012 年第 11 期。

[24] Darnall, N., I. Henriques, P. Sadorsky "Adopting Proactive Environmental Strategy: The Influence of Stakeholders and Firm Size," *Journal of Management Studies*, 2010, 47 (6): 1072 – 1094.

公司治理缺陷与信息披露

——以华锐风电为例

杨继伟　王　芳

（云南财经大学会计学院）

【摘　要】近几年来，我国资本市场高速发展，日益成熟，信息披露也成为投资者关注的重点。虽然政府出台一系列的法律法规约束公司信息披露以保护信息使用者的利益，但是信息披露违规仍时有发生。许多研究表明，公司治理水平的高低在很大程度上影响着信息披露的质量。本文以案例分析为基础，事件与理论相结合，将华锐风电的公司治理与信息披露违规有机地结合起来，重点分析公司治理对信息披露的影响。通过分析华锐风电公司治理中存在的缺陷阐述其对信息披露造成的影响，针对其治理存在的问题提出切实可行的建议，希望能对华锐风电的治理提供一定的帮助，对存在相似问题的上市公司有所启发，提高公司治理水平，改善信息披露的质量。

【关键词】华锐风电　公司治理　信息披露

一　引言

随着我国资本市场发展壮大，利益相关者对公司信息披露的要求日益增加，而信息披露违规现象却是层出不穷。从 2001 年证监会披露"银广夏"虚假获利财务造假到 2015 年 13 家上市公司因信息披露违规被证监会行政处罚，虽然相关法律法规在不断完善，但还是有很多上市公司铤而走险，通过各种手段粉饰报表，违规披露信息，损害相关者利益。许多研究表明，信息披露的质量与公司治理水平密切相关，公司治理机制存在缺陷是信息披露违规的重要原因。本文以华锐风电为例,从信息披露违规这一现象出发,以公司治理的视角深入研究导致这一结果的治理缺陷,并针对这些不足提出有效建议,希望能通过提高华锐风电公司治理的水平,改善治理的工作,从根本上解决信息披露质量低下的问题。

二 公司治理与信息披露研究

在股权结构方面,Rfield(1997)认为,机构投资者适当增加所持股份比例,能够在一定程度上减少内部人控制、财务造假等行为的发生,有利于减少代理成本。在董事会治理方面,刘立国、杜莹(2003)选取 26家因信息披露违规被证监会处罚的企业作为实证研究对象,发现随着董事会中独立董事比例的提高,信息披露透明度就越高。崔学刚(2004)认为,独立董事的存在能使信息披露的透明度提高,但是在董事长和总经理由一人兼任时,其监督不能发生作用。Rezaee et al.(2003)认为审计委员会的有效性显著地影响公司治理的水平。Lori et al.(2008)认为董事会的独立性影响信息披露的质量,独立性差的企业更有可能减少披露独立性、管理、监督等方面的信息。

三 华锐风电信息披露违规背景

华锐风电成立于 2006 年 2 月,初始注册资本为 2000 万元,主要从事风力发电设备的开发、生产和销售,曾是风电行业的龙头企业。华锐风电由韩俊良一手创立,在国家政策支持下,一路高歌猛进,从 2006 年到2010 年仅用 5 年的时间就超越金风科技成为全国行业第一、全球第三。2011 年 1 月成功上市,发行价为 90 元/股,当日收盘价为 1.37 元,下跌9.59%。彼时,由于宏观环境的变化,国内风电需求量极速下滑,产能过剩,效益下降,华锐风电前期极速扩张、大量积压库存的弊端此时开始显现,上市当年利润同比下降 79.05%,2012~2013 年连续亏损,管理层频频变更。

2013 年 3 月,华锐风电发布《关于前期会计差错更正的提示性公告》

称，经自查发现 2011 年财务报表的相关账务处理存在会计差错，利润虚增 1.68 亿元。2013 年 5 月 30 日因涉嫌违反证券法律法规，收到证监会立案调查通知书，2014 年 1 月 12 日因公司其他涉嫌违反证券法律法规行为，收到证监会立案调查通知书。后经证监会查明，受行业环境影响，华锐风电 2011 年收入欠佳，净利润同比下降 82.8%。为粉饰报表，董事长韩俊良通过伪造单据等方式提前确认收入，虚增营业收入 24.3 亿元，营业成本 20.0 亿元，多预提运费 3135 万元，多计提坏账 1.19 亿元，虚增利润总额 2.78 亿元。

风电行业在 2011 年进入寒冬期，华锐风电是同类企业中受影响最严重的，2013 年下半年行业整体回暖，其他风电企业的业绩都有明显的改善，但华锐风电在当年业绩并没有得到改善，反而出现巨额亏损。由此可见华锐风电最大的问题来自内部，只有改善公司的内部治理才能从根本上解决亏损问题。

四　华锐风电的公司治理与信息披露

（一）董事会

1. 董事会领导结构

董事会是公司治理中最重要的部分，处于组织结构的中枢位置，由股东大会设立，主要负责管理公司的经营活动以及对管理层的活动进行监督，董事会治理的效果直接决定了公司经营的兴衰成败。增强董事会的独立性能有效地改善信息披露的质量，当董事长兼任总经理时，监督者与被监督者同为一人，董事会对管理层的监督作用很可能因此被抑制，而作为二职合一的领导者可能会披露虚假信息或是降低质量。（张洁梅，2013）

表 1　华锐风电 2011 年董事会人员简介

姓　名	具体职务	现职任职开始日期	是否曾在大连重工·起重集团及其下属企业任职
韩俊良	董事长，总裁	2009 - 08 - 26	是
刘　会	副董事长	2009 - 08 - 26	否

姓　名	具体职务	现职任职开始日期	是否曾在大连重工·起重集团及其下属企业任职
常运东	副董事长，副总裁	2009 – 08 – 26	否
陆朝昌	董事	2009 – 08 – 26	是
王　原	董事	2009 – 08 – 26	是
于国庆	董事	2009 – 08 – 26	否
张　宁	独立董事	2009 – 08 – 26	否
张　勇	独立董事	2009 – 08 – 26	否
赵鲁平	独立董事	2009 – 08 – 26	否

表 2　华锐风电 2011 年高层管理人员简介

姓　名	具体职务	现职任职开始日期	是否曾在大连重工·起重集团及其下属企业任职
徐成	监事会主席	2009 – 08 – 26	是
许玉生	职工监事	2009 – 08 – 26	否
赵洋	职工监事	2009 – 08 – 26	否
刘征奇	副总裁	2009 – 08 – 26	是
邓燕	副总裁	2009 – 08 – 26	否
戚殿江	副总裁	2009 – 08 – 26	否
李乐成	副总裁	2009 – 08 – 26	否
陶刚	副总裁，财务总监	2009 – 08 – 26	否
于建军	副总裁	2009 – 08 – 26	是
汪晓	副总裁	2009 – 11 – 21	是
金宝年	副总裁	2009 – 11 – 21	是
陈党慧	副总裁	2011 – 03 – 10	否
方红松	副总裁，董事会秘书	2011 – 03 – 10	否
魏宇强（已离任）	财务总监	2009 – 08 – 26	否

　　韩俊良 2006 年一手创立华锐风电，从公司成立之初到 2012 年一直担任董事长并兼任总裁。公司从成立时起就极速扩张，从 2008 年的净利润 6.3 亿元到 2010 净利润达 28.5 亿元，短短几年就将公司推上行业第一的位置。公司的迅速发展使得韩俊良极度自信并在公司内赢得了极大声誉。另外韩俊良曾任职于大连重工·起重集团有限公司（简称大连重工起

重）并担任副总经理，从表1和表2可以了解到该公司的董事和高层管理人员大都曾在大连重工起重及其下属企业任职，与韩俊良熟识。华锐风电中两名董事陆朝昌、王原曾分别在大连起重重工担任总会计师、总经理助理，副总裁刘征奇、金宝年于2003年到2006年在大连重工起重分别担任设计研究院副院长、设计研究院装卸室主任，于建军、汪晓在2003年到2006年在大连重工起重分别担任工程部部长、技术部部长，另外许多经理也都有着大连重工起重的背景，他们跟随韩俊良来到华锐风电。这两种因素使韩俊良能够绝对控制董事会以及公司所有重大决策，董事会失去独立性，其个人意志能够快速渗透公司。这种结构虽然提高了公司的运作效率，但也使得韩俊良的个人意志成为整个公司的意志，加大了公司运作的风险。这种不合理的董事会治理结构使其监督、决策等职能缺失，董事会失去了应有的作用。

2. 独立董事

独立董事的存在是为了维护公司的整体利益尤其是保护小股东的权利，避免有控制权的高层管理人员因一己之私损害公司利益，可以降低出现内部人控制的风险，独立董事比例增加能明显地提高信息披露质量。但是如果出现两职合一即董事长兼任总裁时，独立董事无法克服这种合一对公司信息披露透明度的负面影响（崔学刚，2004）。在我国，内部人控制的情况较为严峻，独立董事无法发挥作用，独立董事制度虽好却形同虚设。

表3　华锐风电 2011 年独立董事出席董事会的情况

独立董事姓名	本年应参加董事会次数	以通信方式参加次数	委托出席次数	缺席次数	是否连续两次未亲自参加会议
张　宁	12	5	1	1	是
张　勇	12	5	0	0	否
赵鲁平	12	5	1	0	否

资料来源：华锐风电 2011 年年报。

华锐风电存在二职合一的情况，内部人控制严重，独立董事不能加强董事会运作的透明性与公正性，失去了在公司中的外部监督作用，对信息披露质量的改善起不到明显的作用。如表 3 所示，在三名独立董事任职期间从未对公司的有关事项提出异议，在 2011 年，独立董事的参会率很低，不能全面了解公司的日常经营和监管活动，在 2011 年的财务造假与信息披露违规问题上未尽到勤勉义务。

一方面韩俊良作为创始人和董事长控制着董事会，董事会失去了独立性，不能独立地行使其作为决策机构的职责，一旦韩俊良本人的决策出现严重失误而董事会无法纠正，将导致公司陷入困境。另一方面董事会与经理人员同一，韩俊良担任董事长和总裁，财务总监及部分副总裁也是董事会成员，这种董事会和管理层的高度重合以及独立董事的外部监督失效的情况，导致董事会对管理层的监督作用严重弱化，管理层的权力缺乏必要的有效的制约。董事会独立性低下、监督职能缺失、内部人控制严重是华锐风电 2011 年财务造假、信息披露违规的重要原因。

（二）股权结构

1. 股权集中度

股权的集中度对公司治理有显著影响，股权集中度可分股权高度集中、股权高度分散和股权相对集中三种。华锐风电作为混合所有制企业，在上市之后其最大股东持股比例只有 16.86%，与我国民营企业上市公司第一大股东持股比例均值 32.61% 相比，数值较低，属于股权高度分散结构。

表 4　2010 年及 2011 年前四名股东持股情况

前四名股东持股情况				
股东名称	股东性质	2010 年持股比例（%）	2011 年持股比例（%）	实际控制人
大连重工·起重集团有限公司	国有法人	20.00	16.86	大连市国资委
北京天华中泰投资有限公司	境内非国有法人	13.33	11.94	韩俊良
Future Material Investment Limited	境外法人	13.33	11.94	SBI Holdings 等境外投资人
西藏新盟投资发展有限公司	境内非国有法人	11.67	10.45	尉文渊、树跃进

2. 股权制衡度

股权制衡度是公司治理的重要内容。股权制衡度持股比例指标 Z，股东通常根据持股比例行使表决权，通过 Z 指数能够计算第一大股东同第二大至第 N 大股东之间股权比例的数值为：

$$Z = \frac{\sum_{i=2}^{m} S_i}{S_1}$$

本文研究第二至第五大股东对第一大股东的制衡度，当 Z 大于 1 时说明该企业股权制衡度较高，低于 1 时则说明制衡度低。通过表 4 计算华锐风电的 Z 值为 2.466，相对于一般民营企业平均 Z 值均低于 1 的情况，华锐风电有一个相当高的股权制衡度。

华锐风电的股权结构长期以来都是较为分散的，这种分散的结构形成了一个比较高的股权制衡，如前 5 名的股东中任意两名非国有股东的联合都能对持股比例最高的国有股东形成制衡。但是股权高度分散，股东人数众多，小股东定期获得的股利并不高，由于信息不对称以及参与公司治理的成本过高，容易产生"搭便车"的心理，小股东没有充足的动力参与公司治理和监督管理层，导致小股东"用脚投票"的现象非常明显。小股东"搭便车"行为使部分信息主体缺失，在缺少大股东的情况下进一步使实际控制权向管理层转移。此时，若公司没有有效的监管措施，管理人员很容易通过各种方式实施舞弊，这严重地影响了信息披露的质量。因此，虽然华锐风电的股权较为分散，不存在一股独大的情况，但是也使得管理层失去制约，权力过大。

从私募股权投资者（简称 PE）方面来看，PE 的最终目的是获得资本增值后退出，私募股权投资追求利益的方式决定其有理由主动参与被投资企业的公司治理，从而提高治理水平。而公司治理水平决定了公司是否能妥善处理各权益主体之间权责配置和利益分配的情况，这在很大程度上解决了代理问题，降低了代理成本，提高企业价值增加股东财富，从根本上维护股东利益（王丹，2014）。我国私募股权投资现状是一旦所投资的公司公开募股后，大部分 PE 都会尽快套现走人，他们无法对被投资公司创造可持续价值，对提高企业经济绩效的作用不明显，很难进一步提高公司治理的水平（严晓情，2011）。受国家政策风向影响，风电行业整体发展放缓，需求骤降，因为 PE 的最终目标是套现尽快退出以及韩俊良本人的业内声望和铁血手腕，所以 PE 更多的是"搭便车"，选择将管理权委托给创始人，放弃了对公司治理的参与。但是对于企业来说，PE 给其带来的附加值——公司治理，能给企业带来更多财富。

（三）监事会

监事会是企业组织结构中的重要组成部分，主要的作用是对各董事、高管人员的工作实施监督，形成对董事会与管理层的制衡，保证企业全面协调发展。目前我国监事会的治理水平低，缺乏对监事激励与约束方面的规定，监督作用不能有效地发挥，更是无法约束信息披露违规行为。

表 5 2011 年华锐风电监事会人员

姓　名	具体职务	任职开始日	在公司担任其他职务
徐　成	监事会主席	2009 - 08 - 26	
许玉生	职工监事	2009 - 08 - 26	财务副总监
赵　洋	职工监事	2009 - 08 - 26	董事会办公室主任

从华锐风电的内部组织结构来看，股东大会下设董事会和监事会。三个监事成员中徐成任华锐风电监事会主席同时也曾是大连重工起重计财部部长，韩俊良与监事会主席徐成同时具有大连重工起重的背景。许玉生作为职工监事兼任财务副总监，而监事的职责之一是检查公司的财务，这就形成了自己监督自己的局面，很容易出现舞弊的现象。由于韩俊良长期以来的独断专权，这种人员结构的监事会很难认真、积极地履行监督职责，监管作用得不到有效发挥，信息披露违规的风险增加。

（四）内部控制

审计委员会由董事会设立，主要对企业内部控制的有效性、自我评价以及财务报告的可靠性进行监督。内部控制的有效性是保证财务信息真实可靠的重要前提，内部控制存在缺陷的公司更容易发生信息披露违规，因此有效的内部控制对合规合法的信息披露具有积极的作用。

表6 华锐风电内部控制委员会成员

姓　名	职　务	任职开始日	任职结束日
韩俊良	会　长	2012 – 08 – 28	2013 – 04 – 25
刘　会	会　员	2012 – 08 – 28	2013 – 04 – 25
张　勇	会　员	2012 – 08 – 28	2013 – 04 – 25
张　宁	会　员	2012 – 08 – 28	2013 – 04 – 25
赵鲁平	会　员	2012 – 08 – 28	2013 – 04 – 25

数据来源：国泰安数据库。

在上市之前，华锐风电已经建立起一套内部控制制度，但这套制度并没有得到有效的运作，存在重大缺陷。2013年，公司聘请的会计师事务所对华锐风电出具了非标准内部控制审计报告，认为公司的财务报告内部控制存在以下重大缺陷：公司未对存货等实物资产实施有效控制，造成存货等实物资产与账面记录存在重大不一致。

华锐风电内部控制规范实施的工作由总裁韩俊良负责，形成自己监管自己的情况，不相容职责未分离，内部控制规范不能得到完整有效的执行。2011年华锐风电利润大幅度下滑，为粉饰财务报表，虚增营业收入24.3亿元。经证监会调查，部分生产人对产品进行虚假出库入库操作；公司的客服人员伪造虚假的吊装单，这些吊装单标注日期或收入确认时点临近资产负债日；财务人员根据虚假凭证进行账务处理。因为这些行为均得到了来自管理层不同程度的纵容和应允，所以虚增利润这一系列行为能一直隐瞒到2013年，直到公司进行财务重述才被外界发现。这一现象足以证明华锐风电内部控制存在重大缺陷，高层管理人员凌驾于内部控制之上，能够随心所欲地对财务报表进行粉饰，致使披露的信息质量低下，最终侵害了信息使用者的利益。

从以上分析可以看出，华锐风电一直选择过于分散的股权结构，缺乏实际控制人，小股东与私募基金股权投资者放弃参与公司治理，董事会与高管人员严重重合，董事长兼任总裁并且一手控制董事会，导致了董事会的监督权流于形式，造成了内部人控制公司的局面。监事会服务于管理层，最基本的监督作用无法发挥，内部控制存在重大缺陷，管理层为了实现自身目的随意进行财务舞弊，披露虚假的信息，给各相关利益者造成了极大的损失。

综上所述，公司治理缺陷是信息披露违规的根源，内部人控制严重是直接原因，监督机构失职是根本原因。

五　对华锐风电完善公司治理的建议

（一）完善公司治理结构

必须加强董事会独立性，加强其控制决策权同时切实履行管理监督职责，各董事能独立发表意见，独立董事积极了解公司情况，参与公司管理。董事会与管理层之间应形成制衡的关系，做到不相容职责分离，发挥董事会的作用。

（二）充分发挥监事会的作用

保证监事会成员的独立性，提高监事自身的职责意识，充分发挥职工监事的独立监督能力，增加非关联监事成员的比例，防止其受到公司董事和管理层的控制，使监事会能独立地对董事会、公司高管以及整个公司的管理进行独立监督，从而提高信息披露的质量。

（三）完善股权结构

在股权分散的情况下，适当地增加第一大股东的持股比例能提高其对公司信息披露质量的积极影响，华锐风电不能只寻求制衡而选择这种过于分散的股权结构，应适当提高股权集中度，在与"一股独大"的股权结构之间寻找新的股权平衡点，降低内部人控制的可能性。激励中小股东、私募基金股权投资者参与公司的治理，完善公司治理结构，提高信息披露的质量。

（四）加强审计委员会对内部控制的管理监督

防止内部控制流于形式，克服内部控制存在的缺陷，防止管理层舞弊，提高信息披露的真实性。

参考文献

［1］ 张蕾蕾：《公司治理与会计信息披露关系研究述评》，《现代经济信息》2015 年第 13 期。

［2］ 杜权、陈俊杰、张婷：《华锐风电公司治理与财务重述案例研究》，《商业会计》2011 年第 12 期。

［3］ 刘晓波、王玥：《云南绿大地公司财务舞弊案例研究》，《会计之友》2013 年第 5 期。

［4］ 严晓情：《中国私募股权投资的发展与现状》，硕士学位论文，中国人民大学，2011。

［5］ 余银波：《监事会治理对信息披露质量的影响——基于深市民营上市公司的实证研究》，《科技情报开发与经济》2009 年第 6 期。

［6］ 崔学刚：《公司治理机制对公司透明度的影响——来自中国上市公司的经验数据》，《会计研究》2004 年第 8 期。

［7］ 武星岑：《民营上市公司关联交易的信息披露与治理缺陷——基于佛山照明的案例研究》，硕士学位论文，北京交通大学，2014。

［8］ 刘立国、杜莹：《公司治理与会计信息质量关系的实证研究》，《会计研究》2003 年第 2 期。

［9］ 王宣：《董事会治理与信息披露质量关系的实证研究》，硕士学位论文，郑州大学，2012。

第二编

公司治理与投融资效率

制度环境会影响内部控制对投资效率的治理作用吗？

陈　红　胡耀丹　余怒涛

（云南财经大学会计学院）

【摘　要】随着企业关注点从宏观政策到微观技术与创新的转移，如何在产能过剩的背景下维持企业健康发展是企业面临的重大挑战，其关键突破口在于提高企业投资效率。利用 2007～2013 年的数据，本文研究发现企业的投资效率受到公司内部治理 – 内部控制的影响，且这一效果在外部环境 – 制度环境较好时更为明显，说明制度环境越好，越有利于监督激励企业进行内部控制建设，内部控制也越能起到提高投资效率的作用。进一步的回归分析显示，内部控制与政府干预和要素市场发育程度（金融水平）存在替代效应，而与中介组织和法律环境存在互补效应，当政府干预越少、要素市场发育越不足、中介组织和法律环境越好时，内部控制越能发挥治理作用，上市公司越要加强内部控制建设，这一结论可为监管部门提供参考，也进一步说明了上市公司自身加强内部控制体系建设的必要性。

【关键词】投资效率　内部控制　政企关系　要素市场发育　法律环境

一　引言

2013 年，中国商务部等部门联合发布的《2013 年中国对外直接投资统计公报》显示，当年中国对外投资总额已突破千亿美元大关，创下 1078.4 亿美元的历史新高，同比增长 22.8%，是全球第三大对外投资国。然而，截至 2015 年 9 月，中国的生产者价格指数 PPI 已经连续 14 个季度负增长[①]，中

---

① 数据来源于 Wind。

国经济，尤其是制造业企业大多因产能过剩而面临经营困难的困境。世界第三大投资国大而不强，是中国经济发展过程中的瓶颈问题。对此，许小年等学者（2015）认为这是投资驱动增长模式的必然结果，其中部分原因归咎于企业自身决策不当，尤其是2008年"四万亿"刺激政策出台后，众多企业盲目地进行非效率投资和过度建设。进入十三五规划之初，企业关注点从宏观政策到微观技术与创新转移，如何真正提高企业的投资效率，对于实现"中国制造"和"中国梦"、成为投资大国强国意义非凡。与此同时，国家也出台了一系列的政策，旨在从制度上帮助企业缓解产能过剩，提高投资效率。2014年4月28日，国家发改委、外交部和商务部联合发布了《推动共建丝绸之路经济带和21世纪海上丝绸之路的愿景与行动》，确定了致力于开拓区域市场、促进投资消费的"一带一路"发展战略理念。

现有研究分别从企业面临的外部融资（程新生等，2012）、银企关系（王善平等，2011；俞鸿琳，2012）、政府治理（陈德球等，2012）、治理环境（李延喜等，2015）等外部制度约束和会计信息透明度（袁知柱等，2012）、财务杠杆水平（徐玉德和周伟，2011）、公司治理结构（陈晓东等，2009；冉茂盛等，2010）等企业内部因素来探讨投资效率的影响因素，部分研究发现降低信息不对称，减小代理成本的内部控制对于非效率投资具有一定的治理作用（李万福等，2011；干胜道和胡明霞，2014）。组织决策和结构安排都与制度环境息息相关（Paul，1975），我国是一个区域发展很不平衡的国家，处在不同地区的公司面临的制度环境不同，内部控制的执行效果及治理作用也将有所不同（Lang，2008；Patterson & Smith，2007；赵息和苏秀花，2012），作为内部控制的重要经济后果，较少有文献考虑外部制度环境是否会影响内部控制对投资效率的治理作用。

因此，本文以制度环境为情景变量，对不同制度环境下内部控制与投资效率之间的关系进行实证分析，探讨外部制度环境是否会影响内部控制对投资效率的治理作用，旨在为监管者制定政策提供依据，帮助企业分析投资效率低下的内外部原因，作为上市公司走出产能过剩困境的参考。研究发现，内部控制能够提高投资效率，减少非效率投资，尤其是过度投资。所处制度环境越好的公司，其内部控制对非效率投资的治理作用越强。进一步的结果显示，内部控制与政府干预和要素市场发育程度（金融水平）存在替代效应，而与中介组织和法律环境存在互补效应，当政府干预越少、要素市场发育不足、中介组织和法律环境越好时，内部控制越能发挥治理作用。本文的余下部分安排如下：第二部分为文献回顾，第三部分为理论分析和研究假设，第四部分为研究设计，第五部分进行实证检验，最后得出本文的结论，并在此基础上提出相关的政策建议。

二　文献回顾

（一）基于代理理论的投资理论和投资效率

将投资理论追溯至 20 世纪 70 年代，以 MM 理论为代表的新古典综合派的投资理论认为企业投资完全由资金成本等真实因素决定，而与金融因素无关（Modigliani & Miller，1958），因此可用投资模型和托宾"Q"模型对企业投资需求进行解释。当资本市场出现信息不对称时，企业从内外部获得资金的成本将有所差异，体现为外部融资的代理成本（Myers & Majluf，1984；Bernanke & Gertler，1989）。显然，企业的投资决策与外部融资代理成本息息相关，难免受到金融因素的影响。同时，信息不对称将导致企业投资决策中的逆向选择和道德风险（Hubbard，1998），加上经济周期性波动，投资机会不再是企业投资行为的唯一驱动力。

根据委托代理理论，代理成本的存在通常会导致公司投资效率低下。现有研究主要从以下几个视角进行分析（郝颖，2010）：一是经理的"帝国建设"愿景会导致投资过度（Jensen，1986；Stulz，1990）。根据 Jensen（1986）的叙述，管理层与股东的利益和激励会因公司规模及股东分红而有所冲突，尤其是在有更多现金流的公司。规模扩张得越快对管理层越有利，如获得更多的晋升机会和更高的薪水，因此，管理者在扩大规模时不一定是出于提高公司价值的考虑。由于目标函数不一致，经理控制权私利在实证检验中与企业规模、投入规模、产出规模等都成正比（Stulz，1990；Hart & Moore，1995 等）。二是管理者出于机会主义的考虑而进行非效率投资，且主要是投资不足。管理者对声誉及职业的重视通常会致使他们进行一些能够提高企业短期绩效的投资，而忽略对股东更有意义的长期项目（Narayanan，1988），更严重的是，股东通常无法判断管理层是否牺牲长期利益而进行短期投资，尤其是当经理人与股东激励不相容时，经理人更可能会投资于成长机会利好的项目（Shin & Kim，2002）。三是经理人员过度自信和风险防御导致非效率投资。Heaton（2002）认为过度自信的经理人员倾向于高估投资项目的预期收益，从而导致资源不合理配置，投资低效率；与此相对，有些经理人员倾向于"平静"的生活，出于职业安全方面的考虑，管理者不愿意冒险投资新的项目，从而导致对原有项目的过度投资（Holmstrom 等），也有管理者会为了避免证明以前决策的失败，对效率不高的项目继续进行投资，从而引发了过度投资（Baker 等）。

因此，基于代理理论对投资理论和投资效率的研究认为，一方面，信息不对称导致公司投资受融资约束，资源配置低效；另一方面，股东与管理者之间的代理问题也导致非效率投资。杨培鸿（2006）从信息是否对称的角度出发，研究寻租对投资量的影响，发现信息不对称时，投资量低于社会最优量。辛清泉等（2007）在代理理论框架下，以经理薪酬为视角的研究发现，上市公司会因薪酬契约失效而出现投资过度；也有研究同时检验了代理问题和非对称信息对投资效率的影响，发现代理问题越大的公司越容易发生严重的过度投资，另外，信息越不对称的公司所受的融资约束越大，越容易出现投资不足（徐晓东等，2009），此时，提高会计信息透明度能够促进资源的优化配置（袁知柱等，2012）。

（二）内部控制对投资效率的影响

自从 SOX 颁布实施以来，国内外涌现出一大批关于内部控制，尤其是针对第 302 条和第 404 条款的研究。主要集中研究内部控制对改善会计信息质量、保护投资者权益、降低融资成本、提高公司价值等方面的作用，只有少部分研究探讨了内部控制对非效率投资的影响作用，且研究结论不一。具体地说，在改善会计信息质量方面，Ashbaugh‐Skaife 等（2008）发现相对于未报告内控缺陷的公司，披露内控缺陷公司的应计项目质量更低、异常应计值更高，即内控质量对会计信息质量有显著影响，研究结论与 Doyle et al.（2007）、Altamuro & Beatty et al.（2010）一致，国内学者林斌和饶静（2009）也发现在中国公司中同样存在资源披露内控鉴证报告的公司有更高的会计信息质量。在降低融资成本方面，一些学者发现由于内部控制有助于提高盈余质量，从而能够恢复投资者信心（Hammersley et al.，2007；Ashbaugh-Skaife et al.，2009）。在提高公司价值方面，Litvak（2007）以美国上市公司及交叉上市公司为样本，对比研究发现，内部控制的实施为公司吸引更多投资者，提升公司价值。

在对投资效率的影响方面，Cheng et al.（2013）以披露内部控制缺陷的公司为样本，发现在内控信息披露前，公司在财务受限（不受限）的时候有投资不足（投资过度）的现象，但在内控信息披露后，投资效率得到显著改善。基于资源配置视角，于忠泊和田高良（2009）发现内部控制自我评价报告的披露与审核对上市公司投资效率没有显著影响；相反，用公司是否存在重大内部控制缺陷来衡量内部控制质量时，李万福等（2011）的研究显示内部控制在公司投资中起到一个缓和的作用，即当公司面临投资过度或投资不足的非效率投资时，低质量内控加剧了这两种现象的发生。其余研究分别从公司治理（方红星和金玉娜，2013）、政府层级（孙慧和程柯，2013）、管理层权力（干胜道和胡明霞，2014）、货币政策（李倩等，2014）、关系型交易（林虹等，2014）、会计信息质量（赵丽锦，2014）、企业生命周期（刘焱，2014）等视角进行探讨。他们的研究发现内部控制对操作性非效率投资有抑制作用，尤其是对国有上市公司抑制作用更为明显，会计信息质量是内部控制起作用的一个重要中介变量，并且，内部控制对于货币政策和关系型交易引发的非效率投资也有抑制作用，但这种作用会受制于管理层权力。

（三）制度环境对企业的微观作用

在制度经济学中，制度是影响社会经济结构和企业效率的重要因素，不同的制度因素构成了制度环境（王倩，2014）。针对我国特殊的制度环境，学者从多个角度研究了其对企业的微观作用，如制度环境与信贷资金配置（方军雄，2007）、与公司资本投资的关系（陈运森和朱松，2009）、债务融资（叶康涛等，2010）、公司治理的演进（魏明，2011）等。作为重要的微观行为，制度环境对企业的投资行为及效率、内部控制的执行效果都会有微妙的影响。从法律制度出发，研究发现法律制度好的公司具有相对高的短期债务和相对低的长期债务（肖作平，2009），同时，较好的法律环境会促进审计质量对非效率投资的抑制作用（翟华云，2010），总体说来，加强法治有助于提高上市公司投资效率（万良勇，2013）。从政企关系出发，陈运森和朱松（2009）的检验发现政治关系给企业带来更多的外部融资便利，可提高投资效率，且这一作用不受制度环境的影响；曹亚勇和于丽丽（2013）得出政府干预使得地方政府控制公司出现非效率投资，履行社会责任则可以消除部分干预的结论；赵静和郝颖（2014）得出相似的结论，但她们发现政府干预对企业过度投资的加强和投资不足的缓解具有非对称性；谭利和杨苗（2013）分析了制度因素对公司治理与投资效率关系的影响，发现较低的政府干预程度和较高的金融发展水平能强化公司治理对投资效率的促进作用，法律环境对这一关系则无明显影响。张兴亮（2013）则分析了制度因素对财务报告质量对企业投资的影响，财务报告质量能够缓解投资不足与投资过度的现象，但这种关系显著存在于制度环境较差的样本之中。

关于制度环境对内部控制执行效果的影响，目前只有较少文献进行过讨论。赵息和苏秀花（2012）的理论分析认为，市场化水平较高的地区，通常伴随着较高的信息质量和透明度，对内控执行效果有正向影响；较好的法律水平也会促进企业较好地制定并执行内部控制的相关条例；而政府干预则对内部控制执行效果有负向影响。刘启亮等（2012）的实证分析则表明，市场化程度较高或政府干预程度较低的公司，其内部控制质量较高。

综上所述，目前对于投资效率的研究已经取得了丰富的成果，学者从帝国建造、机会主义、过度自信或风险防御的角度分析了非效率投资的内部原因，也对提高投资效率的途径进行了探讨。其中，信息不对称和代理成本是导致投资效率低下的重要原因，良好的内部控制有助于缓解信息不对称、降低代理成本，但现有研究对于内部控制对投资效率的治理作用尚未达成共识。研究证实了制度环境对微观企业的影响，企业信贷资金配置、公司资本投资、债务融资等微观行为都与制度环境息息相关，内部控制是企业内部制度安排，其执行效果容易受到企业所处外部制度环境的影响，而尚未有研究探讨过内部控制对投资效率的治理作用是否会受到制度环境的影响。

三　理论分析和研究假设

（一）内部控制与投资效率

内部控制对投资效率的治理作用首先体现在内部控制的五大要素和三大目标上。根据 COSO 对内部控制的定义和规定，内部控制的五要素包括内控环境、风险评估、控制活动、信息与沟通、监督与评价。作为五大要素的基础，内控环境的好坏直接决定了公司投资决策的可靠性和合理性（李万福和林斌等，2011）；良好的风险评估有助于管理层及投资者在项目论证过程中对风险有较好的掌控，在项目进展过程中对存在较大风险的环节进行矫正，从而减小过度投资或投资不足的概率；控制活动贯穿管理活动整个过程，有助于减少管理者的自利机会，可抑制管理层逆向选择；会计信息质量与内控质量息息相关，较高的信息透明度有助于降低股东与管理者之间的信息不对称，股东对投资项目的信息掌握得越充分，公司越能进行有效率的投资；内控监督与评价是对投资项目及时纠偏的关键环节。同时，在五要素的基础上，内部控制的实施要达到以下几个目标：保证财务报告的可靠性；遵循相关秩序法规；提高企业经营效率效果。有效的内部控制可以通过提高财务报告质量降低信息不对称性，向股东传递更可靠的投资信息；可以通过遵循相关秩序法规，促进公司对合法合规的项目进行投资；为了实现内部控制的预期目标，管理者将会理性地减少过度投资或投资不足，提高资本配置效率，从而提高企业经营效率效果。

作为一种由董事会、经理层及企业全体员工共同完成的制度安排，内部控制的执行有助于对管理者进行有效监督和激励，对代理成本有明显的缓解作用，能够降低显性及隐性代理成本。因此，不论从内部控制的要素和目标进行分析，还是基于内部控制对代理成本和信息不对称的缓解作用，内部控制都能够起到提高公司投资效率的作用。具体表现在投资不足的公司中，内部控制质量越差，投资不足现象越明显，相反，内部控制质量越高，投资不足程度越低。而在投资过度的公司中，内部控制质量越差，过度投资越明显；内部控制质量越高，过度投资程度越低。

因此，提出本文假设：

H1：其他条件一致时，内部控制质量越高，投资效率越高。

H1a：其他条件一致时，内部控制质量越高，过度投资程度越低。

H2b：其他条件一致时，内部控制质量越高，投资不足程度越低。

（二）制度环境、内部控制与投资效率

制度环境作为一种宏观外生变量，在众多研究中已表现出对企业微观制度实施的影响作用。作为企业的制度安排，内部控制在不同的制度环境中的执行力度存在差异（刘启亮等，2012），制度环境越好，越有助于推动上市公司进行良好的内部控制，进而有助于提高内部控制的运行效率，因此，本文认为，内部控制和总体制度环境对于提高投资效率具有互补效应。原因在于：（1）制度环境较好的地区，其经济发展水平相对较高，市场竞争较为有序，企业对高效的内部控制也有较大需求，会积极主动地进行内部控制建设，内部控制运行效率也将随之提高。（2）制度环境较好的地区，市场对于公司所提供信息的真实完整性有较高要求，有利于减小信息不对称，对内部控制的经济后果和运行效率有增量作用。（3）制度环境较好的地区对市场主体行为的约束和规范更加有效，企业面临的交易成本也较低，有利于激励企业遵守各项规章制度，加强内部控制体系建设和执行效果。以投资效率衡量内部控制的运行效率时，制度环境越好，内部控制越有效，越能提高企业投资效率。制度环境能强化内部控制对投资效率的治理作用。因此，提出本文第二个假设。

H2：相对于制度环境基础薄弱的公司，制度环境好时内部控制对投资效率的作用更强。

根据樊纲、王小鲁（2010）的研究，我们认为至少应该从以下三个维度来进一步探讨具体制度环境对内部控制和投资效率之间关系的影响：政府与市场的关系（政府干预）、要素市场发育（金融发展水平）、中介组织发育与法律环境（法律环境）。

首先，作为转型经济国家，我国政府对企业的经营活动有较大影响，尤其是对企业的投资决策有所干预。这主要是由于政府与市场关系较为密切时，企业一方面可以享受政府带来的融资优惠，另一方面也承担着带动

当地经济发展的现实任务，因此企业的投资决策容易受到政府干预（Shleifer & Vishny，1994）。从投资资金来源来看，好的内部控制能够为资金提供者（如银行）传递经营状况良好、运行风险较小等相关信号，资金提供者根据企业内部控制判断是否为企业提供贷款；而当政企关系较好、政府干预程度较高时，政府可能会干预企业贷款行为，甚至为其进行担保（Dinc，2005），从而降低内部控制对资金提供者的参考作用。从投资资金去向来看，好的内部控制对风险评估有较高要求，能够为管理者提供与投资项目相关的风险信息，管理者依据企业内部控制所提供的信息做出相应的投资决策；而当政企关系较好，政府干预程度较高时，政府可能干预企业的投资决策，管理者甚至不得不做出非效率的投资决策，从而降低管理者依据内部控制信息做出判断的需求。因此，政府干预程度会影响内部控制对投资效率的治理作用，提出本文 H2a：政企关系与内部控制对投资效率的影响具有替代效应，内部控制对投资效率的治理作用在政企关系差的地区更显著，而在政企关系好的地区则不显著。

其次，要素市场发展水平，尤其是金融市场化程度对企业的投资行为也有较大的影响。在资金获取方面，资金提供者可以根据内部控制评价报告提供的信息做出贷款决策，尤其是在金融市场化程度较低的地区，公司的融资渠道受限，投资资金处于卖方市场，资金提供者有更多的时间和精力考察内部控制和风险管理情况，内部控制的作用得到强化；在资金监管方面，当要素市场发展水平较高时，银行对贷款公司的监管更为密切，债务的治理作用有所强化，同时能为投资决策提供更为理性的外部环境，从而有利于提升企业的投资效率，内部控制作用会相应有所弱化。因此，要素市场发育程度会影响内部控制对投资效率的治理作用，提出本文 H2b：要素市场发育程度与内部控制对投资效率的影响具有替代效应，内部控制对投资效率的影响在要素市场发育较差的地区更显著，而在要素市场发育较好的地区则不显著。

最后，我国各地的中介组织发育程度及法律环境不同，对投资效率的影响也不同，十八届四中全会以来，国家对法律和制度更加重视，加强了法律的监督作用。在会计事务所、律师事务所等中介组织较为成熟、法律环境较好的地区，公司财务报告的质量、信息不对称性等问题都会得到缓解，公司的金融主体产权得到更好的保护，公司所面临的违约成本更高，内部控制对投资效率的治理作用将有所强化。而在中介组织和法律均欠发展的地区，公司所面临的违约成本较低，不利于内部控制目标的实现，内部控制的效果得不到应有的体现，可能会弱化其对投资效率的治理作用。地区中介组织发育程度及法律环境会影响内部控制对投资效率的治理作用，在地区中介组织发育程度及法律环境较好的地区，内部控制对投资效率的作用更明显。因此，提出本文 H2c：中介组织发育程度与内部控制对投资效率的影响具有互补效应，内部控制对投资效率的影响在中介组织发育较好的地区更显著，而在中介组织发育较差的地区则不显著。

四 研究设计

（一）数据来源与样本选择

本文选取 2007～2013 年沪、深两市全部 A 股为研究样本，并对样本进行以下挑选和处理：（1）剔除样本缺失值；（2）考虑到金融企业在投资方面可能具有的特殊性，剔除金融类企业；（3）考虑到即将退市企业对制度环境的不同反应，剔除 ST 和 ST* 企业；（4）由于在计算投资效率时需要使用上一年度数据，因此使用了 2006 年度的数据并且剔除当年 IPO 的企业；（5）对所有连续变量进行 99% 分位值的缩尾处理（winsorize），即令所有小于 1% 分位值和大于 99% 分位值的数值分别等于 1% 分位值和 99% 分位值。经过上述处理后，共得到 11235 个观测值，除内部控制数据使用深圳迪博公司的内控指数外，其余数据均来自 CSAMR。研究采用 OLS 回归法，在 STATA14 中完成相关检验。

（二）主要变量的度量

1. 制度环境的度量

制度环境是一项包括经济环境、政治环境、法律环境等多方面的综合指标，樊纲等（2010）根据大量调查统计，编制了中国市场化进程指标体系。本文借鉴已有研究的做法，结合本研究的内容，采用"市场化指数"作为制度环境的替代变量。另外，为全面反映制度环境的主要特性，进一步探究制度环境的不同维度对公司治理与投资效率的影响，本文又选取"市场化指数"的几个分指数（政府与市场的关系指数、要素市场发育指数与中介组织发育和法律环境指数）作为相关制度环境变量，从不同维度深入分析制度环境对公司治理与投资效率的实际影响。其中，政府与市场的关系是个反向指标，其指数越大，表明政府对企业干预程度越低；要素市场发育指数包含金融业竞争、信贷资金分配市场化、引进外资程度、劳动力流动性和技术成果市场化，该指数越高，说明金融发展环境越好；中介组织和法律发育指数衡量了市场中介组织的发育、对生产者和消费者合法权益的保护以及产权保护，该指数越大，表明当地的法律环境越好。市场化进程越快的地区，法律环境越好，政府干预越小，金融发展水平越高。由于研究数据时间跨度为2007~2013 年，而目前的市场化进程数据只更新至 2009 年，考虑到各地区市场化进程在研究时间范围内相对稳定，本文使用 2009 年的市场化进程相关数据对 2010、2011、2012 及 2013 年的市场化进程相关数据进行替代。

2. 内部控制的度量

2008 年内部控制体系逐步完善以来，国内涌现出大量关于内部控制的实证研究，当然也有很多涉及内部控制有效性及内部控制质量高低的研究。回顾这些研究成果，大多学者以是否披露内部控制自我评价报告和内部控制审计报告来对内部控制有效性进行量化。然而有关资料显示，虽然99% 分位值披露了内部控制评价报告和内部控制审计报告的上市公司都认为其内部控制体系是有效的，但这种有效性水平是有差异的，并且这些差异不能通过是否披露内部控制评价报告和内部控制审计报告有所体现（胡为民，2012）。因此，本文采用"迪博·中国上市公司内部控制指数"来衡量上市公司内部控制有效性水平。该指数总分为 1000，为避免与其他变量之间的级数差异，本文将此指数除以 100，用以衡量内部控制质量。

3. 投资效率的度量

参考辛清泉（2007）和李万福等（2010）的研究，本文采用 Richardson（2006）的模型来计算企业的投资效率。该模型通过回归估算企业正常的投资水平，残差即为非效率投资，其中大于 0 的残差为投资过量，小于 0 的残差则为投资不足。

$$Inv_t = a_0 + a_1 Growth_{t-1} + a_2 Lev_{t-1} + a_3 Cash_{t-1} + a_4 Age_{t-1} + a_5 Size_{t-1} + a_6 Ret_{t-1}$$
$$+ a_7 Inv_{t-1} + \sum Industry + \sum Year + \varepsilon \quad （模型 1）$$

模型（1）的各变量分别是：Inv_t 为根据企业上一年经营状况预期的在 t 年的投资量；$Growth_{t-1}$ 为企业 $t-1$ 年年末的增长机会，本文使用 $Tobin-Q$ 来衡量；Lev_{t-1}、$Cash_{t-1}$、Age_{t-1}、$Size_{t-1}$、Ret_{t-1} 和 Inv_{t-1} 分别为企业 $t-1$ 年年末的资产负债率、现金持有量、公司成立时间、公司规模、股票年回报率和实际投资额。此外，模型还控制了行业（$Industry$）和年度（$Year$）。采用此模型进行回归，并对残差进行预测后，本文以残差取绝对值作为非效率投资的度量，该值越大，表明企业非效率投资越严重；将大于 0 的残差命名为 $over$，代表过度投资；小于 0 的残差则命名为 $under$，代表投资不足；另外，本文对 $under$ 取绝对值，该值越大，企业的投资不足现象越明显。

（三）模型设计和变量定义

为了检验在提高企业投资效率方面，制度环境是否会影响内部控制的治理作用，形成替代或互补机制，本文设计了以下模型进行检验。

$$e_t/over_t/undert_t = a_0 + a_1 ici + a_2 FCF + a_3 Lev + a_4 Size + a_5 First + a_6 Board + a_7 Rate + a_8 TQ$$
$$+ a_9 Age + a_{10} SOE + a_{11} Dua + \sum Industry + \sum Year + \varepsilon \quad 模型（2）$$

模型（2）中，被解释变量 $e_t/over_t/under_t$ 分别为模型（1）估计出的残差绝对值、正残差和负残差绝对值，分别从整体上度量非效率投资程度，过度投资程度和投资不足程度；解释变量 ici 为内部控制质量，除了用连续变量对内控质量进行度量外，本文还将其按照中位数进行分组，大于其中位数为高质量内控，反之为低质量内控；参考现有研究（李万福等，2010；李倩等，2014），本文还加入自由现金流、资产负债率、公司规模等作为控制变量，各控制变量的含义及计算方法见表 1 变量定义表。若模型（2）中采用三个不同被解释变量回归时 a_1 显著为负，那么假设 H1 和 H1a、H1b 均成立，反之则不成立。考虑到同一年度的变量之间可能具有共线性，本文在主回归时对所有解释变量和控制变量采用滞后一期数据。

在模型（2）的基础上，本文以樊纲等（2009）报告的市场化指数 Mi

衡量企业所处的制度环境，若在制度环境较好的地区内部控制能更好地提高投资效率（抑制非效率投资），系数 a_2 将在制度环境较好的组别中显著为负，此时 H2 成立，否则不成立。进一步，本文对所选取的市场化程度的三个二级指标——政府与市场的关系、要素市场发育程度与中介组织发育和法律环境分别按照其中位数进行分组回归，以检验具体制度环境如何影响内部控制对投资效率的治理作用。

表 1　变量定义表

因变量	Inv	投资额。计算方法为：（当期固定资产净额－上期固定资产净额＋当期长期投资净额－上期长期投资净额＋当期无形资产净额－上期无形资产净额）/平均总资产
	e	非效率投资。用模型（1）中的残差进行度量
	Over	过度投资。模型（1）中大于0的残差
	Under	投资不足。模型（1）中小于0的残差
自变量	Ici	内部控制质量。采用迪博内部控制指数除以100进行度量
	Mi	市场化指数。采用樊纲和王小鲁的指数进行度量，Mi1 代表政府与市场的关系；Mi2 代表要素市场发育程度；Mi3 代表中介组织发育和法律环境
控制变量	FCF	自由现金流量。计算方法为：（公司经营现金流量－折旧－摊销）/平均总资产
	Growth	公司的成长机会。采用 Tobin－Q 进行度量
	Lev	资产负债率。用于衡量公司的资本结构
	Cash	货币与交易性金融资产之和同总资产的比值
	Age	截至年末公司的成立时间
	Size	公司规模。用年末公司总资产的自然对数度量
	Ret	考虑现金红利再投资的年个股回报率
	Inv	（当期固定资产净额－上期固定资产净额＋当期长期投资净额－上期长期投资净额＋当期无形资产净额－上期无形资产净额）/平均总资产
	First	第一大股东持股比例，单位为%
	Board	董事会规模。用董事成员数量度量
	Drate	独董比例。独立董事人数占董事会人数比例
	SOE	产权。最终控制人为国有性质单位时取1，否则取0
	TQ	托宾 Q。衡量企业的成长机会，计算方法为（股权市值＋净债务市值）/期末总资产

五 实证检验

(一) 描述性统计

在按照模型回归之前，本文首先对变量进行描述性统计。如表 2 所示，在存在非效率投资的 11235 个研究样本中，共有 4888 个样本属于过度投资，6347 个样本发生投资不足。说明样本上市公司更多的是面临着融资约束、资金闲置等引起的投资不足，资本利用效率不高。过度投资均值、50 分位数、标准差和最大值均大于投资不足的对应值，说明虽然过度投资的企业少于投资不足的企业，但其非效率程度却更高。内部控制满分为 10 分，最大值为 9.932，均值和 50 分位数均大于 5 分，说明大部分企业的内部控制质量较高；但其最小值为 0，且标准差为 1.08，虽然内部控制推广执行虽有几年的历史，但各公司执行力度和执行效果存在较大差异。在公司治理方面，仍有部分公司独立董事占比小于证监会要求的至少 1/3 的比例，但均值 0.37 则满足要求。产权的 50 分位数为 1，说明所选样本中国有企业居多。其他变量所呈现的特征与现有文献大致相同，在此不再赘述。

表 2 描述性统计

variable	N	mean	p50	sd	min	max
Year	11235	2010	2011	2.030	2007	2013
E	11235	0.130	0.100	0.0900	0	0.430
Over	4888	0.140	0.120	0.110	0	0.470
Under	6347	−0.110	−0.100	0.0800	−0.360	0
Ici	11235	6.740	6.870	1.080	0	9.930
Mi	11235	9.040	9.020	2.050	0.380	11.80
Mi1	11235	8.890	9.160	1.400	−4.660	10.65
Mi2	11235	6.300	6.870	1.660	2	11.93
Mi3	11235	11.38	8.460	5.550	0.180	19.89
FCF	11235	0.0400	0.0400	0.0800	−0.200	0.270
Lev	11235	0.470	0.480	0.210	0.0500	0.910

variable	N	mean	p50	sd	min	max
Size	11235	21.76	21.62	1.230	19.16	25.21
First	11235	36.37	34.57	15.37	9.270	75
Board	11235	9.040	9	1.820	3	18
Drate	11235	0.370	0.330	0.0500	0.0900	0.560
TQ	11235	1.920	1.550	1.150	0.620	7.310
Age	11235	14.57	14	4.810	1	63
SOE	11235	0.510	1	0.500	0	1

（二）相关性分析

表 3 列示了主要变量的相关系数矩阵。除了非效率投资分别与过度投资和投资不足具有显著多重共线性外，其他变量之间的相关系数均小于 0.3，不存在多重共线性。且该相关性检验显示，内部控制与非效率投资和投资过度显著负相关，表明对过度投资具有显著的抑制作用；内部控制与投资不足的相关系数虽然为负，但并不显著。公司的自由现金流则与投资过度显著正相关，与投资不足显著负相关。另外在不考虑其他因素的影响时，公司成立的年份与投资不足显著负相关，这可能说明资质越老的公司，其所掌握的投资机会更多，但其面临较多的资金短缺，较容易发生投资不足，相反，其相应的内控质量也更低。产权与非效率投资，尤其是过度投资显著正相关，这可能由于国有企业在进行投资决策时受政府干预较大，较容易为完成政府任务而进行过度投资，因此有必要对企业所处的制度环境中政府与市场的关系进行考虑。

表 3　相关系数矩阵

	e	*over*	*under*	*ici*	*FCF*	*Lev*	*Size*
e	1						
over	0.999 ***	1					
under	-0.998 ***	.	1				
ici	-0.038 ***	-0.038 ***	0.018	1			
FCF	0.072 ***	0.140 ***	0.030 **	0.169 ***	1		

续表

	e	over	under	ici	FCF	Lev	Size
Lev	0.061 ***	0.139 ***	0.039 ***	− 0.028 ***	− 0.135 ***	1	
Size	− 0.011	− 0.007	0.017	− 0.009	− 0.025 ***	− 0.004	1
First	− 0.001	0.015	0.016	0.171 ***	0.065 ***	0.043 ***	0.005
Board	0.026 ***	0.037 **	0.015	0.128 ***	0.066 ***	0.149 ***	− 0.014
Drate	− 0.022 **	− 0.027 *	0.008	0.005	− 0.040 ***	− 0.019 **	0.025 ***
TQ	0.008	− 0.0110	− 0.052 ***	− 0.087 ***	0.127 ***	− 0.219 ***	− 0.002
Age	− 0.013	0.025 *	0.045 ***	− 0.084 ***	− 0.047 ***	0.149 ***	0.032 ***
SOE	0.069 ***	0.110 ***	− 0.001	0.084 ***	0.057 ***	0.272 ***	− 0.0120

	First	Board	Drate	TQ	Age	SOE	
First	1						
Board	0.023 **	1					
Drate	0.050 ***	− 0.334 ***	1				
TQ	− 0.159 ***	− 0.103 ***	0.0110	1			
Age	− 0.197 ***	− 0.040 ***	− 0.020 **	0.035 ***	1		
SOE	0.179 ***	0.245 ***	− 0.058 ***	− 0.104 ***	0.0140	1	

（三）模型 2 的回归

表 4 是模型（2）的回归结果，列示了内部控制对非效率投资的治理作用。当考察全样本时，内部控制与非效率投资在 5% 的水平上显著负相关，表明内部控制能显著抑制非效率投资，提高投资效率，假设 H1 通过检验。以投资过度的公司为样本时，内部控制与投资过度的系数在 10% 的置信区间上显著为负，内部控制能够显著减少过度投资现象，内部控制质量越高，过度投资越少，假设 H1a 通过检验。

表 4　内部控制与非效率投资

	(1) 全样本		(2) 过度投资		(3) 投资不足	
	系　数	T 值	系　数	T 值	系　数	T 值
ici	− 0.00372 ***	(− 3.69)	− 0.00831 ***	(− 4.57)	− 0.00186	(− 1.79)
FCF	0.0288 *	(2.25)	0.185 ***	(7.15)	0.0889 ***	(7.12)
Lev	− 0.00282	(− 0.63)	− 0.00698	(− 0.86)	− 0.00118	(− 0.25)

续表

	(1) 全样本		(2) 过度投资		(3) 投资不足	
	系　数	T 值	系　数	T 值	系　数	T 值
Size	0.000514	(0.69)	0.000532	(0.40)	− 0.00000852	(− 0.01)
First	0.0000663	(0.98)	0.000147	(1.21)	− 0.00000957	(− 0.14)
Board	− 0.0000720	(− 0.13)	0.000289	(0.29)	0.00143 *	(2.36)
Drate	0.00497	(0.24)	− 0.0338	(− 0.92)	− 0.0185	(− 0.88)
TQ	0.000200	(0.63)	0.000493	(0.38)	− 0.000250	(− 0.98)
Age	0.000178	(0.77)	0.000364	(0.85)	0.0000196	(0.08)
SOE	0.00270	(1.27)	0.0150 ***	(3.91)	0.00633 **	(2.88)
Dua	− 0.00681 **	(− 2.63)	− 0.0151 **	(− 3.21)	− 0.000575	(− 0.22)
年度	控制		控制		控制	
行业	控制		控制		控制	
截距	0.0126	(0.19)	0.0343	(0.41)	− 0.260 ***	(− 8.91)
N	9105		4134		4971	
$adj. - R^2$	0.085		0.047		0.189	

　　但以投资不足的公司为样本时，内部控制与投资不足的系数呈现不显著的正相关关系，没有体现出对投资不足的抑制作用，假设 H1b 没有通过检验。这一结果说明内部控制质量高的公司，其对投资项目的考察和审批更为严格，管理人员更趋向于保守稳健，因此能够显著抑制过度投资，而对投资不足的治理作用则较为薄弱。内部控制能够抑制非效率投资，表4还显示，当控制公司治理等因素时，上市公司成立的年份不再与非效率投资有显著关系，表明良好的公司治理和内部控制有助于缓解企业因生命周期而导致的非效率投资。

（四）模型（2）的分组回归

　　表5是模型（2）的分组回归结果。在全样本回归中，内部控制的系数在10%的水平上显著为负，正如前一个回归所证明的，内部控制能够抑制非效率投资，提高投资效率。进一步，当以制度环境（市场化程度）中值为分界线，将样本分为制度环境较好和制度环境较差两组时，

结果显示，当企业所处制度环境较好时，内部控制的系数在1%的水平上显著为负，内部控制依旧能够起到抑制非效率投资，提高投资效率的作用；而当企业所处制度环境较差时，能够提高投资效率的内部控制在制度环境的影响下反而无法发挥治理作用。表明内部控制对非效率投资的治理作用可能受到公司所处制度环境的影响，在制度环境较好时，内部控制运行效率较高，能够抑制非效率投资，而当公司所处制度环境较差时，内部控制所具有的治理作用无法发挥。那么，内部控制对过度投资和投资不足两种类型非效率投资的治理作用是否会受制度环境影响呢？我们进一步将样本按照非效率投资的方向和制度环境的好坏分为四组，回归结果如表6所示。

表5 内部控制、制度环境与非效率投资

	（1）全样本		（2）制度环境较好组		（3）制度环境较差组	
	系 数	T 值	系 数	T 值	系 数	T 值
ici	− 0.00372 ***	（− 3.69）	− 0.00518 ***	（− 3.80）	− 0.00194	（− 1.29）
FCF	0.0288 *	（2.25）	0.00995	（0.61）	0.0497 *	（2.48）
Lev	− 0.00282	（− 0.63）	− 0.000770	（− 0.13）	− 0.00544	（− 0.79）
Size	0.000514	（0.69）	0.00116	（1.20）	− 0.000357	（− 0.31）
First	0.0000663	（0.98）	− 0.0000662	（− 0.75）	0.000277 **	（2.67）
Board	− 0.000072	（− 0.13）	− 0.00104	（− 1.31）	0.000232	（0.28）
Drate	0.00497	（0.24）	− 0.0473	（− 1.71）	0.0457	（1.52）
TQ	0.000200	（0.63）	0.000260	（0.29）	0.000121	（0.34）
Age	0.000178	（0.77）	− 0.000205	（− 0.75）	0.000722	（1.76）
SOE	0.00270	（1.27）	0.00415	（1.47）	− 0.000234	（− 0.07）
Dua	− 0.00681 **	（− 2.63）	− 0.0107 ***	（− 3.34）	0.000313	（0.07）
年度	控制		控制		控制	
行业	控制		控制		控制	
截距	0.0126	（0.19）	0.0873 *	（2.14）	0.0759	（1.54）
N	9105		4680		4425	
adj. − R²	0.085		0.128		0.050	

表6 内部控制、制度环境、过度投资与投资不足

	过度投资			投资不足		
	（1）全样本	（2）制度环境较好组	（3）制度环境较差组	（4）全样本	（5）制度环境较好组	（6）制度环境较差组
	wover	wover	wover	wunder	wunder	wunder
ici	-0.00831***	-0.0153***	-0.00306	-0.00186	-0.000164	-0.00308
	(-4.57)	(-5.13)	(-1.32)	(-1.79)	(-0.12)	(-1.87)
FCF	0.185***	0.214***	0.166***	0.0889***	0.0741***	0.106***
	(7.15)	(5.68)	(4.72)	(7.12)	(4.61)	(5.33)
Lev	-0.00698	-0.0133	-0.00399	-0.00118	-0.00542	0.00549
	(-0.86)	(-1.13)	(-0.37)	(-0.25)	(-0.90)	(0.75)
Size	0.000532	0.00268	-0.00102	-0.00000852	0.000117	-0.000224
	(0.40)	(1.43)	(-0.56)	(-0.01)	(0.12)	(-0.18)
First	0.000147	0.0000856	0.000295	-0.00000957	0.000208*	-0.000256*
	(1.21)	(0.48)	(1.80)	(-0.14)	(2.29)	(-2.29)
Board	0.000289	-0.000000557	0.000148	0.00143*	0.00243**	0.000910
	(0.29)	(-0.00)	(0.12)	(2.36)	(2.92)	(1.01)
Drate	-0.0338	-0.158**	0.0283	-0.0185	0.00748	-0.0474
	(-0.92)	(-2.80)	(0.59)	(-0.88)	(0.27)	(-1.51)
TQ	0.000493	0.000749	0.000947	-0.000250	-0.000606	-0.000170
	(0.38)	(0.40)	(0.54)	(-0.98)	(-0.68)	(-0.63)
Age	0.000364	0.000137	0.000587	0.0000196	0.000394	-0.000318
	(0.85)	(0.25)	(0.87)	(0.08)	(1.41)	(-0.76)
SOE	0.0150***	0.0151**	0.00988	0.00633**	-0.000697	0.0146***
	(3.91)	(2.59)	(1.89)	(2.88)	(-0.24)	(4.12)
Dua	-0.0151**	-0.0199**	-0.00599	-0.000575	0.00476	-0.00838
	(-3.21)	(-3.15)	(-0.87)	(-0.22)	(1.43)	(-1.91)
年度	控制			控制		
行业	控制			控制		
截距	0.0343	0.0890	0.145*	-0.260***	-0.157***	-0.0377
	(0.41)	(1.00)	(2.42)	(-8.91)	(-4.22)	(-0.86)
N	4134	1759	2375	4971	2921	2050
adj. $-R^2$	0.047	0.083	0.036	0.189	0.240	0.129

表 6 显示，内部控制的系数只有（1）（2）两列中显著为负，这说明内部控制主要是通过减少过度投资而对非效率投资有一定的治理作用，且只有在制度环境较好时该治理作用才能得以体现。内部控制对于因投资不足导致的非效率投资无法起到治理作用，其系数在（4）（5）（6）列中均不显著，无论是全样本、制度环境较好还是较差，内部控制均无法减少投资不足。

（五）进一步的分析

为了细致分析具体制度环境对内控治理作用的影响，我们在模型（2）的基础上按照市场化程度的三个二级指标——政府与市场的关系指数、要素市场发育指数与中介组织发育和法律环境指数分别进行分组回归，结果如表 7 所示。

表 7 中，按各公司所处制度环境中"政府与市场关系（政企关系）"一项分组显示，该项分值较低，即政企关系较差，政府干预程度较小时，内部控制与非效率投资的系数在 5% 的水平上显著为负，而在政企关系好，政府干预程度较高时则不显著。表明政企关系与内部控制的治理存在替代效应，内部控制对投资效率的治理作用在政企关系差的地区更显著，假设 H2a 通过检验。按各公司所处制度环境中"要素市场发育"一项得分的分组显示，该项得分较高时，企业所处金融环境较好，内部控制与非效率投资的系数并不显著，相反，该系数在所处金融环境较差的组别中显著为负。这可能是因为金融环境越好，公司有越多的渠道获得融资，金融公司通过企业债务治理对非效率投资所起的抑制作用超越了内部控制，因此当要素市场发育较好时，内部控制对投资效率的作用不显著，假设 H2b 通过检验。按各公司所处制度环境中"中介组织发育与法律环境"一项得分的分组线束，当该项分值较高时，企业所处法律环境较好，内部控制的回归系数在 5% 的置信水平上显著为负，而该系数在法律环境较差时系数虽然为负但不显著。在会计师事务所等中介组织较为发达、法律环境较好的地区，公司的财务报告质量、信息不对称性问题有所缓解，内部控制的执行在法律保障下更有效，对投资效率有更好的治理作用。因此当中介组织和法律发育较好时，内部控制对投资效

率的作用更显著，假设 H2c 通过了检验。

表7　内部控制与非效率投资：按照制度环境子项目分组

	按 mi1 分组		按 mi2 分组		按 mi3 分组	
	政企关系好	政企关系差	要素市场发育程度高	要素市场发育程度低	中介组织和法律发展好	中介组织和法律发展差
ici	−0.00285	−0.00534**	−0.00266	−0.00481*	−0.00576**	−0.00415
	(−1.50)	(−2.59)	(−1.37)	(−2.31)	(−3.08)	(−1.92)
FCF	0.0126	0.0514	−0.000499	0.0474	0.00838	0.0519
	(0.57)	(1.87)	(−0.02)	(1.72)	(0.39)	(1.78)
Lev	−0.0133	0.00176	−0.0118	−0.00126	−0.00652	−0.00889
	(−1.71)	(0.19)	(−1.40)	(−0.13)	(−0.89)	(−0.87)
$Size$	0.00134	−0.000219	0.000133	−0.00185	0.000721	−0.000394
	(1.05)	(−0.14)	(0.10)	(−1.16)	(0.59)	(−0.23)
$First$	−0.0000963	0.0000670	−0.000281*	−0.000214	−0.0000111	−0.0000208
	(−0.79)	(0.48)	(−2.22)	(−1.48)	(−0.09)	(−0.14)
$Board$	−0.00182	0.00235*	−0.00308**	0.00116	−0.000710	0.00181
	(−1.60)	(2.12)	(−2.80)	(0.99)	(−0.67)	(1.50)
$Drate$	−0.0169	−0.0412	−0.0739	−0.0210	−0.0198	−0.0328
	(−0.44)	(−1.01)	(−1.81)	(−0.48)	(−0.56)	(−0.75)
TQ	−0.000745	0.000233	0.000244	−0.00318	−0.000575	−0.00187
	(−0.63)	(0.65)	(0.77)	(−1.66)	(−0.50)	(−0.98)
Age	−0.000887*	0.000777	−0.00103*	0.000349	−0.000727	0.000601
	(−2.09)	(1.25)	(−2.37)	(0.57)	(−1.76)	(0.90)
SOE	0.00554	−0.00307	0.0119**	0.00309	0.00602	−0.000339
	(1.51)	(−0.67)	(2.98)	(0.67)	(1.67)	(−0.07)
Dua	−0.0119**	0.00930	−0.00957*	0.00333	−0.00784	0.00392
	(−2.83)	(1.59)	(−2.03)	(0.55)	(−1.91)	(0.61)
年度	控制		控制		控制	
行业	控制		控制		控制	
截距	0.208***	0.112	0.128*	0.167	0.0848	0.271***
	(3.80)	(1.07)	(2.56)	(1.55)	(1.25)	(4.93)
N	2564	2333	2352	2355	2612	2179
$adj.-R^2$	0.116	0.061	0.138	0.054	0.118	0.062

此外，考虑到产权 SOE 的系数在各个回归结果中不稳定，我们进一步按照产权进行分组回归，结果如表 8 所示。在表 8 中，内部控制对非国有企业出现的非效率投资具有更明显的治理作用，这可能是因为国有企业承担着较多的政治负担，政治干预的强制性大于内部控制的治理作用。但与上文结果一致，内部控制对国有及非国有企业的投资不足并没有显著的治理作用。

表 8　内部控制与非效率投资：按产权分组

	全样本		过度投资		投资不足	
	国有企业	非国有企业	国有企业	非国有企业	国有企业	非国有企业
ici	-0.003^{*}	-0.004^{**}	-0.006^{*}	-0.010^{***}	-0.002	-0.001
	(-2.24)	(-2.71)	(-2.46)	(-3.51)	(-1.53)	(-0.55)
FCF	0.051^{**}	0.017	0.178^{***}	0.193^{***}	0.061^{***}	0.104^{***}
	(2.72)	(1.00)	(4.84)	(5.45)	(3.32)	(6.14)
Lev	-0.002	-0.004	0.001	-0.012	0.002	-0.004
	(-0.28)	(-0.67)	(0.10)	(-1.04)	(0.33)	(-0.65)
$Size$	-0.001	0.002^{*}	-0.001	0.002	0.002	-0.002
	(-0.91)	(2.15)	(-0.35)	(1.06)	(1.45)	(-1.55)
$First$	0.000^{**}	-0.000	0.000^{**}	-0.000	-0.000	0.000
	(2.89)	(-1.52)	(2.59)	(-0.90)	(-1.96)	(1.24)
$Board$	-0.000	0.000	-0.001	0.003	0.001	0.001
	(-0.19)	(0.31)	(-0.51)	(1.58)	(1.69)	(0.90)
$Drate$	0.002	0.002	-0.035	-0.041	0.012	-0.060^{*}
	(0.07)	(0.08)	(-0.73)	(-0.69)	(0.42)	(-1.98)
TQ	0.001	0.000	0.001	-0.002	0.000	-0.000
	(0.63)	(0.51)	(0.79)	(-0.78)	(0.13)	(-1.27)
Age	0.000	-0.000	0.000	-0.000	-0.000	0.000
	(0.90)	(-0.41)	(0.77)	(-0.49)	(-0.66)	(0.43)
Dua	-0.007	-0.005	-0.017^{*}	-0.010	-0.003	0.000
	(-1.63)	(-1.78)	(-2.20)	(-1.68)	(-0.61)	(0.08)
截距	0.032	0.033	0.030	0.062	-0.249^{***}	-0.204^{***}
	(0.44)	(0.79)	(0.33)	(0.86)	(-6.25)	(-4.46)

	全样本		过度投资		投资不足	
	国有企业	非国有企业	国有企业	非国有企业	国有企业	非国有企业
年度/行业	控制		控制		控制	
N	4984	4121	2377	1757	2607	2364
$adj. - R^2$	0.074	0.117	0.053	0.082	0.172	0.229

（六）敏感性测试

为了使结果更为稳健，本文做了如下稳健性测试。

（1）考虑到制度环境对投资效率的作用，本文参考刘启亮等（2012）的做法，按照制度环境的中位数设置虚拟变量 MI，当市场化程度大于其中位值时 MI 取 1，否则取 0。我们先用 MI 替代模型（2）中的 ici 进行回归，再将 MI 和 ici 同时代入模型回归，结果如表 9 所示。

表 9　制度环境与投资效率

	（1）		（2）	
	系　数	T 值	系　数	T 值
MI	− 0.00249	（− 1.23）	− 0.00176	（− 0.86）
ici			− 0.00363 ***	（− 3.59）
FCF	0.0209	（1.65）	0.0287 *	（2.24）
Lev	− 0.00283	（− 0.63）	− 0.00287	（− 0.64）
Size	0.000470	（0.63）	0.000509	（0.68）
First	0.0000384	（0.57）	0.0000709	（1.05）
Board	− 0.000370	（− 0.65）	− 0.0000837	（− 0.15）
Drate	0.00110	（0.05）	0.00476	（0.23）
TQ	0.000208	（0.66）	0.000203	（0.64）
Age	0.000232	（1.00）	0.000193	（0.83）
SOE	0.00212	（0.99）	0.00248	（1.16）
Dua	− 0.00667 *	（− 2.57）	− 0.00669 **	（− 2.58）
截距	− 0.00228	（− 0.03）	0.0137	（0.20）

续表

年度	控制	控制
行业	控制	控制
N	9105	9105
$adj. - R^2$	0.083	0.085

在表9中，第（1）列所示结果是只带入 MI 虚拟变量，此时 MI 的系数并不显著，当同时代入内部控制 ici 时，列（2）中 ici 的系数在1%的置信水平上显著为负，表明制度环境与投资效率之间的关系不影响本文所得出的结论。

（2）考虑到用滞后一期数据回归可能带来结果上的偏误，本文在稳健性检验中也用当期数据，采用固定效应模型进行回归，结果如表10所示。在固定效应模型下，内部控制能够显著地减少过度投资，较差的制度环境也没有削弱其治理作用；在投资不足的全样本中，内部控制的治理作用没有得到体现，但当制度环境较好时，内部控制对投资不足也有一定的治理作用。结果与本文主回归大体一致，说明内部控制主要是通过减少企业的过度投资而达到抑制非效率投资的效果的。

表 10　内部控制与非效率投资：当期数据 – 固定效应

	过度投资			投资不足		
	（1）全样本	（2）制度环境好	（3）制度环境差	（4）全样本	（5）制度环境好	（6）制度环境差
ici	− 0.004 **	− 0.006 **	− 0.006 **	0.001	− 0.002 *	0.000
	（− 3.25）	（− 2.73）	（− 2.65）	（1.37）	（− 2.07）	（0.11）
FCF	0.102 ***	0.057	0.137 ***	0.009	0.010	0.004
	（4.84）	（1.89）	（4.14）	（0.88）	（0.89）	（0.22）
Lev	0.064 ***	0.098 ***	0.001	0.016	− 0.007	0.034 **
	（4.43）	（4.06）	（0.06）	（1.83）	（− 0.69）	（2.61）
Size	− 0.000	0.002	− 0.002	− 0.000	− 0.000	− 0.001
	（− 0.06）	（1.36）	（− 1.62）	（− 0.64）	（− 0.20）	（− 0.69）
First	0.000	0.001	− 0.000	0.000	− 0.000 *	0.000
	（1.74）	（1.68）	（− 0.02）	（1.82）	（− 2.21）	（0.82）

续表

	过度投资			投资不足		
	（1）全样本	（2）制度环境好	（3）制度环境差	（4）全样本	（5）制度环境好	（6）制度环境差
Board	-0.002	-0.003	-0.000	-0.001	-0.002	-0.002
	（-1.57）	（-1.22）	（-0.12）	（-0.73）	（-1.26）	（-1.28）
Drate	0.026	0.013	0.041	0.027	-0.059*	0.015
	（0.68）	（0.21）	（0.71）	（1.06）	（-1.97）	（0.38）
TQ	0.002	-0.001	0.001	0.001	0.002	0.004*
	（1.05）	（-0.41）	（0.55）	（0.77）	（1.96）	（2.43）
Age	0.001	-0.005	0.006	0.000	-0.001	0.000
	（0.39）	（-1.06）	（1.06）	（0.06）	（-0.42）	（0.08）
SOE	-0.001	0.005	-0.000	-0.002	-0.003	0.000
	（-0.19）	（0.55）	（-0.03）	（-0.50）	（-0.76）	（0.04）
Dua	-0.016**	-0.026***	-0.017*	-0.004	-0.003	-0.014**
	（-3.18）	（-3.57）	（-2.18）	（-1.11）	（-0.72）	（-2.90）
截距	0.161*	0.203*	0.176	-0.124**	-0.032	-0.098
	（2.37）	（2.07）	（1.62）	（-2.90）	（-0.66）	（-1.42）
年度	控制			控制		
行业	控制			控制		
N	4888	1855	2224	6347	3351	2099
adj.-R^2	-0.296	-0.347	-0.265	-0.343	0.090	-0.156

（3）考虑到制度环境以及内部控制质量在年度间的变化，本文还对模型二中的连续变量采用 change 形式进行回归，结果如表 11 所示。与表 4 一致，我们发现内部控制能够抑制非效率投资，且主要是通过减少过度投资来实现的。当制度环境变好（$d\_mi > 0$）时，内部控制对非效率投资的抑制作用能够发挥，而在制度环境变坏时无法得以体现。

表 11　内部控制与非效率投资：change 模型

	非效率投资	过度投资	投资不足	制度环境变好	制度环境变坏
d_ici	-0.00235***	-0.00498***	-0.000430	-0.00378*	-0.00361
	（-3.32）	（-3.92）	（-0.51）	（-2.22）	（-1.68）

	非效率投资	过度投资	投资不足	制度环境变好	制度环境变坏
d_FCF	0.0149	0.0537**	0.00723	0.0141	0.00671
	(1.81)	(2.95)	(0.85)	(0.85)	(0.30)
d_first	-0.000218*	-0.000304	0.0000661	-0.000148	-0.000388*
	(-2.37)	(-1.39)	(0.60)	(-0.90)	(-2.23)
d_board	0.0000144	-0.00107	-0.000161	0.0000330	-0.000293
	(0.02)	(-0.77)	(-0.18)	(0.02)	(-0.19)
d_rate	-0.0112	0.0177	0.0383	-0.0165	0.0265
	(-0.60)	(0.51)	(1.72)	(-0.44)	(0.62)
SOE	0.00164	0.000833	-0.00236	-0.0000762	-0.00606
	(1.00)	(0.28)	(-1.27)	(-0.02)	(-1.19)
d_tq	0.000875	0.00175	0.000299	-0.000532	0.00347
	(1.20)	(1.20)	(0.36)	(-0.41)	(1.81)
d_size	-0.000115	-0.000503	0.000619	-0.000191	-0.000269
	(-0.26)	(-0.63)	(1.26)	(-0.19)	(-0.20)
d_lev	0.000941	0.0424**	0.0335***	0.00712	0.0144
	(0.15)	(2.92)	(4.33)	(0.56)	(1.02)
Age	-0.000131	-0.000802*	-0.000482*	-0.000721	0.000127
	(-0.76)	(-2.34)	(-2.55)	(-1.81)	(0.24)
Dua	-0.00220	-0.00268	0.000803	0.00365	-0.0102
	(-1.12)	(-0.71)	(0.37)	(0.83)	(-1.76)
年度	控制				
行业	控制				
截距	0.00755	0.0137	-0.0191	0.0217	0.0830*
	(0.13)	(0.23)	(-1.17)	(0.68)	(2.35)
N	11234	3870	5287	3116	1707
adj.-R^2	0.010	0.020	0.029	0.024	0.026

六 结论与展望

基于我国作为世界第三投资大国，却面临严峻的产能过剩，投资大而不强的现实，以及旨在促进投资消费的"一带一路"战略和制度背景，本文认为进一步提高企业投资效率刻不容缓，有必要分析企业所处外部制度环境与企业自身内部治理对投资效率的双重作用。内部控制有助于减小信息不对称、缓解代理成本，在许多研究中被认为能够抑制非效率投资，本文以内部控制对非效率投资的治理作用在不同的制度环境中可能存在不同的切入点，研究了内部控制对过度投资和投资不足的治理作用，并分析在提高投资效率方面，制度环境与内部控制是否会存在一定的互补或替代机制，以期为不同地区的上市公司和监管部门提供参考，进一步提高企业投资效率，促进企业健康发展，推动我国由投资大国向投资强国转变。

研究发现，内部控制在总体上能够抑制非效率投资，但这一治理作用主要体现在它能够抑制企业的过度投资，对于投资不足则没有显著的治理作用。可能的原因是内部控制贯穿公司运营的全过程，对于新的投资项目要经过层层考核和审批，因此，新投入项目的前期准备时间较长，这一方面有助于管理者识别非效率投资，减少企业的过度投资；另一方面，由于较好的内部控制降低了管理者与股东之间的信息不对称性，利于股东对管理者的监督，管理者会趋向于保守和稳健，因此对投资不足没有明显的抑制作用。

进一步的研究发现以市场化程度作为制度环境的总体度量指标时，内部控制在较好的制度环境中更能抑制非效率投资，当市场化程度较高时尤为显著。值得注意的是，内部控制对非效率投资的治理作用与不同的制度环境指标存在不同的交互作用，当政府干预较少时，内部控制更能发挥作用，政府干预与内部控制存在一定的替代作用；当要素市场发育较差时，内部控制更能发挥作用，要素市场与内部控制具有一定的替代作用；当中介组织发育和法律环境较好时，内部控制对投资效率的作用更明显，中介组织发育和法律环境与内部控制存在一定的互补作用。

本文的结论对于监管部门和企业管理层有较大的参考意义。内部控制在总体上能够提高企业的投资效率，在国家大力推行"一带一路"的战略思想时，监管部门更应该加强内部控制的建设要求，尤其对于所处制度环境较差的公司，需要更高质量的内部控制来减小非效率投资，进而缓解产能过剩。对于公司管理层，应该对公司所处的制度环境进行细致的分析，尤其当要素市场欠发育、中介组织和法律均不成熟时，企业通过加快内部控制体系建设、提高内部控制质量可以抑制非效率投资，减小投资风险，实现企业价值最大化。

　　不足之处在于对制度环境的细分停留在二级指标，也未对不同产权性质的公司进行细致分析，未来可以将其细化到三级指标，得出更有针对性的结论。

参考文献

［1］赵息、苏秀花：《浅析制度环境对我国内部控制运行效果的影响》，《财务与会计》2012 年第 11 期。

［2］赵息、苏秀花：《企业内部控制经济和理性分析》，《审计与经济研究》2013 年第 3 期。

［3］赵丽锦：《内部控制、会计信息质量与企业投资效率》，《山东财经大学学报》2014 年第 6 期。

［4］赵静、郝颖：《政府干预、产权特征与企业投资效率》，《科研管理》2014 年第 5 期。

［5］张兴亮：《不同制度环境下财务报告质量对企业投资的影响分析》，《嘉兴学院学报》2013 年第 2 期。

［6］翟华云：《法律环境、审计质量与公司投资效率——来自我国上市公司的经验证据》，《南方经济》2010 年第 8 期。

［7］袁知柱、王家强：《会计信息透明度对企业投资效率的影响》，《东北大学学报》2012 年第 9 期。

［8］俞鸿琳：《银行贷款、管理者投资行为与公司投资效率》，《南方经济》2012 年第 7 期。

［9］于忠泊、田高良：《内部控制评价报告真的有用吗——基于会计信息质量、自愿配置效率视角的研究》，《山西财经大学学报》2009 年第 10 期。

［10］叶康涛、张然：《声誉、制度环境与债务融资——基于中国民营上市公司的证据》，《金融研究》2010 年第 8 期。

［11］杨培鸿：《重复建设的政治经济学分析：一个机遇委托代理框架的模型》，《经济学》2006 年第 2 期。

［12］许小年：《央行降准降息是"开错了药方"》，《房地产导刊》2015 年第 12 期。

［13］徐玉德、周玮：《不同资本结构与所有权安排下的投资效率测度——来自我国 A 股市场的经验证据》，《中国工业经济》2009 年第 11 期。

［14］徐晓东、张天西：《公司治理、自由现金流与非效率投资》，《财经研究》2009 年第 10 期。

［15］辛清泉、林斌：《政府控制、经理薪酬与资本投资》，《经济研究》2007 年第 8 期。

［16］肖作平：《大股东、法律制度和治本结构决策——来自中国上市公司的经验证据》，《南开管理评论》2009 年第 1 期。

［17］魏明：《制度环境、制度结构、制度安排与公司治理的演进》，《湖北社会科学》2011 年第 6 期。

［18］王小鲁、樊纲：《中国经济增长方式转换和增长可持续性》，《经济研究》2009 年第 1 期。

［19］王善平、李志军：《银行持股、投资效率与公司债务融资》，《金融研究》2011 年第 5 期。

［20］王倩：《企业社会责任与企业财务绩效的关系研究——制度环境的调节效应》，博士学位论文，浙江大学，2014。

［21］万良勇：《法制环境与企业投资效率——基于上市公司的实证研究》，《金融研究》2013 年第 12 期。

［22］谭利、杨苗：《不同制度环境下公司治理质量对投资效率的影响》，《证券市场导报》2013 年第 12 期。

［23］孙慧、程柯：《政府层级、内部控制与投资效率——来自国有上市公司的经验证据》，《会计与经济研究》2013 年第 3 期。

［24］深圳市迪博企业风险管理技术有限公司：《中国上市公司 2011 年内部控制白皮书摘要》，《中国证券报》2011 年 7 月 22 日（A13）。

［25］冉茂盛、钟海燕：《制度环境、所有权性质与负债的治理效应》，《技术经济》2010 年第 7 期。

［26］刘焱、姚树中：《企业生命周期视角下的内部控制与公司绩效》，《系统工程》2014 年第 11 期。

［27］刘启亮、罗乐：《产权性质、制度环境与内部控制》，《会计研究》2012 年第 3 期。

［28］林斌、饶静：《上市公司为什么自愿披露内部控制鉴定报告？——基于信号传递

理论的实证研究》，《会计研究》2009 年第 2 期。

[29] 李延喜、曾伟强：《外部治理环境、产权性质与上市公司投资效率》，《南开管理评论》2015 年第 1 期。

[30] 李万福、林斌：《内部控制在公司投资中的角色：效率促进还是抑制?》，《管理世界》2011 年第 2 期。

[31] 李万福、林斌、杨德明、孙烨：《内控信息披露、企业过度投资与财务危机——来自中国上市公司的经验证据》，《中国会计与财务研究》2010 年第 12 期。

[32] 李倩、林钟高：《货币政策、内部控制与投资效率》，《安徽工业大学学报》2014 年第 4 期。

[33] 郝颖：《基于委托代理理论的企业投资研究综述》，《管理学报》2010 年第 12 期。

[34] 干胜道、胡明霞：《管理层权利、内部控制与过度投资》，《审计与经济研究》2014 年第 5 期。

[35] 方军雄：《所有制、制度环境与信贷资金配置》，《经济研究》2007 年第 12 期。

[36] 方红星、金玉娜：《公司治理、内部控制与非效率投资：理论分析与经验证据》，《会计研究》2013 年第 7 期。

[37] 樊纲、王小鲁：《中国市场化进程对经济增长的贡献》，《经济研究》2011 年第 9 期。

[38] 樊刚、王小鲁、朱恒鹏：《中国市场化指数（2009 版)》，经济科学出版社，2010。

[39] 程新生、谭有超：《非财务信息、外部融资与投资效率——基于外部制度约束的研究》，《管理世界》2012 年第 7 期。

[40] 陈运森、朱松：《政治关系、制度环境与上市公司资本投资》，《财经研究》2009 年第 12 期。

[41] 陈德球、李思飞：《政府治理、控制权结构与投资决策——基于家族上市公司的经验证据》，《金融研究》2012 年第 3 期。

[42] 曹亚勇、于丽丽：《政府控制、社会责任与投资效率：2009—2011 年上市公司样本》，《改革》2013 年第 7 期。

[43] Stulz, R. M., "Managerial Discretion and Optimal Financing Policies," *Journal of Financial Economics*, 1990 (26): 3 – 27.

[44] Richardson, S., "Over – investment of Free Cash Flow," *Review of Accounting Studies*, 2006 (11): 159 – 189.

[45] Narayanan, M. P., "Managerial Incentives for Short – term Results," *Journal of Finance*, 1985 (40): 1469 – 1484.

[46] Myers, S. C., "The Capital Structure Puzzle," *Journal of Finance*, 1984 (39): 575 – 592.

[47] Modigliani, F., and M. Miller., "The Cost of Capital, Corporation Finance, and the Theory of Investment," *American Economic Review*, 1958 (48): 261 – 297

[48] La Porta, R., F. Lopez, A. Shleifer, & R. W. Vishny, "Legal Determinants of External Finance," *Journal of Finance*, 1997 (52): 1131 – 1150

[49] Kim, J. B., B. Y. Song, L. Zhang, "Internal Control Weakness and Bank Loan Contracting: Evidence from SOX Section 404 Disclosure," *The Accounting Review*, 2011, 86 (4): 1157 – 1188.

[50] Jensen, M. C., and W. H. Meckling, "Theory of the Firm: Managerial Behavior, Agency Costs and Ownership structure," *Journal of Financial Economics*, 1976 (3): 305 – 360.

[51] Holmstrom, B., "Moral Hazard and Observability," *The Bell Journal of Economics*, 1979.

[52] Heaton, J. B., "Managerial Optimism and Corporate Finance," *Financial Management*, 2002 (31): 33 – 45.

[53] Hart, O., and J. Moore, "Debt and Seniority: An Analysis of the Role of Hard Claims in Constraining Management," *American Economic Review*, 1995 (85): 567 – 585.

[54] Fazzari, S. M., R. G. Hubbard and B. C. Petersen, *Financing Constraints and Corporate Investment*, Brookings Papers on Economic Activity, 1988, pp. 141 – 195.

[55] Doyle, J. et al., "Accruals Quality and Internal Control over Financial Reporting," *The Accounting Review*, 2007 (82): 1141 – 1170.

[56] Biddle, G. C., G. Hilary, R. S. Verdi, "How does Financial Reporting Quality Relate to Investment Efficiency," *Journal of Accounting & Economics*, 2009, 48 (2 – 3): 112 – 131.

[57] Baker, M., *Career Concerns and Staged Investment: Evidence from the Venture Capital Industry*, Working Paper, Harvard University, MA, 2000.

[58] Ashbaugh – Skaife, H., D. W. Collons et al., "The Effect of SOX Internal Control Deficiencies and Their Remediation on Accrual Quality," *The Accounting Review*, 2008, 83 (1): 217 – 250.

产品市场竞争、高管激励与投资效率

杨继伟　冯　英

（云南财经大学会计学院）

【摘　要】本文以沪深两市 2012～2014 年的非金融保险类 A 股上市公司为样本，考察了产品市场竞争、高管激励对公司投资效率的影响。得出以下研究结论：产品市场竞争和高管薪酬激励能够有效促进公司的投资效率。进一步研究发现，在高产品市场竞争下，对管理者实施薪酬激励能够更有效地提高公司的投资效率；在产品市场竞争程度较低的情况下，高管在职消费能有效促进公司的投资效率，对管理者实施期权激励可在一定程度上促进公司的投资效率。本文研究结论对提高上市公司投资效率具有一定的借鉴意义。

【关键词】产品市场竞争　高管激励　投资效率

一　研究背景

企业的投资行为在市场经济的发展中起着举足轻重的作用，投资效率的高低直接决定了企业自身、整个行业乃至国家经济是否能够健康发展。高级管理者作为企业真正的经营者，信息不对称以及所有权和经营权的分离导致上市公司普遍存在昂贵的代理成本。代理理论认为由于委托人与代理人的利益不一致，代理人的投资行为很可能偏离公司价值，导致非效率投资。企业的非效率投资行为包括过度投资和投资不足。偏离投资效率这一目标，投资于净现值为负的项目的过度投资行为或者拒绝投资于净现值为正的项目的投资不足的行为，在我国上市公司的投资行为中层出不穷。显然非效率投资行为不利于企业的价值最大化，如何有效促进企业的投资效率是学术界和理论界广泛关注的热点问题。

产品市场竞争作为企业的外部治理机制，企业所处的行业竞争强度影响企业的投资行为。目前学者所做的研究主要集中于产品市场竞争与企业资本结构、盈余质量和信息披露的相互作用方面。例如，郭葆春和黄蝶（2015）实证检验得到产品市场竞争是横向交叉持股的动因之一，当公司所占的行业市场份额大时更有动机通过横向持股同业企业，以期进一步提升占有率，增强竞争力。谭庆美等（2015）研究表明当产品市场竞争激烈时，CEO 综合权力的增大有利于改善盈余质量。尹志宏等（2010）研究表明产品市场竞争与高管激励之间具有互补关系。也有少部分学者从公司层面出发，研究了企业产品市场竞争与投资效率之间的关系，表明产品市场竞争的增强有助于促进和提高企业的投资效率（徐一民、张志宏，2010；刘铮，2014）。综上所述，已有文献对行业产品市场竞争强度与企业投资效率关系的研究不足。

现有研究针对公司治理与投资效率的研究文献较为丰富，大多研究是先把公司治理分为激励机制与治理机制两部分，再研究各部分与投资效率或者非效率投资之间的关系。方红星和金玉娜（2013）、金玉娜（2015）和杜鑫（2015）研究表明监督机制和激励机制均有效抑制企业的非效率投资。从目前的研究来看，鲜有学者具体研究高管激励的各个因素对非效率投资的影响关系。

本文的贡献在于：从行业层面入手，研究行业产品市场竞争及高管薪酬、高管期权激励、在职消费对投资效率的影响，本文研究丰富了产品市场竞争与投资效率研究文献，同时也是对高管激励与投资效率研究文献的有益补充。

二　理论分析与研究假设

（一）产品市场竞争与投资效率

产品市场竞争作为公司的外部治理机制，充分的、良性的产品市场竞争有利于优化资源配置，从而提高企业的投资效率。企业的所有者与经营者之间存在代理问题，由此产生代理成本，从而表现为经营者的非效率投资行为。随着中国经济的快速发展，企业面临的竞争日趋激烈。随着产品市场竞争的加剧，企业经营风险和财务风险也会加剧，企业被清算的可能性也会随之增加（张功富，2009）。在激烈的竞争环境下，为避免自身利益遭受损失，投资者会加强对经营者的监督，经营者为避免企业被清算所带来的个人损失也会更加努力工作，减少非效率投资行为。徐一民和张志宏（2010）的研究证实了这一分析，他们认为产品市场竞争力的加强有助于增进和提高企业的投资效率。基于以上分析，本文提出假设1。

H1：产品市场竞争强度可有效促进企业投资效率。

（二）高管激励与投资效率

为使代理人与委托人的目标更趋于一致，需要对代理人进行有效的激励，以降低代理成本，提高投资效率。高管激励作为企业的内部治理机制，有效的高管激励机制能够促使高管更加积极地参与公司的投资活动，提高管理者与公司利益的一致性，解决委托人与代理人之间激励不相容和责任不对等的问题，促使管理者按照企业价值最大化的原则进行投资决策，从而抑制企业的非效率投资行为（方红星、金玉娜，2013）。高管激励往往是和企业的业绩挂钩的，公司业绩的好坏依赖于投资效率的高低。提高高管的货币薪酬，其不作为的机会成本就会变大，为了自身利益，高管必然会努力避免非效率投资。

而在职消费作为公司隐性激励的一种方式，在我国主要表现为办公费、差旅费、业务招待费、通信费和董事会费等。在职消费本质上是一种权利收益，天然地与权利结合在一起，如只有高管职位晋升到某一级别公司才会安排配车、配房等待遇，而如果降职或离职，这种待遇便会消失。因此在职消费既提高了高管的工作信心又强化了其在员工心中的地位和威望，对内而言是对员工的一种激励，对外也会给投资人更强的信心，最终会对公司产生积极的影响。目前学术界对在职消费的观点大致分为两类：代理理论和效率理论。代理理论认为在职消费占用了公司的自由现金流，使企业可利用的资源减少，从而增加了公司的代理成本。我国对在职消费的研究呈现出"一边倒"现象，认为在职消费是公司的一种代理成本（万华林，2007）。但也有学者研究发现在职消费是有效率的，对公司的业绩有积极的影响（王满四，2006；吴成颂等，2015）。在我国目前的制度背景下，并非所有上市公司的薪酬激励机制都特别完善，这种情况下，公司的在职消费会弥补薪酬激励的不足，从而使其产生的激励效应大于所带来的代理成本，促进企业的投资效率。

基于以上分析，本文提出假设2、假设3。

H2：高管薪酬激励可有效提高公司的投资效率。

H3：管理者的在职消费与投资效率之间呈正相关。

（三）产品市场竞争的强度对高管激励与投资效率关系的影响

本文根据产品市场竞争的强弱将数据分为高竞争组和低竞争组，然后分别回归两组数据，最后观察在不同的产品市场竞争强度下，高管激励的相关变量对投资效率的影响结果会发生什么变化。我国学者目前对代理理论的研究大多趋向于认为在职消费是一种代理成本，而万华林（2007）指出，造成这一研究现状的原因在于国内的研究很少分析公司内外部治理机制对在职消费的影响。本文克服了这一问题，研究了公司的外部治理机制-产品市场竞争对在职消费与投资效率影响的作用关系。已有学者验证过产品市场竞争强度可以提高企业的投资效率（徐一民、张志宏，2010；张功富，2009；刘铮，2014），而对于像我国垄断性较强的国有控股的企业，其市场竞争程度较弱，薪酬激励机制存在激励不到位甚至是激励过于形式主义等较多缺陷。陈冬华（2010）研究表明在职消费激励在我国国企高管激励中占据更为重要的地位。我国国有控股的上市公司普遍存在冗员负担，为了让高管配合企业承担冗员负担，企业会满足高管合理的在职消费，此时，这种正常的在职消费取代了货币薪酬对高管进行激励，可以预见这部分在职消费会对企业的绩效产生积极的影响（吴成颂等，2015）。此时高管的在职消费将会起到弥补企业薪酬激励不足的作用，从而有效促进企业的投资效率。

目前我国高管激励使用最普遍的是薪酬激励方式，再辅以股票期权激励等方式。期权激励作为股权激励的一种典型模式，若高管掌握公司一定数量的股票期权，当公司股票价格高于期权所指定的价格时，高管可选择卖出期权，从而获利。由于期权激励是和公司股票价格挂钩的，这便会促使高管进行有效率的投资决策，提高企业的内部价值，从而提高公司股价。但由于我国证券市场的有效性不足，股票期权激励可能存在失真的情况，特别是在垄断性较强的国有控股上市公司，其实施期权激励的时间也不是太长，所以实施期权激励的效果可能也不会太好。

基于以上分析，提出假设 4、假设 5、假设 6。

H4：在低产品市场竞争下，管理者的在职消费能够有效促进公司的投资效率。

H5：在低产品市场竞争下，实施期权激励能有效促进公司的投资效率。

H6：在高产品市场竞争下，对管理者实施薪酬激励能更有效促进公司的投资效率。

三　研究设计

（一）样本选择与数据来源

本文选择 2012～2014 年沪深两市 A 股类上市公司的数据，并按照下列标准进行筛选：（1）剔除金融、保险类上市公司；（2）剔除 ST 上市公司以及数据不完整、异常和极端的上市公司；（3）剔除资产负债率大于 100% 的上市公司；（4）剔除当年上市的公司；（5）剔除同时发行 B 股和 H 股的上市公司。

经过筛选以后，最终得到 6060 个观测值。数据的处理使用的是 EX-CEL，回归分析采用的是统计分析软件 SPSS22.0。

（二）变量说明

行业产品市场竞争强度的度量：目前对行业产品市场竞争强度的度量还没有统一的指标，大多数学者采用赫芬达尔 - 赫希曼指数（HHI）

来衡量产品市场竞争的强度（谭庆美等，2015；伊志宏等，2010）。但是谭云清等（2008）指出若将指标计算数据范围局限于上市公司，那么计量的结果可能会出现偏差。Nicknell（1996）提出，主营业务利润率可视为企业的"垄断租金"，垄断租金越高，意味着产品市场竞争强度越低，反之则竞争强度越高。本文参照陈志斌和王诗雨（2015）的做法，以行业主营业务利润率的标准差来衡量行业竞争强度，标准差越大，表示行业内企业差别越大，竞争强度越小；同时借鉴 Nicknell（1996）的经典计量方法，以行业内上市公司数量作为衡量产品市场竞争程度的另一指标。

本文所涉及的主要变量的定义与说明如表 1 所示。

表 1　相关变量解释

类　型	变量名称	符　号	变量解释
被解释变量	新增投资	INV_t	（年末购建固定资产、无形资产和其他长期资产所支付的现金 – 年末处置固定资产、无形资产和其他长期资产而收回的现金净额）/平均总资产
解释变量	成长性	$GROWTH$	年初托宾 Q 值
	资产负债率	LEV	年初总负债/年初总资产
	货币资金持有量	$CASH$	年初货币资金/年初资产总额
	公司年龄	AGE	报告年度 – 公司上市年度
	公司规模	$SIZE$	年初总资产的自然对数
	股票回报率	RET	$t-1$ 年股票年度回报率
	上年度投资水平	INV_{t-1}	（年初购建固定资产、无形资产和其他长期资产所支付的现金 – 年初处置固定资产、无形资产和其他长期资产而收回的现金净额）/平均总资产
	行业竞争程度	Pr	1/行业主营业务利润率标准差（取倒数构建正指标）
	行业竞争程度	Lnn	行业内上市公司数量
	前三大高管薪酬	$MASA$	前三大高管薪酬的自然对数
	是否实施期权激励	STO	实施股票期权为1，未实施为0
	在职消费	$PERK$	管理费用/资产总额

续表

类　型	变量名称	符　号	变量解释
控制变量	行业变量	IND	行业虚拟变量按照证监会的行业分类标准，共21类行业的虚拟变量，公司数据为本行业时取1，否则为0
	年度变量	YEAR	年度虚拟变量，公司数据为本年度时取值为1，否则为0
	大股东占款	OCCU	其他应收款/年末总资产
	管理费用率	AMD	管理费用/主营业务收入
	自由现金流量	FCF	（经营活动现金流量净额 - 期望投资水平）/平均总资产

（三）计量模型

1. 本文借鉴 Richardson（2006）残差度量模型来衡量企业的投资效率程度，构建模型如下：

$$INV_t = \alpha_0 + \alpha_1 GROWTH_{t-1} + \alpha_2 LEV_{t-1} + \alpha_3 CASH_{t-1} + \alpha_4 AGE_{t-1} + \alpha_5 SIZE_{t-1}$$
$$+ \alpha_6 RET_{t-1} + \alpha_7 INV_{t-1} + \Sigma IND + \Sigma YEAR + \varepsilon \tag{1}$$

2. 对模型（1）进行回归来估算公司的投资效率水平，得出残差 ε，ε 为正表示过度投资，ε 为负表示投资不足，ε 的绝对值表示企业的投资效率，据此构建模型（2）如下：

$$INV = \beta_0 + \beta_1 Pr + \beta_2 MASA + \beta_3 STO + \beta_4 PERK + \beta_5 AMD + \beta_6 OCCU$$
$$+ \beta_7 FCF + \Sigma IND + \Sigma YEAR + \varepsilon \tag{2}$$

四　实证检验与结果分析

（一）投资效率测度模型回归结果

从表2中可以看出解释变量的符号和预期一致，除了公司规模不显著以外，其余解释变量均显著。从方差膨胀因子（VIF）可看出，VIF 值均小于2.092，说明解释变量与被解释变量之间不存在多重共线性。从表2中可看出本文投资效率测度模型调整后的拟合优度达到了30.2%，说明模型的拟合效果较好。因此用模型（1）计算出回归方程的残差，再用残差的绝对值表示公司的投资效率，将投资效率带入模型（2），进一步考察产品市场竞争和高管激励对投资效率的影响关系。

表 2　投资效率测度模型回归结果

	预期符号	系数值	T 值	Sig	VIF
（常量）	?	0.046 **	2.362	0.018	
AGE_{t-1}	—	-0.001 ***	-5.436	0.000	1.606
$SIZE_{t-1}$	+	0.000	0.456	0.648	1.793
$GROWTH_{t-1}$	+	0.002 **	2.227	0.026	1.882
LEV_{t-1}	—	-0.014 ***	-2.696	0.007	2.092
$CASH_{t-1}$	+	0.018 ***	2.764	0.006	1.610
RET_{t-1}	+	0.005 **	2.392	0.017	1.745
INV_{t-1}	+	0.411 ***	40.870	0.000	1.175
行业与年度	?	控制			
$F-Value$	91.496 ***				
N	6060				
$Adjusted-R^2$	0.302				
$R-square$	0.306				

注：在表2中 ***，**，* 分别表示在1%，5%，10%水平上显著。

（二）主要变量描述性统计

表 3　主要变量描述性统计

变量	N	均值	中值	标准差	极小值	极大值
Pr	6060	6.934	7.338	1.700	3.553	13.084
LNN	6060	178	137	132	8	459
$MASA$	6060	14.132	14.123	0.671	11.212	17.167
$PERK$	6060	0.049	0.043	0.032	0.001	0.341
STO	6060	0.124	0.000	0.329	0.000	1.000
AMD	6060	0.108	0.081	0.263	0.002	18.191
$OCCU$	6060	0.017	0.008	0.029	0.000	0.474

变　量	N	均　值	中　值	标准差	极小值	极大值
FCF	6060	0.042	0.042	0.081	− 0.571	0.549
INV	6060	0.035	0.023	0.049	0.000	0.991

从表 3 中可以看出，行业主营业务利润率标准差的均值为 6.934，而极大值和极小值差异较大，说明我国上市公司行业产品竞争强度差异较大；有 12.4% 的上市公司实施了股票期权激励，说明实施股票期权的高管激励方式在我国还不够成熟。

（三）产品市场竞争、高管激励与投资效率的回归分析

表 4　产品市场竞争、高管激励与投资效率的回归结果

解释变量	全样本		高竞争组		低竞争组	
	系数值	*T*	系数值	*T*	系数值	*T*
常数项	0.096 ***	7.042	0.078 ***	4.937	0.098 ***	4.126
Pr	− 0.001 ***	− 2.604				
MASA	− 0.004 ***	− 3.754	− 0.003 ***	− 2.704	− 0.004 **	− 2.418
PERK	− 0.023	− 1.16	− 0.00006	− 0.002	− 0.054 *	− 1.765
STO	0.001	0.367	0.003	1.314	− 0.003	− 0.778
AMD	0.003	1.227	0.022 **	2.522	0.001	0.515
OCCU	− 0.041 *	− 1.884	− 0.051 **	− 2.025	− 0.036	− 0.922
FCF	0.022 ***	2.86	0.036 ***	3.715	0.01	0.708
行业	未控制	未控制	未控制	未控制	未控制	未控制
年度	控制	控制	控制	控制	控制	控制
Adjusted − R^2	0.006		0.012		0.002	
F 统计量	5.067 ***		6.871 ***		1.647	
D.W 值	2.05		2.046		2.02	
样本量	6060		3737		2323	

注：在表 4 中 ***，**，* 分别表示在 1%，5%，10% 水平上显著。

从表 4 中可看出，产品市场竞争与非效率投资在 1% 的水平上显著负相关，说明提高产品市场竞争的强度可以抑制非效率投资，即促进企业的投资效率，验证了假设 1。在全样本和高竞争组中，高管薪酬与非效率投

资在 1% 水平上显著负相关，而在低竞争组，高管薪酬激励和非效率投资在 5% 的水平上显著负相关，说明实施高管薪酬激励能够有效促进公司的投资效率，并且在高产品市场竞争下实施薪酬激励比在低的产品市场竞争下能更有效提高公司的投资效率，从而验证了假设 2 和假设 6。

在全样本和高产品市场竞争下，公司的在职消费与非效率投资负相关，说明在职消费可以在一定程度上抑制公司的非效率投资，即促进企业的投资效率。而在低的产品市场竞争条件下，在职消费和非效率投资在 10% 的水平上显著负相关，说明当产品市场竞争较弱时，在职消费可以有效促进企业的投资效率，验证了假设 3 和假设 4。在表 4 中，实施期权激励的效果并不理想，只有在产品市场竞争强度较低的情况下，实施期权激励与非效率投资之间呈现负相关的关系，假设 5 未得到验证，说明我国上市公司对高管实施期权激励的方式尚未成熟，我国股票市场的有效性有待提高。

（四）稳健性检验

为了检验以上结论的稳健性，本文将产品市场竞争的度量指标换为 Nicknell（1996）的经典计量方法所使用的以行业内上市公司数量 Lnn 作为衡量产品市场竞争程度的指标，Lnn 越大，说明行业内企业数目越多，进入障碍越大，竞争越激烈。将 Lnn 替代 Pr 带入模型（2）中进行检验（限于篇幅，检验过程和结果不予列报），发现以上结论均未发生改变，据此我们认为，前文的研究结论是稳健的。

五　研究结论及局限性

本文从公司所处的内外部治理机制研究了产品市场竞争、高管激励对投资效率的影响，主要得到以下研究结论。

（1）公司所处的行业产品市场竞争强度的提高能够有效促进公司的投资效率，这与张功富（2009）和徐一民、张志宏（2010）的研究结论一致。由此表明我国政府致力于反垄断、积极引入产品市场竞争的政策是正确的。

（2）高管薪酬激励与上市公司非效率投资之间显著负相关，说明高管薪酬激励能够有效促进公司的投资效率，这与方红星和金玉娜（2013）的研究结论一致。并且在高产品市场竞争强度下，高管薪酬激励能够更有效促进公司的投资效率。

（3）只有在产品市场竞争程度较低的情况下，在职消费与公司的非效率投资显著负相关，在高产品市场竞争强度下，这种作用关系并不显著，这与吴成颂（2015）的研究结论一致。这主要是因为我国非国有控股的上市公司，其在职消费的额度难以控制在有效率的水平上，而国有控股的上市公司普遍存在冗员负担，为使高管配合承担冗员负担，公司会满足高管合理的在职消费，以此促进公司的投资效率。

（4）实施期权激励对公司投资效率的作用并不显著，只有在低的产品市场竞争情况下，实施期权激励才在一定程度上促进公司的投资效率。这主要是因为我国股票市场的不健全和资本市场有效性不足以支持期权激励的良好运行，期权激励信息可能存在失真的情况。

本文的局限性主要有：高管激励因素考虑得不够全面，如高管持股比例、董事会持股比例没有考虑，只选取了有代表性的三个因素；本文只总体研究了产品市场竞争、高管激励对投资效率的影响，而没有分开研究其对过度投资和投资不足的影响，研究不够全面。由于上述局限，本文研究结果有待进一步深化。

参考文献

［1］Nicknell，S.，"Competition and Corporate Performance," *Journal of Political Economy*，1996（104）：724 – 746.

［2］Richardson，S.，"Over – investment of Free Cash Flow," *Review of Accounting Studies*，2006，11（2 – 3）：159 – 189.

［3］谭庆美、魏东一、董小芳：《CEO 权力、产品市场竞争与盈余质量》，《中央财经大学学报》2015 年第 5 期。

［4］郭葆春、黄蝶：《产品市场竞争、管理层权力与横向交叉持股——基于我国资本市场的实证研究》，《证券市场导报》2015 年第 6 期。

［5］伊志宏、姜付秀、秦义虎：《产品市场竞争、公司治理与信息披露质量》，《管理

世界》2010 年第 1 期。

[6] 陈志斌、王诗雨：《产品市场竞争对企业现金流风险研究——基于行业竞争程度和企业竞争地位的双重考量》，《中国工业经济》2015 年第 3 期。

[7] 徐一民、张志宏：《产品市场竞争、政府控制与投资效率》，《软科学》2010 年第 12 期。

[8] 方红星、金玉娜：《公司治理、内部控制与非效率投资理论分析与经验证据》，《会计研究》2013 年第 7 期。

[9] 金玉娜：《公司治理对非效率投资影响的实证研究——基于 A 股上市公司的经验证据》，《金融教学与研究》2015 年第 2 期。

[10] 杜鑫：《公司治理与上市公司非效率投资行为的实证研究》，《国际商务财会》2015 年第 8 期。

[11] 刘铮：《产品市场竞争、负债融资和企业投资效率——基于中国 A 股市场的实证研究》，《中国乡镇企业会计》2015 年第 8 期。

[12] 杨继伟：《股价信息含量与资本投资效率——基于投资现金流敏感度的视角》，《南开管理评论》2011 年第 5 期。

[13] 杨继伟：《股权治理结构与盈余质量：后股权分置时代的经验证据》，《经济与管理研究》2010 年第 8 期。

[14] 张功富：《产品市场竞争、大股东持股与企业过度投资——来自沪深工业类上市公司的经验证据》，《华东经济管理》2009 年第 7 期。

[15] 万华林：《国外在职消费研究述评》，《外国经济与管理》，2007 年第 9 期。

[16] 王满四：《上市公司负债融资的激励效应实证研究——针对经理人员工资和在职消费的分析》，《南方经济》2006 年第 7 期。

[17] 吴成颂、唐伟正、钱春丽：《制度背景、在职消费与企业绩效——来自证券市场的经验证据》，《财经理论与实践》2015 年第 5 期。

[18] 陈冬华、梁上坤、蒋德权：《不同市场化进程下高管激励契约的成本与选择：货币薪酬与在职消费》，《会计研究》2010 年第 11 期。

[19] 谭云清、朱荣林、韩忠雪：《产品市场竞争、经理报酬与公司绩效：来自中国上市公司的证据》，《管理评论》2008 年第 2 期。

产品市场竞争、股权治理与投资效率

杨继伟　张梦云

（云南财经大学会计学院　北京航天万源科技有限公司）

【摘　要】本文以我国 2012～2014 年上市公司为样本，实证分析了产品市场竞争、股权治理与投资效率之间的关系。研究结果表明，产品市场竞争能抑制过度投资，加剧投资不足；第一大股东持股比例、股权制衡度均与过度投资显著负相关，与投资不足负相关但作用不显著；最终控制人的国有性质与过度投资、投资不足均呈显著负相关关系。进一步研究后发现：产品市场竞争会强化部分股权治理衡量指标的上述作用。

【关键词】产品市场竞争　股权治理　投资效率　上市公司

一　引言

投资决策是公司财务核心问题之一，是财务界关注的焦点。在现实经济活动中，代理成本低、信息不对称等因素的存在导致公司的投资活动往往偏离实现公司价值最大化这一目标，从而出现"过度投资"或者"投资不足"的非效率投资行为。

随着公司治理这一问题的深入研究，越来越多的学者认为产品市场竞争是公司治理机制中不可或缺的一部分，产品市场竞争作为一项重要的外部治理机制，在很大程度上影响着企业的投资行为。目前国内学者关于产品市场竞争和投资行为的研究也初见端倪，主要集中在产品市场竞争与企业投资支出方面，但研究结论并不一致，如程宏伟、刘丽（2009）研究发现：产品市场竞争与公司投资支出规模之间存在负相关关系，公司的产品市场竞争越激烈，投资决策越谨慎，通常会缩减投资支出。张祥建等

（2009）研究发现：产品市场竞争与企业的新增投资支出正相关，产品市场竞争能够促进上市公司资本投资支出。关于产品市场竞争与投资效率的研究现也有所涉及，但是涉及很少，基本上局限于产品市场竞争和过度投资的研究。如张洪辉、王宗军（2010），张功富（2009）发现产品市场竞争与企业过度投资水平负相关，企业产品市场竞争程度越高，进行过度投资行为的可能性越小，而徐一民、张志宏（2010）认为：产品市场竞争的增强有助于提高企业的投资效率。

关于股权治理，学者们大多是从股权集中度、股权制衡度以及最终控制人性质几个维度来研究其对投资效率的影响。在股权集中度和终极控制人性质对投资效率的影响方面，现有的研究结论没有达成一致，如程仲鸣、夏银桂（2009）认为第一大股东持股比例与投资呈负相关关系，而白重恩等（2005）、陈共荣等（2011）则认为控股股东持股比例与投资效率之间呈非线性关系。杨清香等（2010）研究发现非国有性质企业的投资支出水平更严重，而陈共荣、徐巍（2011）则认为第一大股东为国有属性的上市公司的投资效率要低于非国有属性的上市公司。关于股权制衡度对投资效率的影响，学者们基本上达成了一致，如白重恩（2005）研究发现我国上市公司中非控股股东股权集中度的提高有利于对控股股东的侵占行为进行监督，从而提高企业的市场价值。陈共荣等（2011）也发现第一大股东受制衡的程度与企业投资效率呈正相关，股权制衡能够抑制大股东利益主导下的非效率投资行为。杨清香（2010）同样发现外部大股东持股比例与非效率投资显著负相关。

就目前的研究现状来看，国内相关研究主要集中在产品市场竞争或者股权治理单方面因素变化对企业投资效率的影响，而探究企业在不同的产品市场竞争下股权治理的变化对公司投资效率的影响的研究很少。在产品市场竞争激烈但不充分，一股独大现象普遍，国有控股占主导地位这样特殊的制度背景下，产品市场竞争、股权治理与投资效率三者之间存在着何种联系呢？

针对上述问题，本文以我国上市公司为样本，从产品市场竞争的角度出发，实证分析了股权治理和投资效率的关系。拟为上市公司在正确认识自身所处的行业竞争环境的基础上建立有效的股权治理结构从而提高企业的投资效率提供理论基础。

二　理论分析与研究假设

1. 近年来，产品市场竞争作为公司治理不可或缺的外部机制，引起了学者们的广泛关注，一些学者发现资本结构影响企业在产品市场上的竞争能力，各个企业之间在产品市场竞争过程中必然会出现价格战或营销战，从而造成利润和现金流下降。对于一个财务杠杆高的企业，如果其处在高竞争环境中就更容易陷入销售下降或者市场份额萎缩等财务危机，最终企业会因为财务承受能力不足，被迫削减财务支出甚至被破产清算退出市场（朱武祥、陈寒梅和吴迅，2002）。另外，我国资本市场上有一种不匹配的现象：产品市场竞争越激烈，公司财务杠杆就越高（钟田丽、范宇，2004）。运用数学上的传递思维可以从以上两项研究得出产品市场竞争能够抑制企业投资支出的结论。

基于以上分析，本文提出如下假设：

H1：产品市场竞争抑制了上市公司的过度投资，加剧了投资不足。

2. 由于我国处在中小投资者保护弱，控制权和所有权分离较大的制度环境中，当公司股权比较分散时，大股东更专注于侵占公司的资源，而疏于对管理层的监督，甚至与管理层合谋对公司资源进行掏空；与此同时，小股东在"搭便车"的心理下没有动力去监督管理层的经营绩效，于是给大股东进行非效率投资创造了机会。当第一大股东持股比例越高时，大股东越有动机和能力去监督管理层的经营活动，这能够降低股东与管理层矛盾引发的代理成本，并且大股东此时注重提高企业的投资效率，进而提升企业的价值，以稳定其在公司的地位。

基于以上分析，本文提出如下假设：

H2：第一大股东持股比例与上市公司过度投资和投资不足均呈负相关关系。

3. 在企业经营中，第一大股东的目标是追求自身利益的最大化而不是顾及所有股东的利益。股权制衡度是约束第一大股东对控制权私有收益的盲目追求的一种有效途径。除控股股东以外的大股东持股比例越高，越有能力对企业经营管理实施监督，降低控股股东实施"隧道行为"的可能性，从而改善企业的非效率投资行为，提高企业的市场价值（白重恩等，2005）。本文预期，股权制衡度的存在会抑制上市公司的非效率投资。

基于以上分析，本文提出如下假设：

H3：股权制衡度与上市公司过度投资和投资不足均呈负相关关系。

4. 非国有性质公司的最终控制人直接或间接地为自然人或家族，而国有上市公司最终控制人直接或间接地为政府，政府代表着社会公众的利益，所以国有控股公司受政府的监管程度更强，从而会更加注重自我约束。同时我国的国有控股股东对企业存在着"攫取之手"的作用（胡国柳、蒋国州，2004），他们存在天然的攫取动机，所以国有控股股东会采取更为直接的掠夺手段，比如转移上市公司的资源，这样上市公司的资本支出也会减少。

基于以上分析，本文提出如下假设：

H4：最终控制人的国有性质与上市公司过度投资和投资不足均呈负相关关系。

5. 如前文所述，产品市场竞争的加剧会导致企业的经营风险和财务风险加大，企业被破产清算的可能性也会随之增加，这会使控股股东和其他利益相关者均遭受重大损失。此时第一大股东为了自身的利益不受损失就会增加其持股比例以加强对经理层的监督（张功富，2009），并且为了不受清算破产的威胁会自觉地约束其掏空行为；第一大股东以外的其他股东在竞争激烈时为了保全自身的利益也会更加努力的工作，并加强对大股东的监督和制约；受政府监管的国有控股公司为了长远利益着想也会更加约束自己的行为，从而提高企业的投资效率。

基于以上分析，本文提出如下假设：

H5：在其他条件不变的情况下，产品市场竞争会强化股权治理对投资效率的作用。

三　研究设计

（一）样本的选取

本文选取 2012～2014 年沪深两市 A 股类的上市公司的数据，并按照下列标准进行筛选：（1）剔除金融、保险类上市公司；（2）剔除 ST、PT 上市公司；（3）剔除同时发行 B 股、H 股的公司；（4）剔除上市公司年龄不满一年的公司；（5）剔除数据不完整、异常和极端的公司。

经过筛选整理后，最终得到 5004 个观测值。数据的处理使用的是 EX-CEL，回归分析采用的是统计分析软件 SPSS19.0。

（二）主要研究变量及其说明

1. 投资效率的度量：本文借鉴 Richardson（2006）的预期投资支出模型来估计公司的最优投资水平，然后用模型的残差作为非效率投资的替代变量，如果残差大于零表示过度投资，残差小于零则表示投资不足，残差的绝对值大小表示非效率投资的程度。

2. 产品市场竞争的度量：国内外文献衡量产品市场竞争的指标主要有两大类：反映市场竞争程度的指标和衡量产品市场竞争结果的指标，前者主要包括行业集中度、赫芬因德指数、行业内企业数等指标，后者主要包括营业利润率等指标。由于市场集中度指标计算需要各行业全部销售收入数据，而我国目前还没有这样的数据库可供使用，上市公司仅占行业内全部公司的很小比例，仅用上市公司的数据计算会存在较大的偏差，所以本文借鉴徐一民和张志宏（2010）的做法，以营业利润率衡量企业产品市场竞争程度，营业利润率越高，表明竞争程度越低。

3. 股权治理的度量：本文用来表示股权治理水平的指标主要包括以下三种：（1）股权集中度：用第一大股东持股比例衡量，数值越大，表明股权集中度越高。（2）股权制衡度：用第二大股东与第一大股东持股比例的比值来衡量，数值越大，表明股权制衡度越大。（3）终极控制人性质：凡是国有控股，取值为 1，否则为 0。

（三）模型的构建

1. 投资支出模型

本文借鉴 Richardson 残差度量模型来衡量企业的投资支出，构建模型如下：

$$INV_t = \alpha_0 + \alpha_1 GROWTH_{t-1} + \alpha_2 LEV_{t-1} + \alpha_3 CASH_{t-1} + \alpha_4 AGE_{t-1}$$
$$+ \alpha_5 SIZE_{t-1} + \alpha_6 RET_{t-1} + \alpha_7 INV_{t-1} + \Sigma IND + \Sigma YEAR + \varepsilon \quad (1)$$

模型中，INV_t 为 t 年的资本支出；$GROWTH_{t-1}$ 为公司第 t 年年初的托宾 Q 值，代表公司的成长性；LEV_{t-1}，$CASH_{t-1}$，AGE_{t-1}，$SIZE_{t-1}$，RET_{t-1}，INV_{t-1}

分别代表公司 $t-1$ 年的资产负债率、现金持有量、上市年龄、公司规模、股票收益和资本投资；ΣIND 和 $\Sigma YEAR$ 分别是表示年份和行业的虚拟变量。

2. 对模型（1）进行回归来估算企业非效率投资的水平，得出残差 ε，残差表为正表示过度投资，残差为负表示投资不足。模型（1）中投资过度的样本有 1872 个，投资不足的样本有 3132 个，在此基础上建立如下模型来验证研究假设：

$$\begin{aligned} OVERINV/UNDERINV = {} & \beta_0 + \beta_1 Compete + \beta_2 C_1 + \beta_3 TOP_{2-5} + \beta_4 ZHD + \beta_5 CONS \\ & + \beta_6 ADM + \beta_7 OCCUPY + \beta_8 GROWTH_{t-1} + \beta_9 LEV_{t-1} \\ & + \beta_{10} AGE_{t-1} + \beta_{11} ROE + \Sigma IND + \Sigma YEAR + \varepsilon \end{aligned} \quad (2)$$

模型（2）中各变量的定义详见表 1。

表 1　模型（2）相关变量解释

类　型	变量名称	符　号	变量解释
被解释变量	投资效率	OVERINV	t 年的投资过度，等于模型（1）中大于 0 的回归残差
		UNDERINV	t 年的投资不足，等于模型（1）中小于 0 的回归残差绝对值
解释变量	产品市场竞争	Compete	营业利润率：营业利润/营业总收入
	第一大股东持股比例	C_1	第一大股东持股数/总股数
	股权制衡因素	TOP_{2-5}	第二至第五大股东持股数之和/总股数
	股权制衡度	ZHD	第二大股东持股数/第一大股东持股数
	终极控制人性质	CONS	若为国有取值为 1，否则为 0
控制变量	管理费用率	ADM	管理费用/主营业务收入
	大股东占款	OCCUPY	其他应收款净额/总资产
	成长性	$GROWTH_{t-1}$	年初的托宾 Q 值
	资产负债率	LEV_{t-1}	年初总负债/年初总资产
	上市年龄	AGE_{t-1}	$t-1$ 年时上市公司年龄
	净资产收益率	ROE	净利润/股东权益余额
	行业变量	IND	行业虚拟变量按照证监会的行业分类标准，共 21 类行业的虚拟变量，公司数据为本行业时取 1，否则为 0
	年度变量	YEAR	年度虚拟变量，公司数据为本年度时取值为 1，否则为 0

四 实证研究结果及分析

（一）描述性统计

表 2　模型（2）变量描述性统计

变 量	样本量	均 值	中 值	标准差	极小值	极大值
$OVERINV$	1872	0.0460	0.0272	0.0599	0.0000	0.7955
$UNDERINV$	3132	0.0275	0.0213	0.0312	0.0000	0.9949
$Compete$	5004	0.0799	0.0597	0.1368	-0.9723	0.9714
C_1	5004	0.3623	0.3444	0.1530	0.0220	0.8941
TOP_{2-5}	5004	0.1618	0.1436	0.1100	0.0025	0.5625
ZHD	5004	0.3032	0.2055	0.2777	0.0009	1.0000
$CONS$	5004	0.3900	0.0000	0.4870	0.0000	1.0000
ADM	5004	0.0996	0.0796	0.0896	0.0017	1.6372
$OCCUPY$	5004	0.0165	0.0080	0.0279	0.0000	0.4742
$GROWTH_{t-1}$	5004	1.8865	1.4692	2.6618	0.0874	86.7776
LEV_{t-1}	5004	0.4264	0.4259	0.2219	0.0103	0.9925
AGE_{t-1}	5004	8.4100	8.0000	6.1150	1.0000	23.0000
ROE	5004	0.0597	0.0623	0.1386	-4.4588	0.8743

表 2 提供了样本公司各研究变量的描述性统计结果。从中可以看出 5004 个总样本中投资不足的样本量为 3132 个，约占总样本的 62.5899%，投资过度的样本量为 1872 个，约占总样本的 37.4101%，可见我国上市公司中大部分存在投资不足的问题。投资过度样本的均值 0.0460 大于投资不足样本的均值 0.0275，说明我国上市公司中投资过度的程度要比投资不足程度更严重。从产品市场竞争程度来看，营业利润率最小值为 −0.9723，最大值为 0.9714，标准差达到 0.1368，说明我国上市公司之间产品市场竞争程度差异很大。第一大股东持股比例的均值为 0.3623，说明一股独大的现象仍然比较突出。第二到第五大股东持股比例均值为 0.1618，不到第一大股东持股比例均值的 50%，且第二大股东持股数量占第一大股东持股数量的比例均值仅为 0.3032，说明其他大股东的制衡能力有限。终极控制人性质的

均值为 0.3900，说明我国有 39% 的上市企业最终控制人为国有背景。

（二）产品市场竞争、股权治理与过度投资的回归分析

表 3　模型（2）多元回归结果

变　量	过度投资			投资不足		
	全样本	高竞争	低竞争	全样本	高竞争	低竞争
常数项	0.053 ***	0.056 ***	0.064 ***	0.046 ***	0.042 ***	0.044 ***
	(4.551)	(3.640)	(3.479)	(9.434)	(5.457)	(7.393)
Compete	0.027 *			−0.018 ***		
	(1.761)			(−4.068)		
C_1	−0.026 **	−0.038 **	−0.016	−0.006	−0.008	−0.004
	(−2.154)	(−2.166)	(−0.924)	(−1.246)	(−0.922)	(−0.904)
TOP_{2-5}	0.066 ***	0.09 **	0.054	0.010	0.043 **	−0.018 *
	(2.606)	(2.338)	(1.557)	(0.988)	(2.210)	(−1.850)
ZHD	−0.030 ***	−0.048 ***	−0.018	−0.004	−0.013 *	0.005
	(−2.892)	(−3.205)	(−1.185)	(−0.830)	(−1.683)	(1.168)
CONS	−0.009 ***	−0.011 **	−0.007	−0.004 ***	−0.004 *	−0.003 *
	(−2.786)	(−2.265)	(−1.347)	(−2.708)	(−1.736)	(−1.872)
ADM	0.047 **	0.072 **	0.006	0.014 **	0.028 **	0.007
	(2.15)	(2.487)	(0.180)	(2.190)	(2.452)	(1.086)
OCCUPY	−0.16 **	−0.207 **	−0.114	0.000	0.013	−0.001
	(−2.406)	(−2.342)	(−1.084)	(−0.024)	(0.421)	(−0.058)
$GROWTH_{t-1}$	0.003 ***	0.003 ***	0.003 **	0.001 ***	0.001 *	0.001 ***
	(5.310)	(4.409)	(2.527)	(3.669)	(1.947)	(2.913)
LEV_{t-1}	0.014	0.003	0.014	−0.008 **	−0.006	−0.008 **
	(1.632)	(0.276)	(1.022)	(−2.410)	(−1.140)	(−2.367)
AGE_{t-1}	0.000	−0.00004	0.000	0.000 ***	0.000	−0.001 ***
	(−0.449)	(−1.195)	(−0.401)	(−3.050)	(−0.829)	(−4.659)
ROE	−0.009	−0.006	0.022	0.006	0.001	0.011
	(−0.586)	(−0.352)	(0.627)	(1.572)	(0.276)	(1.244)
IND	控制变量	控制变量	控制变量	控制变量	控制变量	控制变量
YEAR	控制变量	控制变量	控制变量	控制变量	控制变量	控制变量
$Adjusted-R^2$	0.049	0.069	0.031	0.056	0.045	0.104
样本量	1872	936	936	3132	1566	1566

注：* 、** 、*** 分别表示显著性水平为 10%、5%、1%。

为了验证产品市场竞争、股权治理和过度投资之间的关系，本文按产品市场竞争变量的中位数将过度投资和投资不足总样本分别分为两组——高竞争的样本和低竞争的样本。表3列示了模型（2）的回归结果，从表中我们可以看出以下几点。

1. 从整体来看，营业利润率与过度投资的回归系数为正且通过了10%的显著性水平检验，与投资不足的回归系数为负且通过了1%的显著性水平检验，由于营业利润率是产品市场竞争程度的反向指标，因此结果表明产品市场竞争抑制了企业的过度投资，加剧了企业的投资不足，假设1通过了检验。

2. 对比过度投资和投资不足两组全样本的回归结果，我们可以看出第一大股东持股比例与过度投资显著负相关，与投资不足呈负相关关系，但不具有显著性。说明对于非效率投资，股权集中度的提高更容易抑制过度投资而不是缓解投资不足。股权制衡度与过度投资显著负相关，与投资不足负相关但不显著，可见股权制衡度对抑制过度投资起到了一定作用，但对缓解投资不足作用不大，这可能是因为相较于投资过度的企业，投资不足的企业其股权集中度和股权制衡的能力整体上都较弱导致的，所以假设2和假设3得到了验证但不完全显著。终极控制人的国有性质与过度投资和投资不足均表现为显著的负相关关系，说明终极控制人的国有性质能有效抑制过度投资和缓解投资不足，提高公司的投资效率，假设4通过了检验。

3. 在把过度投资和投资不足分别按产品市场竞争程度分组后，对于过度投资，高竞争组第一大股东持股比例、股权制衡度、终极控制人性质均与过度投资呈负相关关系，且都通过了显著性检验，但在低竞争组三者均没有通过显著性检验，这说明产品市场竞争能够强化第一大股东比例、股权制衡度和终极控制人的国有性质对过度投资的抑制作用；对于投资不足，高竞争组和低竞争组第一大股东持股比例都没有通过显著性检验，说明产品市场竞争对第一大股东持股比例和投资不足之间的相互关系没有起到作用，股权制衡度在高竞争组通过了显著性检验，但在低竞争组没有通过显著性检验，说明只有在产品市场竞争程度强的情况下，股权制衡度才能够对缓解投资不足起作用；终极控制人性质在高竞争组和低竞争组均通过了 10% 的显著性检验，两者没有明显差别，由此可以看出产品市场竞争对国有性质和投资不足之间的负相关关系没有起到明显的作用。综上，我们发现，产品市场竞争没有使所有的治理效果都得到强化，所以假设 5 没有得到完全验证。

（三）稳健性检验

为了检验以上结论的稳健性，我们把按中位数对竞争程度分组变化为按均值对竞争程度进行分组，并代入模型（2）进行检验（因篇幅原因未列示回归结果），发现以上各结论均没有发生改变。所以我们认为，前文的研究结论是比较稳健的。

五　研究结论及局限性

本文以 2012～2014 年的上市公司为研究样本，实证检验了产品市场竞争、股权治理对企业投资效率的影响，研究结果表明：产品市场竞争能够抑制过度投资，加剧投资不足；第一大股东持股比例、股权制衡度均与过度投资负相关，但二者对投资不足没有明显作用；终极控制人的国有性质与过度投资和投资不足均呈负相关关系。把过度投资和投资不足分别按照竞争程度分组回归分析后发现：产品市场竞争强化了第一大股东持股比例、股权制衡度、终极控制人的国有性质对过度投资的作用，同时也强化了股权制衡度对投资不足的负相关关系，但是产品市场竞争对第一大股东持股比例和终极控制人的国有性质与投资不足的关系没有起到明显作用。

本文研究存在一定的局限性：本文选取的衡量股权治理的指标不够全面，如两权分离度、高管持股比例等因素没有考虑。另外本文仅选择了我国深沪两市的上市公司样本，没有研究非上市公司，并且现有样本中某些行业企业数目太少，所以本文数据不能完全反映全国各行各业的情况，由于上述局限，该研究结果有待进一步深化。

参考文献

［1］朱武祥、陈寒梅、吴迅：《产品市场与财务保守行为——以燕京啤酒为例的分

析》，《经济研究》2004 年第 8 期。

［2］胡国柳、蒋国洲：《股权结构在公司治理中的作用及效率——文献回顾及基于中国上市公司的未来研究方向》，《财贸研究》2004 年第 4 期。

［3］白重恩、刘俏、陆洲、宋敏、张俊喜：《中国上市公司治理结构的实证研究》，《经济研究》2005 年第 2 期。

［4］程宏伟、刘丽：《产品市场竞争程度对公司投资行为影响的实证研究》，《财会月刊》2009 年第 2 期。

［5］张祥建、郭岚、徐磊：《上市公司的投资行为与投资效率研究》，上海财经大学出版社，2009。

［6］张功富：《产品市场竞争、大股东持股与企业过度投资——来自沪深工业类上市公司的经验证据》，《华东经济管理》2009 年第 7 期。

［7］程仲鸣、夏银桂：《控股股东、自由现金流与企业过度投资》，《经济与管理研究》2009 年第 2 期。

［8］杨清香、俞麟、胡向丽：《不同产权性质下股权结构对投资行为的影响——来自中国上市公司的经验数据》，《中国软科学》2010 年第 7 期。

［9］张洪辉、王宗军：《产品市场竞争与上市公司过度投资》，《金融评论》2010 年第 1 期。

［10］徐一民、张志宏：《产品市场竞争、政府控制与投资效率》，《软科学》2010 年第 12 期。

［11］陈共荣、徐巍：《大股东特征与企业投资效率关系的实证研究》，《会计之友》2011 年第 1 期。

［12］谭利、杨苗：《不同制度环境下公司治理质量对投资效率的影响》，《证券市场导报》2013 年第 12 期。

政府干预、债权治理与投资效率

杨继伟　于永婕

（云南财经大学会计学院）

【摘　要】本文以 2011～2014 年 A 股上市公司为研究样本，实证检验了政府干预和债权治理对企业投资效率的影响。研究结果显示，长期债务的增加会加剧过度投资、抑制投资不足，短期债务的增加会对过度投资和投资不足同时起到抑制作用，而速动比率的增加会抑制过度投资、加剧投资不足。进一步研究后发现，政府干预会部分强化债权治理的上述作用。

【关键词】政府干预　债权治理　过度投资　投资不足

一　引言

当前，我国经济处于转型的关键时期，虽然市场在经济发展中的作用越来越被重视，但是上市公司仍然无法摆脱市场机制外的其他制度因素对企业投资行为的影响，比如政府干预。Chen et al.（2011）认为政府行为成为影响国有企业投资决策的重要因素。20 世纪的分税制改革以及政府激励模式改变后，我国地方政府的财政负担和经济绩效压力就不断加重，这使得政府不得不以参与企业经济活动的方式来实现自身的社会目标以及政治目标（李丰团，2013），通过干预企业的投资行为，使得企业偏离本身的经济利益目标，最终造成投资的无效性。然而，政府"两手论"假说认为，政府在干预企业投资行为时会表现出"两只手"的效果，即"帮助之手"和"掠夺之手"，也就是说，政府干预带来的并不全是弊端。因此，无论政府是为了政治目的还是为了个人私利而不断扩大企业的投资，这种行为都会产生两种结果：在加剧部分企业过度投资的同时，会对拥有投资机会却缺乏资金的企业提供帮助，缓解其资金紧缺的问题，扩大企业投资，改善投资效率（张功富、叶忠明、许晓丽，2015；赵静、郝颖，2014）。

"债务治理假说"是 Jensen 最早在 1986 年提出来的，作为公司内部治理体系的核心，其有效性国内外并未达成一致。国外学者普遍认为债权治理是有效的，比如 Cutillas Gomariz 和 Sanchez Ballesta（2014）发现，偿债义务减少监督管理下的可支配资金，能够减少过度投资并缓解投资不足；而国内学者对债权治理是否有效则存在争议，张亦春等人（2015）的研究发现债权治理并不能够显著改善上市公司投资的无效性，但是大部分学者还是承认债权治理对改善投资效率是有效的，比如，黄乾富和沈红波（2009）以及江伟（2011）的研究发现债务比例和企业的过度投资呈显著负相关关系，即债务融资能够抑制企业的过度投资行为。

改革开放以来的近 40 年间，中国的经济改革以政府分权和市场化为基本特征稳步进行，创造了令全世界瞩目的中国经济增长奇迹。作为推动经济增长三辆马车之一的投资成为促进经济增长的主要推动力，但同时我们也知道我国上市公司的投资效率并不乐观，它们或表现出过度投资，或表现出投资不足。无论具体表现是哪一种，都称之为无效率的投资，这会降低公司的价值，也会损害所有者的利益。因此，研究如何完善上市公司的投资效率也就具有了重要的现实意义。

现有文献对投资效率的研究多是从内部治理入手，涉及外部制度环境的相对较少，但企业的经营活动不可避免地会受到当地具体制度环境的影响，而且内部治理机制也可能会因外部环境不同而发挥出不同的作用（谭利，杨苗，2013），进而影响企业的投资行为。所以，就目前的研究情况看，结合我国政府干预这一制度环境，从债权治理的角度研究投资效率的文献较少，因此本文研究如下两个问题：一是良好的债权治理机制能否改善上市公司的投资效率；二是政府干预程度是否会影响债权治理对投资效率的作用。

二　理论分析与研究假设

（一）债权治理与投资效率

债权治理主要是债权人用相应的权利对债务人进行监督和控制，以达到影响负债公司治理的效果，Stulz（1990）很早就发现企业可以通过增加自身的负债来约束管理者的投资行为，Ballesta（2014）经研究也发现了债权治理对投资的影响：偿债义务会减少企业的可支配资金，约束管理者的投资行为。尽管前文提到国内对债权治理的作用存在争议，但我们仍然有理由相信其对我国上市公司的投资效率具备一定的影响。

从债券期限来说，债权可分为长期负债与短期负债两种。

长期债务是指期限超过 1 年的债务，与流动负债相比，具有数额大、还款期限长的特点，这样就保证了企业拥有大量的并且在较长时期内可自由支配的资金，且还款压力小，这必然会使企业的投资行为产生。对拥有可支配资金的企业来说，长期负债融资对其来说会大大增加它们的自由现金，这样也必然会加剧企业的过度投资程度；同样也因为可支配资金的增多，会在很大程度上减少上市公司的投资不足。

基于以上讨论，本文提出假设 1：

H1：长期负债与上市公司过度投资正相关，与其投资不足负相关。

（二）财务分析与投资效率

短期债务则是指必须在 1 年或者超过 1 年的一个营业周期内偿还的债务，其特点是速度快、金额小、还款期限短，资金自由支配度的降低也会对企业投资行为产生影响，对拥有自由现金流的企业来说，较大的还款压力会限制他们的过度投资；同时，对于那些资金匮乏的企业来说，虽然短期负债面临较大的还款压力，但是依然会为它们快速地带来一定金额的现金，资金的注入会缓解这部分企业的资金紧张局面，从而减少它们的投资不足。

基于以上讨论，本文提出假设 2：

H2：短期负债与上市公司投资效率（过度投资和投资不足均）正相关。

此外，提到上市公司的债权治理还应考虑到它们的偿债能力，速动比率是速动资产对流动负债的比率，反映的是企业的变现偿还债务的能力。因为速动资产比存货更容易兑现，它的比重越大，资产流动性就越大，所以速动比率的高低能直接表现出企业短期偿债能力的强弱。我国大部分企业速动比率的较好水平为 0.6，水平较高表明公司的偿债能力保障度是乐观的，这对于债权人来说是一个好消息，但对于股东或者管理者来说会有不乐观的一面：速动资产的收益能力往往低于固定资产的收益率，如果企业资金过多的以流动资产的形式存在，将会令企业牺牲有利的投资机会。

基于以上讨论，本文提出假设3：

H3：速动比率与上市公司过度投资负相关，与其投资不足正相关。

1978 年以后，我国的财政体制经历了从中央到地方的下放过程，这给地方政府增加了不少的负担，既包括财政负担也包括社会负担。之后，为了适应经济发展，我国政府官员的考核标准也转变为以经济绩效为主。这样，政府官员就有了强烈的欲望去发展地方经济，这既是出于促进地方经济发展和降低失业率的考虑，也是为了实现自身的政治晋升（章卫东等，2014）。所以，地方政府会将权力之手伸向企业，通过投资来拉动 GDP 增长，增加财政收入和就业机会。政府这样的干预企业投资决策会产生两种不同的效应：一种是矫正企业盲目逐利的错误行为从而扶持其发展的帮助效应，一种是为了追求私利去扭曲投资决策目标、损害投资者利益（白俊，连立帅，2014）的掠夺效应。

基于以上讨论，本文提出假设4：

H4：在其他条件不变的情况下，政府干预会强化债权治理对投资效率的作用。

三 实证研究设计

（一）样本选择与数据来源

本文选择 2011~2014 年 A 股上市公司为初始样本，对样本按以下原则进行相应的筛选：（1）剔除金融类、保险类的公司样本；（2）剔除资产负债率超过100%的公司；（3）剔除上市不足一年的公司；（4）剔除ST、PT以及数据缺失的公司。最终得到6281个样本作为本文的观测值。

本文所使用的财务数据来自于CSMAR和WIND数据库，政府干预指数采用樊纲、王小鲁《中国市场化指数——各地市场化相对进程2011年度报告》提供的2009年度各地区的政府干预指数。所有数据的处理和统计分析工作均在Excel 2007和SPSS 17.0软件中进行。

（二）检验模型与变量定义

本文对投资效率模型的研究基于Richardson（2006）投资模型，用上一年度的数据来估计本年度投资，如模型（1），用实际投资与预期投资的差值来衡量投资效率。

公司投资效率的度量：

$$Inv_{I,t} = \alpha_0 + \alpha_1 Q_{i,t-1} + \alpha_2 Lev_{i,t-1} + \alpha_3 Cash_{i,t-1} + \alpha_4 Age_{i,t-1} + \alpha_5 Size_{i,t-1}$$
$$+ \alpha_6 Ret_{i,t-1} + \alpha_7 Inv_{i,t-1} + \sum Industry + \sum Year + \varepsilon_{i,t} \quad (1)$$

模型（1）中，被解释变量 $Inv_{i,t}$ 为 t 年的资本支出；解释变量 $Q_{i,t-1}$ 为 i 公司第 t 年年初的托宾 Q 值，代表公司的成长性；$Lev_{i,t-1}$，$Cash_{i,t-1}$，$Age_{i,t-1}$，$Size_{i,t-1}$，$Ret_{i,t-1}$，$Inv_{i,t-1}$ 分别代表 i 公司 t-1 年的资产负债率、现金持有量、上市年龄、公司规模、股票收益和资本投资；$Industry$ 和 $Year$ 设置为两个虚拟变量，从而控制投资在年度和行业间的差异。

（三）检验模型及变量定义

$Overinv_{i,t}/Underonv_{i,t}$ 代表企业的非效率投资，以模型（1）的残差 $\varepsilon_{i,t}$ 来衡量，并以 $\varepsilon_{i,t}$ 与0的关系来分为过度投资 $Overinv_{i,t}$（$\varepsilon_{i,t} > 0$）和投资不足 $Underonv_{i,t}$（$\varepsilon_{i,t} < 0$），最终各自的样本量分别为2345个和3934个，此外有2个样本的残差为0，表明这两个公司的投资是有效率的。

$$Overinv_{i,t}/Underonv_{i,t} = \beta_0 + \beta_1 Gov_{i,t} + \beta_2 LongLev_{i,t} + \beta_3 ShortLev_{i,t} + \beta_{4i,t} RQ + \beta_5 RCD_{i,t}$$
$$+ \beta_6 RMF_{i,t} + \beta_7 MSS_{i,t} + \sum Industry + \sum Year + \varepsilon_{i,t} \quad (2)$$

模型（2）中各变量的具体定义与计算见表1。

表1 模型（2）变量定义

类　型	变量名称	符　号	变量说明
被解释变量	投资效率	$Overinv_{i,t}$/$Underinv_{i,t}$	t年的投资效率，$Overinv_{i,t}$为模型（1）中正的回归残差，$Underinv_{i,t}$为负回归残差的绝对值
解释变量	政府干预	$Gov_{i,t}$	取自樊纲等（2011）报告的"减少政府对企业的干预"得分，得分越多，说明政府对上市公司的干预越少
	长期资产负债率	$LongLev_{i,t}$	长期负债/年末总资产
	短期资产负债率	$ShortLev_{i,t}$	短期负债/年末总资产
	速动比率	$RQ_{i,t}$	（流动资产－存货净额）/流动负债
控制变量	自由现金流	$FCF_{i,t}$	经营活动产生的现金流量净额－预期投资
	管理费用率	$RMF_{i,t}$	管理费用/主营业务收入
	大股东占款	$MSS_{i,t}$	其他应收款/年末总资产
	行业控制变量	Industry	行业虚拟变量，制造业按二级分类，其他行业按一级分类，剔除金融保险业后，共有21个行业，以综合类为基准，共设置20个行业虚拟变量
	年度控制变量	Year	年度虚拟变量，以2014年为基准，设置3个年度虚拟变量

四　实证结果及分析

（一）主要变量的描述性统计分析

表2 描述性统计

Variable	N	Mean	Min	Median	Max	Std
Overinv	2345	0.0481	0.00001	0.0294	0.5433	0.0587
Underinv	3934	0.0286	0.00001	0.0229	0.7034	0.0288
Gov	6279	6.7859	-12.95	7.2	10	2.9114
LONGLEV	6279	0.1602	-1.1721	0.0807	1.2162	0.1857

Variable	N	Mean	Min	Median	Max	Std
SHORTLEV	6279	0.3635	0.0063	0.3475	1.0716	0.1874
RQ	6279	1.9868	0	1.0618	90.5148	3.7624
FCF	6279	0.0247	−0.5629	0.023	0.922	0.081
RMF	6279	0.0984	0.0017	0.0771	3.8768	0.1106
MSS	6279	0.0169	0	0.0082	0.4742	0.0277

表 2 报告了主要变量的描述性统计结果，从中我们可以看出，投资不足的样本量要大于过度投资，说明近几年我国由粗放型转为集约型的经济增长模式对上市公司的投资效率也产生了影响，导致企业更多地呈现出投资不足的状况；但是过度投资的均值和中位数（0.0481，0.0294）均大于投资不足（0.0286，0.0229），表明相较于投资不足，上市公司过度投资的程度更为严重。从政府干预程度来看，最值（−12.95，10）相差较大且标准差为 2.9114，表明我国各地区政府对企业的干预程度呈现出较大差异。从资产负债率来看，短期资产负债率的均值和中位数（0.3635，0.3475）均大于长期资产负债率（0.1602，0.0807），说明上市公司的负债多以短期的形式存在。从速动比率的最值（0，90.5148）以及标准差（3.7624）我们可以看出，上市公司的短期变现能力相差较大，偿债能力参差不齐。从控制变量来看，自由现金流的均值和中位数均为正，表明更多的上市公司拥有可用于自由支配的现金流，而管理费用率和大股东占款的均值、中位数分别为 0.0984，0.0771；0.0169，0.0082。

（二）投资效率模型回归结果分析

表 3　政府干预、债权治理与投资效率的回归结果

变　量	过度投资				投资不足			
	(1)	(2)	(3)	(4)	(5)	(6)	(7)	(8)
（常量）	0.056 ***	0.057 ***	0.061 ***	0.054 ***	0.028 ***	0.026 ***	0.026 ***	0.028 ***
	(6.316)	(6.191)	(5.720)	(6.010)	(8.959)	(8.101)	(7.405)	(8.801)
Gov	−0.044 **	−0.001 *	−0.002 *	−0.030	−0.027 *	0.013	−0.002	−0.029 *
	(−2.107)	(−1.895)	(−1.648)	(−1.222)	(−1.761)	(0.678)	(−0.076)	(−1.666)

续表

变　量	过度投资				投资不足			
	(1)	(2)	(3)	(4)	(5)	(6)	(7)	(8)
LONGLEV	0.025*** (3.471)	0.018 (1.127)	0.025*** (3.453)	0.026*** (3.504)	-0.011*** (-4.248)	0.003 (0.596)	-0.011*** (-4.305)	-0.011*** (-4.254)
Gov × LONGLEV		0.001 (0.551)				-0.002*** (-3.332)		
SHORTLEV	-0.041*** (-4.874)	-0.042*** (-4.901)	-0.055*** (-2.946)	-0.042*** (-4.954)	-0.016*** (-6.120)	-0.016*** (-6.095)	-0.012* (-1.977)	-0.016*** (-6.123)
Gov × SHORTLEV			0.002 (0.814)				-0.042 (-0.902)	
RQ	-0.016 (-0.644)	-0.016 (-0.657)	-0.015 (-0.620)	0.001 (0.589)	0.015 (0.903)	0.014 (0.837)	0.015 (0.892)	0.007 (0.168)
Gov × RQ				-0.053* (-1.052)				0.009 (0.232)
FCF	0.046*** (2.811)	0.047*** (2.816)	0.046*** (2.772)	0.046*** (2.784)	-0.097*** (18.731)	-0.097*** (18.727)	-0.097*** (18.745)	-0.097*** (18.723)
RMF	0.00004 (-0.003)	0.00009 (0.008)	0 (-0.017)	0 (0.012)	0.003 (0.723)	0.003 (0.671)	0.003 (0.709)	0.003 (0.715)
MSS	-0.130** (-2.195)	-0.128** (-2.175)	-0.130** (-2.203)	-0.128** (-2.171)	0.020* (1.370)	0.019* (1.317)	0.020* (1.370)	0.020* (1.371)
Industry and Year	控制	控制	控制	控制	控制	控制	控制	控制
Adj. - R²	0.042	0.041	0.042	0.042	0.125	0.127	0.124	0.124

注：*、**、***分别表示显著性水平为10%、5%、1%；括号内数值代表 *T* 值。

　　表 3 报告了政府干预、债权治理对企业投资效率影响的回归结果。本文将过度投资与投资不足分开进行了回归，为节省篇幅就没有对全样本的回归情况进行报告。

　　从整体来看，*Gov* 与过度投资的回归系数为负且基本显著，这说明政府干预的增加会显著加剧企业的过度投资；与投资不足的符号不定，这表明政府干预对企业投资不足并未表现出一致性。

　　从第（1）、（5）列的回归我们可以看出，长期资产负债率（*LON-*

GLEV）与过度投资的回归系数显著为正，与投资不足则显著为负，表明长期资产负债率的增加会显著增加上市公司的过度投资水平，同时也会显著减少其投资不足。这是因为长期负债的增多会给企业带来大量的资金，从而增加企业的投资，验证了 H1 并且作用是显著的。同样，短期资产负债率（SHORTLEV）与过度投资和投资不足的回归系数均显著为负，表明短期资产负债率的增加会令过度投资和投资不足均显著减少。这是因为短期负债的还款压力大，会令过度投资的企业减少投资以保证充足的偿债资金；而对投资不足的企业来说，虽然短期债务的还款压力大，但仍然可以为它们带来一定数额的资金，管理者出于增加企业业绩的目的会将这部分资金用于投资，验证了 H2 并且作用是显著的。而速动比率（RQ）与过度投资的系数为负，与投资不足的系数为正，表明速动比率的增加会减少上市公司的过度投资，同时也会增加其投资不足。这是因为较高的速动比率是代表企业的速动资产很多，而速动资产并不利于投资，只会令企业失去投资机会，验证了 H3 但作用不显著。

第（2）列中政府干预（Gov）与 LONGLEV 交乘项的系数为 0.001，表明政府干预程度的增加，会削弱长期负债对企业过度投资的促进作用，但不显著；第（6）列中 Gov * LONGLEV 的回归系数为 - 0.002，表明政府干预程度越高，越会增加长期负债对企业投资不足的抑制作用，且作用是显著的。这是因为对于投资不足的企业来说，政府官员需要扩大他们的投资，这样就可以拉动地方经济的发展，也对官员的晋升起到帮助作用；但对于过度投资水平较高的企业来说政府的干预会相应减少其盲目投资，以保证其资金安全，这就表现出政府的保护效应。第（3）、（7）列中 Gov * SHORTLEV 的回归系数分别为 0.002 和 - 0.042，表明在政府干预程度较高的地区，短期负债越多越会加剧过度投资、减少投资不足。这主要是因为，在竞争性的市场中，尽管企业面临较大的还款压力，但它们依然会选择增加投资以获得企业的发展。第（4）、（8）列中 Gov * RQ 的回归系数分别为 - 0.053 和 0.009，表明对于速动比率较高的企业来说，政府干预程度的增加会抑制上市公司的过度投资，同时也会减少其投资不足。由此看到，只有长期负债和短期负债对投资不足的抑制作用以及速动比率对过度投资的抑制作用得到了强化，并不是所有的治理效果都能够强化，所以 H4

没有得到完全验证，这可能是因为政府的干预有时是出于自身利益的需要而不是出于企业效益最大化的考虑，从而使得治理达不到理想的效果。

（三）稳健性检验

为了检验本文结果的敏感性，我们采用了上市公司的股权性质来代替"政府干预程度指数"，并设置为虚拟变量：如果上市公司为国有企业，记为1，否则为0。回归结果表明上述研究结论是稳健的。

五　研究结果及启示

本文以2011～2014年A股上市公司为研究样本，实证检验了政府干预和债权治理对企业投资效率的影响，并得出以下结论：首先，就整体来说，政府干预会加剧上市公司的过度投资，但对投资不足的缓解作用并不对称。其次，在没有政府干预的情况下，长期负债的增加会加剧上市公司的过度投资、抑制投资不足，短期负债的增加会同时抑制过度投资和投资不足，而速动比率的增加会起到抑制过度投资、增加投资不足的效果。最后，在考虑了政府对企业的干预后发现，此时的债权治理指标（长期负债、短期负债和速动比率）均起到抑制投资不足的作用，其中长期负债和短期负债在原抑制作用下得到强化，同时速动比率对过度投资的抑制作用也在加入政府干预后得到强化；但是长期负债对过度投资的加剧作用被弱化，而且短期负债也由原来的抑制过度投资变为加剧过度投资。

加入政府干预后，上市公司的投资不足完全被抑制，这是因为政府官员既要推动地方经济发展、增加就业，也要追求自身利益，他们会为企业提供各种扶持发展的福利政策，这会在很大程度上帮助投资不足的上市公司扩大投资；同时，长期负债和速动比率的增加在政府干预后呈现出抑制过度投资的状况，这就表现出政府在干预企业投资决策时的保护作用，避免企业在债权结构不合理时进行盲目的逐利投资；但是，短期负债却在政府干预后表现出加剧过度投资的趋势，这是政府掠夺本质的一种体现。

　　本文研究给我们的启示：虽然我们现在主张深化市场在资源配置中的决定作用，但是在完善的市场机制形成之前，对改善企业投资效率来说单纯的增加或减少政府干预并不能取得理想效果，具体强度应当视市场发育程度而定。就我国目前的情况来看，还没有形成一个完全健全的市场机制，政府理应作为一个替代来保证企业的健康合理发展；待市场发展到一定程度之后，政府就应该减少干预，让市场去优胜劣汰。

参考文献

［1］Chen，S.，Z. Sun，S. Tang，and D. Wu.，"Government Intervention and Investment Efficiency：Evidence from China，" *Journal of Corporate Finance*，2011，17（2）：259 – 271.

［2］Gomariz，M. F. C.，and J. P. Sanchez Ballesta， "Financial Reporting Quality，Debt Maturity and Investmeng Efficiency，" *Journal of Banking and Fianace*，2014，40（3）：494 – 506.

［3］Scott，Richardson，"Over – investment of Free Cash Flow，" *Springer*，2006，（11）：159 – 189.

［4］Stulz，R. M.，"Managerial Discretion and Optimal Financing Policies，" *Journal of Financial Economics*，1990，26（1）：3 – 27.

［5］白俊、连立帅：《国企过度投资溯因：政府干预抑或管理层自利?》，《会计研究》2014 年第 2 期。

［6］黄乾富、沈红波：《债务来源，债务期限结构与现金流的过度投资——基于中国制造业上市公司的实证证据》，《金融研究》2009 年第 9 期。

［7］江伟：《金融发展，银行贷款与公司投资》，《金融研究》2011 年第 4 期。

［8］李丰团：《政府干预企业投资行为的制度背景、基础和路径》，《财会通讯》2013 年第 8 期。

［9］谭利、杨苗：《不同制度环境下公司治理质量对投资效率的影响》，《证券市场导报》2013 年第 12 期。

［10］张功富、叶忠明、许晓丽：《政府干预、政治关联与企业非效率投资——基于中国上市公司面板数据的实证研究》，《财经理论与实践》2011 年第 3 期。

［11］张亦春、李晚春、彭江：《债权治理对企业投资效率的作用研究——来自中国上市公司的经验证据》，《金融研究》2015 年第 7 期。

［12］章卫东、成志策、周冬华、张洪辉:《上市公司过度投资、多元化经营与地方政府干预》,《经济评论》2014 年第 3 期。

［13］赵静、郝颖:《政府干预、产权特征与企业投资效率》,《科研管理》2014 年第 5 期。

制度环境、治理结构与投资效率

杨继伟

（云南财经大学会计学院）

【摘　要】本文以 2001～2011 年国内主板上市公司为样本，考察了制度环境和治理结构对投资效率的影响，得到以下研究结论：制度环境的改善对投资效率有显著正面影响，产权性质、董事会规模、短期负债、高管薪酬、高管持股与投资效率正相关，第一大股东持股比例、长期负债与投资效率负相关，独立董事比例对投资效率没有显著影响。进一步研究后发现：在影响投资效率上制度环境与独立董事比例存在互补效应、与长期负债和高管持股存在替代效应。

【关键词】制度环境　治理结构　投资效率

一　引言

我国作为最大的新兴市场和转轨经济国家，近 30 年来经济虽然一直保持着高速增长的态势，但投资效率低下的问题却始终没有得到有效解决，成为困扰经济持续健康发展的瓶颈问题。在目前经济规模已经比较庞大的基础上，环境和资源已经无法支撑投资驱动下的粗放式经济发展模式，经济转型和产业升级成为必然选择，经济保持中高速增长也将成为新常态。在经济发展新常态下，国家的政策导向从投资驱动转向加强供给侧结构性改革，目的是优化经济结构和提升全要素生产率，并逐步解决粗放式经济增长遗留的投资效率低下和产能过剩等问题。在经济转型和供给侧结构性改革的大背景下，如何改善投资效率成为学术界和政策制定者关注的焦点问题之一。

公司投资理论的研究成果表明，信息不对称和代理冲突是导致公司投资不足和过度投资的主要根源。公司治理作为微观层面的一种制度安排，其主要目的是缓解公司内部人与外部资本提供者之间的信息不对称、协调委托人与代理人之间的利益冲突。好的公司治理通过降低融资约束和代理冲突改善投资效率，而差的公司治理通常与投资不足或过度投资相联系。但是，就治理结构与投资效率之间的关系而言，现有的研究结论却存在着较大的差异。现有文献在考察治理结构对投资效率的影响时，通常是从股权治理、董事会治理或高管激励的某一个视角进行研究，由于不同治理结构在影响投资效率上可能存在较强的互补或替代关系，只从治理结构的某一个视角进行研究容易出现重要变量遗漏问题（Larcker et al.，2007），这也可能是现有研究结论差异较大的重要原因。为了较为全面地考察治理结构对投资效率的影响，本文拟从股权治理、董事会治理、债权治理和高管激励四个维度，分别选取两个具有代表性的治理变量来检验治理结构对投资效率的影响，以避免重要变量遗漏而得出有偏的研究结论。除了公司治理之外，是否还有其他重要甚至是更为重要的因素影响着公司投资效率？已有的研究成果表明：制度环境是影响经济发展的首要因素（North，1990），制度环境对企业经济行为（Szylio-wicz and Galvin，2010）和生产效率（Sobel，2008）均有着重要的影响。由此可以预期宏观制度环境很可能是影响公司投资行为及其效率的重要因素。此外，由于公司治理内生于特定的制度环境下，治理结构的有效运行势必受到制度环境的影响和约束。那么制度环境和治理结构是如何影响投资效率的？制度环境的改善是否会影响治理结构与投资效率之间的关系？为了回答以上问题，本文以2001～2011年国内主板上市公司为样本，研究了制度环境和治理结构对投资效率的影响，以及两者在影响投资效率上存在的互补或替代效应，为我国上市公司投资效率的改善提供政策参考。

本文的贡献主要体现在以下方面：第一，与现有文献的研究视角不同①，

---

① 现有的研究文献大多是间接检验制度环境与投资效率的关系。例如，杨华军和胡奕明（2007）通过检验制度环境与自由现金流交乘项对过度投资的影响，发现地方政府干预和金融开放分别加剧和降低了自由现金流导致的过度投资。

本文直接检验了制度环境与投资效率之间的关系，提供了宏观制度环境影响公司投资效率的直接经验证据。第二，本文较为深入地考察了制度环境和治理结构之间的关系，发现在影响投资效率上，制度环境与独立董事比例存在互补效应，与长期负债和高管持股存在替代效应；在影响过度投资上，制度环境与独立董事比例、短期负债、高管薪酬存在互补效应，与长期负债、高管持股存在替代效应；在影响投资不足上，制度环境与产权性质存在替代效应，与长期负债存在互补效应。以上发现有助于我们更好地理解制度环境和治理结构之间的关系，以及两者对投资效率的作用机理。第三，本文考察了债务期限结构对投资效率的影响，发现短期负债显著改善了投资效率，而长期负债显著降低了投资效率。以上结论证明在我国现有的制度环境下，上市公司短期负债为主、长期负债为辅的债务结构有其存在的合理性，是对公司治理和投资效率文献的有益补充。

二　文献回顾与研究假设

（一）公司投资理论与投资效率

在完美无摩擦的理想世界中，投资机会是投资决策的唯一驱动因素，公司以市场通行利率从外部获取足够的资金投资于净现值为正的项目，直到资本的边际收益等于边际成本，并把多余的资金返还给投资者，此时公司的投资效率达到最优。但是，信息不对称和代理问题往往使公司的投资偏离最优水平，导致投资不足或过度投资。学术界对投资效率的研究主要基于信息不对称理论和代理理论视角。信息不对称理论认为逆向选择问题的存在，使得公司的外部权益融资往往是昂贵的，市场也把权益融资视为坏消息，导致经营业绩好的公司通常不愿意通过股权融资（Fazzari et al.，1988）。此外，由于逆向选择和道德风险问题的存在，公司在债务市场的融资受到了信贷配额的约束。因此，信息不对称迫使公司放弃了一些好的投资机会，因为在具有信息优势的经理看来外部融资确实过于昂贵了。信息不对称引发融资约束进而导致投资不足的论断得到了 Chava 和 Roberts

(2008)、连玉君和苏治（2009）等许多实证研究成果的支持。代理理论则认为公司投资效率低下的根源是代理问题，主要体现为经理帝国的建立。由于委托人与代理人之间的利益存在差异，经理的目标可能是公司增长而非公司价值，使得一些净现值为负的投资项目被采纳，导致公司出现过度投资。

越来越多的理论与实证研究成果证明，导致公司投资效率低下的根源主要是信息不对称与代理问题，信息不对称主要引发投资不足，而代理冲突主要导致过度投资。就我国上市公司而言，既因为融资约束导致投资不足，也因为代理冲突导致过度投资（张功富、宋献中，2009）。

（二）治理结构与投资效率

1. 股权治理与投资效率

股权治理是现代公司治理的基石，现有文献在考察股权治理对投资效率的影响时，主要从控股股东的产权性质、第一大股东持股比例等视角来考察治理效果。就产权性质的影响而言，国内主流文献通常认为国有控股加剧公司过度投资的同时抑制了投资不足。申慧慧等（2012）发现在国有控股公司中投资偏离表现为投资过度，而在非国有控股公司中则表现为投资不足。俞红海等（2010）发现控制权与现金流权分离度加剧了过度投资，而政府控股公司比民营公司过度投资更为严重。但产权性质对投资效率的整体影响目前并没有清楚的研究结论。国有控股公司有着天然的融资优势，可以抑制投资不足是比较容易理解的，而对过度投资的影响则要复杂得多。一方面国有控股公司容易受政府行为的影响而导致过度投资；另一方面我国上市公司的代理问题主要体现为控股股东与中小股东的利益冲突，而民营控股公司更有动机通过"隧道行为"来掠夺中小股东，因此国有控股缓解了"隧道行为"导致的过度投资问题。值得一提的是，现有文献在研究产权性质对过度投资的影响时，往往把股东与经理层之间的冲突作为上市公司面临的主要代理问题，而忽视了第二类代理问题对过度投资的影响。此外，投资效率的高低最终要通过财务绩效来体现。而王鹏（2008）发现国有控股公司的投资者保护和财务绩效均好于民营公司，Hu和 Leung（2012）发现中国国有企业的治理机制是有效的，姜付秀等

（2014）发现国企经理契约设计更加绩效导向，这些结论预示着国有控股公司可能有着更高的财务绩效和投资效率。

第一大股东持股比例对投资效率的影响目前没有明确结论。窦炜等（2011）发现控股大股东持股比例与过度投资负相关，与投资不足正相关；而叶松勤和徐经长（2013）发现第一大股东持股比例与过度投资正相关，与投资不足不显著。从理论上说，随着大股东持股比例的增加，自身利益与公司发展更为紧密，其有动机改善公司的投资效率。但是，持股比例的增加也会降低公司治理的有效性，加剧公司内部人与外部投资者的信息不对称，形成一股独大而独断专行的局面，对公司投资效率及财务绩效均会产生负面影响，这也是学术界长期诟病一股独大的重要原因。而冉茂盛等（2010）的研究发现，大股东控制对投资效率具有"损耗效应"和"激励效应"，并且其"损耗效应"大于"激励效应"，这是导致中国资本市场资源配置无效率的根本原因。因此，我们预期大股东持股比例的增加会加剧一股独大的局面，从而强化大股东控制对投资效率的"损耗效应"。基于以上分析，本文提出以下研究假设：

H1a：国有控股与投资效率显著正相关；

H1b：第一大股东持股比例与投资效率显著负相关。

2. 董事会治理与投资效率

董事会治理是公司治理研究的重要内容，而董事会规模和独立董事比例则是董事会治理研究的核心内容，就其对投资效率的影响而言也还存在着很大的分歧。周泽将（2014）的研究显示董事会规模对过度投资没有显著影响，独立董事比例与过度投资显著正相关。李莉等（2014）发现董事会规模对过度投资行为不存在抑制作用，独立董事比例与过度投资显著负相关。而姜凌等（2015）的研究显示董事会规模和独立董事比例对投资效率的促进作用均不显著。从理论上说，董事会受股东委托监督管理层的机会主义行为，主要解决的是第一类代理问题，即股东与经理层之间的委托代理问题，但我国上市公司面临的主要是第二类代理问题，即大股东与中小股东之间的利益冲突，而中小股东往往难以选派代表进入董事会，导致董事会不能较好地解决我国上市公司面临的主要代理问题，这或许是我国董事会治理效率不高的重要原因，也预示着董事会规模对过度投资可能没有显著影响。但从信息不对称的角度看，董事会规模的适当扩大提高了内部人隐藏公司信息的难度，在我国上市公司信息透明度总体较低的背景下，适当增加董事规模有助于降低公司内外部人之间的信息不对称，同时也向外界传递公司愿意降低信息不对称的信号，因此应该能在一定程度上缓解信息不对称导致的投资不足问题，对投资效率的改善起到促进作用。从独立董事视角看，由于我国上市公司独立董事选聘机制存在的固有问题，使得大部分独立董事并非真正意义上的独立，当公司投资失误时也缺乏有效的追责机制，且独立董事大多不是行业内专家，导致独立董事既没有动力也没有能力有效监督公司的投资决策。基于以上分析，本文提出以下研究假设：

H2a：董事会规模与投资效率显著正相关；

H2b：独立董事比例与投资效率没有显著关系。

3. 债权治理与投资效率

作为公司治理机制的重要一环，债权治理与股权治理、董事会治理一起构成现代公司治理的基石，对公司治理的完善有着不可替代的作用（杨继伟等，2012）。负债融资具有激励和约束功能、缓解信息不对称和实现控制权转移的治理效应（吴婧，2008）。负债融资对公司投资行为的影响主要有三种可能的结果，一是过度投资，二是投资不足，三是抑制过度投资。因此，负债融资对投资效率有两方面的影响：一是股东与债权人利益冲突导致的过度投资或投资不足；二是债权人积极监督公司经理的投资行为从而抑制过度投资，即发挥负债的相机治理作用（童盼、陆正飞，2005）。在我国的公司治理中过于重视股东利益而忽视对债权人利益的保护，现有的制度设计也没有鼓励债权人积极参与公司治理，导致债权治理的作用往往被忽视，实证研究债权治理对投资效率影响的文献也较少。但是，债权人作为最重要的利益相关者之一，其不可能放任公司经理的投资行为，必然通过债务期限结构和契约条款的设计来约束公司投资，对公司的投资行为产生重要影响。而我国上市公司的债务结构目前是以短期负债为主、长期负债为辅，这种看似不合理的债务结构对投资效率究竟会产生什么样的影响？遗憾的是几乎没有文献考察过债务期限结构对我国上市公司投资效率的影响。通过短期贷款，一方面保护了债权人的利益，另一方面巨大的短期偿债压力抑制了经理的过度投资行为，还能在一定程度上缓解了融资约束的问题。而长期贷款一旦发放出去，债权人就很难再控制企业的投资行为，利益的不一致又很容易诱发公司经理进行过度投资。债权人事前预测到债务期限结构对公司投资行为可能产生的影响，为了最大限度地保护自身利益不受侵害，必然对长期贷款的发放采取审慎态度和限制措施，而通过加大短期贷款的发放来满足公司融资需求，由此形成了目前这种短期负债为主、长期负债为辅的债务期限结构。因此，上市公司不合理的债务结构很可能是债权人被动参与公司治理的一种策略，其目的是通过债务期限结构的设计来约束公司的过度投资行为。基于以上分析，本文提出以下研究假设：

H3a：短期负债与投资效率显著正相关；

H3b：长期负债与投资效率显著负相关。

4. 高管激励与投资效率

高管激励也是公司治理研究的重要内容，但从投资效率视角考察高管激励的文献还比较少。辛清泉等（2007）发现薪酬契约无法对企业经理的经营才能和工作努力进行有效激励时，容易导致过度投资；靳光辉等（2015）发现高管薪酬激励能显著抑制投资不足，但对过度投资的治理效应依赖于投资者情绪。姜凌等（2015）发现良好的薪酬和股权激励有助于提高公司的投资效率。从公司绩效和公司价值视角来看，现有的研究大体上支持高管薪酬和股权激励有助于提升公司的绩效和价值。高管作为公司投资决策的重要参与者，当其切身利益与公司的长远发展紧密联系时，则有动机也有能力进行更加富有效率的投资决策，对抑制公司的过度投资和投资不足均会产生正面影响。从我国上市公司高管激励的实践来看，薪酬契约和高管持股是最主要的激励方式，也是契合高管利益与公司长短期发展的重要切入点。随着高管薪酬和持股激励强度的加大，高管的预期收益与公司绩效和价值更为紧密地联系在一起，高管利益与股东利益也逐渐趋于一致，在进行投资项目考察和评估时，为了实现高管预期收益的最大化，会尽可能避免过度投资或投资不足等非效率投资行为。因此，随着高管薪酬和持股激励的增加，预期会对投资效率的改善产生积极作用，故提出如下研究假设：

H4a：高管薪酬与投资效率显著正相关；

H4b：高管持股与投资效率显著正相关。

（三）制度环境与投资效率

La Porta et al. （2000）基于法律视角的研究触发了学术界从制度视角思考公司财务问题，并考察了制度环境对投资效率的影响。一些文献从金融开放和金融发展视角研究了制度环境变化对投资效率的影响。Galindo et al. （2007）以 12 个发展中国家公司层面的数据为研究样本，研究发现金融自由化显著改善了公司的投资效率。Chari 和 Henry （2008）也发现了类似的证据，他们发现股票市场自由开放后，新兴市场经济国家公司层面的投资效率得到显著改善。Bekaert et al. （2011）证明金融开放对要素生产率有显著正面影响，并发现金融开放后投资效率得到改善的间接证据。Fisman 和 Love （2004）发现金融发展改善了资本在不同行业之间的配置效率。杨华军和胡奕明 （2007）检验了制度环境对过度投资行为的影响，发现金融发展显著降低了自由现金流引发的过度投资。谭利和杨苗 （2013）的研究发现，较高金融发展水平能增加公司治理对投资效率的促进作用。以上研究成果表明，金融开放和发展是影响投资效率的重要制度因素，也是新兴市场经济国家改善资本配置效率的重要途径。此外，一些文献还从法律视角研究了制度环境与投资效率之间的关系。Albuquerue 和 Wang （2008）的理论模型和实证检验证明，在投资者保护较弱的制度环境下，公司的过度投资行为更严重。Mclean et al. （2012）发现投资者保护强度与投资现金流敏感性显著负相关、与投资机会敏感性显著正相关，证明加强法律对投资者的保护有效地改善了公司投资效率。翟华云 （2010）发现在法律环境较好的地区，审计质量与投资效率显著正相关。

综上所述，现有的研究成果大体支持制度环境的改善有助于提高公司投资效率，但很少有国内文献直接检验宏观制度环境与公司投资效率之间的关系。我国是一个区域经济发展很不平衡、地区制度环境差异较大的国家，在制度环境较好的地区，金融市场发育相对比较成熟、政府对公司投资行为的干预较少且司法行政效率较高，这些制度特征的改善一定程度上缓解了委托人与代理人之间的冲突，加大了代理人侵害委托人利益的成本。在我国资本市场发展尚不成熟、上市公司信息披露透明度总体较低、大股东与中小股东之间代理冲突较为严重的背景下，宏观制度环境的改善有助于规范公司投资行为和减少关联交易，增加大股东利益侵占和掠夺中小股东的法律成本，抑制大股东通过过度投资行为转移公司财富，降低代理冲突导致的非效率投资行为。因此，本文提出以下研究假设：

H5：制度环境与投资效率显著正相关。

三　研究设计

（一）投资效率的测度

本文借鉴 Richardson（2006）模型来测度公司过度投资或投资不足，该模型得到了主流理论的认可并在国内外研究中得到广泛采用。模型的基本形式如下：

$$Invest_{i,t} = \beta_0 + \beta_1 Q_{i,t-1} + \beta_2 Lev_{i,t-1} + \beta_3 Cash_{i,t-1} + \beta_4 Age_{i,t-1} + \beta_5 Size_{i,t-1}$$
$$+ \beta_6 Return_{i,t-1} + \beta_7 Invest_{i,t-1} + \sum Industry + \sum Year + \varepsilon_{i,t} \qquad (1)$$

模型（1）中，$Invest_{i,t}$ 为 i 公司 t 年的资本投资，计算方法为：（固定资产 + 在建工程 + 无形资产 + 长期投资）净值变化量/平均总资产；$Q_{i,t-1}$ 为 i 公司 $t-1$ 年末的投资机会（托宾 Q），计算方法为：市场价值/期末总资产；$Lev_{i,t-1}$、$Cash_{i,t-1}$、$Age_{i,t-1}$、$Size_{i,t-1}$ 分别为 i 公司 $t-1$ 年末的资产负债率、现金持有量（货币资金/总资产）、上市年龄、总资产自然对数；$Return_{i,t-1}$、$Invest_{i,t-1}$ 分别为 i 公司 $t-1$ 年不考虑现金红利再投资的年个股回报率、资本投资量；$Industry$ 和 $Year$ 分别为行业和年度哑变量。本文依据中国证监会行业分类标准进行行业分类，其中制造业按二级分类，其他行业按一级分类，共分为 21 个行业 20 个哑变量（下同）。模型（1）的拟合值为公司预期投资（即最优投资）$Invest^*$，残差项 ε 为实际投资与预期投资之差，$\varepsilon > 0$ 表明公司投资过度，$\varepsilon < 0$ 表明公司投资不足。为了便于研究与分析，本文将所有残差项 ε 取绝对值，令 Eff 为总的投资效率（含

过度投资和投资不足)、*Over* 为过度投资、*Under* 为投资不足,这三个变量的值越小则相应的投资效率越高。

(二) 实证检验模型

本文采用以下模型来检验制度环境与治理结构对投资效率的影响:

$$Eff(Over\ or\ Under) = \alpha_0 + \alpha_1 INS + \sum_{i=2}^{9} \alpha_i Governance + \sum_{i=10}^{12} \alpha_i Control$$
$$+ \sum Industry + \sum Year + \varepsilon \qquad (2)$$

模型(2)中:*Institution* 为制度环境变量,*Governance* 为治理结构变量,*Control* 为控制变量,*Industry* 和 *Year* 分别为行业和年度哑变量。如果模型(2)中 α_1 的系数显著为负,说明制度环境的改善显著提高了公司的投资效率。$\alpha_2 \sim \alpha_9$ 中系数显著为负说明相应的治理结构显著提高了公司投资效率,如果系数显著为正则说明相应的治理结构显著降低了公司投资效率,如果系数在统计上不显著则说明相应的治理结构对公司投资效率没有显著影响。

制度环境变量的度量:本文以樊纲等(2011)编制的中国各地区市场化指数来度量制度环境,该指数由政府与市场的关系、非国有经济发展、产品市场发育程度、要素市场发育程度、市场中介组织的发育和法律制度环境五个方面 23 个基础指标构成,比较客观地反映了中国各地区市场化相对进程,是国内学术界度量制度环境比较常用的指标。此外,由于樊纲等人编制的市场化指数为 1997~2009 年的数据,考虑到各地区市场化指数的相对稳定性,本文借鉴夏立军和方轶强(2005)的做法,以 2009 年各地区的市场化指数作为 2010~2011 年各地区市场化指数的替代变量。

在控制变量的选择上我们借鉴了 Richardson (2006)、张会丽等(2012)的研究,选择包括自由现金流、大股东占款及管理费用率三个指标作为控制变量。模型中各主要变量的定义见表 1。

(三) 样本选择与数据来源

为了较为准确地考察制度环境与公司治理对投资效率的影响,本文在样本选择时考虑了相对较长的时间段以保证样本的数量和代表性,即以

2001～2011 年在国内 A 股主板上市的公司为研究样本。样本选择遵从以下原则：（1）由于金融行业的特殊性，依据研究惯例剔除金融类上市公司；（2）剔除净资产为负的公司；（3）由于海内外制度环境差异较大，剔除了在 A 股和海外双重上市的公司；（4）西藏地区市场化指数异常低且数据不全，为避免极端值的影响，剔除了西藏地区的上市公司；（5）当年上市公司的投资行为有其特殊性，故剔除了当年上市的公司；（6）剔除了财务数据或公司治理数据缺失的公司。经过以上筛选后模型（1）共有 12663 个有效样本，模型（2）共得到 12414 个有效样本。此外，为了消除极端值的影响，对主要连续变量在 1% 和 99% 分位上做了 Winsorize 处理。

　　本文的财务和公司治理数据来源于中国股市与财务研究数据库（CS-MAR）和 WIND 金融数据库，其中股权治理结构数据、行业分类数据及上市公司注册地所在省级区域数据来源于 WIND 金融数据库，其他数据均来源于 CSMAR 数据库。

表 1　主要变量定义

变量类型	变量代码	变量名称	变量定义
因变量	Eff	投资效率	模型 1 残差的绝对值
	Over	过度投资	模型 1 残差大于零的部分
	Under	投资不足	模型 1 残差小于零部分的取绝对值
测试变量	INS	制度环境	公司注册地所在省级区域市场化指数得分
	State	股权性质	国有控股企业取值为 1，否则为 0
	TOP1	第一大股东持股比例	第一大股东持股数/总股数
	Board	董事会规模	董事会人数
	Indep	独立董事比例	独立董事人数/董事会人数
	Slev	短期资产负债率	流动负债总额/资产总额
	Llev	长期资产负债率	长期负债总额/资产总额
	Salary	高管薪酬	前三名高管薪酬之和取自然对数
	Mshare	高管持股数量	高管持股数之和取自然对数，未持股取值为 0
控制变量	FCF	自由现金流	经营活动净现金流量/平均总资产 – 当年预期投资
	Encroach	大股东占款	其他应收款/年末总资产
	Expenses	管理费用率	管理费用/主营业务收入

四 实证结果与分析

(一) 描述性统计

表 2 为实证检验模型中各主要变量的描述性统计结果，其中过度投资的公司样本为 4833 个，投资不足的公司样本为 7581 个，过度投资的平均值为 0.092，投资不足的平均值为 0.069。这与国内学者的同类研究是吻合的，即投资不足的公司更多，而过度投资的程度更为严重。投资效率 (*Eff*) 的平均值为 0.078，说明我国上市公司非效率投资的平均水平达到总资产的 7.8%，投资效率不容乐观。*State* 的平均值为 0.603，说明我国上市公司大多数仍然是国有控股。*Slev* 和 *Llev* 的平均值分别为 0.422 和 0.075，表明上市公司的债务结构仍然是短期负债为主长期负债为辅。此外，大股东利益侵占仍然比较严重，*Encroach* 达到上市公司平均总资产的 4.6%。

表 2　主要变量的描述性统计

变 量	均 值	中位值	标准差	最小值	最大值	样本量
Eff	0.078	0.052	0.089	0.001	0.453	12414
Over	0.092	0.054	0.114	0.001	0.661	4833
Under	0.069	0.052	0.070	0.001	0.425	7581
INS	7.947	7.880	2.252	2.370	13.990	12414
State	0.603	1.000	0.489	0.000	1.000	12414
*TOP*1	0.381	0.360	0.161	0.004	0.894	12414
Board	9.353	9.000	2.037	3.000	19.000	12414
Indep	0.329	0.333	0.095	0.000	0.750	12414
Slev	0.422	0.415	0.184	0.057	0.929	12414
Llev	0.075	0.031	0.102	0.000	0.466	12414
Salary	13.308	13.373	0.952	9.162	16.645	12414
Mshare	5.846	7.601	5.804	0.000	19.966	12414
FCF	0.005	0.005	0.097	−0.815	0.794	12414
Encroach	0.046	0.017	0.087	0.000	0.988	12414
Expenses	0.113	0.073	0.168	0.007	1.314	12414

(二) 投资效率模型测度结果

表 3 为投资效率测度模型的测度结果，从表中数据可知公司当年的资本投资与上一年度末的投资机会 Q、现金持有量 $Cash$、公司规模 $Size$、年个股回报率 $Return$、资本投资量显著正相关，与资产负债率、上市年龄显著负相关，这与理论预期是相吻合的。此外，各主要变量相关系数的显著性水平均达到 1%，调整的 R^2 达到 0.305、模型的 F 值达到 151.278，这些数据表明模型的回归结果是比较理想的。

表 3 模型 (1) 的测度结果

Variables	Coefficients	$t - value$	$P > \mid t \mid$
$Constant$	-0.062 ***	-4.789	0.000
$Q_{i,t-1}$	0.001 ***	2.738	0.006
$Lev_{i,t-1}$	-0.021 ***	-6.214	0.000
$Cash_{i,t-1}$	0.038 ***	7.18	0.000
$Age_{i,t-1}$	-0.001 ***	-6.661	0.000
$Size_{i,t-1}$	0.005 ***	7.709	0.000
$Return_{i,t-1}$	0.004 ***	4.123	0.000
$Invest_{i,t-1}$	0.438 ***	56.528	0.000
$Industry/Year$	控制		
$Adj. - R^2$	0.305		
模型 F 值	151.278		
样本量	12663		

注：*、** 和 *** 分别表示双尾检验时回归系数在 10%、5% 和 1% 的水平上显著（以下各表同）。

(三) 实证检验结果与分析

表 4 列示了模型 (2) 的检验结果。由检验结果可以发现，制度环境的改善确实显著提高了投资效率，但这种影响主要体现为对过度投资有显著的抑制作用，对投资不足虽然有抑制但效果不显著。从理论上说，制度环境的改善也应该能抑制投资不足。但我国上市公司在同样的信息披露规制和惩戒机制下，不同制度环境下上市公司的信息披露质量可能不会有实

质性差异，这可能是制度环境改善对投资不足抑制作用不显著的重要原因。就治理结构而言，产权性质、短期负债、高管薪酬、高管持股对投资效率的改善有积极的促进作用，且对过度投资和投资不足均有显著抑制作用，表明这些治理结构不仅能够缓解代理冲突、降低代理成本，同时也能够降低信息不对称和由此引发的融资约束；董事会规模能够显著改善投资效率，主要体现为对投资不足有显著抑制作用，但对过度投资的抑制作用不显著，表明董事会人数的适当增加能降低信息不对称进而缓解了融资约束，但不能有效缓解代理冲突及由此引发的过度投资；第一大股东持股比例与投资效率显著负相关，第一大股东持股比例的增加主要体现为加剧了公司的过度投资，对投资不足影响不显著；长期负债显著降低了投资效率，长期负债一方面加剧了过度投资，另一方面对投资不足有抑制作用，对投资效率总体有显著负面影响；独立董事比例对投资效率没有显著影响，其对过度投资或投资不足均没有实质性影响，表明独立董事并没有较好地缓解上市公司的信息不对称和代理冲突问题。

以上检验结果验证了本文提出的研究假设。在控制变量中，自由现金流（FCF）一方面显著加剧了过度投资，另一方面有效抑制了投资不足，但对总体投资效率没有显著影响；大股东占款（$Encroach$）和管理费用率（$Expenses$）对投资效率有显著负面影响，主要体现为加剧了公司投资不足。三个控制变量对投资效率的影响与现有研究成果大致吻合，符合理论预期。此外，各模型的 VIF 值均小于 10，表明不存在严重的多重共线性问题。

表 4　制度环境、治理结构与投资效率

变　量	Eff		Eff	Over		Over	Under		Under
INS	-0.002***		-0.001**	-0.004***		-0.002**	-0.001		-0.0001
	(-4.63)		(-2.26)	(-4.20)		(-2.02)	(-1.22)		(-0.32)
State		-0.006***	-0.007***		-0.010***	-0.011***		-0.004**	-0.004**
		(-3.73)	(-3.93)		(-2.95)	(-3.12)		(-2.10)	(-2.11)
TOP1		0.010*	0.011*		0.043***	0.045***		-0.004	-0.004
		(1.71)	(1.87)		(3.48)	(3.61)		(-0.71)	(-0.69)
Board		-0.001**	-0.001**		-0.001	-0.001		-0.001*	-0.001*
		(-2.16)	(-2.24)		(-1.00)	(-1.09)		(-1.95)	(-1.95)

续表

变　量	Eff			Over			Under		
Indep		0.001	0.001		0.023	0.022		−0.009	−0.009
		(0.09)	(0.09)		(0.71)	(0.69)		(−0.68)	(−0.68)
Slev		−0.027***	−0.027***		−0.023**	−0.023**		−0.031***	−0.031***
		(−5.15)	(−5.11)		(−2.07)	(−2.03)		(−5.82)	(−5.82)
Llev		0.074***	0.072***		0.163***	0.158***		−0.023**	−0.024**
		(6.57)	(6.33)		(7.70)	(7.47)		(−2.10)	(−2.11)
Salary		−0.005***	−0.004***		−0.008***	−0.007***		−0.004***	−0.004***
		(−4.70)	(−4.03)		(−3.41)	(−2.82)		(−3.72)	(−3.58)
Mshare		−0.001***	−0.001***		−0.001***	−0.001***		−0.0002**	−0.0003**
		(−4.61)	(−4.24)		(−3.85)	(−3.38)		(−2.14)	(−2.09)
FCF	0.002	0.010	0.011	0.079***	0.108***	0.108***	−0.046***	−0.047***	−0.047***
	(0.25)	(1.07)	(1.06)	(4.01)	(5.45)	(5.44)	(−4.53)	(−4.70)	(−4.70)
Encroach	0.013	0.026**	0.026**	−0.059***	−0.030	−0.033	0.047***	0.054***	0.054***
	(1.03)	(2.03)	(1.98)	(−2.70)	(−1.29)	(−1.42)	(3.46)	(3.82)	(3.82)
Expenses	0.048***	0.044***	0.044***	0.016	0.018	0.018	0.057***	0.052***	0.052***
	(6.54)	(5.96)	(5.94)	(1.42)	(1.52)	(1.53)	(7.21)	(6.52)	(6.52)
Constant	0.096***	0.165***	0.164***	0.136***	0.215***	0.214***	0.085***	0.138***	0.138***
	(15.43)	(10.98)	(10.93)	(11.48)	(6.77)	(6.71)	(14.01)	(9.35)	(9.35)
Year	控制	控制	控制	控制	控制	控制	控制	控制	控制
Industry	控制	控制	控制	控制	控制	控制	控制	控制	控制
R^2	0.039	0.052	0.053	0.047	0.075	0.076	0.071	0.082	0.082
模型 F 值	11.90***	12.34***	12.21***	5.75***	6.24***	6.25***	11.04***	11.51***	11.24***
样本量	12414	12414	12414	4833	4833	4833	7581	7581	7581

注：括号中数值为经异方差修正的稳健 t 值，各模型的 VIF 值均小于 10（以下各表同）。

（四）进一步检验与分析

本文在模型（2）的基础上加入制度环境与各治理变量的交乘项，以进一步了解制度环境和治理结构对投资效率（过度投资或投资不足）的作用机理，检验结果见表5至表7。由于制度环境与治理变量直接交乘存在严重的多重共线性问题，本文借鉴夏立军和方铁强（2005）的做法，先将制度环境变量进行中心化处理（C_ INS）后再交乘，此时不存在严重的多重共线性问题。表 5 列示了制度环境与治理结构交互效应对投资效率的影响，由检验结果可以看出：制度环境与独立董事比例交乘项的系数在 10% 水平上显著为负，表明随着制度环境的改善独立董事比例的上升能够提高投资效率，两者在影响投资效率上存在互补效应；制度环境与长期负债交乘项的系数在 1% 水平上显著为负，表明随着制度环境的改善长期负债对投资效率的负面影响逐渐下降，两者在影响投资效率上存在替代效应；制度环境与管理层持股交乘项的系数在 1% 水平上显著为正，表明制度环境的改善弱化了管理层持股对投资效率的促进作用，两者在影响投资效率上存在替代效应。其余交乘项的系数不显著，表明制度环境与这些治理变量在影响投资效率上不存在明显的互补或替代效应。

表 5　制度环境、治理结构与投资效率（交互效应）

变　量	(1)	(2)	(3)	(4)	(5)	(6)	(7)	(8)
C_INS	−0.002*** (−2.79)	−0.001** (−2.18)	−0.001** (−2.27)	−0.001** (−2.14)	−0.001** (−2.33)	−0.001** (−2.29)	−0.001** (−2.12)	−0.001** (−2.26)
$State$	−0.007*** (−3.97)	−0.007*** (−3.92)	−0.007*** (−3.92)	−0.007*** (−3.96)	−0.007*** (−3.89)	−0.007*** (−3.87)	−0.007*** (−3.91)	−0.007*** (−3.81)
$C\_INS \times State$	0.001 (1.59)							
$TOP1$	0.011* (1.89)	0.011* (1.92)	0.011* (1.87)	0.011* (1.95)	0.011* (1.88)	0.011* (1.95)	0.011* (1.93)	0.011* (1.85)
$C\_INS \times TOP1$		0.003 (1.42)						
$Board$	−0.001** (−2.22)	−0.001** (−2.24)	−0.001** (−2.24)	−0.001** (−2.27)	−0.001** (−2.25)	−0.001** (−2.07)	−0.001** (−2.21)	−0.001** (−2.20)
$C\_INS \times Board$				−0.000 (−0.75)				
$Indep$	0.001 (0.04)	0.001 (0.05)	0.001 (0.09)	−0.005 (−0.33)	0.001 (0.06)	0.000 (0.03)	0.001 (0.05)	0.001 (0.08)
$C\_INS \times Indep$				−0.081* (−1.90)				

续表

变　　量	(1)	(2)	(3)	(4)	(5)	(6)	(7)	(8)
Slev	− 0.027 ***	− 0.027 ***	− 0.027 ***	− 0.027 ***	− 0.026 ***	− 0.027 ***	− 0.027 ***	− 0.027 ***
	(− 5.18)	(− 5.17)	(− 5.09)	(− 5.20)	(− 5.03)	(− 5.14)	(− 5.14)	(− 5.07)
C_ INS × Slev					− 0.002			
					(− 1.30)			
Llev	0.071 ***	0.071 ***	0.072 ***	0.071 ***	0.072 ***	0.069 ***	0.072 ***	0.072 ***
	(6.31)	(6.30)	(6.34)	(6.31)	(6.34)	(6.13)	(6.35)	(6.37)
C_ INS × Llev						− 0.018 ***		
						(− 4.12)		
Salary	− 0.005 ***	− 0.005 ***	− 0.004 ***	− 0.005 ***	− 0.004 ***	− 0.004 ***	− 0.005 ***	− 0.004 ***
	(− 4.12)	(− 4.07)	(− 3.99)	(− 4.13)	(− 4.02)	(− 3.96)	(− 4.20)	(− 4.08)
C_ INS × Salary							− 0.001	
							(1.41)	
Mshare	− 0.001 ***	− 0.001 ***	− 0.001 ***	− 0.001 ***	− 0.001 ***	− 0.001 ***	− 0.001 ***	− 0.001 ***
	(− 4.10)	(− 4.17)	(− 4.27)	(− 4.15)	(− 4.25)	(− 4.49)	(− 4.12)	(− 4.48)
C_ INS × Mshare								0.0001 **
								(2.11)
R^2	0.053	0.053	0.053	0.053	0.053	0.055	0.053	0.053
模型 *F* 值	12.04 ***	11.94 ***	11.95 ***	11.53 ***	12.09 ***	11.98 ***	11.93 ***	11.96 ***
样本量	12414	12414	12414	12414	12414	12414	12414	12414

注：为节省篇幅控制变量和常数项结果没有列示，行业和年度均已控制（表 7 和表 8 同）。

表 6 列示了制度环境与治理结构交互效应对过度投资的影响，由检验结果可以发现：制度环境与独立董事比例交乘项在 10% 水平上显著为负，表明随着制度环境的改善，独立董事比例增加能起到抑制过度投资的作用，两者在影响过度投资上存在互补效应；制度环境与长期负债交乘项的系数在 1% 水平上显著为负，表明随着制度环境的改善，长期负债对过度投资的负面影响逐渐下降，两者在影响过度投资上存在替代效应；制度环境与短期负债交乘项的系数在 5% 水平上显著为负，表明随着制度环境的改善，短期负债对过度投资的抑制作用进一步加强，两者在影响过度投资上存在互补效应，这表明制度环境的改善进一步强化了债务的刚性约束；

制度环境与高管薪酬交乘项的系数在 10% 水平上显著为负，表明随着制度环境的改善，高管薪酬激励对过度投资的抑制作用得到强化，两者在影响过度投资上存在互补效应；制度环境与管理层持股交乘项的系数在 1% 水平上显著为正，表明制度环境的改善弱化了管理层持股在抑制过度投资上的作用，两者在影响过度投资上存在替代效应。

表 6　制度环境、治理结构与过度投资（交互效应）

变　量	（1）	（2）	（3）	（4）	（5）	（6）	（7）	（8）
C_INS	-0.002 (-1.64)	-0.002* (-1.94)	-0.002** (-2.03)	-0.002* (-1.94)	-0.002** (-2.09)	-0.002* (-1.71)	-0.002* (-1.76)	-0.002** (-2.03)
State	-0.011*** (-3.12)	-0.011*** (-3.11)	-0.011*** (-3.12)	-0.011*** (-3.15)	-0.010*** (-3.03)	-0.010*** (-3.07)	-0.010*** (-3.08)	-0.010*** (-3.02)
C_INS × State	-0.000 (-0.03)							
TOP1	0.045*** (3.61)	0.046*** (3.68)	0.045*** (3.61)	0.046*** (3.70)	0.045*** (3.62)	0.046*** (3.67)	0.046*** (3.67)	0.045*** (3.61)
C_INS × TOP1		0.006 (1.21)						
Board	-0.001 (-1.09)	-0.001 (-1.11)	-0.001 (-1.36)	-0.001 (-1.16)	-0.001 (-1.11)	-0.001 (-1.02)	-0.001 (-1.06)	-0.001 (-1.07)
C_INS × Board			-0.001 (-1.60)					
Indep	0.022 (0.69)	0.020 (0.62)	0.021 (0.67)	0.007 (0.22)	0.021 (0.67)	0.020 (0.63)	0.020 (0.62)	0.022 (0.68)
C_INS × Indep				-0.015* (-1.85)				
Slev	-0.023** (-2.03)	-0.023** (-2.08)	-0.022** (-1.99)	-0.023** (-2.10)	-0.022** (-2.00)	-0.023** (-2.06)	-0.023** (-2.08)	-0.022** (-1.96)
C_INS × Slev					-0.008** (-2.02)			
Llev	0.158*** (7.46)	0.157*** (7.40)	0.159*** (7.52)	0.157*** (7.43)	0.159*** (7.50)	0.154*** (7.36)	0.158*** (7.47)	0.159*** (7.52)

变　量	（1）	（2）	（3）	（4）	（5）	（6）	（7）	（8）
$C\_INS \times Llev$						−0.021** (−2.30)		
$Salary$	−0.007*** (−2.81)	−0.007*** (−2.86)	−0.007*** (−2.72)	−0.007*** (−2.92)	−0.007*** (−2.83)	−0.007*** (−2.79)	−0.007*** (−3.08)	−0.007*** (−2.84)
$C\_INS \times Salary$							−0.001* (−1.78)	
$Mshare$	−0.001*** (−3.38)	−0.001*** (−3.31)	−0.001*** (−3.42)	−0.001*** (−3.27)	−0.001*** (−3.43)	−0.001*** (−3.54)	−0.001*** (−3.25)	−0.001*** (−3.62)
$C\_INS \times Mshare$								0.0002* (1.81)
R^2	0.076	0.076	0.076	0.076	0.076	0.077	0.076	0.076
模型 F 值	6.15***	6.19***	6.13***	6.11***	6.30***	6.12***	6.16***	6.12***
样本量	4833	4833	4833	4833	4833	4833	4833	4833

　　表7列示了制度环境与治理结构交互效应对投资不足的影响，从检验结果可以看出：制度环境与产权性质的交乘项在5%水平上显著为正，表明随着制度环境的改善，产权性质对投资不足的抑制作用呈下降趋势，两者在影响投资不足上存在替代效应，这可能与制度环境改善后国有控股公司的融资优势下降有关；制度环境与长期负债交乘项的系数在1%水平上显著为负，表明随着制度环境的改善，长期负债可以更为有效地缓解投资不足，两者在影响投资不足上存在互补效应。

　　综合表4至表7的检验结果，可以发现在我国金融发展不完善和对投资者保护较弱的制度环境下，短期负债为主、长期负债为辅这种看似不合理的债务结构有其存在的合理性，一方面最大限度地保护了债权人的合法权益，另一方面抑制了公司的非效率投资行为，对改善公司投资效率可起到积极的促进作用。但是随着制度环境的改善，长期负债对投资效率的负面影响逐渐减弱，正面影响则逐渐加强。因此，制度环境的完善是改变我国上市公司不合理债务结构的前提条件。此外，制度环境的完善也是独立董事制度得以发挥作用的必要外部条件。在目前整体制度环境仍然较弱的背景下，独立董事难以真正发挥治理作用。

表 7　制度环境、治理结构与投资不足（交互效应）

变　量	（1）	（2）	（3）	（4）	（5）	（6）	（7）	（8）
C_INS	-0.001*	-0.0001	-0.0001	-0.0001	-0.0001	-0.0003	-0.0001	-0.0001
	(-1.87)	(-0.27)	(-0.28)	(-0.24)	(-0.28)	(-0.65)	(-0.32)	(-0.29)
$State$	-0.004**	-0.004**	-0.004**	-0.004**	-0.004**	-0.004**	-0.004**	-0.004**
	(-2.25)	(-2.11)	(-2.12)	(-2.12)	(-2.11)	(-2.08)	(-2.11)	(-2.09)
$C\_INS \times State$	0.002**							
	(2.55)							
$TOP1$	-0.003	-0.004	-0.004	-0.004	-0.004	-0.003	-0.004	-0.004
	(-0.67)	(-0.68)	(-0.68)	(-0.67)	(-0.69)	(-0.66)	(-0.72)	(-0.69)
$C\_INS \times TOP1$		0.001						
		(0.39)						
$Board$	-0.001*	-0.001*	-0.001*	-0.001*	-0.001*	-0.001*	-0.001**	-0.001*
	(-1.92)	(-1.95)	(-1.81)	(-1.95)	(-1.95)	(-1.81)	(-1.97)	(-1.95)
$C\_INS \times Board$			0.0002					
			(1.08)					
$Indep$	-0.010	-0.010	-0.009	-0.011	-0.010	-0.009	-0.009	-0.009
	(-0.75)	(-0.75)	(-0.69)	(-0.77)	(-0.67)	(-0.69)	(-0.65)	(-0.68)
$C\_INS \times Indep$				-0.002				
				(-0.54)				
$Slev$	-0.032***	-0.031***	-0.031***	-0.031***	-0.031***	-0.031***	-0.031***	-0.031***
	(-5.92)	(-5.83)	(-5.85)	(-5.84)	(-5.78)	(-5.83)	(-5.79)	(-5.81)
$C\_INS \times Slev$					0.0001			
					(0.06)			
$Llev$	-0.024**	-0.024**	-0.024**	-0.024**	-0.024**	-0.026**	-0.024**	-0.024**
	(-2.14)	(-2.12)	(-2.14)	(-2.11)	(-2.11)	(-2.33)	(-2.14)	(-2.10)
$C\_INS \times Llev$						-0.013***		
						(-3.51)		
$Salary$	-0.004***	-0.004***	-0.004***	-0.004***	-0.004***	-0.004***	-0.004***	-0.004***
	(-3.73)	(-3.59)	(-3.62)	(-3.61)	(-3.58)	(-3.49)	(-3.52)	(-3.60)
$C\_INS \times Salary$							0.0002	
							(0.65)	
$Mshare$	-0.0002*	-0.0003**	-0.0003**	-0.0003**	-0.0003**	-0.0003**	-0.0003**	-0.0003**
	(-1.88)	(-2.07)	(-2.03)	(-2.06)	(-2.09)	(-2.30)	(-2.16)	(-2.07)

续表

变 量	(1)	(2)	(3)	(4)	(5)	(6)	(7)	(8)
$C\_INS \times Mshare$								0.000
								(0.39)
R^2	0.082	0.082	0.082	0.082	0.082	0.083	0.082	0.082
模型 F 值	11.11 ***	10.98 ***	10.99 ***	10.97 ***	11.02 ***	11.19 ***	11.08 ***	11.01 ***
样本量	7581	7581	7581	7581	7581	7581	7581	7581

(五) 稳健性检验

为保证研究结论的稳健性，本文做了以下几方面的稳健性测试。

1. 以市场化指数中的政府与市场关系分指数得分（$INS1$）作为制度环境替代变量，用模型（2）重新检验制度环境、治理结构与投资效率之间的关系，结果列示于表 8 的前 3 列。对比表 4 和表 8 的结果可以发现，虽然制度环境系数的显著性有所下降，但不影响本文的研究结论。

2. 本文借鉴陈运森和谢德仁（2011）的做法，将过度投资和投资不足样本各分为 10 个组，分别剔除残差离 0 最近的 1 个组以消除 Richardson（2006）模型在测度投资效率时可能存在的偏误。剩余的样本用模型（2）重新检验制度环境、治理结构与投资效率之间的关系，结果列示于表 8 后 3 列。从检验结果可以看出，本文的研究结论均没有发生实质性改变。

3. 我们将国有控股（$State$）进一步分解为中央政府控股和地方政府控股，用模型（2）检验后发现不论中央控股还是地方控股结论均与国有控股相一致；将高管持股（$Mshare$）设置为哑变量（高管持股为 1，否则为 0），用模型（2）检验后结果没有发生变化；将第一大股东持股比例（$TOP1$）、董事会规模（$Board$）中心化处理后加入平方项，用模型（2）重新进行检验后发现各结论没有实质性改变。以上检验限于篇幅，结果没有列示。

4. 为了进一步佐证假设 H1a，本文从大股东利益侵占和财务绩效视角进行稳健性测试。通过独立样本均值检验，发现非国有控股公司大股东占款（0.053）在 1% 的水平上显著高于国有控股公司（0.036），国有控股公司总资产报酬率（0.052）在 1% 水平上显著高于非国有控股公司

（0.048），国有控股公司净资产收益率（0.059）在5%水平上显著高于非国有控股公司（0.054）。以上长达11年的均值检验结果表明，非国有控股公司有着更严重的代理问题和更差的财务绩效，佐证了本文关于国有控股公司有着更高投资效率的结论。

表8 制度环境、治理结构与投资效率（稳健性检验）

变 量	Eff	Over	Under	Eff	Over	Under
INS				-0.001 ** (-2.53)	-0.002 * (-1.77)	-0.000 (-0.86)
INS1	-0.001 * (-1.78)	-0.003 * (-1.65)	-0.000 (-0.58)			
State	-0.007 *** (-3.86)	-0.010 *** (-3.07)	-0.004 ** (-2.13)	-0.007 *** (-3.64)	-0.011 *** (-3.01)	-0.003 * (-1.87)
TOP1	0.010 * (1.81)	0.045 *** (3.58)	-0.004 (-0.68)	0.010 * (1.75)	0.048 *** (3.61)	-0.005 (-0.87)
Board	-0.001 ** (-2.23)	-0.001 (-1.08)	-0.001 ** (-1.97)	-0.001 ** (-2.23)	-0.001 (-0.94)	-0.001 ** (-2.11)
Independent	0.001 (0.10)	0.023 (0.71)	-0.009 (-0.68)	0.006 (0.40)	0.023 (1.06)	-0.008 (-0.60)
Slev	-0.027 *** (-5.11)	-0.023 ** (-2.05)	-0.031 *** (-5.81)	-0.024 *** (-4.33)	-0.019 (-1.62)	-0.029 *** (-5.22)
Llev	0.072 *** (6.40)	0.159 *** (7.52)	-0.024 ** (-2.13)	0.079 *** (6.63)	0.166 *** (7.41)	-0.021 ** (-1.79)
Salary	-0.005 *** (-4.24)	-0.007 *** (-3.02)	-0.004 *** (-3.55)	-0.004 *** (-3.62)	-0.007 *** (-2.95)	-0.003 *** (-3.03)
Mshare	-0.001 *** (-4.43)	-0.001 *** (-3.60)	-0.0003 ** (-2.09)	-0.001 *** (-4.34)	-0.001 *** (-3.40)	-0.0003 ** (-2.32)
FCF	0.011 (1.07)	0.109 *** (5.46)	-0.047 *** (-4.70)	0.018 (1.62)	0.119 *** (5.53)	-0.044 *** (-4.06)
Encroach	0.026 ** (2.01)	-0.032 (-1.38)	0.054 *** (3.82)	0.026 * (1.91)	-0.038 (-1.51)	0.054 *** (3.72)
Expenses	0.044 *** (5.93)	0.018 (1.50)	0.052 *** (6.51)	0.047 *** (6.02)	0.020 (1.58)	0.055 *** (6.59)

续表

变　量	Eff	Over	Under	Eff	Over	Under
Constant	0.169 *** (11.09)	0.224 *** (6.98)	0.139 *** (9.22)	0.170 *** (10.63)	0.225 *** (6.64)	0.143 *** (9.16)
Year/Industry	控制	控制	控制	控制	控制	控制
R^2	0.052	0.075	0.082	0.053	0.080	0.084
模型 F 值	12.20 ***	6.20 ***	11.25 ***	10.89 ***	6.00 ***	10.07 ***
样本量	12414	4833	7581	11173	4350	6823

五　研究结论与启示

（一）研究结论

本文以 2001～2011 年国内 A 股主板上市公司为研究样本，考察了制度环境、治理结构与投资效率之间的关系，得到以下研究结论：（1）制度环境的改善显著提高了公司投资效率，体现为有效抑制了公司过度投资，对投资不足有正面影响但不显著；（2）产权性质、董事会规模、短期负债、高管薪酬、高管持股与投资效率显著正相关，董事会规模的扩大缓解了投资不足，产权性质、短期负债、高管薪酬、高管持股对过度投资和投资不足均有显著抑制作用；（3）第一大股东持股比例、长期负债与投资效率显著负相关，第一大股东持股比例越高过度投资越严重，长期负债加剧过度投资的同时也能缓解投资不足；（4）独立董事比例与投资效率没有显著关系，其对过度投资和投资不足均没有显著影响。

进一步研究后发现，制度环境与治理结构存在以下关系：（1）在影响投资效率上，制度环境与独立董事比例存在互补效应、与长期负债和高管持股存在替代效应，即随着制度环境的改善，独立董事比例的上升能改善投资效率、长期负债对投资效率的负面影响和高管持股对投资效率的促进作用均有所弱化；（2）在影响过度投资上，制度环境与独立董事比例、短期负债、高管薪酬存在互补效应，与长期负债、高管持股存在替代效应，即随着制度环境的改善，独立董事比例的上升能抑制过度投资，短期负债和高管薪酬对过度投资的抑制作用进一步强化，长期负债对过度投资的负面影响和高管持股对过度投资的抑制作用均有所弱化；（3）在影响投资不足上，制度环境与产权性质存在替代效应、与长期负债存在互补效应，即随着制度环境的不断完善，产权性质对投资不足的正面影响有所弱化、长期负债缓解投资不足的作用得到强化。

（二）政策建议

本文的结论具有较强的政策含义：制度环境和治理结构的完善是提高投资效率的重要途径，一方面应加强基础制度建设，强化法律对投资者尤其是中小投资者的保护，加快金融业的改革、开放和发展，减少政府对公司投资行为的干预，通过制度环境的不断完善来提高投资效率；另一方面应通过公司治理的完善来规范投资行为、提高投资效率，上市公司治理准则的修订应重点解决好第二类代理问题，避免大股东通过非效率投资行为转移公司财富，同时应完善独立董事选聘机制，强化公司高管的激励和约束机制。此外，本文的研究表明，随着制度环境的完善独立董事能够逐渐起到治理作用，债务融资对投资效率的正面影响得到强化、负面影响不断弱化，因此加强基础制度的建设显得尤为重要。

（三）研究的不足与展望

本文的局限性在于数据均来源于上市公司，对非上市公司而言本文的某些结论可能并不成立。例如在非上市公司中，主要的委托代理问题与上市公司可能存在较大差异，此时产权性质对投资效率的影响可能与本文结论不一致甚至出现相反的结果①，这是今后需要进一步深入研究的问题。

参考文献

[1] 陈运森、谢德仁：《网络位置、独立董事治理与投资效率》，《管理世界》2011 年

---

① 国内外学术界的研究显示，我国及东亚地区上市公司的代理问题主要体现为第二类代理问题，即大股东掠夺中小股东的问题。但在非上市公司中，主要的代理问题可能是第一类代理问题，即管理层与股东之间的委托代理问题，此时国有控股公司的委托代理问题可能更为严重。因此在解释产权性质对投资效率的影响时需要慎重，不同的研究对象可能会得到截然不同的结论。

第 7 期。

［2］窦炜、刘星、安灵:《股权集中、控制权配置与公司非效率投资行为——兼论大股东的监督抑或合谋?》,《管理科学学报》2011 年第 11 期。

［3］樊纲、王小鲁、朱恒鹏:《中国市场化指数:各地区市场化相对进程 2011 年报告》,经济科学出版社,2011。

［4］姜付秀、朱冰、王运通:《国有企业的经理激励契约更不看重绩效吗?》,《管理世界》2014 年第 9 期。

［5］姜凌、曹瑜强、廖东声:《治理结构与投资效率关系研究——基于国有与民营上市公司的分析》,《财经问题研究》2015 年第 10 期。

［6］靳光辉、刘志远、黄宏斌:《投资者情绪与公司投资效率——基于薪酬激励与债务融资治理效应的实证研究》,《当代财经》2015 年第 3 期。

［7］李莉、关宇航、顾春霞:《治理监督机制对中国上市公司过度投资行为的影响研究——论代理理论的适用性》,《管理评论》2014 年第 5 期。

［8］连玉君、苏治:《融资约束、不确定性与上市公司投资效率》,《管理评论》2009 年第 1 期。

［9］冉茂盛、钟海燕、文守逊、邓流生:《大股东控制影响上市公司投资效率的路径研究》,《中国管理科学》2010 年第 4 期。

［10］申慧慧、于鹏、吴联生:《国有股权、环境不确定性与投资效率》,《经济研究》2012 年第 7 期。

［11］谭利、杨苗:《不同制度环境下公司治理质量对投资效率的影响》,《证券市场导报》2013 年第 12 期。

［12］童盼、陆正飞:《负债融资、负债来源与企业投资行为——来自中国上市公司的经验证据》,《经济研究》2005 年第 5 期。

［13］王鹏:《投资者保护、代理成本与公司绩效》,《经济研究》2008 年第 2 期。

［14］吴婧:《负债融资治理效应研究综述》,《经济学动态》2008 年第 5 期。

［15］夏立军、方轶强:《政府控制、治理环境与公司价值》,《经济研究》2005 年第 5 期。

［16］辛清泉、林斌、王彦超:《政府控制、经理薪酬与资本投资》,《经济研究》2007 年第 8 期。

［17］杨华军、胡奕明:《制度环境与自由现金流的过度投资》,《管理世界》2007 年第 9 期。

［18］杨继伟、汪戎、陈红:《债权治理与盈余质量:来自中国证券市场的经验证据》,

《管理评论》2012 年第 9 期。

[19] 叶松勤、徐经长:《大股东控制与机构投资者的治理效应——基于投资效率视角的实证分析》,《证券市场导报》2013 年第 5 期。

[20] 俞红海、徐龙炳、陈百助:《终极控股股东控制权与自由现金流过度投资》,《经济研究》2010 年第 8 期。

[21] 翟华云:《法律环境、审计质量与公司投资效率——来自我国上市公司的经验证据》,《南方经济》2010 年第 8 期。

[22] 张功富、宋献中:《我国上市公司投资:过度还是不足?——基于沪深工业类上市公司非效率投资的实证度量》,《会计研究》2009 年第 5 期。

[23] 张会丽、陆正飞:《现金分布、公司治理与过度投资——基于我国上市公司及其子公司的现金持有状况的考察》,《管理世界》2012 年第 3 期。

[24] 周泽将:《董事会会议、过度投资与企业绩效——基于国有上市公司 2001—2011 年的经验证据》,《经济管理》2014 年第 1 期。

[25] Albuquerue, R., N. Wang, "Agency Conflicts, Investment, and Asset Pricing," *Journal of Finance*, 2008, 63 (1): 1 – 40.

[26] Bekaert, G., C. R. Harvey, C. Lundblad, "Financial Openness and Productivity," *World Development*, 2011, 39 (1): 1 – 19.

[27] Chari, A., P. B. Henry, "Firm – Specific Information and the Efficiency of Investment," *Journal of Financial Economics*, 2008, 87 (3): 636 – 655.

[28] Chava, S., M. R. Roberts, "How does Financing Impact Investment? The Role of Debt Covenants," *The Journal of Finance*, 2008, 63 (5): 2085 – 2121.

[29] Fazzari, S. M, R. G. Hubbard, B. C. Petersen, "Financing Constraints and Corporate Investment," *Brookings Papers on Economic Activity*, 1988, 33 (1): 141 – 206.

[30] Fisman, R., I. Love, "Financial Development and Intersector Allocation: A New Approach," *Journal of Finance*, 2004, 59 (6): 2785 – 2807.

[31] Galindo, A., F. Schiantarelli, A. Weiss, "Does Financial Liberalization Improve the Allocation of Investment?" *Journal of Development Economics*, 2007, 83 (1): 562 – 587.

[32] Hu, F., C. M. Leung, "Top Management Turnover, Firm Performance and Government Control: Evidence from China's Listed State – Owned Enterprise," *The International Journal of Accounting*, 2012, 47 (2): 235 – 262.

[33] La Porta, R., Lopez – de – Silanes, A. Shleifer, R. Vishny, "Investor Protection and

Corporate Governance," *Journal of Financial Economics*, 2000, 58（1）: 3 – 27.

[34] Larcker, D. F., S. A. Richardson, I. Tuna, "Corporate Governance, Accounting Outcomes, and Organizational Performance," *The Accounting Review*, 2007, 82（4）: 963 – 1008.

[35] Mclean, R. D., T. Zhang, M. Zhao, "Why does the Law Matter? Investor Protection and Its Effects on Investment, Finance, and Growth," *Journal of Finance*, 2012, 67（1）: 313 – 350.

[36] North, D. C., *Institutions, Institutional Change and Economic Performance*, Cambridge University Press, 1990.

[37] Richardson, S., "Over – Investment of Free Cash Flow," *Review of Accounting Studies*, 2006, 11（2）: 159 – 189.

[38] Sobel, R. S., "Testing Baumol: Institutional Quality and the Productivity Entrepreneurship," *Journal of Business Venturing*, 2008, 23（6）: 641 – 655.

[39] Szyliowicz, D., T. Galvin, "Applying Broader Strokes: Extending Institutional Perspectives and Agendas for International Entrepreneurship Research," *International Business Review*, 2010, 19（4）: 317 – 332.

金融发展、股权结构与投资效率

杨继伟　张云云

（云南财经大学会计学院）

【摘　要】本文以我国沪深两市 A 股上市公司 2010～2014 年的数据为样本，实证研究了金融发展下的股权机制对投资效率的影响。研究结果发现：提高金融发展水平能够显著改善企业的投资效率；第一大股东的持股比例、机构投资者持股比例的增加改善了投资效率，而前五大股东持股比例的增加降低了投资效率。进一步的研究发现，金融发展与机构投资者持股及产权性质在影响投资效率上存在替代关系，即机构投资者和产权性质对投资效率的改善作用随着金融发展水平的提高而逐渐削弱。

【关键词】金融发展　股权治理　投资效率

一　引言

金融在经济活动中处于重要的地位，地区金融发展水平的提高，能够带动地区的经济繁荣。金融发展和经济增长一直处于关联的地位，而最早关于两者的理论，代表性的主要集中于货币的中性和非中性的争论。中性货币论者认为金融对于经济增长的影响作用是微乎其微或是忽略不计的，而非中性论者则认为金融的发展在经济的活动中通过货币的流转，能够极大地促进经济的增长。于是有许多学者从宏观金融发展视角研究经济的增长，但是 Rajan 和 Zingales（1998），Love（2001）认为在此层面下的实证研究存在问题，主张可以将研究方法从宏观层面转向微观机制，这就能够很好地克服两者的内生性问题（唐松等，2009）。

目前，金融发展与经济增长两者关系在微观层面的研究处于发展阶段，而以投资效率为切入点，研究金融发展改善公司的投资效率，正是从微观机制进行研究的体现。各地区的金融发展存在差异，地区所在的不同类型的公司也可能存在差异，这就使得金融发展和投资效率的研究需要根据股权性质加以区分。在过度投资中，国有企业与非国有企业相比，金融发展的改善作用更为有效；在投资不足且金融发展水平较高的情况下，非国有企业的金融发展的抑制作用明显（李春霞，2014）。对于两者的研究，通过在金融发展的情况下研究企业的融资约束来进一步改善投资行为是较为直接的研究（沈红波等，2010），但在融资约束下的投资效率是其中一个方面，并不能代表全部，企业治理下的投资效率更能突出两者关系，而股权结构就是其中一个方面。

由于股权治理是公司治理的基石，股权结构对投资效率的影响一直是学术界关注的焦点。但是，研究股权结构对投资效率的影响，需要将股权结构进行更为细致深入的分解，不能只关注第一大股东持股比例的影响作用，还要增加研究其他类股东甚至机构投资者持股比例等相关因素（杨清香等，2010）。在研究第一大股东持股比例的基础上，加入前五大股东持股比例作为股权集中度的变量，丰富了股权结构的多元化（许玲玲，2015；成沛祥，2015）。在此基础上，结合金融发展的制度环境，将企业进行股权分类，能够更为客观地研究企业投资行为及其效率。

本文的贡献在于：（1）以金融发展为切入点，研究在微观层面下的股权治理与投资效率的关系，拓展了金融发展理论框架下的公司治理研究；（2）通过交乘效应考察了金融发展和股权结构对投资效率的综合影响，得到了一些具有较强实践意义的研究结论。

二　理论分析与研究假说

（一）金融发展与投资效率

在资本市场下，现有企业中各个群体的利益冲突，使得日常活动中存在着各种矛盾，而这些不利因素构成了企业的信息不对称，使得外部融资成本提高，造成我国上市公司普遍存在融资约束问题，因此降低信息不对称可以改善投资效率，这一问题可以在金融发展的水平下得到有效解决（刘广瑞等，2013）。在金融发展水平得到较大提高，金融结构得到优化，而金融机构运行更为有效率之后，企业就能够获得更为及时准确的信息，最终缓解效率投资活动（沈红波等，2010）。金融市场的发展除了能够缓解融资约束导致的投资不足外，还可以提高金融机构对投资项目的筛选能力，能够有效地抑制企业的过度投资冲动。因此，通过金融发展这种制度环境的完善可以有效促进企业投资效率的改善。基于以上分析，本文提出如下研究假说：

H1：金融发展能显著改善企业的投资效率。

（二）股权结构与非效率投资

由于主要股东在公司中拥有较大的收益权，因此按照委托代理理论，控股股东很可能从自身利益考虑做出非效率投资决策，也可能为了更好地经营公司而做出限制企业非效率投资的作用（杨清香等人，2010）。股权结构中较为常见的分析大多与控股股东有关，主要有第一大股东持股比例、前五大股东的持股比例以及机构投资者持股比例等，这些对企业的效率投资有着不同的影响作用。其中，国有或非国有企业，第一大股东持股比例对企业的效率投资有影响作用，第一大股东持股的增加能够改善企业的过度投资（谢军等，2011）；前五大股东持股比例作为股权集中度的变量之一，与企业的效率投资负相关，加剧了企业内部的非效率投资；机构投资者由于本身所具有的专业技能以及对公司的积极心理使得其参与公司治理，改善公司治理机制，形成对公司内部控制人的监督压力，抑制公司存在的非效率投资行为（Stuart et al.，2003）。此外，在我国特殊的制度背景下，民营控股股东有动机和能力通过非效率投资掠夺中小股东，在此背景下国有控股一定程度缓解了委托代理冲突。根据以上分析，本文提出如下假说：

H2a：第一大股东的持股比例的增加改善了投资效率；

H2b：前五大股东的持股比例的增加降低了投资效率；

H2c：机构投资者持股比例的增加改善了投资效率；

H2d：国有控股显著改善了公司的投资效率。

（三）金融发展、股权结构与非效率投资

由于我国存在的特殊经济体制使得地区的发展水平具有不平衡性，无论是经济发展水平还是金融发展水平，都存在较为严重的地区差异，在这种情况下，差异性有利于我们将金融发展与微观层面下的企业投资效率相结合（沈红波等人，2010；李春霞，2014）。企业的投资效率既有内部结构的深层影响，又有外部环境的影响作用，尤其是股权治理作用的发挥能够改善企业的投资行为。在这样的基础之上，从产权性质的角度出发，结合信息不对称理论和代理理论，在金融发展的制度环境中研究股权治理与投资效率的关系（刘广瑞等人，2013）。由于金融发展与股权结构对投资效率的作用机理存在较大差异，金融发展与不同股权结构在影响投资效率上很可能存在不同程度的互补或替代关系，因此本文提出如下研究假说：

H3：金融发展与股权结构在影响投资效率上存在不同程度的互补或替代关系。

三　研究设计

（一）样本选择与数据来源

本文选取中国沪、深两市 2010～2014 年 A 股上市公司为初始样本，并以如下标准筛选数据：（1）剔除金融保险业行业数据，该行业的数据有差异性；（2）剔除上市不足一年的公司；（3）剔除 ST、PT 等特殊处理的公司；（4）剔除数据信息不全的上市公司数据。本文研究所使用的公司治理和财务数据来自 CSMAR 和 WIND 数据库，金融发展的数据来自樊纲和王小鲁编制的《中国市场化指数》。对于数据的处理使用的是 EXCEL，而数据分析采用的是数据分析软件 SPSS。

（二）研究模型与变量说明

1. 首先，本文以 Richardson（2006）的投资效率模型为基础模型，用

于计算企业的投资效率：

$$INV_t = a_0 + a_1 Growth_{t-1} + a_2 Cash_{t-1} + a_3 Age_{t-1} + a_4 Lev_{t-1} + a_5 Size_{t-1} + a_6 Ret_{t-1}$$
$$+ a_7 Inv_{t-1} + \sum Industry + \sum Year + \varepsilon_1 \tag{1}$$

式（1）中，残差 $\varepsilon > 0$，表示为 $OverINV$；残差 $\varepsilon < 0$，表示 $UnderINV$。

模型（1）所涉及变量的定义与解释如下：

INV_t 表示公司的投资水平，等于年末购建固定资产、无形资产和其他长期资产支付的现金与年末处置固定资产、无形资产和其他长期资产收回的现金净额的差额除以年初资产总额；$Growth_{t-1}$、Age_{t-1}、Lev_{t-1}、$Size_{t-1}$、Ret_{t-1} 和 Inv_{t-1} 分别表示上市公司 $t-1$ 年年末的投资机会、上市年龄、资产负债率、公司规模、股票回报率和上一年的投资水平，并控制了行业和年度虚拟变量。

2. 在模型（1）的基础之上，我们构建了模型（2）检验假设

$$UnderINV(OverINV) = \beta_0 + \beta_1 CF + \beta_2 CR_1 + \beta_3 Top_5 + \beta_4 IS_t + \beta_5 CF \times CR_1$$
$$+ \beta_6 CF \times Top_5 + \beta_7 CF \times IS_t + \beta_7 CF \times Ownership$$
$$+ \sum control + \sum Industry + \sum Year + \varepsilon_2 \tag{2}$$

表 1 模型（2）的变量解释

变量名称	变量解释
$UnderINV$	代表投资不足，是投资效率模型中小于零的回归残差的绝对值
$OverINV$	代表投资过度，是投资效率模型中大于零的回归残差的绝对值
CF	樊纲和王鲁等人（2011）报告中的金融市场化指数
CR_1	第一大股东的持股比例
Top_5	前五大股东的持股比例
IS_t	机构投资者持股比例
$Ownership$	产权性质，若国有取值为 1，否则为 0
$Occupy$	大股东占款，其他应收款净额/总资产
$Managefee$	管理费用率，管理费用/主营业务收入
FCF	公司 t 年的经营现金流量减折旧、摊销减期望投资水平后的余额与平均总资产的比率
$Industry$	行业按照证监会的要求分为 21 个行业虚拟变量
$Year$	分为 4 个年度的虚拟变量

四　实证结果与分析

（一）投资效率测度模型的回归结果

对模型（1）进行回归分析后得出了如下结果：各变量的 VIF 均处于 10% 以下水平，说明整体变量之间不存在多重共线性，而各模型变量的系数符号与预期符号一样，基本在 1% 的显著水平之上。同时，模型的拟合度较优，整体说服力较强。因此，模型（1）回归分析之后得出的残差，主要用于衡量投资效率，分为投资不足（残差小于零）和投资过度（残差大于零），随后将非效率投资指数（残差绝对值）带入模型（2）进行回归分析，研究金融发展环境下的股权结构与投资效率之间的关系。

（二）描述性统计

表 2　主要变量的描述性统计

变　量	样本量	平均值	中　值	标准差	极小值	极大值
INV	8112	0.038	0.025	0.052	0.000	0.991
$UnderINV$	5090	0.031	0.024	0.033	0.000	0.991
$OverINV$	3022	0.051	0.029	0.073	0.000	0.917
CF	8112	10.918	11.250	1.194	5.900	12.660
CR_1	8112	0.365	0.348	0.153	0.022	0.894
Top_5	8112	0.524	0.526	0.159	0.030	0.981
IS_t	8112	0.411	0.421	0.234	0.000	0.982
$Ownership$	8112	0.455	0.000	0.498	0.000	1.000
$Occupy$	8112	−0.022	−0.007	0.062	−0.845	0.374
$Managefee$	8112	0.098	0.076	0.108	0.002	1.972
FCF	8112	0.042	0.042	0.085	−0.802	0.769

表 2 为模型中所需核心变量的描述性统计分析。在非投资效率中，投资不足的数量（5090）远远大于过度投资的数量（3022），这说明我国大多数的 A 股上市公司中存在着投资不足的问题，但是从两个非效率投资的均值可以发现，上市公司中总体呈现出较为普遍的投资过度。金融发展指

数的极大值和极小值相差较大，且均值为 10.918 而标准差为 1.194，说明地区的金融发展水平虽然有差异但总体发展水平较以往有较大提高。同时主要股东的持股比例的均值处于 36% 以上，说明就样本公司总体而言，股权集中度使得主要股东对样本公司的影响力增强。其他变量的描述统计结果如表 2 所示。

（三）金融发展、股权结构与投资效率（交乘效应）的回归分析结果

表 3　金融发展和股权结构与非效率投资（交乘效应）的回归分析

变　量	模型 2.1	模型 2.2	模型 2.3	模型 2.4	模型 2.5
（常量）	0.054 ***	0.047 ***	0.047 ***	0.048 ***	0.048 ***
	(8.010)	(11.183)	(11.166)	(11.247)	(11.253)
CF	-0.001 ***	-0.001 *	-0.001 *	-0.003 ***	-0.002 **
	(-2.481)	(-1.657)	(-1.741)	(-2.953)	(-2.448)
CR_1	-0.012 **	-0.012 **	-0.012 **	-0.012 **	-0.012 **
	(-2.082)	(-2.095)	(-2.102)	(-2.136)	(-2.127)
Top_5	0.022 ***	0.022 ***	0.021 ***	0.022 ***	0.022 ***
	(3.857)	(3.826)	(3.762)	(3.948)	(3.853)
IS_t	-0.010 ***	-0.001 ***	-0.001 ***	-0.001 ***	-0.001 ***
	(-3.562)	(-3.308)	(-3.206)	(-3.755)	(-3.289)
$Ownership$	-0.006 ***	-0.006 ***	-0.006 ***	-0.005 ***	-0.006 ***
	(-4.250)	(-4.264)	(-4.353)	(-4.131)	(-4.299)
$CF \times CR_1$		0.005			
		(1.557)			
$CF \times Top_5$			0.000		
			(0.102)		
$CF \times IS_t$				0.000 **	
				(2.363)	
$CF \times Onwership$					0.002 *
					(1.692)
$Occupy$	-0.017 *	-0.017 *	-0.017 *	-0.017 *	-0.017 *
	(-1.802)	(-1.767)	(-1.809)	(-1.730)	(-1.797)
$Managefee$	0.015 **	0.014 **	0.015 ***	0.014 **	0.015 ***
	(2.589)	(2.555)	(2.615)	(2.528)	(2.606)

续表

变　量	模型 2.1	模型 2.2	模型 2.3	模型 2.4	模型 2.5
FCF	0.021 ***	0.021 ***	0.021 ***	0.022 ***	0.021 ***
	(3.101)	(3.084)	(3.055)	(3.156)	(3.070)
$Industry$	Control	Control	Control	Control	Control
$Year$	Control	Control	Control	Control	Control
N	8112	8112	8112	8112	8112
$Adj. - R^2$	0.028	0.028	0.028	0.029	0.028
DW	2.015	2.014	2.015	2.015	2.014

注：括号内的数值为系数的 T 值；"***"表示在 1% 水平上显著；"**"表示在 5% 水平上显著；"*"表示在 10% 水平上显著。为了消除交乘系数中存在的多重共线性问题，对 CF、CR_1、Top_5 和 IS_t 中心化处理后再进行交乘分析。

从表 3 中可以发现，由于变量的 VIF 均处于低水平，说明模型（2）不存在多重共线性。为了研究金融发展、股权结构如何作用于企业的投资效率，本文首先对前两者进行初步的回归分析，说明金融发展与股权结构的影响作用；其次通过两者的交乘效应来细致分析在金融发展下的股权结构对投资效率的影响关系。

表 3 的模型 2.1 是对模型（2）的基本回归分析，金融发展与投资效率在 1% 的水平上显著，代表了随着金融发展水平的提高，企业间存在的非效率投资得到了较大改善，这很大程度是由于金融发展带动金融市场的成熟，使得企业的融资约束和代理冲突减少，从而使非效率投资的问题得以改善，验证了假设 1；第一大股东持股比例与非效率投资的负相关关系，说明了第一大股东持股比例的增加能够显著改善投资效率；前五大股东持股比例加剧了企业的非效率投资；而机构投资者持股比例对投资效率有显著的影响，而且与第一大股东持股比例相比，这种正面影响更加显著，表明机构投资者的监督能有效改善投资效率。同时，产权性质与非效率投资是 1% 显著水平的负相关，代表了国有企业对非效率投资的抑制作用显著强于非国有企业，以上实证结果验证了假设 2。

表 3 的其他模型是金融发展与股权结构的交乘效应对投资效率的影响，可以看出金融发展与机构投资者持股比例的交乘项与非效率投资显著正相关，表明金融发展与机构投资者持股比例、产权性质在影响投资效率上是

替代关系；产权性质与金融发展在影响投资效率上同样是替代关系，说明随着金融发展水平的提高，国有企业对非效率投资的改善作用逐渐减少，以上结论验证了假设3。以上研究结论表明，在金融发展水平较低的地区，机构投资者持股和产权性质在改善投资效率上起着更为重要的作用，积极发展机构投资者对改善公司治理显得尤为重要。

（四）稳健性检验

为了确保回归分析结论的稳健性，本文采用如下方法进行检验：采用更换变量的方法进行稳健性测试，把前十大股东的持股比例作为模型（2）中前五大股东的持股比例的替代变量。回归分析后发现，在非效率投资的样本中，金融发展和机构投资者对非效率投资的抑制作用依然显著，前十大股东的持股比例加剧了非效率投资，而这与前面的结论基本一致。由于篇幅所限，省略了详细的分析结果。

五　研究结论与政策建议

本文以我国 A 股上市公司 2010～2014 年的数据为样本，从股权结构的微观层面研究了金融发展对投资效率的影响作用，主要得到以下研究结论。

第一，金融发展水平的提高能显著改善企业的投资效率，随着金融发展水平的提高，企业融资约束导致的投资不足得到缓解，同时也抑制了代理冲突导致的过度投资问题，对改善企业投资效率起到了积极的促进作用。

第二，第一大股东和机构投资者持股比例与非效率投资是负相关关系，前五大股东持股比例与非效率投资呈正相关关系，表明第一大股东持股和机构投资者持股比例的增加改善了公司投资效率。

第三，国有产权性质与非效率投资呈显著负相关，说明国有控股一定程度缓解了委托代理冲突，对投资效率的改善起到积极作用。

第四，引入金融发展和股权结构的交乘效应发现，金融发展与机构投资者持股比例、产权性质在影响投资效率上存在替代关系，在金融发展水平相对较弱的地区，可以通过积极发展机构投资者持股来改善投资效率。

　　基于以上结论，我们对我国经济发展过程中存在的问题提出了一些政策建议：在我国，改善上市公司的非效率投资问题，一方面需要深化金融体制改革，通过金融机构的发展和市场的自我调节来解决企业的投资效率问题，另一方面也需要完善公司的治理机制，利用第一大股东的控制权和机构投资者的专业技能来改善非效率投资，充分发挥第一大股东和机构投资者的治理作用，最终促进资源配置效率的改善。

参考文献

[1] 陈艳：《股权结构与国有企业非效率投资行为治理——基于国有企业上市公司数据的实证分析》，《经济与管理研究》2009 年第 5 期。

[2] 成沛祥：《上市公司股权结构与董事会构成关系的实证研究》，《湖南社会科学》2015 年第 5 期。

[3] 樊纲、王小鲁、朱恒鹏：《中国市场化指数——各地区市场化相对进程 2006 年报告》，经济科学出版社，2007。

[4] 郭胜、张道宏：《大股东控制、非效率投资与上市公司治理——基于中国上市公司的经验数据》，《西北大学学报》2011 年第 4 期。

[5] 金玉娜：《公司治理对非效率投资影响的实证研究——基于 A 股上市公司的经验证据》，《金融教学与研究》2015 年第 2 期。

[6] 李春霞：《金融发展、投资效率与公司业绩》，《经济科学》2014 年第 4 期。

[7] 刘广瑞、杨汉明、张志宏：《金融发展、终极控制人与公司投资效率》，《山西财经大学学报》2013 年第 9 期。

[8] 沈红波、寇宏、张川：《金融发展、融资约束与企业投资的实证研究》，《中国工业经济》2010 年第 6 期。

[9] 石大林、侯兵、孙晨童：《公司治理机制、替代效应与公司非效率投资》，《金融教学与研究》2014 年第 3 期。

[10] 唐松、杨勇、孙铮：《金融发展、债务治理与公司价值——来自中国上市公司的经验证据》，《财经研究》2009 年第 6 期。

[11] 韦琳、石华：《制造业股权结构对企业非效率投资的影响研究》，《江西财经大学学报》2013 年第 2 期。

[12] 谢军、李千子：《非效率投资的因素分析：来自公司治理结构的证据》，《上海商

学院学报》2011 年第 4 期。

[13] 许玲玲：《制度环境、股权结构与企业技术创新》，《软科学》2015 年第 12 期。

[14] 杨清香、俞麟、胡向丽：《不同产权性质下股权结构对投资行为的影响——来自中国上市公司的经验证据》，《中国软科学》2010 年第 7 期。

[15] 张栋、杨淑娥、杨红：《第一大股东股权、治理机制与企业过度投资——基于中国上市公司 Panel Data 的研究》，《当代经济科学》2008 年第 4 期。

[16] Richardson, S. "Overinvestment of Free Cash Flow," *Review of Accounting Studies*, 2006, (11): 159 – 189.

[17] Gillan, Stuart L., Laura T. Starks. "Corporate Covernance, Corporate Ownership, and the Role of Institutional Investors: A Global Perspective," *Journal of Applied Finance*, 2003, 13 (2): 4 – 18.

第三编

公司治理与盈余管理

真实活动盈余管理对企业投资决策的影响研究

——基于盈余管理组合的视角[*]

顾鸣润　杨继伟　余怒涛

（云南大学理论经济学博士后流动站，云南
财经大学会计学院）

【摘　要】本文以 2004～2013 年我国 A 股主板非金融类上市公司为研究对象，从盈余管理组合的视角，着重考察真实活动盈余管理和应计项目盈余管理对企业投资决策的影响作用。研究结果揭示出，管理者真实活动盈余管理会促使企业在当期甚至下一期进行更多的过度投资活动；而应计项目盈余管理缓解了企业投资不足的问题。进一步的研究还发现，企业会计期末的异常销售行为和延迟可操控性费用计入当期会计期间这两种真实活动盈余管理对投资过度具有显著的影响。本文的研究结论化一定程度上说明，在中国资本市场的背景下，经理人的真实活动盈余管理直接促使企业高级管理层做出投资过度的决策；而应计项目盈余管理则通过影响企业外部信息环境间接缓解了企业投资不足的问题。该研究结论完善了人们关于管理者的真实活动盈余管理对企业投资决策影响的认识，丰富了真实活动盈余管理的经济后果方面的文献，也提供了关于真实活动盈余管理对企业预期经营业绩带来负面影响的另外一种解释。

【关键词】真实盈余管理　应计项目盈余管理　投资过度　投资不足

---

* 本文系国家自然科学基金课题"制度环境、公司治理与投资率"（项目编号：71262018）的阶段性成果。本文受到云南财经大学科学研究基金课题"产权性质、盈余管理策略与非效率投资"和云南省创新团队"云南省公司治理研究"项目的资助。

一 引言

企业投融资决策的影响因素是公司财务领域的重要研究问题之一。经典财务学理论认为，现实资本市场存在摩擦（如市场中交易双方对交易所拥有的信息或知识存在明显差异以及委托代理成本）往往导致企业投资过度和（或）不足。会计信息呈报作为资本市场的一项重要制度安排对于提高契约效率、改善信息非对称及降低委托代理成本发挥着重要作用。大量的国内外文献发现，拥有信息优势的经理人会基于信息扭曲或信息传递的目的，对拟披露的会计信息进行盈余管理。一部分研究认为经理人基于机会主义动机的盈余管理，掩盖了企业真实的财务状况，进而导致会计信息的扭曲和价值相关性的下降（Teoh et al., 1998）；而效率契约缔约的观点则认为经理人适度的盈余管理其实是传递其私人信息的工具之一，盈余管理能够增加会计信息的信息含量（Ronen and Sadan, 1981; Krischenheiter and Meluman, 2002; Sankar and Subramanyam, 2001）。因此，基于不同动机的盈余管理对企业的投资决策有不甚相同的影响。McNichols 和 Stubben（2008）基于美国资本市场的研究发现，经理人基于薪酬或迎合资本市场预期的动机进行财务错报，企业在财务错报期间进行了过度投资，而在盈余管理期结束后又存在投资不足的问题。该研究结论说明经理人的盈余管理行为直接误导了企业管理层的投资决策。Linck et al.（2013）利用 1987～2009 年美国上市公司面板数据，研究发现，那些拥有好的投资项目但受到融资约束的公司通过应计项目管理向市场传递公司前景的正向信号以获得资本进行投资。该研究结论则说明，经理人的盈余管理行为通过向市场传递信息间接影响了企业的投资决策。现阶段，国内方面的相关研究普遍认为盈余管理助长了管理者的非效率投资行为，进而有损公司价值（任春燕，2012；张琦，2007）。

但是，上述文献仅仅研究了单一的盈余管理类型，即应计项目盈余管理对投资效率的影响，而忽视了在实务中经理人对于不同盈余管理方式的偏好以及经理人在会计期间进行盈余管理的时序性。Fields et al.（2001）指出仅关注一种盈余管理类型并不能完全解释盈余管理行为产生的效应。因此，已有的研究结论很可能存在一定的片面性。近年，随着人们对盈余管理问题认识不断深入，目前的文献揭示出管理者的盈余管理方式并不单一，而是应计项目和真实活动盈余管理的时序性（consequential）组合（Roychowdhury，2006；Cohen et al.，2008；Zang，2012）。Graham et al.（2005）针对财务经理人的调查问卷显示，相较于在会计准则允许的范围内通过会计方法选择调控盈余，管理者更愿意采取真实的经济活动。Jing et al.（2014）的研究发现中国上市公司在股权分置改革后逐步倾向于更多的使用面临法规监管和争议较少的真实活动盈余管理。程小可等（2013）、方红星（2011）和胥朝阳等（2014）的研究也发现由于内部控制的实施，外部监管的加强，中国上市公司自 2005 年之后真实盈余管理程度逐渐提高。那么，真实活动盈余管理对管理者的投资决策究竟产生什么样的影响，以及从盈余管理组合的视角出发，两种类型的盈余管理对企业的投资决策的影响机理是否存在差异等值得进一步探讨。

本文基于中国资本市场，以 2004～2013 年 A 股主板非金融类上市公司为研究对象，从盈余管理组合的视角出发着重研究了盈余管理对投资效率的影响，我们的研究结果显示，经理人真实活动盈余管理会促使企业在当期进行更多的过度投资。研究还发现，应计项目盈余管理改善了企业面临的融资约束从而缓解了投资不足问题。研究结果表明，在中国资本市场，不同类型的盈余管理方式对管理者投资决策影响存在差异。

本文的研究贡献主要在于：其一，探讨了经理人真实盈余管理活动对其非效率投资决策的具体影响。过去的研究主要关注了应计项目盈余管理与非效率投资的关系，而本文的研究视角是，当考虑经理人在会计报告期间先进行真实活动盈余管理，然后在会计期末进行应计项目盈余管理的时序下，经理人的真实盈余管理行为是否会误导企业管理层的投资决策。其二，从盈余管理组合的视角研究了两种类型的盈余管理对企业投资决策的影响机理。现有的国内相关研究结论表明应计盈余管理会促使企业进行过度投资。本文从盈余管理的组合的视角分析并得出两种盈余管理方式对企业的非效率投资决策有不同的影响。其中，经理人的真实活动盈余管理对企业投资过度有促进作用；而应计项目盈余管理对投资效率的影响主要是通过影响企业信息环境，进而影响其外部融资能力最终缓解了企业投资不足的问题。其三，本文的研究进一步加深了人们关于会计信息对于企业内部人进行投资决策过程影响的认识。其四，本文的研究丰富了真实活动盈余管理经济后果的相关文献。

本文余下的部分的结构安排如下：第二部分是理论分析与研究假说；第三部分是样本选择与数据来源；第四部分是研究模型与变量定义；第五部分是实证结果与分析；第六部分是稳健性检验；第七部分是研究结论与展望。

二　理论分析与假说发展

（一）文献回顾

投资决策不仅决定了企业未来的经营方向，还将对企业中长期的经营业绩产生重要影响。遗憾的是，现实中管理者投资意愿的偏误或对投资项目预期支付的错误估计，使非效率投资广泛存在于各国上市公司。现代公司金融理论认为，信息非对称（Myers，1984）和委托代理问题（Jensen and Meckling，1976）是导致管理者非效率投资行为的主要原因。由于信息非对称，市场难以甄别优质、劣质企业，使得拥有良好投资前景的企业难以（或以高昂的成本）获得外部融资，导致投资不足；同时，又使得投资机会欠佳的企业获得过多"廉价"资本，导致投资过度。信息非对称导致经理人非效率投资这一理论预期，大量的实证研究予以了支持（Healy et al.，2001；Biddle and Hilary，2006；Giroud and Mueller，2010；连玉君和苏冶，2009；张纯和吕伟，2009）。在委托代理契约中，当股东不能对经理人进行有效激励和监督时，代理冲突有可能导致经理人对自由现金流的过度投资（Jensen，1986）、商业帝国的构建（Stulz，1990）以及放弃不能为其带来边际收益的净现值大于零的项目（Brito and John，2002）。

目前，会计信息对投资效率影响的相关研究主要涉及会计信息质量与投资效率的关系和作为企业内部人的经理人其会计信息披露行为对投资效率的影响两个方面。其中，一部分文献研究了会计信息质量对投资决策的间接影响，即会计信息在投资决策中的外部性。如 Healy 和 Palepu（2001）、Biddle 和 Hilary（2006）、Verdi（2006）的研究表明高质量的会计信息对于降低信息非对称和提高投资效率方面发挥着积极的作用。Balakrishnan et al. （2014）以企业的不动产市场价值发生波动作为窗口期，研究发现财务报告质量高的企业的投融资活动较少受到不动产价值下跌的影响，而且企业会通过提高财务报告质量以应对由于不动产价值下跌所导致的融资能力变弱的问题。Linck et al. （2013）的研究显示拥有好投资项目但受到融资约束的公司的管理者通过应计项目盈余管理向市场传递关于项目前景的私人信息。国内学者周春梅（2009）的研究同样发现盈余质量的改善不仅能够直接促进资源的效率配置，还可以通过降低委托代理成本间接促进资源配置效率。任春艳（2012）研究发现上市公司盈余管理程度越高，投资效率越低。此外，程新生（2012）的研究还发现高质量的非财务信息能够降低信息非对称从而缓解投资不足问题。

另外一部分文献则揭示出经理人的会计信息披露行为对企业项目投资决策过程的直接影响，即会计信息在企业投资决策中的内部性。如 Hemmer 和 Labro （2008）的理论分析研究认为财务报告系统的属性会影响到企业管理会计信息系统并进而影响公司的投资决策。Durnev 和 Mangen （2009）、McNichols 和 Stubben （2008）、Biddle et al. （2009）、Bens et al. （2012）、Baderscher et al. （2013）、Shroff et al. （2013，2014）都对经理人对外财务呈报与内部投资决策的关联性进行了大量的研究和讨论，其中 Goodman et al. （2014）的研究发现经理人预期盈余预测的质量与企业后续的投资质量具有显著正相关关系。McNichols 和 Stubben （2008）的研究考察了经理人基于薪酬动机或迎合资本市场预期的动机进行财务错报是否会影响到企业的投资决策。研究结果表明企业在财务错报期间进行了过度投资，而在盈余管理期结束后又存在投资不足的问题。

（二）理论分析与研究假说

公司经理人向外部投资人及利益相关者披露的财务报告作为解决信息非对称问题和受托责任的一种微观层面的制度安排，财务会计信息不仅是企业的董事会、投资委员会、审计委员会进行投资项目评估时重点参考的数据，同时还是刻画管理者在一定会计期间经营成果的重要数据。通常，在委托代理契约中，由于经理人努力程度的不可直接观测性，经理人出于自利、迎合市场监管的要求及迎合资本市场的预期等目的往往通过会计政策选择、会计估计进行应计项目盈余管理，甚至对真实经营活动进行操控以达到管理报告会计盈余的目的（Roychowdhury，2006；Cohen et al.，2008；Cohen and Zarowin，2010；Zang，2012）。在实务中，由于内、外部公司治理机制、公司治理环境及法律、法规的监管等因素对管理者机会主义行为的制约和监督，不同公司的经理人所使用的盈余管理组合中对于具体的盈余管理方式存在不同的偏好。并且，针对不同类型的盈余管理方式，不论其产生的经济后果还是经济后果所持续的时间都不一样。例如，Graham et al.（2015）的调查研究结果显示，约80%的公司财务高管更愿意通过真实活动盈余管理而不是账面数字操控来达到目标报告盈余。近期的研究也发现外部审计质量提高、市场监管加强都会促使企业转向隐蔽性更强的真实活动盈余管理（Cohen et al.，2008；Wu et al.，2011）。但是，相较于应计项目的账面游戏带给企业的潜在成本（预期融资成本升高），由于企业的真实盈余管理活动通常是通过超正常规模的扩大生产、扩张信用政策和延迟计入可操控的费用，现有文献较为一致地认为真实经营活动的盈余管理对企业的现金流及预期业绩会直接产生长期的负面影响（Ewert and Wagenhofer，2005；Graham et al.，2005；Cohen and Zarowin，2010；Mizik，2010；Francis，2011；Zang，2012）。其中 Zang（2012）认为，企业进行真实盈余管理的主要成本是由于真实经营活动的盈余管理致使其偏离了最优的经营活动，从而降低了企业的竞争优势。国内学者也有类似的发现，王福胜等（2014）的研究发现应计项目盈余管理对公司短期业绩的负面影响更大，而真实盈余管理对公司长期业绩的影响更大。李彬等（2008，2009，2010）分别对我国公司费用操控、销售操控和生产操控的经济后果的研究发现，上市公司的真实盈余管理行为会伤害到股东未来的获利能力，研究表明真实盈余管理有严重的经济后果。

已有研究还表明，公司经理人对于两种盈余管理并不是同步进行的。Zang（2012）分析发现，由于真实活动盈余管理主要是通过对公司真实交易事项的交易时间、交易结构进行管理，且真实盈余管理活动的财务后果需要一定的滞后期才能够显现，所以一般情况下，为了达到当期目标报告盈余，经理人通常会选择在会计期间进行此类型盈余管理。到了会计期末，经理人根据企业真实的盈余与目标报告盈余的差距再进行应计项目盈余管理并最终披露会计报告。

从上述分析可以看出，在研究公司经理人的会计信息披露行为对企业项目投资决策的影响时，只考察应计项目盈余管理对企业投资活动的影响是不完全的，也不能从经理人会计信息披露的视角很好地解释企业的非效率投资行为。

本文根据通常经理人进行盈余管理的顺序来具体分析在企业最高管理层的投资决策过程中，经理人的会计信息披露对其最终的投资决策的影响机理。

资本预算决策是企业最高管理层（董事会）的重要的职责之一。根据经典公司金融理论，管理者对未来项目的投资决策主要是基于项目的预期支付和风险等主要因素的考量。但是，在委托代理框架下，由于公司经理人与投资人的风险偏好差异及利益冲突导致公司管理层最终的投资决策往往偏离最优投资水平，即存在非效率投资。那么，管理者在投资决策时究竟如何考量真实活动盈余管理，目前尚没有定论。与应计项目盈余管理的方式不同，就真实活动盈余管理的具体形式而言，企业一般是通过超常规扩大生产规模，采取异常宽松的信用政策甚至减少在会计当期记录大额费用来最终达到操纵盈余的目的。显然，真实盈余管理改变的不仅仅是企业的账面报告盈余，而是实实在在地影响到了企业的经济活动。企业超常规扩大生产规模本身就是企业的一种投资活动，但是，这种投资活动的决策依据与企业正常的投资决策截然不同。换而言之，扩大生产规模投资决策依据并不是基于一系列科学的项目评估方法，而是基于是否能满足经理人操纵盈余的目的而进行的非效率投资活动，为了达到目标盈余，经理人往往在自身权力范围内进行激进的投资活动。接着分析，经理人通过异常宽松的信用政策，在短期内给企业带来销售业绩的快速提升以达到目标盈余。虽然这些增量销售收入并没有带给企业与增量销售相匹配的经营活动现金流入，但扩大的销售规模有可能向董事会、高层管理者传递错误的信号，使其误认为企业的销售前景良好，进而做出进一步追加投资的决策。还有，经理人为达到目标盈余而故意延迟可操控性费用记入当前会计期间，调高的利润数据亦有可能使董事会及企业的高级管理者们过于乐观地估计企业的经营业绩，从而做出过度投资的决策。基于上述讨论与分析，本文认为经理人基于机会主义动机在会计期间进行的真实活动盈余管理有可能导致董事会过于乐观地估计企业未来业绩，从而背离企业的最优投资水平进行盲目过度投资。因此，从该角度来看，真实活动盈余管理对企业的投资过度行为可能具有促进作用。

由于经理人的真实盈余管理活动受到来自于独立审计师、董事会等外部监管机构的监督和约束较少（Cohen and Zarowin，2010），导致真实盈余管理具有一定隐蔽性。因此，市场往往难以理解经理人的真实盈余管理行为（Kothari，2012），真实盈余管理加剧了企业与外部投资人的信息非对称程度和投资者所面临的不确定（Gunny，2010）。近期的文献也表明企业的真实盈余管理程度与权益资本成本有显著的正相关关系（Kim and Sohn，2013；Ge and Kim，2014）。因此，从会计信息影响企业的信息非对称程度使企业面临更高的融资成本进而产生融资约束问题的逻辑出发，经理人的真实盈余管理活动亦有可能带给企业更为严重的投资不足问题。为进一步检验真实盈余管理活动对管理者投资决策的具体影响，故提出本文待检验的假说1：

H1a：真实活动盈余管理程度越高，企业的过度投资越多；

H1b：真实活动盈余管理程度越高，企业的投资不足越严重。

Zang（2012）的研究指出，由于真实活动盈余管理的财务后果需要一定的滞后期才能够显现，所以一般情况下，经理人通常会选择在会计期间进行此类型盈余管理，到了会计期末，经理人再酌情进行应计项目盈余管理并最终披露会计报告。考虑到经理人进行两种类型的盈余管理活动的先后时序，应计项目盈余管理对企业投资决策的影响有两种路径。首先，若经理人认为已经进行的真实活动盈余管理程度还不能达到其基于机会主义动机的会计信息报告目标，那么经理人有可能继续通过应计项目盈余管理来调高会计信息，进一步误导董事会的投资决策。在这种情形下，应计项目盈余管理可能直接对企业的投资决策产生影响。若经理人认为目前的真实活动盈余管理已经达到其会计信息操控的目的，那么经理人一方面考虑到真实盈余管理对企业外部信息环境所造成的不利影响，有可能通过应计项目盈余管理向市场传递经理人的私人信息，以便一定程度降低信息非对称程度，从而缓解因信息非对称而导致的融资约束问题；另一方面，当经理人认为董事会基于真实盈余管理的会计数据所做的投资决策偏离经理人希望的投资水平过大时，也有动机通过应计项目盈余管理向董事会传递私人信息以期降低董事会的非效率投资水平。在第二种情形下，应计项目既有可能通过影响企业的外部信息环境间接影响企业投资决策，也有可能通过影响董事会决策直接影响企业的投资决策。结合中国资本市场的特征，近年来，随着我国资本市场在法律、法规及市场监管方面的日益完善以及投资人识别上市公司盈余管理方面能力的提高，经理人通过应计项目盈余管理来达到其基于机会主义的会计信息报告目的的空间愈发狭窄，经理人的应计项目盈余管理对投资决策的影响究竟主要是通过影响企业的外部信息环境间接影响管理者的投资决策，还是通过直接影响企业高级管理层的投资决策，这一路径需要从盈余管理组合的视角，结合经理人的真实盈余管理活动做进一步的分析和探讨。故本文提出第二个待检验的研究假说：

H2a：应计项目盈余管理程度越高，企业的投资过度越高；

H2b：应计项目盈余管理程度越高，企业的非效率投资水平越低。

三　样本选择与数据来源

2004 年是我国资本市场进一步发展和完善监管的关键点①，程小可等（2013）、方红星（2011）和胥朝阳等（2014）的研究发现，中国上市公司自2005 年之后真实盈余管理程度逐渐增加。根据研究的特点，本文选择 2004 年至 2013 年在沪深两市上市交易的所有上市公司作为研究的初选样本。为了达到研究目的，本文进行了以下筛选程序：（1）剔除金融行业上市公司；（2）剔除在本研究期间 ST 和 PT 的上市公司样本；（3）剔除样本期间财务数据不全的公司；（4）为消除极端值的影响，对研究样本进行了 1% 水平的 Winsorize 处理。依据上述原则筛选样本后，最终得到 8218 家上市公司共 10 年的面板数据。

研究所使用的上市公司的财务数据主要来自 CSMAR 数据库和 Wind 数据库。本文的数据处理主要采用 Stata 13.0，格兰杰检验使用 EViews 8.0。

四　研究模型与变量定义

（一）投资效率的度量

本文借鉴 Richardson（2006）的预期投资模型，在考虑投资机会和

---

① 2004 年 1 月 31 日，国务院以国发〔2004〕3 号印发《关于推进资本市场改革开放和稳定发展的若干意见》。

融资约束的基础上，采用滞后一期的数据通过模型（1）分年度、分行业估计预期投资水平，该模型的残差项是真实投资和预期投资的差值，用来度量非效率投资。若残差值为正，表示过度投资 IOver；若为负则表示投资不足 ILess，残差项绝对值越大，表明上市公司投资效率越低下。

$$INew_{it} = \alpha + \beta_1 INew_{it-1} + \beta_2 InvOpp_{it-1} + \beta_3 Size_{it-1} + \beta_4 ROA_{it-1} + \beta_5 Ret_{it-1} + \beta_6 Lev_{it-1}$$
$$+ \beta_7 Cash_{it-1} + \beta_8 Age_{it-1} + \sum_9^m \beta_j Ind_j + \sum_{m+1}^n \beta_j Year_j + \varepsilon_{it} \tag{1}$$

其中，INew 为企业的新投资，采用现金流量表中投资活动净现金流量的相反数减去固定资产与无形资产摊销之和后除以年度总资产；InvOpp 是指企业的投资机会，采用企业滞后一期和滞后二期销售增长率的算数平均值；Size 是指公司的规模，取年末总资产取自然对数；ROA 是总资产收益率，取净利润除以年末总资产；Ret 是股票年回报率；Lev 是资产负债率，取年末总负债除以年末总资产；C 是指现金持有水平，取货币资金除以年末总资产；Age 是公司上市的年限，等于公司公告上市年度到相应研究年度的差值；Ind 是行业控制变量，行业采用中国证监会"上市公司行业分类标准"中的一级分类法，其中，制造业按照二级分类，且只保留剔除异常值后分年度分行业的样本不少于 20 个观察值的行业；Y 是分年度控制变量；下标 i 表示样本公司；下标 t 表示年度。

（二）可操控性应计盈余管理的度量

本文参照 Dechow et al.（1995）的修正 Jones 模型，运用模型（2）估计可操控性应计项目盈余管理，应用模型（2）分年度和分行业进行回归，得到模型的残差项为可操控性应计项目盈余管理的程度。

$$TA_{it} = \alpha + \beta_1 (\Delta REV_{it} - \Delta REC_{it}) + \beta_2 PPE_{it} + \varepsilon_{it} \tag{2}$$

其中，TA 为总应计项，取值为（营业利润 - 经营活动现金净流量）除以期初资产总额；ΔREV 为销售收入变动额除以期末资产总额；ΔREC 为应收账款变动额除以期末资产总额；PPE 为固定资产原值除以期末资产总额。

（三）真实活动盈余管理的度量

Roychowdhury（2006）、Cohen et al.（2008）、Cohen 和 Zarowin（2010）、Zang（2012）认为企业主要通过以下三种方式进行真实活动盈余管理：（1）通过价格折扣和放宽信贷政策的方法以达到短期内提升销售收入的目的；（2）通过非常规扩大生产规模以达到降低单位产品生产成本进而提高当期会计利润的目的；（3）通过降低可操控的费用如研发费用广告费用及销售费用计入当期会计（系统）以达到提升当期盈余的目的。因此，企业的真实盈余管理水平主要可以通过其异常经营现金流、异常生产成本及异常应计费用三个指标来反映。

本文借鉴 Roychowdhury（2006）、Cohen et al.（2008）、Cohen 和 Zarowin（2010）、Zang（2012）的方法采用模型（3）、（4）、（5）分行业、分年度对样本公司进行回归估计来得到上述真实盈余管理水平的三个指标。

$$CFO_{it} = \alpha + \beta_1 S_{it} + \beta_2 \Delta S_{it} + \varepsilon_{it} \tag{3}$$

$$PROD_{it} = \alpha + \beta_1 S_{it} + \beta_2 \Delta S_{it} + \beta_3 \Delta S_{it-1} + \varepsilon_{it} \tag{4}$$

$$DISXP_{it} = \alpha + \beta_1 \Delta S_{it-1} + \varepsilon_{it} \tag{5}$$

其中，CFO 是企业正常活动产生的现金流；S 是主营业务收入；ΔS 是主营业务收入变动额；$PROD$ 是生产成本，取已售产品成本和当期存货变动额之和；$DISXP$ 是可操控性费用，取销售费用、管理费用和研发费用之和，上述变量在模型估计时都除以期初资产总额。

模型（3）用来估计企业当期正常经营活动产生的现金流 $ACFO$，模型的残差项则为企业异常经营活动产生的现金流 P。企业当期的产品成本受已售产品成本与存货变化额两个项目的影响，模型（4）用来估计企业在正常经营活动下的生产成本水平，模型的残差项则为企业异常经营活动产生的异常生产成本 ACFOD。模型（5）用来估计企业正常的可操控性费用，模型的残差项为异常的可操控性费用 ADISXP。本文在实证时，对上述三种盈余管理指标都取了标准化操作，指标值规范为（指标值－指标均值）/指标方差。

为考察样本公司真实活动盈余管理的综合水平，本文参照 Cohen et al.

（2010）、李增福（2011）、刘衡等（2013）的研究方法，在考虑异常销售收入、异常生产成本与异常可操控费用符号一致的基础上，通过公式（6）得到综合反映公司的真实活动盈余管理水平 RM：

$$RM_{it} = (-1) \times ACFO_{it} + APROD_{it} + (-1) \times ADISXP_{it} \qquad (6)$$

（四）真实活动盈余管理与非效率投资关系的检验模型

为进一步检验真实活动盈余管理对管理者投资决策的影响作用，本文选取面板数据建立以下动态面板模型：

$$IOver_{it} = \alpha + \beta_1 IOver_{it-1} + \beta_2 Accrual_{it} + \beta_3 Accrual_{it-1} + \beta_4 RM_{it-1} + \beta_5 RM_{it} + \varepsilon_{it} \quad (7)$$

$$ILess_{it} = \alpha + \beta_1 ILess_{it-1} + \beta_2 Accrual_{it} + \beta_3 Accrual_{it-1} + \beta_4 RM_{it-1} + \beta_5 RM_{it} + \varepsilon_{it} \quad (8)$$

根据 McNichols 和 Stubben（2008）的研究，本文在模型（7）和（8）中控制了应计项目盈余管理对管理者投资决策的影响作用。参照肖珉（2010）的研究，本文在关于过度投资和投资不足的估计过程中控制了自由现金流可能对过度投资产生的影响。根据李青原（2009）的研究，本文还控制了管理费用、产权性质、股权集中度、保护性行业对非效率投资活动可能产生的影响，得到模型（9）和（10）。

$$IOver_{it} = \alpha + \beta_1 IOver_{it-1} + \beta_2 Accrual_{it} + \beta_3 Accrual_{it-1} + \beta_4 RM_{it} + \beta_5 RM_{it-1}$$
$$+ \beta_6 FCF_{it} + \beta_7 ManExp_{it} + \beta_8 State_{it} + \beta_9 Share_{it} + \beta_{10} Protect_{it} + \varepsilon_{it} \quad (9)$$

$$ILess_{it} = \alpha + \beta_1 ILess_{it-1} + \beta_2 Accrual_{it} + \beta_3 Accrual_{it-1} + \beta_4 RM_{it} + \beta_5 RM_{it-1} + \beta_6 FCF_{it}$$
$$+ \beta_7 ManExp_{it} + \beta_8 State_{it} + \beta_9 Share_{it} + \beta_{10} Protect_{it} + \varepsilon_{it} \quad (10)$$

变量具体含义见表1。

表 1　主要研究变量说明

变量性质	变量名称	变量表征	变量定义
被解释变量	$IOver$	投资过度	投资模型（1）估计得到的正残差
	$ILess$	投资不足	投资模型（1）估计得到的负残差
解释变量	RM	真实活动盈余管理综合水平	公式（6）得到的综合盈余管理水平取绝对值
	$L. R$	滞后一期的真实活动盈余管理综合水平	滞后一期的真实活动盈余管理综合水平

变量性质	变量名称	变量表征	变量定义
控制变量	*Accrual*	应计项目盈余管理	模型（2）的残差项取绝对值
	L. A	滞后一期的应计项目盈余管理	滞后一期的应计项目盈余管理
	FCF	自由现金流	上年的经营现金净流量除以期末资产总额减去用模型（1）估计得到的上一年的正常投资水平
	ManExp	管理费用	管理费用除以期初总资产
	State	产权性质	国有上市公司为 1，否则为 0
	Share	股权集中度	公司第二到第十位股东持股比例之和
	Protect	保护性行业	若样本公司属于采掘业、石油加工及炼焦业、黑色金属冶炼及压延加工业的取 1，否则取 0

在实证过程中，本文用最小二乘估计对模型（2）、（3）、（4）、（5）进行估计。考虑到在模型（1）、（7）、（8）、（9）、（10）中解释变量包含了因变量的滞后项，故它们是典型的动态面板模型。由于存在个体效应的同质动态面板数据模型不仅存在时间上的自相关性，而且消除个体效应的组内变换和差分变换会导致模型的内生性，所以传统的最小二乘法（OLS）估计动态面板模型得到的回归系数是有偏的（Arellano，2003），所以本文使用动态面板数据模型的系统广义矩方法（SYS – GMM）对模型（1）、（7）、（8）、（9）、（10）分别进行参数估计。[①]

五　实证结果与分析

（一）描述性统计

表 2 报告了 Richardson 模型中各主要研究变量及采用 SYS – GMM 估计

---

① 一般来说，OLS 方法对动态面板模型进行估计得到的因变量滞后项系数向上偏，采用固定效应模型进行估计得到的因变量滞后项系数向下偏，而采用 SYS – GMM 估计得到的因变量滞后项系数介于前面两种方法估计滞后项系数之间。

表2 Richardson 模型主要研究变量的描述性统计

变量名称	观测值	平均值	标准差	最小值	中位数	最大值
	8218	0.001	0.132	-0.362	0.007	0.338
INew	8218	0.037	0.073	-0.152	0.023	0.330
InvOpp	8218	0.241	0.393	-0.349	0.171	2.763
Size	8218	21.916	1.194	19.129	21.782	25.330
ROA	8218	0.036	0.058	-0.263	0.032	0.198
Ret	8218	0.459	1.016	-0.753	0.114	3.868
LEV	8218	0.508	0.188	0.056	0.519	1.157
Cash	8218	0.162	0.114	0.006	0.135	0.669
Age	8218	10.318	4.298	3.00	10.00	22.00
Year	8218	—	—	2006	—	2012

注：P 为非效率投资，是 Richardson 模型估计的残差项。

表3 投资过度样本组主要研究变量的描述性统计

变量名称	观测值	平均值	标准差	最小值	中位数	最大值
IOver	4390	0.092	0.082	0.000	0.066	0.338
RM	4390	-0.064	0.234	-1.526	-0.054	1.255
Accrual	4390	0.003	0.089	-0.695	0.001	0.444
FCF	4390	0.103	0.168	-1.231	0.084	6.146
ManExp	4390	0.048	0.031	0.004	0.042	0.191
Share	4390	0.174	0.121	0.006	0.152	0.914
State	4390	—	—	0	—	1
Protect	4390	—	—	0	—	1

表4 投资不足样本组主要研究变量的描述性统计

变量名称	观测值	平均值	标准差	最小值	中位数	最大值
ILess	3802	-0.102	0.098	-0.362	-0.064	-0.000
RM	3802	-0.011	0.258	-1.687	-0.024	3.064
Accrual	3802	0.018	0.097	-0.466	0.011	0.438
FCF	3802	-0.065	0.209	-7.028	-0.045	4.729
ManExp	3802	0.045	0.032	0.004	0.039	0.191
Share	3802	0.17€	0.125	0.007	0.151	0.941
State	3802	—	—	0	—	1
Protect	3802	—	—	0	—	1

得到的非效率投资水平的描述性统计，从结果来看，我国上市公司非效率投资水平均值为 0.001，中位数为 0.007，最大值为 0.338，最小值为 −0.362。上述数据说明，我国上市公司既存在投资过度也存在投资不足的非效率投资行为。表 3 和表 4 是非效率投资分样本的统计结果，从分样本的描述性统计可以看出，进行过度投资的样本公司的数量多于投资不足的样本公司。针对投资过度的样本组，真实活动盈余管理水平的均值为 −0.064，最大值为 1.255，最小值为 −1.526，中位数为 −0.054。投资不足的样本组显示，真实活动盈余管理水平的均值为 −0.011，最大值为 3.064，最小值为 −1.687，中位数为 −0.024。该数据表明，无论是过度投资的样本公司还是投资不足的样本公司都进行了真实活动盈余管理，但过度投资样本组的真实盈余管理水平的中位数小于投资不足样本组。上述结果为本文的研究提供了一个很好的契机。

（二）相关系数矩阵

表 5　投资过度样本主要研究变量的相关关系初步检验

变量名称	*IOver*	*RM*	*L. RM*	*Accrual*	*L. Accrual*
IOver	1.00				
RM	0.1029 *	1.00			
L. RM	− 0.0888 *	− 0.2307 *	1.00		
Accrual	0.0246 *	0.1567 *	0.0672 *	1.00	
L. Accrual	− 0.0441 *	− 0.0195	0.2780 *	0.0313 *	1.00

注：（1）数据是 Spearman 相关系数；（2）＊表示在 5% 水平上显著。（3）变量名称前加上 *L.* 表述该变量的滞后一期，*L. RM* 是滞后一期的真实活动盈余管理，*L. Accrual* 是滞后一期的应计盈余。

表 6　投资不足样本主要研究变量的相关关系初步检验

变量名称	*ILess*	*RM*	*L. RM*	*Accrual*	*L. Accrual*
ILess	1.00				
RM	− 0.1887 *	1.00			
L. RM	0.0338 *	− 0.1184 *	1.00		
Accrual	− 0.0261 *	0.2167 *	0.0835 *	1.00	
L. Accrual	0.0465 *	− 0.0519 *	0.3171 *	0.1054 *	1.00

注：（1）数据是 Spearman 相关系数；（2）＊表示在 5% 水平上显著。（3）变量名称前加上 *L.* 表述该变量的滞后一期，*L. RM* 是滞后一期的真实活动盈余管理，*L. Accrual* 是滞后一期的应计盈余。

表 5 和表 6 列示了非效率投资分样本的主要研究变量相关关系检验结果，可以看出，投资过度样本组，企业当期的过度投资 $IOver$ 与当期的真实活动盈余管理 RM 显著正相关（0.1029），与滞后一期的真实活动盈余管理 RM_{alt} 显著负相关（-0.0888）。当期的过度投资 I 与当期应计项目盈余管理 $Accrual$ 显著正相关（0.0246）。投资不足样本组，企业当期的投资不足 $ILess$ 与当期的真实活动盈余管理 RM 显著负相关（-0.1887），与滞后一期的真实活动盈余管理 RM 显著正相关（0.0338）。企业当期的投资不足 $ILess$ 与当期的应计项目盈余管理 $Accrual$ 显著负相关（-0.0261）。当然，相关系数矩阵分析只能作为一个参考，要深入了解变量之间的相关关系，须做进一步的检验。

（三）因果关系的初步检验

鉴于本研究所使用的数据为面板数据，本文使用堆叠面板格兰杰（Granger）因果检验来初步判断真实活动盈余管理与投资决策之间的因果关系，结果见表 7。

表 7　真实活动盈余管理与非效率投资的格兰杰因果检验

样本数	F 统计量	Prob（lag 2）
5171		9. E－06

注：真实盈余管理不是非效率投资的格兰杰原因。

从表 7 的检验结果可以看出，拒绝了真实盈余管理不是非效率投资的格兰杰原因的原假设。该结果在一定程度上支持了理论分析部分关于管理者在会计期间先进行真实活动盈余管理再进行投资决策的论断。

（四）真实活动盈余管理与投资过度及投资不足关系模型的系统广义矩估计结果

从表 8 的估计结果可以得到：样本公司当期的真实活动盈余管理 RM 与投资过度 $IOver$ 显著正相关［0.051（4.12）］，滞后一期的真实盈余管理 RM 与 $IOver$ 显著正相关［0.027（2.22）］。在模型（7）的基础上控制了可能对非效率投资产生影响的若干变量之后的模型（9）估计结果显示，样

表8　模型（7）、（8）、（9）、（10）的 *SYS – GMM* 估计结果

	模型（7） *IOver*	模型（9） *IOver*	模型（8） *ILess*	模型（10） *ILess*
Constant	0.073 ***	0.076 ***	– 0.095 ***	– 0.092 ***
	（13.52）	（4.76）	（– 18.09）	（– 6.18）
	0.042	0.044	0.025	0.038
	（1.18）	（1.45）	（0.85）	（1.33）
RM	0.051 ***	0.034 ***	0.012	0.014
	（4.12）	（2.62）	（1.25）	（1.48）
L. RM	0.027 **	0.024 **	– 0.00	0.001
	（2.22）	（2.09）	（– 0.05）	（0.18）
Accrual	– 0.037	– 0.022	– 0.077 ***	– 0.057 **
	（– 1.28）	（– 0.81）	（– 2.78）	（– 2.00）
L. Accrual	0.013	0.024	– 0.025	– 0.026
	（0.45）	（0.99）	（– 0.88）	（– 0.97）
FCF		0.099 ***		0.061 **
		（3.27）		（2.03）
ManExp		0.043		– 0.177
		（0.22）		（– 0.92）
Share		0.014		0.090 ***
		（0.51）		（2.83）
State		– 0.018		– 0.016
		（– 1.36）		（– 1.02）
Protect		– 0.045		0.027
		（– 1.37）		（0.59）
Number	3509	3509	3080	3080
Sargan	34.494	35.714	46.432	51.213
P_ sargan	0.016	0.011	0.001	0.000
Arm2	2.510	2.882	3.373	3.315
P_ arm2	0.012	0.004	0.001	0.001

注：括号内为系数的 *t* 值；***、****、*****分别表示 10%、5%、1% 的显著水平。*Sargan* 为 *Sargan* 统计量，*p_ sargan* 为 *Sargan* 检验的 *P* 值；*arm2* 为 *Arellano – Bond* 自相关检验（二阶自相关），*p_ arm2* 为检验的 *P* 值；系数估计采用纠偏（*bias – corrected*）后的稳健性结果；表中 *Sargan* 统计量及其 *P* 值是在没有采用稳健性纠偏情况下得到的；变量名称前加上 *L.* 表述该变量的滞后一期，如 *L. IOver* 表示滞后一期的投资过度。

本公司当期的真实活动盈余管理 *RM* 与投资过度 *IOver* 显著正相关 ［0.034 （2.62）］，滞后一期的真实盈余管理 *RM* 与 *IOver* 显著正相关 ［0.024 （2.09）］。该结果表明，管理者的真实活动盈余管理很可能对其投资决策产生影响；并且，当期甚至滞后一期的真实活动盈余管理显著促进了企业的投资过度倾向。该结果在一定程度上说明真实活动盈余管理对投资决策具有较长期的影响。上述研究结果支持了本文的主要研究假说 H1a，即经理人的真实盈余管理活动扭曲了报告会计信息，直接影响了董事会的投资决策，促使董事会做出投资过度的非效率投资决策。从表 8 还可以看出，应计项目盈余管理水平 *Accrual*$_{it}$ 与 *IOver* 的相关系数负相关但不显著 ［−0.037 （−1.28）］，这说明应计项目盈余管理，并没有显著导致企业过度投资，经理人在进行两种方式的盈余管理时的考量是不同的。该研究结果与美国学者 McNichols 和 Stubben （2008） 的研究结论并不相一致。McNichols 和 Stubben （2008） 基于美国资本市场着重考察了管理者应计盈余管理行为对其内部投资决策的影响作用，研究发现样本公司在财务错报期间进行了过度投资。本文认为，这可能是因为 McNichols 和 Stubben （2008） 的研究着重考察了应计项目盈余管理并没有涉及真实活动盈余管理。另外，在中、美两国资本市场中，管理者盈余管理的主要动机存在差异也有可能导致管理者在投资决策过程中对会计信息有不同的考量。值得注意的是，该研究结果在一定程度上揭示出管理者在进行投资决策时针对不同类型的盈余管理会有差别化的考量，可能的情况是真实盈余管理更为直接地对管理者的投资决策产生影响，而应计盈余管理更可能通过会计信息质量影响企业的融资能力而间接对投资决策产生影响。

表 8 的估计结果还显示，当期的应计项目盈余管理 *Accrual* 与当期的投资不足 *ILess* 显著负相关 ［−0.077 （−2.78）］。在模型 （8） 的基础上控制了可能对投资不足产生影响的若干变量之后的模型 （10） 估计结果依然显示当期的应计项目盈余管理 *Accrual* 与当期的投资不足 *ILess* 显著负相关 ［−0.057 （−2.00）］。该结果支持了本文的第二个研究假说 H2b，说明在我国资本市场上，经理人的应计项目盈余管理的作用主要是向市场和董事会等外部信息使用者传递经理人的私人信息，因此具有信息含量的应计项目盈余管理，降低了企业的信息非对称程度，改善了外部信息环境，从而在一定程度上降低

了企业面临的融资约束，这说明应计项目盈余管理是通过影响外部信息环境间接影响企业的投资决策的，应计项目盈余管理对企业投资决策的影响机理与真实活动盈余管理对企业投资决策的影响是截然不同的。该结果也说明，以往单一的考察一种类型的盈余管理对投资活动的影响的研究有可能导致人们对于盈余管理与非效率投资的关系认识存在偏误。

六 稳健性检验

为进一步保证本研究结果的可靠性，本文进行了如下稳健性检验。

（一）分段检验结果

表 9 模型（7）和（9）的分段 *SYS – GMM* 估计结果

	模型（7） *IOver/TOP*	模型（7） *IOver/LOW*	模型（8） *ILess/TOP*	模型（8） *ILess/LOW*
Constant	0.050 ***	0.073 ***	– 0.111 ***	– 0.084 ***
	(3.83)	(11.45)	(– 7.23)	(– 11.87)
	0.005	0.072	– 0.039	0.070
	(0.08)	(1.48)	(– 0.60)	(1.55)
RM	0.093 ***	– 0.034	– 0.015	0.094 ***
	(6.09)	(– 1.51)	(– 1.02)	(2.81)
L. RM	0.051 ***	0.000	– 0.007	0.062 **
	(3.12)	(0.01)	(– 0.39)	(2.09)
Accrual	– 0.078	– 0.028	– 0.147 ***	0.004
	(– 1.49)	(– 0.55)	(– 3.29)	(0.07)
L. Accrual	– 0.030	0.069	– 0.029	– 0.022
	(– 0.68)	(1.21)	(– 0.53)	(– 0.40)
Number	684	722	654	600
Sargan	16.346	23.020	34.779	29.262
P_ sargan	0.634	0.236	0.015	0.062
Arm2	– 0.419	1.244	0.625	1.421
P_ arm2	0.675	0.213	0.532	0.155

注：括号内为系数的 *t* 值；* 、**、***分别表示 10% 、5% 、1% 的显著水平。*Sargan* 为 *Sargan* 统计量，*p_ sargan* 为 *Sargan* 检验的 *P* 值；*arm2* 为 *Arellano – Bond* 自相关检验（二阶自相关），*p_ arm2* 为检验的 *P* 值；系数估计采用纠偏（bias – corrected）后的稳健性结果；表中 *Sargan* 统计量及其 *P* 值是在没有采用稳健性纠偏情况下得到的。变量名称前加上 *L.* 表述该变量的滞后一期，如 *L. IOver* 表示滞后一期的投资过度。

为进一步考察真实活动盈余管理与投资过度之间的相关关系，本文从研究样本中选择了那些进行真实活动盈余管理最多的 1/5 子样本和进行真实活动盈余管理最少的 1/5 的子样本公司对模型（7）和模型（8）重新进行估计。从表 9 的估计结果可以看出，针对投资过度的样本组，在会计当期进行真实活动盈余管理最多的 1/5 的样本组，当期真实盈余管理 RM 与 $IOver$ 显著正相关 [0.093（6.09）]，滞后一期的真实盈余管理 RM 与 $IOver$ 显著正相关 [0.051（3.12）]。但在进行真实活动盈余管理最少的 1/5 样本组，并没有发现 RM 与 $IOver$ 显著的正相关关系。通过统计，本文进一步发现进行真实活动盈余管理最少的 1/5 的样本组其真实活动盈余管理绝对值均值只有进行真实活动盈余管理最多的 1/5 的样本组均值的 1/20，这在一定程度上说明相对于最多的 1/5 样本组，最少的 1/5 样本组中对非效率投资的贡献较小。从表中可以看出，模型的检验结果较好地支持了本文的研究假说 H1a，即会计当期真实活动盈余管理的程度越高，对企业当期的过度投资决策有明显促进作用。表 9 的结果还显示出，针对投资不足的样本组，在会计当期进行应计项目盈余管理最多的 1/5 的样本组中，当期的应计项目盈余管理 $Accrual$ 与当期的投资不足 $ILess$ 显著负相关 [−0.147（−3.29）]但是，在进行应计项目盈余管理最少的 1/5 样本组，并没有发现 $Accrual$ 与当期的投资不足 $ILess$ 显著的正相关关系。该结果支持了本文的主要研究假说 H2b。

（二）真实盈余管理对投资效率影响的再检验

考虑到本研究所使用的 Richardson（2006）预期投资模型中企业投资机会变量（I）是基于滞后一期、二期的销售增长率算数平均，而企业过去的销售业绩并不一定能够预测企业未来的投资机会，所以本文使用托宾 Q 值（$Tobin\ Q$）替代模型（1）中的投资机会 I 变量，重新估计企业的正常投资效率水平并检验真实盈余管理可能对企业投资活动产生的影响。

从表 10 的估计结果可以看出基本与本文的主要研究结论一致。但是，值得注意的是，在控制了相关研究变量后，当期的应计项目盈余管理 $Accrual$ 与当期的投资不足 $ILess$ 的负相关关系不再显著。

表 10　替换投资机会变量后模型（7）、（8）、（9）、（10）的 *SYS – GMM* 估计结果

	模型（7）*IOver*	模型（9）*IOver*	模型（8）*ILess*	模型（10）*ILess*
Constant	0.108 *** (14.65)	0.093 *** (5.36)	− 0.078 *** (− 24.98)	− 0.089 *** (− 9.14)
	− 0.019 (− 0.55)	− 0.023 (− 0.77)	− 0.049 *** (− 2.59)	− 0.053 *** (− 3.06)
RM	0.055 *** (3.89)	0.048 *** (3.85)	0.009 (0.94)	0.009 (1.08)
L. RM	0.025 * (1.93)	0.024 ** (2.02)	0.004 (0.54)	0.004 (0.62)
Accrual	− 0.001 (− 0.02)	0.000 (0.00)	− 0.041 ** (− 2.01)	− 0.027 (− 1.35)
L. Accrual	0.039 (1.18)	0.038 (1.25)	− 0.078 *** (− 24.98)	0.006 (0.31)
FCF		0.038 ** (2.29)		0.040 ** (2.09)
ManExp		0.026 (0.14)		0.181 * (1.78)
Share		0.088 ** (2.45)		0.086 *** (3.39)
State		− 0.001 (− 0.08)		− 0.020 * (− 1.78)
Protect		− 0.022 (− 0.55)		0.006 (0.29)
Number	3152	3152	5280	5280
Sargan	87.100	84.605	69.449	61.776
P_ sargan	0.001	0.000	0.000	0.001
Arm2	3.997	4.217	3.683	3.617
P_ arm2	0.000	0.000	0.000	0.009

注：括号内为系数的 *t* 值；*、**、***分别表示 10%、5%、1% 的显著水平。*Sargan* 为 *Sargan* 统计量，*p_ sargan* 为 *Sargan* 检验的 *P* 值；*arm2* 为 *Arellano – Bond* 自相关检验（二阶自相关），*p_ arm2* 为检验的 *P* 值；系数估计采用纠偏（bias – corrected）后的稳健性结果；表中 *Sargan* 统计量及其 *P* 值是在没有采用稳健性纠偏情况下得到的；变量名称前加上 *L.* 表述该变量的滞后一期，如 *L. IOver* 表示滞后一期的投资过度。

（三）真实盈余管理分项检验结果

为详细考察三种具体方式的真实活动盈余管理与投资过度之间的相关关系，本文将模型（9）中的盈余管理综合指数 *RM* 分别替换为 *ACFO*、*APROD* 和 *ADISXP*，再对模型（9）重新进行估计。

表11　*RM* 分别替换为 *ACFO*、*APROD* 和 *ADISXP* 的模型（9）的
SYS - GMM 估计结果

	模型（9） *IOver*	模型（9） *IOver*	模型（9） *IOver*
Constant	0.074 *** （4.75）	0.077 *** （4.75）	0.075 *** （4.60）
L. IOver	0.040 （1.31）	0.050 * （1.67）	0.052 * （1.72）
ACFO/APROD/ADISXP	0.011 *** （3.16）	0.004 （1.32）	0.007 * （1.79）
L. ACFO/L. APROD/L. ADISXP	0.004 * （1.73）	0.004 （1.56）	0.004 （1.09）
Accrual	− 0.057 * （− 1.79）	− 0.008 （− 0.31）	− 0.004 （− 0.15）
L. Accrual	0.014 （0.51）	0.030 （1.16）	0.038 （1.54）
FCF	0.099 *** （3.32）	0.106 *** （3.58）	0.104 *** （3.45）
ManExp	0.089 （0.47）	0.072 （0.38）	0.074 （0.39）
Share	0.017 （0.62）	0.014 （0.49）	0.012 （0.42）
State	− 0.016 （− 1.21）	− 0.017 （− 1.29）	− 0.018 （− 1.37）
Protect	− 0.049 （− 1.43）	− 0.047 （− 1.38）	− 0.045 （− 1.33）

续表

	模型（9） *IOver*	模型（9） *IOver*	模型（9） *IOver*
Number	3509	3509	3509
Sargan	37.748	37.215	38.038
P_ sargan	0.006	0.007	0.006
Arm2	2.957	2.993	2.940
P_ arm2	0.003	0.003	0.003

注：括号内为系数的 t 值；＊、＊＊、＊＊＊分别表示 10%、5%、1% 的显著水平。*Sargan* 为 *Sargan* 统计量，*p_ sargan* 为 *Sargan* 检验的 P 值；*arm2* 为 *Arellano – Bond* 自相关检验（二阶自相关），*p_ arm2* 为检验的 P 值；系数估计采用纠偏（bias – corrected）后的稳健性结果；表中 *Sargan* 统计量及其 P 值是在没有采用稳健性纠偏情况下得到的；变量名称前加上 *L.* 表述该变量的滞后一期，如 *L. IOver* 表示滞后一期的投资过度。

从表 11 关于真实活动盈余管理分项的估计结果可以看出，当期的异常现金流 ACFO 与当期的过度投资 *IOver* 显著正相关 [0.011 (3.16)]，滞后一期的异常现金流 A 与当期的过度投资 *IOver* 显著正相关 [0.004 (1.73)]，异常生产成本 APROD 与当期的过度投资 *IOver* 正相关但不显著 [0.004 (1.32)]，异常费用 ADISXP 与当期的过度投资 *IOver* 显著正相关 [0.007 (1.79)]。这说明，我国上市公司期末的异常销售行为及延迟可操控费用的记入两种真实活动盈余管理对管理者过度投资行为促进作用显著。该研究结果亦支持了本文的主要研究假说 H1a。

七　研究结论与展望

经理人的财务信息披露对资源配置效率的影响，特别是财务报告信息的扭曲所导致的资源无效率配置是一个具有重要现实意义的学术问题。理论上，会计信息作为资本市场的重要信息来源之一，经理人的盈余管理行为对会计信息质量带来的影响与企业多个利益相关方，如投资者、董事会和市场监管者都密切相关。其中，经理人的盈余管理方式选择是否会导致企业做出偏离最优投资水平的投资决策逐渐引起了学者们的关注。本文基于中国资本市场，以主板上市公司为样本，系统考察了上市公司真实盈余管理和应计项目盈余管理两种方式对企业投资决策的影响。现实中，企业的投资决策过程考虑的因素极其复杂，其中，经理人在会计期间不同时点所进行的不同类型的盈余管理对整个投资决策过程也有可能产生影响。本文的研究结果揭示出，经理人在会计当期进行更多的真实活动盈余管理会促使企业在当期，甚至下一期进行更多的过度投资；而应计项目盈余管理则通过影响企业外部信息环境间接缓解了企业投资不足的问题。这说明，在中国资本市场，真实活动盈余管理是导致企业进行过度投资的主要因素之一，并且不同类型的盈余管理在企业投资决策中发挥的作用是不同的。本文进一步的研究还发现，在中国资本市场，经理人的异常销售行为和故意延迟可操控性费用的记入会导致企业的过度投资。本文的研究丰富了真实盈余管理经济后果领域的文献，同时深化了人们关于管理者投资决策过程影响因素的认识。最后，虽然本文的研究结果能够在一定程度上揭示出会计报告对企业投资决策的影响，但是，鉴于企业投资决策过程的不可观测性，作为会计信息提供者的经理人在投资决策中如何权衡会计信息报告策略还有广阔的研究空间。

参考文献

［1］程小可、郑立东、姚立杰：《内部控制能否抑制真实活动盈余管理？——兼与应计盈余管理之比较》，《中国软科学》2013 年第 3 期。

［2］程新生：《非财务信息、外部融资与投资效率》，《管理世界》2012 年第 7 期。

［3］方红星、金玉娜：《高质量内部控制能抑制盈余管理吗？——基于自愿性内部控制鉴证报告的经验研究》，《会计研究》2011 年第 8 期。

［4］李彬、张俊瑞：《实际活动盈余管理的经济后果研究：来自销售操控的证据》，《管理评论》2010 年第 9 期。

［5］李彬、张俊瑞：《生产操控与未来经营业绩关系研究：来自中国证券市场的证据》，《现代管理科学》2008 年第 9 期。

［6］李彬、张俊瑞：《真实活动盈余管理的经济后果研究——以费用操控为例》，《华东经济管理》2009 年第 2 期。

［7］李青原：《会计信息质量、审计监督与公司投资效率》，《审计研究》2009 年第 4 期。

［8］李增福、董志强、连玉君：《应计项目盈余管理还是真实活动盈余管理？——基于我国 2007 年所得税改革的研究》，《管理世界》2011 年第 1 期。

［9］连玉君、苏冶：《融资约束、不确定性与上市公司投资效率》，《管理评论》2009 年第 1 期。

［10］刘衡、苏坤、李彬：《现金分红、盈余管理方式选择与企业价值》，《中国会计评论》2013 年第 11 期。

［11］肖珉：《现金股利、内部现金流与投资效率》，《金融研究》2010 年第 10 期。

［12］胥朝阳、刘睿智：《提高会计信息可比性能抑制盈余管理吗？》，《会计研究》2014 年第 7 期。

［13］王福胜、吉姗姗、程富：《盈余管理对上市公司未来经营业绩的影响研究——基于应计盈余管理与真实盈余管理比较视角》，《南开管理评论》2014 年第 2 期。

［14］张纯、吕伟：《信息披露、信息中介与企业过度投资》，《会计研究》2009 年第 1 期。

［15］周春梅：《盈余质量对资本配置效率的影响及作用机理》，《南开管理评论》2009 年第 5 期。

［16］Arellano, M. 2003. *Panel data econometrics*. Oxford：Oxford University Press，89 – 112.

［17］Baderscher, B., N. Shroff, H. White. 2013. Externalities of public firm presence：Evidence from private firm's investment decisions. *Journal of Financial Economics*，109 (3)：682 – 706.

［18］Balakrishnan, K., J. E. Core, R. Verdi. 2014. The relation between reporting quality and financing and investment：Evidence from changes in financing capacity.

［19］Bens, D. A., T. H. Goodman, M. Neamtiu. 2012. Does investment – related pressure lead to misreporting? An analysis of reporting following M & A transactions. *The Accounting Review*，(3)：839 – 865.

［20］Biddle, G., G. Hilary, R. Verdi. 2009. How does financial reporting quality relate to investment efficiency? *Journal of Accounting and Economincs*，(2)：112 – 131.

［21］Biddle, G., Hilary G. 2006. Accounting quality and firm – level capital investment. *The Accounting Review*，(81)：963 – 982.

［22］Brito, J. A., K. John. 2002. Leverage and growth opportunities：Risk avoidance induced by risky debt. University of New York，Salmon Centre，Working Paper.

［23］Cohen, D., A. Dey, T. Lys. 2008. Real and accrual – based earnings management in the pre – and post – Sarbanes – Oxley periods. *The Accounting Review*，(83)：757 – 787.

[24] Cohen, D., Zarowin. 2010. Accrual – based and real earnings management activities a-round seasoned equity offerings. *Journal of Accounting and Economcis*, (50): 2 – 19.

[25] Dechow, M. P., R. G. Sloan, A. P. Sweeney. 1995. Detecting Earnings Management, *Accounting Review*, 70 (2): 193 – 225.

[26] Durnev, A., C. Mangen. 2009. Corporate investments: Learning from restatements. *Journal of Accounting Research*, (3): 679 – 720.

[27] Ewert, R., A. Wagenhofer. 2005. Economic effect of tightening accounting standards to restrict earnings management. *The Accounting Review*, (80): 1101 – 1124.

[28] Fields, T., T. Lyz, L. Vincent. 2001. Empirical research on accounting choice. *Journal of Accounting and Economics*, 31 (1 – 3): 255 – 308.

[29] Francis, B., I. Hasan, Li. 2011. Firm's real earnings management and subsequent stock price crash risk. Working paper, Rensselaer Polytechnic Institute.

[30] Ge, W., J. B. Kim. 2014. Real earnings management and the cost of new corporate bonds. *Journal of Business Research*, 67 (4): 641 – 647.

[31] Giroud, X., Mueller H. 2010. Does corporate governance matter in competitive indus-tries? *Journal of Financial Economics*, (95): 312 – 331.

[32] Goodman, T. H., M. Neamtiu, N. Shroff, H. D. White. 2014. Management forecast quality and capital investment decisions. *The Accounting Review*, 89 (1): 331 – 365.

[33] Graham, J., C. Harvey, S. Rajgopal, 2005. The economic implications of corporate financial reporting. *Journal of Accounting and Economics*, (40): 3 – 73.

[34] Healy, P. M., K. G. Palepu. 2001. Information asymmetry, corporate disclosure and the capital markets: A review of the empirical disclosure literature. *Journal of Accounting and Economics*, (31): 405 – 440.

[35] Hemmer, T., E. Labro. 2008. On the optimal relation between the properties of man-agerial and financial reporting systems. *Journal of Accounting Research*, (5): 1209 – 1240.

[36] Jensen, M. C. 1986. Agency costs of free cash flow, corporate finance, and take-over. *American Economic Review*, (76): 323 – 329.

[37] Jensen, M. C., W. H. Meckling. 1976. Theory of the firm: Managerial behavior, a-gency costs and ownership structure. *Journal of Financial Economics*, (3): 305 – 360.

[38] Jing – Ming Kuo, Lutao Ning, Xiaoqi Song. 2014. The real and accrual – based earn-ings management behaviors: Evidence from the split share structure reform in Chi-na. *The International Journal of Accounting*, (49): 101 – 136.

［39］ Kim, J. B, B. C. Sohn. 2013. Real earnings management and cost of capital. *Journal of Accounting and Public Policy*, 32 (6): 519 – 543.

［40］ Kothari, S. P., N. Mizik, & S. Roychowdhury. 2012. Managing for the moment: The role of real activity versus accruals earnings management in SEO valuation. Working paper.

［41］ Krischenheiter, M., Melumad, N. 2004. Earnings quality and smoothing. Working paper. Comumbia Business School.

［42］ Linck, J. S. , J. Netter, T. Shu. 2013. Can managers use discretionary accruals to ease financial constraints? Evidence from discretionary accruals prior to investment. *The Accounting Review*, 88 (6): 2117 – 2143.

［43］ McNichols, M., S. Stubben. 2008. Does earnings management affect firm's investment decisions? *The Accounting Review*, (6): 1571 – 1603.

［44］ Mizik, N. 2010. The theory and practice of myopic management. *Journal of Marketing Research*, (47): 594 – 611.

［45］ Myers, S. C. 1984. The capital structure puzzle. *Journal of Finance*, (39): 575 – 592.

［46］ Richardson, S. 2006. Over – investment of free cash flow, *Review of Accounting Studies*, (11): 159 – 189.

［47］ Ronen, J., S. Sadan. 1981. Smoothing income numbers: Objectives, means, and implications. Boston, MA: Addison – Wesley Publishing Company.

［48］ Roychowdhury, S. 2006. Earnings management through real activities manipulation. *Journal of Accounting and Economics*, (42): 335 – 370

［49］ Sankar, M., K. R. Subramanyam . 2001. Reporting discretion and private information communication through earnings. *Journal of Accounting research*. 39 (2): 365 – 386.

［50］ Shroff, N., A. X. Sun, H. D. White, W. Zhang. 2013. Voluntary disclosure and information asymmetry: Evidence from the 2005 Securities Offering Reform. *Journal of Accounting Research*, (5): 1299 – 1345.

［51］ Shroff, N., R. Verdi, G. Yu. 2014. Information environment and the investment decisions of multinational corporations. *The Accounting Review* (forthcoming).

［52］ Stulz, R. M. 1990. Managerial discretion and optimal financing policies. *Journal of Financial Economics*, (26): 3 – 27.

［53］ Teoh, S. I. Welch, T. Wong. 1998a. Earnings management and the long – run market performance of initial public offerings. *Journal of Finance*, Vol. 53, No. 6: 1935 – 74.

[54] Teoh, S., I. Welch, T. Wong. 1998b. Earnings management and the long - run underperformance of seasoned equity offerings. *Journal of Financial Economics*, Vol. 50, No. 1: 63 - 99.

[55] Verdi, R. 2006. Financial reporting quality and investment efficiency. Massachusetts Institution of Technology, Working paper.

[56] Wu, Chun Chi, Ling Lei Lisic, Mikhail Pevzner. 2011. Is enhanced audit quality associated with greater real earnings management? *Accounting Horizon*, (2): 315 - 335.

[57] Zang, Amy Y. 2012. Evidence on the trade - off between real activities manipulation and accrual - based earnings management. *The Accounting Review*, (2): 675 - 703.

公允价值、审计师行为与盈余波动[*]

唐滔智　余怒涛　杨继伟　张红星

（云南财经大学会计学院　云南财经大学统数学院）

【摘　要】 通过对公允价值、审计师行为与盈余波动的实证研究发现，采用公允价值计量在一定程度上缓解了盈余波动或会计不匹配问题；审计意见则抑制了盈余波动，拥有技术专长的国际"四大"合作所并不能抑制盈余波动，在一定程度上说明国际"四大"合作所的质量并不比国内其他大中型事务所高。而审计市场竞争则加剧了盈余波动。实证研究结果对监管部门有着一定的现实意义。

【关键词】 公允价值　审计师行为　盈余波动　盈余管理

一　引言

公允价值计量自产生至今就受到广泛关注和争议。特别是在 2007 年金融危机以来，公允价值计量曾被视为金融危机的推手，欧美金融界曾强烈要求修改公允价值计量准则，甚至取消公允价值计量模式的呼声也一度甚嚣尘上。国际会计准则理事会（IASB）和美国财务准则委员会（FASB）于 2009 年 10 月召开联合会议，决定制定一项统一的公允价值准则应对国际金融危机。2009 年 11 月，IASB 在广泛征求意见的基础上发布了新修订的国际财务报告准则第 9 号《金融工具》准则（IFRS 9），2010 年 10 月又

---

　　*　本文是国家自然科学基金阶段性成果。项目名称："制度环境、公司治理与投资效率"，项目批准号：712620181，本文受到"云南公司治理研究创新团队"项目的资助。

发布了扩展和修改版本。在金融危机背景下,二十国集团和金融稳定理事会提出建立一套全球统一的高质量会计准则。而公允价值计量准则就是与国际金融危机密切相关的重要准则之一。为响应二十国集团和金融稳定理事会提出的倡议,国际会计准则理事会加快了对公允价值计量准则项目的研究和制定工作,并于 2011 年 5 月 12 日发布了《国际财务报告准则第 13 号——公允价值计量》。2014 年 1 月,中国财政部印发《企业会计准则第 39 号——公允价值计量》的通知,要求 2014 年 7 月 1 日起在所有执行企业会计准则的企业范围内施行,鼓励在境外上市的企业提前执行。

公允价值计量长期以来充满争议,主要在于公允价值信息相关性与可靠性之间的平衡或取舍问题。支持者认为,公允价值的使用增加了会计信息的相关性,因为资产和负债的公允价值反映了最新的以市场为基础的信息。而批评者尤其是银行界认为,公允价值并不一定增加信息相关性,反而可能导致盈余波动。有学者进一步指出,公允价值是在牺牲会计信息可靠性的基础上来增加相关性的。

2003 年,IASB 发布了国际会计准则第 39 号《金融工具:确认与计量》(IAS39),2007 年,FASB 发布了《金融资产与金融负债:公允价值计量选择》(SFAS159),目的是通过引入公允价值计量简化金融工具会计处理和减少产生会计不匹配问题的机会,以增加会计信息的透明度,减少盈余波动。

但是,公允价值计量相关准则,是否达到了预期目的,是否真正缓解了盈余波动或会计信息不匹配问题,迄今仍然争论不休,尤其在 2007 年金融危机爆发之后,对公允价值计量的争论愈演愈烈。

2006 年我国颁布新的企业会计准则体系,在基本准则中引入公允价值,并明确将公允价值作为重要的会计计量属性之一。公允价值计量散见于投资性房地产准则、金融工具确认和计量准则等十余项具体准则中,例如,涉及公允价值应用的《企业会计准则第 3 号——投资性房地产》《企业会计准则第 8 号——资产减值》《企业会计准则第 20 号——企业合并》《企业会计准则第 22 号——金融工具确认和计量》等。2007 年以来,企业会计准则总体上已经平稳有效实施 7 年多,但对公允价值实证研究的文献并不多见。

　　人们对公允价值的关注集中于公允价值对会计盈余质量的影响或公允价值的价值相关性或公允价值可能带来的市场波动。而公司所报告的盈余是管理层与审计师审计决策行为的共同产出或产品,公允价值计量在财务报告中的重要性日益凸显,对审计来说具有重要意义。审计师作为独立第三方,对会计信息实施相关审计,并对会计信息不存在重大错报提供合理保证,因此,审计师有关审计行为对会计盈余质量起着十分重要的影响。国内外不少实证研究表明,审计能够抑制盈余管理,提高会计信息质量,这也是审计得以生存和不断发展的动因所在。公允价值计量为我们研究审计与盈余质量关系提供了一个新的视角。经过审计的会计盈余深深地打上了审计的烙印,在一定程度上表现为企业与审计师的共同产品。故研究盈余波动而不结合审计师行为是目前有关研究的缺憾之一。Maksymov et al.(2012)指出,尽管在当今财务报告环境下,公允价值日益重要,但很少有研究将公允价值与审计联系起来。就国内而言,将公允价值与审计联系起来的实证研究也极为少见。而由于公允价值的复杂性,使得公允价值计量的资产也难以审计,尤其是以第三层级计量的公允价值是基于主观假设的,这客观上需要我们在公允价值研究中将审计师的行为纳入研究范围。正如一些研究所指出的,未来研究的领域可能是:采用公允价值减少盈余波动或会计不匹配的动机是如何同经理层平滑利润相互作用的,以及又是如何通过公允价值计量选择以影响盈余预测的。因此,我们在研究公允价值与盈余波动时,同样将考虑公司盈余操纵行为。此外,国内外有关公允价值与盈余波动的研究主要集中于银行业,这也成为我们研究非金融类上市公司有关公允价值问题的动机之一。

　　本文结合中国国情,着重研究上市公司公允价值计量、审计师行为(审计意见、审计师行业专长等)与盈余波动有关问题,研究方法和研究内容在一定程度上拓展了目前研究视野。总体说来,本文的贡献在于:第一,关于公允价值计量是否能够缓解盈余波动、降低信息不对称、减少会计不匹配问题等仍然存在争议,我们根据中国国情和相关数据,对中国使用公允价值计量是否会缓解盈余波动或会计信息不匹配等令人关注的问题进行了分析与验证,得出了一些不同的结论,拓展了有关会计透明度、公允价值和盈余波动的研究文献,具有一定的理论意义;第二,借鉴相关研究，结合审计师行为和公司盈余操纵行为来研究公允价值与盈余波动等问题，在一定程度上拓展了目前的研究；第三，在目前有关公允价值计量持续引发理论界与实务界激烈争论的背景下，我们的实证研究结果将为会计准则制定者和监管层提供重要的实证依据。在公允价值计量日愈重要的背景下，审计是否能够缓解盈余波动或会计不匹配等问题也是监管层和审计准则制定者所关心的问题之一。

本文剩余部分作如是安排：接下来是文献综述，第三部分提出研究假设，第四部分对数据和样本做出说明；第五部分是实证分析和结果，第六部分是结论与政策建议。

二 理论分析与研究假设

1. 理论分析框架：委托代理、会计目标与盈余波动

现代商品经济的发展，导致了所有权与经营权的分离，产生了在社会中普遍存在的委托代理关系，并产生了用以解释这种关系的委托代理理论。以现代企业组织为例，在委托代理的整个代理链条中，由于委托人与代理人的效用函数不同，即企业股东追求的是自己的财富效用最大化，而受托人（企业各级管理者）则追求自己的薪酬、消费和闲暇等效用最大化，两者的矛盾将会产生代理成本，这就需要一套有效的制度机制加以协调和约束。在此情形下，产生了会计目标理论中的受托责任学派和决策有用学派。

由于经理层与股东等利益相关者的效用函数不一致，经理层可能会采取有利于经理层自身的会计行为。在此情形下，经理层的会计行为不仅会偏离决策有用性或相关性目标，也会偏离受托责任或可靠性目标。而一旦出现这种情况，必然会增加代理成本。为了缓解或降低他们之间代理关系中的代理成本，于是各方签订了一系列相关契约，这样在现实上就产生了由公正独立的第三方来监督契约实施，由此独立审计应运而生。独立的审计师符合契约各方利益。因而审计的根本目的或本质就是要促进契约相关方利益达到最大化，以减少或降低代理成本，而这需要提高会计信息的相关性和可靠性，以利于信息使用者做出决策，并考核经理层受托责任。

目前，两派理论已现融合趋势。无论是受托责任学派还是决策有用学派，都是在现代商品经济发展过程中，所有权与经营权分离前提下产生的，这是会计目标理论受托责任学派与决策有用学派产生的根本历史动因。为此，两者在一定程度上是完全可以相辅相成、相得益彰的。尽管相关性与可靠性不能完全兼顾，但它们之间存在相应合理的平衡。

国际会计准则和我国会计准则就体现了这种融合性。例如，我国《企业会计准则——基本准则》明确了我国财务的目标是向财务报告使用者提供决策有用的信息，并反映企业管理层受托责任的履行情况。这说明可靠性目标与相关性目标之间开始逐步整合，它们之间理应存在合理平衡的关系。上述理论分析框架可用图1表示。

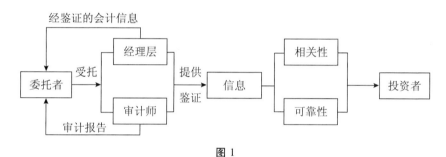

图1

一般来说，公允价值计量有利于提供相关的决策信息，但是经过强制性审计后的公允价值信息不仅具有决策相关性，也具有信息可靠性，且在一定程度上反映了会计信息价值相关性和客观性。由此，公允价值在一定程度上能够减少会计错配，从而缓解盈余波动性。

从理论上讲，公允价值计量属性比历史成本之类的计量属性能够提供更为相关的信息，因为与其他计量属性相比，公允价值更为准确地反映了投资者预期且经过风险调整后的未来现金流量，从而减少盈余操纵和提供及时的特别是与风险相关的信息，增加会计信息透明度，即有利于提供和决策更为相关的会计信息。

但也有观点认为，由于市场的复杂和市场价格的波动，公允价值计量将可能增加盈余的波动性或成为盈余管理的一种手段。例如，Barth et al.（2010）认为，公允价值计量由于其复杂性和可操纵性，使得公允价值计量损害提高信息透明的目标，而公允价值选择的灵活性，最终也可能降低会计信息质量；Mcinnis 指出，由于公允价值计量的复杂性和可操纵性，公允价值计量属性可能提供了一种易于实施的盈余管理手段，从而增加盈余波动和降低信息透明度。即可能会影响到会计的可靠性。

因此，一方面，公允价值计量的复杂性或因缺乏活跃市场报价，使公允价值建立在一些主观假设之上而易被操纵；另一方面，公允价值也会增加盈余波动。会计准则 133 号（SFAS NO. 133）亦表达了公允价值对会计盈余波动影响的关注，在 IAS 39 的制定过程中，该问题也是所收到意见函中反映的首要问题。

2003 年，IASB 发布了 IAS39，目的是通过引入公允价值计量简化金融工具会计处理和减少产生会计不匹配问题（accounting mismatches）或盈余波动的机会。尽管如此，一些谨慎的监管者比如欧洲中央银行和巴塞尔银行监管委员会对公允价值计量可能被不当使用表示关注：（1）一些以公允价值计量的金融工具价值变动直接计入当期损益可能基于主观行为；（2）以公允价值计量的金融负债，其产生的损益可能被视为企业自身信誉发生了变化；（3）可能与 IASB 最初预期相反，即公允价值计量可能增加而非减少盈余波动。有关实证研究表明，采用公允价值会计的企业，其结果增加了盈余的波动性。但是，其他有关实证研究亦发现，公允价值与盈余波动存在负相关关系，这说明公允价值抑制了盈余波动，从而缓解了会计不匹配问题。而 Song（2008）则发现，公允价值对盈余波动没有显著影响。

公允价值着眼于未来，故其无疑会大大增加会计信息相关性和决策有用性。在会计相关性和决策有用性得到满足情形下，人们更加关心的是会计信息的可靠性，即在公允价值达到人们所期盼的相关性之后，是否能够满足一定程度上的可靠性需求。这就不难理解《金融工具：确认与计量》（IAS39），以及《金融资产与金融负债：公允价值计量选择》（SFAS159）特别强调，制定公允价值准则目的是通过引入公允价值计量简化金融工具会计处理和减少产生会计不匹配问题，以增加会计信息的透明度和减少盈余波动，该论述说明了会计准则的制定者是尽量兼顾相关性和可靠性的。然而，通过对上述理论分析，我们知道，公允价值计量是否减少会计不匹配问题或对盈余波动是否有显著影响目前还未有定论。此外，在中国特色背景下，公允价值计量是否对盈余波动有着显著影响，是否减少了盈余波动，从而缓解了会计不匹配问题呢？这是我们要研究的第一个问题。

基于上述理论分析，我们提出以下假设：

H1：在其他条件相同情况下，应用公允价值计量的上市公司将报告更低的盈余波动，即公允价值计量选择与盈余波动显著负相关。

2. 会计目标、盈余管理与盈余波动

由于公允价值选择的灵活性，可能会给管理层提供盈余管理的机会。因此，公允价值选择可能会受到盈余管理的影响。由于经理层效用函数与股东等利益相关者效用函数不一致，经理层可能会采取偏离会计目标且有利于其自身的行为。Dechow et al.（2010）通过实证研究发现，当企业盈利（损失）低（高）时，企业经理会利用有价证券交易，通过公允价值会计来报告更大的盈利（损失）。而 Bratten et al.（2013）经过实证发现，与没有使用公允价值计量的银行相比，使用公允价值计量高的银行较少使用贷款损失准备进行盈余管理，并将可实现损益与贷款损失准备加以平衡使用，同时发现了审计师行业专长缓解了银行使用贷款损失准备和可实现损益的确认时间来进行盈余操纵的行为。刘志远，白默（2010）、Xianjie et al.（2012）以中国上市公司为研究对象，他们的研究结果显示，在公允价值计量模式下，企业存在盈余管理行为。此外，在中国证券市场，还可能存在其他动机：上市公司如果连续两年亏损或每股净资产低于股票面值则要被"特别处理"，如果限期未能改正将面临退市。由于企业可能存在正向盈余管理或负向盈余管理，或者利用盈余管理平滑企业利润，因此，其影响方向并不能确定。总之，公司可能会利用盈余管理来平滑利润，熨平波动。这一点，已经得到国内外相关实证研究证明。因此，我们在考察公允价值的影响时，不仅要控制盈余管理的作用，还要考虑到它对盈余波动可能具有共同影响。故我们提出假设：

H2：公司可能利用盈余管理来平滑利润，同时，公允价值计量选择与盈余管理对盈余波动具有共同的交互影响。

3. 会计目标、审计师行为与盈余波动

对审计师行为的实证研究主要集中在三个方面即审计意见、审计收费与行业专长等相关研究。Bratten et al.（2013）结合公允价值与审计师行

业专长来研究企业盈余管理行为，其他将公允价值、审计师行为与盈余波动三者结合起来进行类似研究的文献尚未被我们发现。

根据会计目标理论，现代审计是为了减少代理成本，提供与决策相关的信息和考核经理层受托责任而产生的。故从理论上讲，审计是应该而且能够降低盈余管理和减少盈余波动的。

以前的研究多认为审计师行业专长是为了使自己与竞争对手相区分，以获得差别化优势。审计师通过投资于技能而拥有行业专门知识，并在事务所内共享这种知识，从而使行业专长能够改进审计质量。而具有行业专长审计师的客户，有着更低的盈余管理和更高的盈余反应系数。

Bratten et al.（2013）分析了审计师行业专长、公允价值与盈余管理的关系，其实证研究表明，与未采用公允价值计量的银行相比，采用公允价值计量较多的银行利用贷款损失准备进行盈余管理的行为明显低于没有采用或极少采用公允价值计量的银行，同时审计师行业专长缓解了银行盈余操纵的行为。一般来说，审计师行业专长使得审计师不仅能够降低审计成本，识别盈余管理，也能够缓解盈余波动。因此，我们提出以下假设：

H3：审计师行业专长能抑盈余波动，故审计师行业专长与盈余波动显著负相关。

高质量的审计能够提高会计盈余质量，抑制盈余管理和盈余波动。而且，在现代风险导向审计模式下，审计师往往会实施分析程序，分析盈余波动的合理性，以减少盈余波动可能带来的审计风险。因此，高质量审计通常能够识别并抑制非正常盈余波动，从而提高盈余质量。为此，我们提出以下假设：

H4：如果审计能够抑制盈余波动，则审计师出具的审计报告即审计意见类型与盈余波动显著负相关。

三 研究设计与样本选择

1. 基本实证模型

借鉴前人 Hodder et al.（2006），Fiechter（2011）的相关研究，建立

以下基本实证模型：

$$STDV_{it} = \delta_0 + \delta_1 FVO_{it} + \delta_2 DA_{it} + \delta_2 AUDITOR_{it} + \delta ControlVariable_{it} + \mu_{it} \qquad (1)$$

在这里，$STDV_{it}$ 为盈余波动变量，具体为从 2010 年第 1 季度到 2013 年第四季度的税前利润/总资产的标准差。借鉴 Hodder et al.（2006），Couch et al.（2014）的方法，盈余变量的波动可用该变量的标准差来衡量 FVO 为公允价值变量，目前国内一些研究以连续变量来衡量，公允价值，但部分研究将持有至到期投资也包含在公允价值计量的资产中，似乎并不合适，因为持有至到期投资是以摊余成本而非以公允价值计量。由于公允价值损益包括了企业交易性金融资产、交易性金融负债，以及采用公允价值模式计量的投资性房地产、衍生工具、套期保值业务等公允价值变动形成的应计入当期损益的利得或损失，故该指标综合性与代表性强，采用该指标作为代理变量的有。借鉴相关研究，我们以虚拟变量来衡量公允价值计量。具体做法：在公允价值选择样本公司中，公允价值损益为正取值为 1，否则为 0。

DA_{it} 为盈余操纵或盈余管理变量，以修正的琼斯模型估计，即

$$\frac{DACC_{it}}{TA_{it-1}} = \alpha_1 \left[\frac{1}{TA_{it-1}} \right] + \alpha_2 \left[\Delta REV_{it} \frac{\Delta REC_{it}}{TA_{it-1}} \right] + \alpha_3 \left[\frac{PPE_{it}}{TA_{it-1}} \right] + \in_{it} \qquad (2)$$

其中，$DACC_{it}$ 代表第 t 年 i 公司的总应计利润，总应计利润 = 净利润 − 经营活动现金流量，TA_{it-1} 代表 i 公司第 t 年年末的总资产值；ΔREV_{it} 代表第 t 年 i 公司的主营业务收入变动值；ΔREC_{it} 代表第 t 年 i 公司的应收账款变动值；PPE_{it} 代表第 t 年 i 公司的固定资产原值，由于固定资产原值数据较难直接得到，这里的数据是固定资产净值；ε_{it} 为分年度分行业回归的残差项，它代表 i 公司在第 t 年的可操控性应计即代表盈余管理变量，取其绝对值，以 DA_{it} 表示。

$AUDITOR_{it}$ 为审计师行为变量，表示审计师出具的审计意见类型、审计师收取的审计收费和审计师拥有的行业专长。关于审计师行业专长变量，我们采用两种方式度量。一是以该行业处于领先地位的事务所来表示，处于领先地位的会计师事务所取值为 1，否则为 0。由于国际"四大"不仅在市场份额、品牌效应和审计质量等方面起着示范作用，其管理水平、审

计技术等亦得到业界公认,故我们以国际"四大"合作所作为行业专长的代理变量,即如果由国际"四大"合作所审计,则取值为 1,否则为 0。二是以客户年度行业总资产平方根之和除以该行业该年度所有客户总资产的平方根之和来表示,这种方法在相关研究中较为常见,其实质上是采用了产业经济学中衡量垄断或竞争情况的赫芬达尔指数,因而该指标也反映了审计市场行业的竞争状况或垄断程度。

为验证假设 2,即公允价值计量选择对盈余波动的作用是否会受到盈余管理的影响,我们在基本模型中引入交叉项 $DA_{it} \times FVO_{it}$。

$ControlVariable_{it}$ 为控制变量,具体变量详见相关变量表。在控制变量中,借鉴黄静如(2012)的研究,我们引入了宏观变量市场风险或市场报酬率波动,即以沪深市场综合回报率为市场回报率计算的 β 系数来代表市场风险或市场报酬率波动,同时引入监管变量即监管层对相关上市公司因违规而进行的处罚来表示。

变量下标 i 和 t 分别表示所研究的上市公司和年度。

模型(1)中相关变量定义如表 1。

表 1 相关变量界定

变 量	定 义
STDV	盈余波动变量,具体为从 2010 年第一季度到 2013 年第四季度的税前利润/总资产的标准差
FVO	公允价值虚拟变量,具体请参见文中相关描述
DA	盈余管理变量,以琼斯模型估计
SPEC1	审计师行业专长 1 变量即由国际"四大"合作所审计取值为 1,否则为 0
SPEC2	审计师行业专长 2 变量即客户年度行业总资产平方根之和除以该行业该年度所有客户总资产的平方根之和
OPN	审计意见类型变量,即如果为非标意见,取值为 1,否则为 0
LNAFE	审计收费变量,即审计师向客户收取的所有相关审计费用
PEL	监管变量,如果上市公司受到相关处罚则取值为 1,否则为 0
ROA	资产报酬率变量,即(利润总额 + 财务费用)/平均资产总额
SIZE	总资产变量,取总资产的自然对数
LEV	财务风险变量,以综合杠杆

续表

变　量	定　义
CFL	现金流量变量，即每股经营活动产生的现金流量
IMPL	资产减值损失变量，企业计提各项资产减值准备所形成的损失
INV	存货变量，即存货与存货跌价准备的差额
REC	应收账款变量，即应收账款与应收账款坏账准备的差额
MAFE	费用变量，即（管理费用＋营业费用）/营业收入
BV	账面市值比变量，即总资产/市值
BETA	市场风险变量，以沪深市场综合回报率为市场回报率计算的 β 值
IND	行业虚拟变量，如果所处行业为制造业，取值为 1，否则为 0

2. Heckman 两阶段修正模型

早在 1979 年，Heckman 就曾指出，在对银行使用公允价值计量研究中应对其内生性偏误问题予以关注。在研究盈余波动与公允价值计量等相关问题时，有研究者采用 Heckman 两阶段修正模型，以消除模型中可能存在的内生性和样本自选择问题。借鉴这些相关研究，我们采用 Heckman 两步修正模型来对上述模型（1）进行估计。第一步，建立公允价值选择方程模型，即以公允价值虚拟变量为因变量，建立 *Probit* 回归模型，并利用其估计结果计算出逆米尔斯比率（Inverse Mill's Ration，IMR）。第二步，将 *IMR* 引入响应方程（Response Equation）即盈余波动回归方程模型进行 *OLS* 估计（Panel Least Squares），从而对选择性偏误进行修正。

中国企业会计准则 22 号《金融工具确认和计量》虽然没有明确提出公允价值选择权的概念，但该准则的第 7 条、第 10 条等对公允价值计量的使用做出了与国际会计准则或美国财务会计准则几乎相同的规定，故我国有关公允价值计量准则与国际会计准则或美国财务会计准则并无实质性区别。我们借鉴 Couch et al.（2014），Fiechter（2011）和 Louis et al.（2008）的相关研究模型，建立公允价值选择方程如下：

$$Probit(FVO = 1)_{it} = \gamma_0 + \gamma_1 LNTS_{it} + \gamma_2 OI/TA_{it} + \gamma_3 debt_{it} + \gamma_4 GLS_{it}$$
$$+ \gamma_5 PE_{it} + \gamma_6 OCO_{it} + HMI_{it} + \xi_{it} \tag{3}$$

在这里，$LNTS$ 表示公司总股数的自然对数，代表规模；OI/TA 表示营业收入与总资产之比，代表经营情况；$debt$ 为资产负债率，表示负债情况；GLS 为虚拟变量，如果公司净利润为负取值为 1，否则取值为 0，表示盈利情况；PE 为市盈率，表示公司价值；OCO 为其他综合收益，表示非持续性收益；HMI 为持有至到期投资。

利用第一阶段概率模型（3）的估计结果计算出 IMR，并将 IMR 引入响应方程模型（1），对响应方程模型进行最小二乘法估计。即：

$$STDV_{it} = \delta_0 + \delta_1 FVO_{it} + \delta_2 DA_{it} + \delta_3 AUDITOR_{it} + \delta_q ControlVariable_{it} + IMR + \lambda_{it} \tag{4}$$

四　实证分析与结果

1. 数据来源与样本选择

数据主要来源于 CSMAR 和 WIND，数据期间为 2010 ~ 2013 年。样本选择的对象范围为剔除了金融业之后的上市公司，共计获得 2423 家样本公司相关面板数据。此外，为建立选择方程模型，我们在剔除金融业后的全部公司中选择了在该年度披露了公允价值损益项目计 769 家样本公司，其中有 95 家样本公司相关数据为手工搜集得到，且所有公允价值选择样本公司均包含在全部样本之中。同时，对于数据库中缺失的数据，我们用手工搜集的数据来替代。我们对所有原始数据作了 1% 和 99% 分位数缩尾处理，使小于 1% 分位数和大于 99% 分位数的连续变量分别等于 1% 和 99% 分位数以便在一定程度上消除极端值的影响。

2. 第一阶段选择方程回归结果分析

对模型（3）即第一阶段概率方程进行回归，其结果如表 2 所示。该方程因变量为虚拟变量 FVO 的概率，而第二阶段回归中的修正系数 IMR 则是基于该概率回归模型计算得来。

表 2　第一阶段概率回归

变　量	预计符号	系　数	z 值
C		0.5425	0.89
LNTS	—	- 0.0076	- 0.26
OI/TA	—	- 0.0573	- 1.22
DEBT	+	0.0150	1.59 *
GLS	+	0.1061	0.92
PE	—	- 0.0052	- 2.66 ***
OCO		1.6782	3.89 ***
HMI		- 4.0863	- 0.96
N		763	
McFadden R – squared		0.35	
LR statistic		27.78 ***	

第一阶段回归结果显示，*McFadden R* 方为 0.35，LR 统计量为 27.78，在 1% 水平上显著，说明回归方程在整体上是显著的。从上述回归结果看，资产负债率在 10% 水平上与因变量 *FVO* 的概率显著正相关，市盈率在 1% 水平上与 *FVO* 显著负相关，其他综合收益变量在 1% 水平上与 *FVO* 正相关。回归结果表明，资产负债率越高，采用公允价值计量的倾向就越明显；同时，市盈率越低，采用公允价值计量的倾向就越明显，这与国外相关研究结果相同（Chang et al.，2011；Couch et al.，2014）。其他综合收益在 1% 水平上与公允价值计量选择显著正相关。其他综合收益是由主营业务以外的其他经济活动产生的未在损益中确认的各项利得和损失扣除所得税影响后的净额。2014 年新准则增加"其他综合收益"科目，一方面是为了与国际接轨，一方面也是提醒投资者注意关注企业给投资者带来回报的持续性和企业可持续盈利能力。但多数普通投资者主要关注市盈率和资产负债率等主要财务指标，喜欢根据市盈率和资产负债率等财务指标来做出投资决策。回归结果在一定程度上说明了上市公司在公允价值计量选择方面迎合了投资者对于市盈率和资产负债率的偏好。而理性的投资者还应关注持续经营活动中产生的收益，因为它代表了公司可持续盈利的能力。从本质上说，其他综合收益与公允价值损益都具有非主营业务收益特征。综合回归结果来看，上市公司有可能为迎合投资者偏好而存在利用公允价值

进行盈余管理行为，但需要进一步的研究，需要通过 Heckman 第二阶段回归结果进行相关实证检验。此外，回归结果显示了公司规模（$LNTS$ 或 OI/TA）与公允价值计量选择没有显著关系，这与国外相关实证研究结果不同。

3. 第二阶段响应方程回归结果分析

对于面板数据第二阶段回归，国内外相关研究一般采用混合最小二乘法。但是，如果模型是正确设定的，且解释变量与误差项不相关，模型参数的混合最小二乘法估计量具有一致性；然而，如果模型存在固定效应，那么对于模型应用混合 OLS 估计方法，估计量不再具有一致性。为此，我们首先用 F 检验判断应该选择混合模型还是个体固定效应模型，由 F 显著性检验结果可知，P 值小于 5%，因此拒绝固定效应系数相同的原假设，混合效应与个体固定效应模型相比较，选取固定效应模型更合理；然后，我们对模型进行 $Hausman$ 检验，以比较个体随机效应模型与个体固定效应模型，应选择何种模型，$Hausman$ 检验结果拒绝个体效应与回归变量无关的原假设，应选择个体固定效应模型。最终，我们选择建立个体固定效应模型进行第二阶段响应方程估计。

表 3 列示了第二阶段响应方程个体固定效应 OLS 回归结果。根据需要引入了相关交叉项而形成模型 1 和模型 2。盈余波动 $STDV$ 为因变量，公允价值选择变量和审计师行为变量为主要解释变量。在两个响应方程模型中，IMR 比率在 5% 或 10% 水平上与因变量 $STDV$ 显著正相关，证实了样本自选择问题的存在。两个响应方程模型中，FVO 皆在 10% 水平上与盈余波动显著负相关，该结果表明了上市公司应用公允价值计量在一定程度上减少或缓解了盈余波动或会计不匹配问题，验证了我们提出的假设 1。

虽然上市公司利用公允价值计量选择总体上降低了盈余波动或会计不匹配问题，但是由于上市公司可能存在盈余管理行为，该盈余管理行为可能影响公允价值选择对盈余波动的作用。我们从回归模型中看到，盈余管理与盈余波动在 10% 的显著性水平上负相关，说明公司可能利用盈余管理来平滑利润，以熨平波动。同时，公允价值选择与盈余管理在 1% 水平上对盈余波动存在交互影响，从而验证了我们提出的假设 2。

关于审计师行为对盈余波动的影响，我们从模型 1 和模型 2 中看到，审计意见类型对盈余波动分别在 10% 和 5% 水平上对盈余波动有显著负向影响，说明审计师出具的审计报告显著地降低了盈余波动，实证结果验证了我们提出的假设 4。从审计师角度看，盈余非正常波动正是风险导向审计模式下审计师需要重点关注和审计的风险领域，因此，审计师的最终产品审计报告对盈余波动有显著负向影响是我们预期的结果。但是行业专长 1 对盈余波动没有显著影响，而行业专长 2 却对盈余波动有显著正向影响。行业专长 1 没有显著影响，说明国际"四大"合作所并不能识别和抑制盈余波动，在一定程度上说明了国际"四大"合作所的审计质量并不比国内其他会计师事务所审计质量高。而行业专长 2 不仅不能抑制或降低盈余波动，反而对盈余波动有显著正向影响，这可能与我们使用的行业专长指标有关。故假设 3 未能得到验证。如前所述，由于行业专长 2 指标是客户年度行业总资产平方根之和除以该行业该年度所有客户总资产的平方根之和，该指标其实是产业经济学中衡量垄断或竞争程度的统计指标，故该指标实质上反映了审计市场的竞争程度或市场集中度。根据行业专长 2 的均值与中值看，其指标数值非常低，在一定程度上反映了市场集中度低和审计市场竞争激烈，且我国审计市场是分散竞争型市场，即审计市场集中度低，市场竞争异常激烈。行业专长 2 在 1% 水平上显著地增大了盈余波动，说明了我国审计市场激烈竞争程度显著加剧了上市公司盈余波动。

此外，监管变量 PEL 显著地抑制了盈余波动，表明处罚取得了应有的效果。因为处罚能够促进企业改进内部控制和公司治理，不仅能够提高会计信息质量和抑制盈余波动，一般而言，健全的内部控制和公司治理也能够预防舞弊和腐败。

表 3　第二阶段盈余波动方程模型回归结果

变　量	模型 1		模型 2	
	系　数	t 值	系　数	t 值
C	0.769	2.55**	0.901	1.70*
FVO	-0.142	-1.89*	-0.020	-1.95*
DA	-0.712	-1.67*	-0.554	-1.65*

续表

变　量	模型 1		模型 2	
	系　数	t 值	系　数	t 值
FVO × DA			− 2.453	− 4.80 ***
OPN	− 0.462	− 1.65 *	− 0.466	− 1.84 **
SPEC1	0.082	1.51	0.080	1.23
SPEC2	14.235	1.96 *	14.091	1.93 *
LNAFE	− 0.051	− 2.24 **	− 0.046	− 2.04 *
PEL	− 0.055	− 1.70 *	− 0.086	− 2.58 **
BV	2.554	4.89 ***	2.545	4.86 ***
BETA	− 0.301	− 1.45	− 0.290	− 1.37
CFL	− 0.0412	− 0.79	− 0.044	− 0.84
LEV	− 0.001	− 3.13 ***	− 0.001	− 3.19 ***
IMPL	0.007	0.30	0.006	0.26
INV	0.022	0.10	0.013	0.06
MAFE	0.206	2.57 **	0.088	2.61 **
REC	0.075	1.41	0.190	0.29
ROA	− 0.433	− 0.66	− 0.801	− 1.01
SIZE	− 0.145	− 1.72 *	− 0.149	− 1.72 *
IND	控制		控制	
IMR	0.202	2.73 **	0.185	1.90 *
N	2423		2423	
Adj. − R²	0.56		0.56	
F 值	44.53 ***		42.69 ***	

五　结论与政策建议

本研究的目的主要有三个：公允价值计量是否能够减少盈余波动或缓解会计不匹配问题？公允价值计量选择是否受到了公司盈余管理行为的影响？审计师行为又是如何影响盈余波动的？我们发现，公允价值计量的确抑制了盈余波动，从而缓解了会计不匹配问题。由于企业存在盈余管理行为，因此，公允价值对盈余波动的作用可能会受到盈余管理的影响，在此情形下，公允价值仍然显著地抑制了盈余波动。引入公允价值计量的目的之一是减少产生会计不匹配问题的机会，以增加会计信息的透明度，减少盈余波动（IASB，2003；FASB，2007）。实证结果表明，公允价值计量的确在一定程度上缓解了盈余波动。相对国内研究来说，这是一个新的发现，该实证结果对于监管层和会计准则制定机构有着明显的现实意义。

审计行业专长 1 对盈余波动没有显著影响，说明国际"四大"合作所在识别和抑制盈余波动方面，与国内其他会计师事务所没有本质区别，该实证结果表明在我国审计市场上，会计师事务所业务同质化倾向较为严重，在行业专长方面没有显著差异。这一点从行业专长 2（实质上就是反映审计市场行业竞争状况的赫芬达尔指数）对盈余波动有显著正向影响可以得到进一步证明。行业专长 2 在 10% 水平上显著加剧了盈余波动，体现了我国审计市场竞争异常激烈，缺乏差异化审计服务产品，以及缺乏明显的品牌效应。但是，从实证结果看，审计师通过严格的审计显著地抑制了盈余波动，从这个角度上说，在我国资本市场上，审计发挥了应有的作用。

基于本实证研究，我们提出以下两点政策建议。

第一，进一步规范公司公允价值计量政策，可逐步增加公允价值计量范围，充分发挥公允价值计量增强信息透明度和减少会计不匹配问题的作用。

第二，进一步提高审计质量，鼓励审计质量高的事务所做强做大，通过建立品牌和声誉机制来形成竞争优势和扩大规模，取得规模经济和范围经济，优化审计市场资源配置，逐步提高市场集中度。

参考文献

［1］黄静如：《公允价值会计的国际比较及其发展展望》，《现代管理科学》2012 年第 5 期。

［2］刘志远、白默：《公允价值计量模式下的会计政策选择——基于上市公司交叉持股的实证研究》，《经济管理》2010 年第 1 期。

［3］梅波:《宏观经济、异质治理环境与公允价值顺周期计量实证》,《经济与管理》 2014 年第 2 期。

［4］Abdel – Khalik, A. An Empirical Investigation of CEOs Risk Aversion and the Propensity to Smooth Earnings Volatility. *Journal of Accounting, Auditing and Finance*, 2007, 22 (2): 201 – 235.

［5］Allen, F., E. Carletti. An Overview of the Crisis: Causes, Consequences, and Solutions, *International Review of Finance*, 2010, 10 (1): 1 – 26.

［6］Ball, R., Jayaraman, and L. Shivakumar. Market – to – Market Accounting and Information Asymmetry in Banks. 2012, http://ssrn. com/abstract = 1947832.

［7］Ball, R., S., K. N. Robin. The Effect of International Institutional Factors on Properties of Accounting Earnings. *Journal of Accounting and Economics*, 2000, 29 (1): 1 – 51.

［8］Balsam, S., J. Krishnan, and J. S. Yang. Auditor Industry Specialization and Earnings Quality. *Auditing: A Journal of Practice & Theory*, 2003, 22 (2): 71 – 97.

［9］Barth, M. E. Including Estimates of the Future in Today's Financial Statements. *Accounting Horizons*, 2006, 20 (3): 271 – 285.

［10］Barth, M. E., W. R. Landsman. How did Financial Reporting Contribute to the Financial Crisis? *European Accounting Review*, 2010, 19 (3): 399 – 423.

［11］Barth, M. E., W. R. Landsman, and J. Wahlen. Fair Value Accounting: Effects on Banks' Earnings Volatility, Regulatory Capital, and Value of Contractual Cash Flows. *Journal of Banking and Finance*, 1995, 19 (3/4): 577 – 605.

［12］Bratten, B., L. M. Gaynor, L. McDaniel, N. R. Montague, G. E. Sierra. The Audit of Fair Values and Other Estimates: The Effects of Underlying Environmental, Task, and Auditor – Specific Factors. *Auditing: A Journal of Practice & Theory*, 2013, 32 (1): 7 – 44.

［13］Chang, Y., C. Liu, and Ryan. Why Banks Elected SFAS No. 159's Fair Value Option: Opportunism Versus Compliance with the Standard's. 2011, http://ssrn. com/abstract = 1526648.

［14］Couch, R., Thibodeau, N., Wei Wu.. Are Fair Value Options Created Equal? A Study of SFAS 159 and Earnings Volatility, 2014, http://ssrn. com/abstract = 2389742.

［15］Dechow, P. M., L. A. Myers, C. Shakespeare. Fair Value Accounting and Gains from Asset Securitizations: A Convenient Earnings Management Tool with Compensation Side – benefits. *Journal of Accounting and Economics*, 2010, 49 (1 – 2): 2 – 25.

[16] Dechow, P. M., C. Shakespeare. Do Managers Time Securitization Transactions to Obtain Accounting Benefits? *The Accounting Review*, 2009, 84 (1): 99 – 132.

[17] Dunn, K. A., and B. W. Mayhew. Audit Firm Industry Specialization and Client Disclosure Quality. *Review of Accounting Studies*, 2004, 9 (1): 35 – 58.

[18] Fiechter, P. The Effects of the Fair Value Option under IAS 39 on the Volatility of Bank Earnings. *Journal of International Accounting Research*, 2011, 10 (1): 85 – 108.

[19] Francis, J., Reichelt, and D. Wang. The Pricing of National and City – specific Reputations for Industry Expertise in the U. S. Audit Market. *The Accounting Review*, 2005, 80: 113 – 136.

[20] Gebhardt, Günther. Financial Instruments in Non – financial Firms: What do We Know? *Accounting and Business Research*, 2012, 42 (3): 267 – 289.

[21] He, Xianjie, T. J. Wong, D. Young. Challenges for Implementation of Fair Value Accounting in Emerging Markets: Evidence from China. *Contemporary Accounting Research*, 2009, 29 (2): 538 – 562.

[22] Heckman, J. J. Sample Selection Bias as a Specification Error. *Economitrica*, 1979, 47 (1): 153 – 161.

[23] Henry, E. Early Adoption of SFAS No. 159: Lessons from Games (almost) Played. *Accounting Horizons*, 2009, (23): 181 – 199.

[24] Hitz, J. M. The Decision Usefulness of Fair Value Accounting: A Theoretical Perspective. *European Accounting Review*, 2007, 16 (2): 323 – 362.

[25] Hodder, L., W. J. Mayew, M. L. McAnally, C. D. Weaver. Employee Stock Option Fair – Value Estimates: Do Managerial Discretion and Incentives Explain Accuracy? *Contemporary Accounting Research*, 2006, 23 (4): 933 – 975.

[26] Krishnan, G. V. Does Big 6 Auditor Industry Expertise Constrain Earnings Management? *Accounting Horizons*, 2003, 17 (Supplement 1): 1 – 16.

[27] Landsman, Wayner. Is Fair Value Accounting Information Relevant and Reliable? Evidence From Capital Market Research. *Accounting and Business Research*, 2007, 37 (sup. 1): 19 – 30.

[28] Leuz, C., and R. Verrecchia. The Economic Consequences of Increased Disclosure. *Journal of Accounting Research*, 2000, 38: 91 – 124.

[29] Linsmeies, T. J. Financial Reporting and Financial Crises: The Case for Measuring Financial Instruments at Fair Value in the Financial Statements. *Accounting Horizons*, 2011,

25 (2): 409 – 418.

[30] Louis, H., D. Robinson, and A. Sbaraglia. An Integrated Analysis of the Association between Accrual Disclosure and the Abnormal Accrual Anomaly. *Review of Accounting Studies*, 2008 (13): 23 – 54.

[31] Maddala, G. S. *Limited – Dependent and Qualitative Variables in Econometrics*. New York, NY: Cambridge University Press, 1983.

[32] Maksymov, E., M. Nelson, W. R. Kinney. Effects of Procedure Frame, Procedure Verifiability, and Audit Efficiency Pressure on Planning Audits of Fair Values, 2014, http://ssrn.com/abstract = 2066160.

[33] Mcinnis, J. Earnings Smoothness, Average Returns, and Implied Cost of Equity Capital. *The Accounting Review*, 2010, 85 (1): 315 – 341.

[34] O'Keefe, T. B., R. D. King, and K. M. Gaver. Audit Fees, Industry Specialization, and Compliance with Gaas reporting Standards. *Auditing: A Journal of Practice and Theory*, 1994, 13 (2): 41 – 55.

[35] Owhoso, V. E., W. F. Messier, and J. G. Lynch. Error Detection by Industry – specialized Teams during Sequential Audit Review. *Journal of Accounting Research*, 2002, 40 (3): 883 – 900.

[36] Rogers, J. L. Disclosure Quality and Management Trading Incentives. *Journal of Accounting Research*, 2008, 46 (5): 1265 – 1295.

[37] Ryan, S. Accounting in and for the Subprime Crisis. *The Accounting Review*, 2008, 83 (6): 1605 – 1638.

[38] Solomon, I., M. D. Shields, and O. R. Whittington. What do Industry – specialist Auditors Know? *Journal of Accounting Research*, 1999, 37 (1): 191 – 208.

[39] Song, C. J. An Evaluation of FAS 159 Fair Value Option: Evidence from the Banking Industry. 2008, http://ssrn.com/abstract = 1279502.

政府干预、股权治理与过度投资

杨继伟　张梦云

（云南财经大学会计学院）

【摘　要】在新兴资本市场以及弱投资者保护的背景下，我国上市公司的资本支出外部既受政府干预的影响，又与其内部的股权治理机制有关。本文以沪深两市 2012 ~ 2014 年 A 股上市公司为样本，基于政府干预的视角对股权治理与过度投资的关系展开研究。结果表明，政府干预程度与过度投资显著正相关，第一大股东持股比例、股权制衡度均与过度投资显著负相关，终极控制人的国有性质能抑制上市公司的过度投资。进一步研究后发现，政府干预强化了第一大股东持股比例与过度投资的负相关关系，削弱了股权制衡度与过度投资的负相关关系，强化了国有性质对投资的抑制作用。本文结论对提高上市公司投资效率，建立更加合理的政企关系等具有一定的借鉴意义。

【关键词】政府干预　股权治理　过度投资　上市公司

一　引言

公司的投资行为一直是财务界关注的焦点问题，在我国，企业的投资增长率持续上涨，伴随着多年高投资率的，是大量过度投资行为的出现。许多学者围绕投资效率这一问题，从不同角度进行了研究，发现决定企业投资行为的因素，不仅包括了政府干预等外部治理机制因素，也包括企业自身治理缺陷等内部因素，资本投资的效率内生于相应的制度环境之中。

政府作为国家的代理机构，其控制上市公司的途径有很多种，很多情况下，政府都是直接持有上市公司的股份，对公司直接控股，进行直接干预。理论上，政府干预的结果是双方面的：一方面，政府能够为企业提供更多的资源,帮助其在市场竞争环境下做出正确的选择,避免盲目投资;另一方面,政府的干预造成了企业管理层约束机制失效和企业目标的多元化,导致企业投资效率的低下。在我国,政府对企业更多的是表现出第二方面的作用,已有研究发现政府干预能加剧企业的过度投资(刘兴云和王金飞,2013;赵静和郝颖,2014)。

对于股权结构治理,国内多从企业绩效的视角展开研究,对于股权结构和投资行为的关系,国内学者们进行的研究还较少,且一些实证研究的结果是不一致的,如饶育蕾、汪玉英(2006)、胡国柳等(2006)以及陈晓明、周伟贤(2008)发现第一大股东持股比例与投资之间是显著负相关的,文芳(2008)则发现第一大股东持股比例与公司的 R&D 支出强度关系为 N 形,杨清香等(2010)则认为控股股东持股比例与非效率投资之间呈倒 U 形关系。股权因素中除了控股股东持股比例对公司投资决策有影响外,其他股东与控股股东的互相监督制衡以及终极控制人性质对公司投资决策的影响也不容忽视,各种因素之间是相互制约,共同对投资效率产生影响的。文芳(2008)研究表明股权制衡度与公司研发投资强度显著正相关,杨清香等(2010)、胡国柳等(2006)研究发现非国有性质企业的投资支出水平更严重,而张栋等(2008)表明国有控股上市公司比非国有控股上市公司过度投资行为更严重。

已有的文献基本上是从单一方面研究政府干预和股权治理分别对过度投资的影响,只有极少学者对三者之间的联系做了探讨,并且研究只是局限于某几个因素的联系,并不全面。逯东等(2012)的实证研究表明:只有政府干预动机较弱时股权制衡度才能发挥正面的治理效应。刘兴云(2013)的实证研究表明政府干预会强化第一大股东持股比例与过度投资存在正相关关系。

针对上述问题,本文以上市公司为样本,从政府干预的角度出发,实证分析了股权治理和过度投资的关系,拟从政府干预的视角为我国政府以及上市公司和投资者的行为提供理论依据。

二 理论分析与研究假设

一直以来,政府干预企业的经营活动存在着"帮助之手"和"掠夺之手"两种假说。当政府干预的目标与企业经营目标一致时，政府就表现出"帮助之手"的作用，帮助其做出正确的选择，避免盲目和逐利性经营；当政府干预的目标与企业经营目标不一致时，政府就表现出"掠夺之手"的作用，迫使企业进行非效率投资以符合其利益需求。尽管政府对经济的干预能起到一定的支持作用，但是很多研究表明，在我国，政府与企业的目标往往不一致，政府主要扮演"掠夺之手"的角色。一方面，政府不仅要完成政绩目标和经济目标，还肩负着社会和公共治理的目标，为了实现多元化的目标它会罔顾企业的投资效率（刘兴云和王金飞，2013；毛剑锋、杨梅和王佳伟，2015）；另一方面，政府官员晋升的考核条件是 GDP 和财政收入，政府官员为了完成指标并在晋升竞争中胜出，往往会牺牲企业的利益，强迫企业增加投资以促进当地经济收入的提高（程仲鸣等，2008）。

基于以上分析，本文提出如下假设：

H1：政府干预程度与过度投资正相关。

由于我国属于新兴资本市场，大股东更倾向于利用其股权优势侵占上市公司或其他外部股东的利益。当第一大股东持股比例较低时，他面临着来自于其他大股东的监督和约束，这时，他会运用隐蔽的方式进行侵占，其中就包括进行资本支出；当第一大股东持股比例较高时，他就会掌握公司的控制权，不再通过投资渠道来转移公司资源，而是倾向于运用直接的方式进行侵占，如转移上市公司资源、关联交易等（胡国柳等，2006）。另外，在股权集中的公司，大股东有能力去监督经营活动，降低代理成本，这会抑制公司的投资行为。当第一大股东持股比例较低时，大股东与管理层能够私通也会导致投资扩张。

基于以上分析，本文提出如下假设：

H2：第一大股东持股比例与过度投资负相关。

第一大股东对公司经营决策的干预往往更多的是从自己的利益考虑而不是顾及所有股东的利益，有效的股权治理机制需要有其他大股东同时存在并对第一大股东的行为进行约束。其他大股东的制衡既能对第一大股东的经营活动起到激励监督作用，又能抑制大股东对其利益隐蔽或者直接的侵害，提升公司的绩效（文芳，2008；黄晓兵和程静，2012）。本文预期，股权制衡度会抑制上市公司的过度投资。

基于以上分析，本文提出如下假设：

H3：股权制衡度与过度投资负相关。

终极控制人的不同产权性质在影响过度投资方面存在着差异，国有控股上市公司的控股股东直接或间接地为政府，他们存在着天然的攫取动机，但是受到政府和公众的监管相对较强，所以当国有股比重相对较小时，其掠夺行为比较隐蔽，可以操纵公司的资本性支出，迫使公司进行非效率投资，当国有股比重增加，则会采取更为直接的掠夺手段来转移上市公司资源，比如采取关联交易方式，此时，上市公司的资本性支出反而减少。

基于以上分析，本文提出如下假设：

H4：终极控制人的国有性质能抑制上市公司的过度投资。

从前文的分析我们知道，政府为了自己的利益会通过不同的方式干预我国上市公司的经营活动。政府很多时候以控制人的角色参与到企业的日常管理和经营中去，相较于其他股东来说，政府有更强的能力来获取自己的利益，其干预能强化大股东对过度投资的抑制作用。又因为政府是国有机构，所以政府能强化国有企业对投资的抑制作用。对于其他股东来说，政府的存在可以实现对大股东的监督和制约。但是当政府干预程度较强时，由于政府权威性的存在，必然会降低其他非政府股东的发言权和投票权，股权制衡的作用不能有效地发挥，只有当政府的干预程度较弱时，其他非政府股东的制衡作用才能有效地发挥作用（逯东等，2012）。

基于以上分析，本文提出以下假设：

H5：政府干预会强化第一大股东持股比例与过度投资之间的负相关关系。

H6：政府干预会削弱股权制衡度与过度投资之间的负相关关系。

H7：政府干预会强化国有性质对过度投资的抑制作用。

三 研究设计

（一）样本的选取

本文选取 2012～2014 年沪深两市 A 股上市公司的数据，并按照下列标准进行筛选：（1）剔除金融、保险类上市公司；（2）剔除 ST、PT 上市公司；（3）剔除同时发行 B 股、H 股的公司；（4）剔除上市不满一年的公司；（5）剔除数据不完整、异常和极端的公司。

经过筛选整理后，最终得到 5009 个观测值。数据的处理使用的是 EX-CEL，回归分析采用的是统计分析软件 SPSS19.0。

（二）模型的构建

首先，本文借鉴 Richardson 残差度量模型来衡量企业的过度投资程度，构建模型如下：

$$INV_t = \alpha_0 + \alpha_1 GROWTH_{t-1} + \alpha_2 LEV_{t-1} + \alpha_3 CASH_{t-1} + \alpha_4 AGE_{t-1} + \alpha_5 SIZE_{t-1}$$
$$+ \alpha_6 RET_{t-1} + \alpha_7 INV_{t-1} + \Sigma IND + \Sigma YEAR + \varepsilon \tag{1}$$

模型（1）中各变量的定义详见表1。

表1　模型（1）相关变量解释

类　型	变量名称	符　号	变量解释
被解释变量	新增投资	INV_t	（年末购建固定资产、无形资产和其他长期资产所支付的现金 – 年末处置固定资产、无形资产和其他长期资产而收回的现金净额）/年末资产总额
解释变量	成长性	$GROWTH_{t-1}$	年初托宾 Q 值
	资产负债率	LEV_{t-1}	年初总负债/年初总资产
	货币资金持有量	$CASH_{t-1}$	年初货币资金/年初资产总额
	公司年龄	AGE_{t-1}	报告年度 – 公司上市年度
	公司规模	$SIZE_{t-1}$	年初总资产的自然对数
	股票回报率	RET_{t-1}	t – 1 年股票年度回报率
	上年度投资水平	INV_{t-1}	（年初购建固定资产、无形资产和其他长期资产所支付的现金 – 年初处置固定资产、无形资产和其他长期资产而收回的现金净额）/年初资产总额
控制变量	行业变量	IND	行业虚拟变量按照证监会的行业分类标准，共 21 类行业的虚拟变量，公司数据为本行业时取 1，否则为 0
	年度变量	$YEAR$	年度虚拟变量，公司数据为本年度时取值1，否则为 0

然后，对模型（1）进行回归来估算企业非效率投资的水平，得出残差 ε，残差值为正表示过度投资。模型（1）中过度投资的样本有 1873 个，在此过度投资的基础上建立如下模型来验证研究假设：

$$OVERINV = \beta_0 + \beta_1 GOVIN + \beta_2 C_1 + \beta_3 TOP_{2-10} + \beta_4 ZHD + \beta_5 CONS + \beta_6 OCCUPY$$
$$+ \beta_7 GROWTH_{t-1} + \beta_8 LEV_{t-1} + \Sigma IND + \Sigma YEAR + \varepsilon \qquad (2)$$

模型（2）中各变量的定义详见表 2。

表 2　模型（2）相关变量解释

类　型	变量名称	符　号	变量解释
被解释变量	过度投资	$OVERINV$	等于模型（1）中大于 0 的回归残差
解释变量	政府干预程度	$GOVIN$	樊纲等人（2011）编制的我国各地区"减少政府对企业的干预"得分，分值越大，说明企业受到的干预程度越小
	第一大股东持股比例	C_1	第一大股东持股数/总股数
	股权制衡因素	TOP_{2-10}	第二至第十大股东持股数之和/总股数
	股权制衡度	ZHD	第二至第十大股东持股数之和/第一大股东持股数
	最终控制人性质	$CONS$	若国有取值为 1，否则为 0
控制变量	大股东占款	$OCCUPY$	其他应收款净额/总资产
	成长性	$GROWTH_{t-1}$	年初的托宾 Q 值
	资产负债率	LEV_{t-1}	年初总负债/年初总资产
	行业变量	IND	行业虚拟变量按照证监会的行业分类标准，共 21 类行业的虚拟变量，公司数据为本行业时取 1，否则为 0
	年度变量	$YEAR$	年度虚拟变量，公司数据为本年度时取值为 1，否则为 0

四　实证研究结果及分析

（一）描述性统计

表 3 提供了样本公司各研究变量的描述性统计结果。从中可以看出，

过度投资的均值为 0.04606，说明我国上市公司存在较严重的过度投资行为；政府干预的均值为 6.93085，极大值和极小值差异迥然，说明政府干预程度在各地区存在较大差异；第一大股东持股比例的均值为 35.467%，说明多数公司仍然存在着一股独大的现象；第二到第十大股东持股比例均值为 21.303%，且第二到第十大股东持股数量占第一大股东持股数量的比例均值达到 81.017%，说明总体上第二到第十大股东的制衡能力有所提升，应该能较好地制约第一大股东一股独大的现象；终极控制人性质的均值为 0.37000，说明我国有 37% 的上市企业最终控制人为国有背景。

表 3　模型 (2) 变量描述性统计

变　量	样本量	均　值	中　值	标准差	极小值	极大值
$OVERINV$	1873	0.04606	0.02720	0.06000	0.00001	0.79510
$GOVIN$	1873	6.93085	7.20000	2.53559	0.00000	10.00000
C_1	1873	0.35467	0.33633	0.14768	0.05050	0.84110
TOP_{2-10}	1873	0.21303	0.19967	0.12650	0.00707	0.62888
ZHD	1873	0.81017	0.61072	0.75672	0.00890	6.68570
$CONS$	1873	0.37000	0.00000	0.48200	0.00000	1.00000
$OCCUPY$	1873	0.01438	0.00728	0.02252	0.00000	0.29070
$GROWTH_{t-1}$	1873	1.67704	1.38131	1.27538	0.08260	13.16140
LET_{t-1}	1873	0.41637	0.41635	0.21108	0.01030	0.99250

（二）政府干预、股权治理与过度投资的回归分析

为了验证政府干预、股权治理和过度投资之间的关系，本文按照政府干预变量的中位数将总样本分为两组——政府干预程度高样本和政府干预程度低样本。表 4 列示了模型 (2) 的回归结果。从表中我们可以看出：

1. 在全样本中政府干预的系数为负，且通过了 5% 的显著性水平检验，由于政府干预指数是政府干预程度的反向指标，因此结果表明政府干预程度越高，上市企业的过度投资越严重，假设 1 通过了检验。

2. 在全样本中第一大股东持股比例、股权制衡度、终极控制人性质回归系数均为负，且都通过了显著水平的检验，说明总体上第一大股东持股比例、股权制衡度都与过度投资呈显著负相关关系，且终极控制人的国有

性质能抑制过度投资水平，验证了假设 2、3 和 4。在按政府干预程度高低分组后，两组中第一大股东持股比例和股权制衡度仍然与过度投资呈负相关关系，在干预程度高的组中第一大股东持股比例通过了显著性检验，但股权制衡度没有通过显著性检验。在干预程度低的组第一大股东持股比例没有通过显著性检验，但股权制衡度通过了显著性检验。这说明在政府干预程度高时，主要是第一大股东抑制过度投资，此时股权制衡度对过度投资没有显著影响，在政府干预程度低时，股权制衡度才起作用抑制公司的过度投资行为，此时第一大股东对过度投资没有显著影响，验证了假设 5 和 6。分组后，终极控制人的显著性水平在干预程度高的组和干预程度低的组分别为 5%、10%，说明政府干预能强化国有性质企业对过度投资有抑制作用，验证了假设 7。

（三）稳健性检验

为了检验以上结论的稳健性，我们把第二到第五大股东的持股比例以及第二到第五大股东持股数量与第一大股东持股数量的比作为股权制衡因素与股权制衡度的替代变量代入回归模型 2 中进行检验（因篇幅原因未列示回归结果），发现以上各结论均没有发生改变。据此，我们认为，前文的研究结论是比较稳健的。

表 4 模型 2 多元回归结果

解释变量	全样本		政府干预程度高		政府干预程度低	
	非标准化系数	t	非标准化系数	t	非标准化系数	t
常数项	0.044 ***	3.609	0.031 **	2.234	0.107 ***	3.019
$GOVIN$	-0.001 **	-2.000				
C_1	-0.021 *	-1.655	-0.031 *	-1.795	-0.017	-0.871
TOP_{2-10}	0.041 **	2.272	0.019	0.770	0.069 **	2.501
ZHD	-0.007 **	-2.108	-0.006	-1.174	-0.010	-1.875
$CONS$	-0.010 ***	-3.030	-0.009 **	-2.155	-0.010 *	-1.954
$OCCUPY$	-0.171 ***	-2.661	-0.134	-1.532	-0.218 **	-2.188
$GROWTH_{t-1}$	0.010 ***	8.249	0.014 ***	8.260	0.006 ***	3.173
LET_{t-1}	0.022 ***	2.786	0.028 ***	2.696	0.019	1.570

续表

	全样本	政府干预程度高	政府干预程度低
IND	控制变量	控制变量	控制变量
YEAR	控制变量	控制变量	控制变量
$Adjusted - R^2$	0.067	0.092	0.049
F 统计量	$F = 5.482$ 总体显著性：0.000	$F = 4.476$ 总体显著性：0.000	$F = 2.559$ 总体显著性：0.000
D. W. 值	1.991	1.949	1.822
样本量	1873	996	877

注：*、**、***分别表示显著性水平为10%、5%、1%。

五 研究结论及局限性

本文研究表明：

1. 政府干预程度与上市公司过度投资正相关，这与刘兴云等（2013）研究结论一致。说明政府对企业更多发挥的是掠夺之手的作用，为了自己的利益往往不顾企业的利益而迫使其进行非效率投资。

2. 第一大股东持股比例与上市公司过度投资负相关，这与文芳（2008），杨清香等（2010）的研究结论不一致，这可能是因为在我国弱投资者保护环境下，大股东通过其他途径转移消耗企业资源（如进行借款担保）而获得的私人利益比从企业资本支出中获得的利益更大，从而抑制了企业的资本支出水平。

3. 股权制衡度与上市公司过度投资负相关，说明股权制衡度能抑制第一大股东隐蔽性的侵占，股权制衡度越强，第一大股东就越不容易通过资本支出这种隐蔽式的侵占方式来获取利益。

4. 终极控制人的国有性质能抑制上市公司的过度投资，国有性质的企业虽然减少了资本支出，但是却通过其他的更为直接的方式加剧了利益的获取，国有企业相较于非国有企业通过非资本支出方式谋取利益的能力更强。

5. 政府干预会强化第一大股东持股比例与过度投资之间的负相关关系

以及终极控制人的国有性质对过度投资的抑制作用，这是因为政府在企业中多是扮演大股东或者控制人的角色，它们会加剧大股东或者终极控制人对过度投资的影响。

6. 政府干预会削弱股权制衡度与过度投资之间的负相关关系，这是因为政府的权威性限制了其他股东的权利，当政府干预程度较大时，其他股东对第一大股东的制衡能力不能有效地发挥。

本文的局限性主要有：股权治理因素考虑的不全面，如两权分离度，高管持股比例等因素没有考虑；没有将第一大股东按照持股比例高低进行分组，并在此基础上研究第一大股东持股比例与过度投资的关系；没有对政府干预和股权结构二者之间的关系进行进一步的分析。由于上述局限，该研究结果有待进一步深化。

参考文献

［1］胡国柳、裘益政、黄景贵：《股权结构与企业资本支出决策：理论与实证分析》，《管理世界》2006 年第 1 期。

［2］饶育蕾、汪玉英：《中国上市公司大股东对投资影响的实证研究》，《南开管理评论》2006 年第 5 期。

［3］文芳：《股权集中度、股权制衡与公司 R&D 投资——来自中国上市公司的经验证据》，《南方经济》2008 年第 4 期。

［4］张栋、杨淑娥、杨红：《第一大股东股权、治理机制与企业过度投资——基于中国上市公司 Panel Data 的研究》，《当代经济科学》2008 年第 4 期。

［5］陈晓明、周伟贤：《股权结构、公司治理与上市公司投资水平的实证研究》，《金融与经济》2008 年第 3 期。

［6］程仲鸣、夏银桂：《控股股东、自由现金流与企业过度投资》，《经济与管理研究》2009 年第 2 期。

［7］杨清香、俞麟、胡向丽：《不同产权性质下股权结构对投资行为的影响——来自中国上市公司的经验数据》，《中国软科学》2010 年第 7 期。

［8］逯东、李玉银、杨丹、杨记军：《政府控制权、股权制衡与公司价值——基于国有上市公司的经验证据》，《财政研究》2012 年第 1 期。

［9］黄晓兵、程静：《股权结构对投资效率的影响分析》，《商业会计》2012 年第 7 期。

［10］刘兴云、王金飞：《政府干预下治理结构与过度投资关系的实证研究——来自沪深 A 股国有上市公司的经验证据》，《山东社会科学》2013 年第 8 期。

［11］赵静、郝颖：《政府干预、产权特征与企业投资效率》，《科研管理》2014 年第 5 期。

［12］毛剑峰、杨梅、王佳伟：《政府干预、股权结构与企业绩效关系的实证》，《统计与决策》2015 年第 5 期。

第四编

公司治理与风险管理

制度环境、审计监督与投资现金流敏感性

杨继伟　曾　军

（云南财经大学会计学院　中南财经政法大学会计学院）

【摘　要】高质量的审计通过降低信息不对称缓解融资约束和代理冲突，对公司投资行为及效率产生重要影响。本文以 2001～2011 年非金融上市公司为研究样本，考察了制度环境和审计监督对投资现金流敏感性的影响，得到以下结论：随着审计质量的提高，资本投资对内部现金流敏感性显著下降；区域制度环境的改善显著降低了资本投资对现金流的敏感性；在制度环境相对较弱的区域，审计质量的改善对降低投资现金流敏感性更为显著。本文的政策建议是：加强制度建设和强化审计监督是改善公司投资效率的可行路径，在我国现有的制度背景下，加强审计监督和提高审计质量显得尤为重要。

【关键词】制度环境　审计监督　投资现金流敏感性

一　引言

在完美无摩擦的资本市场中，企业投资决策的唯一驱动因素是外部投资机会，而与企业自身的财务状况没有关系（Modigliani and Miller, 1958）。然而，现实中由于融资约束和代理问题的普遍存在，企业的投资决策很大程度上受内部现金流的影响，导致企业的资本投资往往偏离了最优水平，产生了与非效率投资相伴随的投资现金流敏感性问题。股东（经理层）与债权人之间的信息不对称，使得有限责任下的公司更愿意把外部融资投资于高风险高收益的项目，于是产生了逆向选择问题。由于逆向选择问题的存在，使得公司的外部融资往往是昂贵的（Myers and Majluf,

1984），并且在信贷市场招致了信贷配额的限制（Stiglitz and Weiss，1981），于是产生了融资约束并进而导致企业投资不足。当企业面临融资约束的时候，其资本投资不得不依赖于内部产生的现金流，因此，产生了与投资不足相伴随的投资现金流敏感性问题。另一个导致投资现金流敏感性问题的根源，是股东与经理层之间的代理问题（Stulz，1990；Jensen，2001）。由于代理问题的存在，使得经理层的投资决策往往背离了股东价值最大化的目标。对于自利的经理层来说，其投资决策的首要目标是增加自身福利而不是企业价值，因此其更愿意扩大企业规模而不是把多余的现金返还给股东，由此导致了过度投资问题（Jensen，2001）。在过度投资的情况下，企业的投资决策依然在很大程度上依赖于内部产生的现金流，因此导致了与过度投资相伴随的投资现金流敏感性问题。

尽管学术界对究竟是融资约束还是代理冲突导致投资现金流敏感性问题仍有所争论，但越来越多的研究成果证明：融资约束和代理冲突均是导致投资现金流敏感性问题的根源（Pawlina and Renneboog，2005；Kuo and Huang，2012）。对我国企业来说，既因为融资约束导致严重的投资现金流敏感性问题，也因为代理冲突使得资本投资对内部现金流高度敏感（屈文洲等，2011；徐明东和陈学彬，2012）。从理论上说，高质量的审计有助于改善契约和监督，降低公司内外部人之间的信息不对称，缓解融资约束和代理冲突引发的投资现金流敏感性问题。但是，现有的研究很少从审计视角考察投资现金流敏感性问题。以此为契机并结合我国区域制度环境差异较大的特征，本文考察了制度环境和审计监督对投资现金流敏感性的影响，提供了制度环境和审计监督影响投资效率的经验证据，是对现有研究文献的有益补充。此外，本文的研究具有较强的实践意义，为新兴市场经济国家改善投资效率提供了可资借鉴的思路。

二　文献回顾与研究假设

（一）审计监督与投资现金流敏感性

独立审计作为公司治理重要的外部监督机制，其目的在于通过第三方鉴证，向公司外部利益相关者提供准确可靠的财务信息。作为公司治理的重要基石之一，独立审计的有效开展有助于对公司经理层的监督和约束，对公司治理机制的完善起着不可替代的作用。已有的研究成果表明，高质量的独立审计有效降低了公司内外部人之间的信息不对称（Ramanan，2014），缓和了由信息不对称引发的融资约束（Chu et al.，2009）和代理冲突问题（朱小平和刘西友，2009；洪金明等，2011）。朱松等（2013）的研究发现，我国独立审计（尤其是高质量的独立审计）在债券市场发挥了治理功能，能够在一定程度上降低投资者的信息不对称程度，从而提高企业的信用评级水平。陈运森和王玉涛（2010）研究了独立审计对企业交易成本的影响，发现高质量的审计对交易成本节约更为显著，表明高质量的审计可以有效降低股东、债权人与公司之间的代理成本。

近年来，也有一些文献以中国上市公司为样本考察了审计监督与企业非效率投资之间的关系，但研究结论是混合的。李青原（2009）的研究发现，会计信息质量分别与公司投资不足和投资过度负相关，同时会计信息质量与投资过度的负相关性在具有较高审计质量的公司中更明显。翟华云（2010）的研究发现高质量的审计能够有效减少上市公司的投资不足，提高公司投资效率；同时，在我国较好的法律环境地区，高质量审计能够有效减少上市公司投资不足和抑制上市公司的投资过度，从而提高公司投资效率。Lenard et al.（2012）考察了盈余管理和审计监督对公司投资决策的影响，他们以审计客户的重要性来测度审计质量，发现越是重要的审计客户过度投资越严重，表明审计质量与过度投资正相关。Chen et al.（2012）以多元化经营公司为研究样本，发现高质量的审计有效改善了公司的投资效率。

综上所述，现有的文献大体上支持高质量的审计有效缓和了信息不对称引发的融资约束和代理冲突，而融资约束和代理冲突是导致投资现金流敏感性问题的重要根源。因此，我们预期高质量的审计能够有效降低投资现金流敏感性，对改善企业的投资效率具有促进作用，故提出以下研究假设：

H1：高质量的审计有效降低了资本投资对内部现金流的敏感性。

（二）制度环境、审计监督与投资现金流敏感性

La Porta et al.（2000）基于法律制度视角的开创性研究证明，制度环

境是影响公司财务行为的重要因素。此后，基于制度视角研究公司投资行为的文献逐渐增多。Albuquerue 和 Wang（2008）的理论模型及实证研究表明，在投资者保护较弱的制度环境下公司更容易产生过度投资行为。陈运森和朱松（2009）考察了制度环境对企业投资行为的影响，发现制度环境作为外部治理机制会影响企业的投资效率，制度环境的改善显著降低了投资现金流敏感性。沈红波等（2010）以我国制造业上市公司为研究样本，发现我国上市公司资本投资对内部现金流高度敏感，而金融发展程度高的地区投资现金流敏感性显著低于金融发展较弱的地区，证明金融制度环境的改善显著降低了投资现金流敏感性。陈德球等（2012）考察了政府质量与投资现金流敏感性之间的关系，发现政府治理与投资现金流敏感性负相关，表明政府质量的改善显著提高了投资效率。姚曦和杨兴全（2012）考察了产品市场竞争和财务报告质量对投资现金流敏感性的影响，发现产品市场管制降低了财务报告质量对投资现金流敏感性的正面作用。陈晓芸和吴超鹏（2013）基于投资现金流敏感性视角考察了非正式制度对投资效率的影响，发现政治关系和社会资本能够有效降低融资约束和代理冲突导致的投资现金流敏感性问题。

显然，制度环境对企业投资行为及其效率有着重要影响。我国作为一个区域经济发展很不平衡的国家，各区域间在制度环境上也存在着较大的差异。在制度环境较强的区域，政府对企业投资行为干预较少且司法效率相对较高，这些制度特征的改善缓解了委托代理冲突、加大了代理人侵害委托人利益的成本，有助于降低代理冲突导致的投资现金流敏感性。此外，制度环境好的区域金融市场发育也相对比较完善，企业面临的融资约束问题会得到一定程度的缓解，能够有效降低融资约束导致的投资现金流敏感性问题。基于以上分析，本文提出如下研究假设：

H2：制度环境的改善有效降低了资本投资对内部现金流的敏感性。

制度环境和公司治理在影响投资现金流敏感性问题上是相互替代的关系，即在相对弱的制度环境下，好的公司治理更能有效地降低投资现金流敏感性（Francis，2013）。在制度环境较弱的区域，公司内外部人之间的信息不对称和代理问题更为严重，融资约束和代理冲突导致的投资现金流敏感性问题也更为严重。因此，在弱制度环境下建立一套有效的治理机制对公司来说更有价值，对改善公司的投资效率具有更为显著的作用。而独立审计作为公司治理的重要一环，其在制度环境较弱的区域更能有效地缓和信息不对称和代理冲突导致的投资效率低下问题。因此，我们预期在弱制度环境下高质量的审计更能有效地降低资本投资对内部现金流的敏感性。故提出如下研究假设：

H3：制度环境和审计质量在影响投资现金流敏感性上是相互替代的关系。

三 研究设计

（一）数据来源和样本选择

本文的研究数据来源于 WIND 金融数据库和中国股市与财务数据库（CSMAR）。为了保证样本的代表性和数量，本文以 2001～2011 年国内 A 股上市公司为研究样本，在样本选择时剔除了以下几类公司：（1）考虑到金融行业财务数据的特殊性，依据惯例剔除了金融行业上市公司；（2）由于西藏地区市场化指数异常低且存在部分数据缺失，故剔除了西藏地区的上市公司；（3）考虑到国内外制度环境差异较大，剔除了双重上市的公司；（4）由于净资产为负的公司投资行为与普通公司差异较大，故剔除了净资产为负的公司；（5）考虑到当年上市公司投资行为的特殊性，故剔除了当年上市的公司；（6）剔除了所需研究数据缺失的公司。经过以上筛选后，共得到有效研究样本 12414 个。为了减轻极端值的影响，本文对各主要连续变量分别在 1% 和 99% 分位进行了 Winsorize 处理。

（二）实证检验模型及变量定义

本文构建以下三个实证模型来分别检验本文的三个研究假设：

$$Invest_{i,t} = \alpha_0 + \alpha_1 Audit_{i,t} + \alpha_2 Audit_{i,t} \times CF_{i,t} + \alpha_3 CF_{i,t} + \sum Control_{i,t-1}$$
$$+ \sum Industry + \sum Year + \varepsilon_{i,t} \tag{1}$$

$$Invest_{i,t} = \beta_0 + \beta_1 Ins_{i,t} + \beta_2 Ins_{i,t} \times CF_{i,t} + \beta_3 CF_{i,t} + \sum Control_{i,t-1}$$
$$+ \sum Industry + \sum Year + \varepsilon_{i,t} \tag{2}$$

$$Invest_{i,t} = \gamma_0 + \gamma_1 Audit_{i,t} + \gamma_2 Audit_{i,t} \times CF_{i,t} + \gamma_3 Ins_{i,t} + \gamma_4 Ins_{i,t} \times CF_{i,t}$$

$$+ \gamma_5 Ins_{i,t} \times Audit_{i,t} + \gamma_6 Ins_{i,t} \times Audit_{i,t} \times CF_{i,t} + \gamma_7 CF_{i,t}$$

$$+ \sum Control_{i,t-1} + \sum Industry + \sum Year + \varepsilon_{i,t} \qquad (3)$$

以上三个模型中，$Invest$ 代表公司的资本投资，$Audit$ 代表公司的审计质量，Ins 代表公司所在区域的制度环境，CF 代表公司的内部现金流。关于制度环境的测度，本文采用樊纲等（2011）编制的中国各区域市场化指数来度量，该方法在国内主流文献中得到广泛应用。$Control$ 为控制变量，除了控制公司上一期的资本投资外，还控制了对资本投资可能产生重要影响的投资机会（Q）、资产负债率（Lev）、公司规模（$Size$）、股票收益（$Return$）、上市年龄（Age）、财务松弛（$Slack$）、股权性质（$State$）等变量，各变量的定义详见表1。为了减轻可能存在的内生性问题，所有控制变量均采用滞后一期的数值。$Industry$ 和 $Year$ 分别表示行业和年度固定效应。模型（1）用来检验 H1，如果模型（1）中交乘项的系数 α_2 在统计上显著为负，则表明审计质量的提高显著降低了资本投资对内部现金流的敏感性，则 H1 得以验证。模型（2）用来检验 H2，如果模型（2）中交乘项的系数 β_2 在统计上显著为负，则表明制度环境的改善显著降低了投资现金流敏感性，则 H2 得以验证。模型（3）主要检验 H3，如果模型（3）中三项交乘项的系数 γ_6 在统计上显著为正，则表明审计质量和制度环境在影响投资现金流敏感性上存在替代关系，则 H3 得以验证。

表 1　主要变量定义

变量代码	变量名称	变量定义
$Invest$	资本投资	（固定资产 + 在建工程 + 无形资产 + 长期投资）净值变化量/平均总资产
$Audit$	审计质量	公司的财务报告由四大会计师事务所审计取值为1，否则为0
Ins	制度环境	公司注册地所在省级区域市场化指数得分
CF	现金流	经营活动净现金流量/平均总资产
Q	托宾 Q	市场价值/期末总资产
Lev	资产负债率	负债总额/资产总额
$Size$	公司规模	公司期末资产总额的自然对数
$Return$	股票收益率	不考虑现金红利再投资的年股票收益率

变量代码	变量名称	变量定义
Age	上市年龄	公司上市的总年数
Slack	财务松弛	期末现金持有量/期末总资产
State	股权性质	国有控股企业取值为 1，否则为 0

四　实证结果及分析

(一) 描述性统计

表 2 为实证检验模型中各主要变量的描述性统计结果。资本投资量 (*Invest*) 均值为平均总资产的 5.8%，最大值为 31.3%，最小值为 −5.2%。制度环境指数 (*Ins*) 平均值为 7.947，最大值为 13.990，最小值为 2.370，表明在样本期间内各区域之间的制度环境存在着较大的差异。审计质量 (*Audit*) 为虚拟变量，均值为 0.063，表明四大会计师事务所审计的样本公司占总样本的 6.3%。经营活动净现金流 (*CF*) 均值为平均总资产的 7.1%，最大值为 42.4%，最小值为 −34.2%。资产负债率 (*Lev*) 的平均值为 49.1%，最大值为 91.0%，最小值为 7.9%，表明样本公司资本结构存在着较大的差异。股权性质变量 (*State*) 均值为 0.603，表明样本公司中大约六成为国有控股企业。

表 2　主要变量的描述性统计

变　量	均　值	中位值	标准差	最小值	最大值	样本量
Invest	0.058	0.038	0.066	−0.052	0.313	12414
Ins	7.947	7.880	2.252	2.370	13.990	12414
Audit	0.063	0.000	0.243	0.000	1.000	12414
CF	0.071	0.072	0.131	−0.342	0.424	12414
Q	1.655	1.324	0.947	0.807	6.318	12414
Lev	0.491	0.499	0.185	0.079	0.910	12414
Size	21.368	21.243	1.049	19.171	24.699	12414
Return	0.371	0.011	0.952	−0.756	4.017	12414
Age	7.288	7.000	4.014	1.000	9.000	12414
Slack	0.156	0.130	0.110	0.005	0.538	12414
State	0.603	1.000	0.489	0.000	1.000	12414

(二) 实证检验结果分析

表 3 的 1 ~ 3 列分别为模型（1）至模型（3）实证检验结果。由第一列模型（1）的检验结果可以看出，审计质量与现金流的交乘项在 1% 的统计水平上显著为负，表明审计质量的提高显著降低了资本投资对现金流的敏感性，支持了本文的 H1。由模型（2）的检验结果可以看出，制度环境与现金流的交乘项也在 1% 的统计水平上显著为负，表明随着制度环境的改善资本投资对现金流的敏感性显著下降，H2 得到支持。由模型（3）的检验结果可以看出，审计质量、制度环境与投资现金流的交乘项依然在 1% 的水平上显著负相关，再次支持了本文的 H1 和 H2；而制度环境、审计质量与现金流三项交乘项的系数在 5% 的统计水平上显著正相关，说明随着制度环境的改善审计质量对投资现金流敏感性的影响有所弱化，即制度环境和审计质量在影响投资现金流敏感性上是相互替代的关系，支持了本文的 H3。

由各模型的检验结果可以看出，现金流（CF）的系数在各回归模型中均在 1% 的统计水平上显著正相关，表明我国上市公司的资本投资对内部产生的现金流高度敏感，这与本文的分析及已有的研究成果是相吻合的。模型中各控制变量的符号与理论预期也是一致的，具体而言：上一期的资本投资（$Invest_{t-1}$）系数在 1% 的水平上显著正相关，表明上一期的投资对本期投资产生正向影响；投资机会（Q_{t-1}）的系数为正，但是显著性却不稳定；资产负债率（Lev_{t-1}）的系数在 1% 的统计水平上显著为负，说明企业的债务负担抑制了公司的资本投资；公司规模（$Size_{t-1}$）的系数在 1% 水平上显著为正，表明大公司的资本投资量显著高于小公司；股票收益（$Return$）的系数在 1% 水平上显著为正，表明公司的股票收益对资本投资产生了显著的正向影响；上市年龄（Age）的系数在 1% 水平上显著为负，表明随着上市年龄的增长资本投资呈下降趋势；财务松弛（$Slack$）系数在 1% 水平上显著为正，表明财务松弛的公司进行了更多的资本投资；股权性质（$State$）系数在 1% 水平上显著为正，表明国有企业的资本投资显著高于民营企业。各模型调整的拟合优度 R^2 均在 0.38 以上，表明各模型均拟合得比较好，模型中各变量对资本投资的解释能力达到 38% 以上。此外，各模型整体回归的 F 统计量也非常显著。

表 3　制度环境、审计监督与投资现金流敏感性

变　量	模型（1）	模型（2）	模型（3）	强制度环境 模型（1）	弱制度环境 模型（1）
$Audit$	0.0097 *** (2.92)		0.0363 ** (2.54)	0.0074 * (1.87)	0.0163 *** (2.49)
$Audit \times CF$	− 0.0450 *** (− 2.91)		− 0.1862 *** (− 2.63)	− 0.0298 * (− 1.67)	− 0.0862 *** (− 2.79)
Ins		0.0008 ** (2.09)	0.0009 ** (2.09)		
$Ins \times CF$		− 0.0083 *** (− 4.08)	− 0.0086 *** (− 4.12)		
$Ins \times Audit$			− 0.0031 ** (− 1.97)		
$Ins \times Audit \times CF$			0.0166 ** (2.09)		
CF	0.0704 *** (15.63)	0.0709 *** (15.76)	0.0709 *** (15.73)	0.0668 *** (11.48)	0.0727 *** (10.42)
$Invest_{t-1}$	0.4807 *** (46.57)	0.4799 *** (46.48)	0.4794 *** (46.46)	0.4628 *** (31.36)	0.4872 *** (33.12)
Q_{t-1}	0.0011 (1.53)	0.0013 * (1.75)	0.0012 * (1.65)	0.0013 (1.40)	0.0008 (0.71)
Lev_{t-1}	− 0.0146 *** (− 4.98)	− 0.0148 *** (− 5.07)	− 0.0145 *** (− 4.95)	− 0.0226 *** (− 5.87)	− 0.0070 (− 1.53)
$Size_{t-1}$	0.0054 *** (5.77)	0.0035 *** (6.01)	0.0032 *** (5.43)	0.0038 *** (4.85)	0.0031 *** (3.33)
$Return_{t-1}$	0.0054 *** (5.77)	0.0053 *** (5.60)	0.0053 *** (5.64)	0.0050 *** (4.22)	0.0055 *** (3.72)
Age_{t-1}	− 0.0010 *** (− 6.66)	− 0.0010 *** (− 6.83)	− 0.0010 *** (− 6.76)	− 0.0012 *** (− 6.63)	− 0.0009 ** (− 2.27)
$Slack_{t-1}$	0.049 *** (8.74)	0.1110 *** (6.26)	0.1169 *** (6.41)	0.0294 *** (4.23)	0.0720 *** (8.58)
$State_{t-1}$	0.0031 *** (3.11)	0.0029 *** (2.87)	0.0029 *** (2.86)	0.0004 (0.32)	0.0064 *** (4.12)

续表

变 量	模型（1）	模型（2）	模型（3）	强制度环境 模型（1）	弱制度环境 模型（1）
Constant	− 0. 0452 ***	− 0. 0572 ***	− 0. 0532 ***	− 0. 0514 ***	− 0. 0428 *
	（ − 3. 50）	（ − 4. 48）	（ − 4. 01）	（ − 3. 10）	（ − 1. 95）
Year/Industry	控制	控制	控制	控制	控制
Adj. − R^2	0. 3864	0. 3871	0. 3877	0. 4056	0. 3718
F value	136. 70 ***	136. 15 ***	75. 75 ***	83. 10 ***	58. 65 ***
Observations	12414	12414	12414	6636	5778

注：* 、** 和***分别表示双尾检验时回归系数在 10% 、5% 和 1% 水平上统计显著；括号中数值为经异方差修正的稳健 t 值；模型中方差膨胀因子均小于 10，表明不存在严重的多重共线性问题。

（三）稳健性测试

为了保证研究结论的可靠性，本文做了以下稳健性测试。

（1）按制度环境强弱对样本进行分类检验

将市场化指数较高的浙江、上海、广东、江苏、福建、北京、天津和山东八个省级区域作为强制度环境地区，其他市场化指数较低的区域作为弱制度环境地区，按制度环境强弱将样本进行分类后用模型（1）重新检验本文的研究结论。结果列示于表 3 的最后两列，由最后两列的结果可以看出，不论是在弱制度环境下还是在强制度环境下，审计质量的改善都显著降低了资本投资对内部现金流的敏感性，即支持了本文的 H1。此外，通过对比交乘项（*Audit* × *CF*）的显著性水平发现，强制度环境下交乘项在10% 的水平上显著负相关，而弱制度环境下交乘项在 1% 的水平上显著负相关，表明制度环境和审计质量在影响投资现金流敏感性上确实存在一定程度的替代关系，支持了本文的 H3。

表 4　制度环境、审计监督与投资现金流敏感性（稳健性测试）

变 量	*Ins* = 金融市场化指数		*Ins* = 法律制度环境指数	
	模型（2）	模型（3）	模型（2）	模型（3）
Audit		0. 0408 ***		0. 0247 ***
		（2. 70）		（3. 21）

续表

变　量	Ins = 金融市场化指数		Ins = 法律制度环境指数	
	模型（2）	模型（3）	模型（2）	模型（3）
$Audit \times CF$		-0.1927*** (-2.58)		-0.038*** (-4.14)
Ins	0.0010** (2.53)	0.0011*** (2.68)	0.0002 (1.38)	0.0003 (1.56)
$Ins \times CF$	-0.0066*** (-3.27)	-0.0071*** (-3.42)	-0.0036*** (-4.04)	-0.0038*** (-4.14)
$Ins \times Audit$		-0.0033** (-2.19)		-0.0015** (-2.33)
$Ins \times Audit \times CF$		0.0157** (2.10)		0.0067** (2.23)
CF	0.0708*** (15.72)	0.0708*** (15.69)	0.0709*** (15.78)	0.0709*** (15.75)
$Invest_{t-1}$	0.4804*** (46.48)	0.4800*** (46.49)	0.4797*** (46.48)	0.4791*** (46.48)
Q_{t-1}	0.0013* (1.82)	0.0012* (1.72)	0.0013* (1.79)	0.0012* (1.68)
Lev_{t-1}	-0.0148*** (-5.06)	-0.0146*** (-4.96)	-0.0150*** (-5.14)	-0.0147*** (-5.02)
$Size_{t-1}$	0.0034*** (5.95)	0.0032*** (5.40)	0.0036*** (6.17)	0.0033*** (5.57)
$Return_{t-1}$	0.0053*** (5.59)	0.0053*** (5.62)	0.0052*** (5.52)	0.0052*** (5.56)
Age_{t-1}	-0.0010*** (-6.78)	-0.0010*** (-6.73)	-0.0010*** (-6.69)	-0.0010*** (-6.66)
$Slack_{t-1}$	0.1029*** (5.33)	0.1112*** (5.55)	0.0765*** (7.76)	0.0816*** (7.98)
$State_{t-1}$	0.0030*** (3.04)	0.0031*** (3.07)	0.0029*** (2.95)	0.0030*** (2.98)
$Constant$	-0.0581*** (-4.54)	-0.0551*** (-4.15)	-0.0545*** (-4.33)	-0.0505*** (-3.86)

续表

变　量	Ins = 金融市场化指数		Ins = 法律制度环境指数	
	模型（2）	模型（3）	模型（2）	模型（3）
$Year/Industry$	控制	控制	控制	控制
$Adj. - R^2$	0.3867	0.3873	0.3873	0.3880
$F\ value$	136.60 ***	125.48 ***	136.59 ***	126.19 ***
$Observations$	12414	12414	12414	12414

注：*、** 和 ***分别表示双尾检验时回归系数在 10%、5% 和 1% 水平上统计显著；括号中数值为经异方差修正的稳健 t 值；模型中方差膨胀因子均小于 10，表明不存在严重的多重共线性问题。

（2）以金融市场化指数度量制度环境

金融市场的发展对企业投资行为及其效率会产生重要影响，为了保证研究结论的稳健性，本文以市场化指数的分指数——金融市场化指数来度量制度环境，对模型（2）和模型（3）重新进行检验，结果列于表 4 的前两列。由检验结果可以看出，审计质量与现金流的交乘项（$Audit * CF$）、制度环境与现金流的交乘项（$Ins * CF$）仍然在 1% 的统计水平上显著为负，而三项交乘项的系数在 5% 统计水平上显著为正，以上检验结果仍然支持本文的三个研究假设。

（3）以法律制度环境指数度量制度环境

La Porta et al.（2000）的开创性研究表明，法律制度环境是影响公司投融资行为的重要因素。本文以市场化指数的分指数——法律制度环境指数来度量制度环境，对模型（2）和模型（3）重新进行检验，结果列于表 4 的后两列。由检验结果可以看出，本文的三个研究假设仍然得到有力的支持。此外，各控制变量的方向及显著性也没有发生实质性的改变。

以上稳健性检验表明，本文的研究结论具有较高的可靠性。

五　结论及政策建议

作为公司治理监督机制的重要一环，审计监督在现代公司治理中扮演着重要的角色，它与股权治理、董事会治理一起构成现代公司治理的基石。高质量的审计通过降低公司内外部人之间的信息不对称，有效地缓解了融资约束和代理冲突，对改善公司投资行为及其效率产生重要影响。结合我国现有的制度环境特征，本文考察了制度环境和审计监督对投资现金流敏感性的影响，得到以下研究结论：（1）随着审计质量的提高，资本投资对内部现金流的敏感性显著下降；（2）区域制度环境的改善显著降低了资本投资对现金流的敏感性；（3）制度环境和审计质量在影响投资现金流敏感性上存在替代关系，即在制度环境相对较弱的区域，审计质量的改善对降低投资现金流敏感性更为显著。

我国作为最大的新兴市场经济国家，这些年来经济虽然一直保持着较高的增长速度，但投资效率低下的问题始终没有得到有效解决，成为学术界和政策制定者关注的焦点。根据本文的研究，笔者提出如下政策建议：加强制度建设和强化审计监督是改善公司投资效率的可行路径，在我国现有的制度背景下，加强审计监督和提高审计质量显得尤为重要，对改善公司投资效率的效果也更为显著。

参考文献

［1］陈德球、李思飞、钟昀珈：《政府质量、投资与资本配置效率》，《世界经济》2012 年第 3 期。

［2］陈晓芸、吴超鹏：《政治关系、社会资本与公司投资效率》，《山西财经大学学报》2013 年第 6 期。

［3］陈运森、王玉涛：《审计质量、交易成本与商业信用模式》，《审计研究》2010 年第 6 期。

［4］陈运森、朱松：《政治关系、制度环境与上市公司资本投资》，《财经研究》2009 年第 12 期。

［5］洪金明、徐玉德、李亚茹：《信息披露质量、控股股东资金占用与审计师选择》，《审计研究》2011 年第 2 期。

［6］李青原：《会计信息质量、审计监督与公司投资效率》，《审计研究》2009 年第 4 期。

［7］屈文洲、谢雅璐、叶玉妹：《信息不对称、融资约束与投资——现金流敏感》，《经济研究》2011 年第 6 期。

［8］徐明东、陈学彬：《中国工业企业投资的资本成本敏感性分析》，《经济研究》

2012 年第 3 期。

[9] 姚曦、杨兴全:《产品市场竞争、财务报告质量与投资现金流敏感性》,《经济与管理研究》2012 年第 8 期。

[10] 朱松、陈关亭、黄小琳:《集中持股下的独立审计作用:基于债券市场信用评级的分析》,《会计研究》2013 年第 7 期。

[11] 朱小平、刘西友:《代理理论、审计质量与公司治理》,《山西财经大学学报》2009 年第 9 期。

[12] 翟华云:《法律环境、审计质量与公司投资效率——来自我国上市公司的经验证据》,《南方经济》2010 年第 8 期。

[13] Chen, S. S., I. J. Chen. Corporate Governance and Capital Allocations of Diversified Firms. *Journal of Banking & Finance*, 2012, 36 (2): 395 – 409.

[14] Chu, L., R. Mathieu, C. Mbagwu. The Impact of Corporate Governance and Audit Quality on the Cost of Private Loans. *Accounting Perspectives*, 2009, 8 (4): 277 – 304

[15] Jensen, M. C. Agency costs of Free Cash Flow, Corporate Finance, and Takeovers. *The American Economic Review*, 1986, 76 (2): 323 – 329.

[16] Jensen M. C. Value Maximization, Stakeholder Theory and the Corporate Objective Function. *European Financial Management*, 2001, 7 (3): 297 – 317.

[17] Kuo, Y. P., J. H. Huang. Family Control and Investment – Cash Flow Sensitivity: Moderating Effects of Excess Control Rights and Board Independence. *Corporate Governance: An International Review*, 2012, 20 (3): 253 – 266.

[18] La Porta, R., et al. Investor Protection and Corporate Governance. *Journal of Financial Economics*, 2000, 58 (1): 3 – 27.

[19] Lenard, M. J., B. Yu. Do Earnings Management and Audit Quality Influence Over – Investment by Chinese Companies? *International Journal of Economics and Finance*, 2012, 4 (2): 21 – 30.

[20] Modigliani, F., M. H. Miller. The Cost of Capital, Corporation Finance and the Theory of Investment. *The American Economic Review*, 1958, 48 (3): 261 – 297.

[21] Myers, S. C., N. S. Majluf. Corporate Financing and Investment Decisions when Firms Have Information that Investors do not Have. *Journal of Financial Economics*, 1984, 13 (2): 187 – 221.

[22] Pawlina, G., L. Renneboog. Is Investment – Cash Flow Sensitivity Caused by Agency Costs or Asymmetric Information? Evidence from the UK. *European Financial Manage-*

ment, 2005, 11 (4): 483 – 513.

[23] Ramanan, R. Corporate Governance, Auditing, and Reporting Distortions. *Journal of Accounting, Auditing & Finance*, 2014, 29 (3): 306 – 339.

[24] Stiglitz, J. E., A. Weiss. Credit Rationing in Markets with Imperfect Information. *The American Economic Review*, 1981, 71 (3): 393 – 410.

[25] Stulz, R. Managerial Discretion and Optimal Financing Policies. *Journal of Financial Economics*, 1990, 26 (1): 3 – 27.

上市公司财务报告舞弊主要手段变化研究

——以 2007 年前后被处罚上市公司为例

何欣惟　朱锦余

（江西省丰城市财政局　云南财经大学会计学院）

【摘　要】财务信息舞弊已成为当下经济社会与财务界需重点关注的领域，我国对此面临着重大挑战。本文以 2007 年 1 月 1 日实施的新准则为界，以财务信息舞弊被中国证监会和上交所、深交所处罚的上市公司为样本，对各被处罚的上市公司在 2002～2006 年与 2007～2014 年导致财务信息舞弊的主要领域、手段和行为等进行了统计分析。本文研究发现，上市公司财务舞弊行为主要集中在三个领域，依次是披露不充分或虚假、利润虚假和资产负债表虚假；披露不充分或虚假已成为上市公司财务舞弊的主要手段，且一家公司的财务舞弊行为通常不止一种，而是发生在多领域。新准则实施以前，上市公司多以虚构收入和虚减费用的手法提供虚增利润，以虚构资产、负债和所有者权益的手法提供虚假资产负债表，且虚构收入和资产均为最主要的手段，同时披露不充分或虚假也是上市公司最常采用的手段，涉及的上市公司数量也最多，以隐瞒对外担保、隐瞒关联关系和关联交易以及隐瞒其他重要事项的公司居多。随着准则的变迁，涉及财务舞弊行为的上市公司整体有所减少，新准则在一定程度遏制了一些手段的发生。如采用少转成本、少提减值准备、虚构投资收益以及采用会计政策变更的公司比重均明显下降，募集资金使用情况披露不实、隐瞒股权或资产质押、抵押以及虚假披露对外投资的公司也有所减少，多计费用和虚构存货、无形资产、货币资金等现象也并未发现，可见准则的变迁一定程度遏制了此类行为的发生；但同时还出现了一些具有新颖性的错报手段，如通过多计摊销虚增利润，采用虚减应付账款和其他应付款、虚减其他应收款以及虚增留存收益等行为提供虚假资产负债表，同时虚假披露相关临时信息的公司数量明显增多，虚假披露定期报告以及关联关系、关联交易的公司数量也有所增加。可见这些都需要创新会计、审计准则和监管手段来加以制约。本文还发现，同时采用 2 种以内财务舞弊手段的上市公司数量最多，新准则实施后同时采用 4 种及以上舞弊手段的上市公司数量相对较多，最多的同时采用了 9 种舞弊手段，这一定程度增加了相关部门查处的难度；多数公司财务错报行为持续一定年限，一些公司的违规行为并未及时发现，直到新准则实施以后才陆续被查处，因而 2007 年以后被处罚的公司中发生舞弊行为到被处罚相距 7 年以上的公司明显增多，最长年限高达 20 年。本文还对被处罚公司的数量分布情况及性质进行了统计，发现被处罚的公司数量从 2002 年开始整体呈下降趋势，新准则变迁后数量明显减少，且被处罚的公司中以非国有控股公司居多。最后针对本文的研究结论，提出了政策性的观点和建议。

【关键词】上市公司　财务信息舞弊　监管政策与手段　遏制　统计分析

一　引言

2006 年 2 月颁布了新的会计准则和审计准则，并于 2007 年 1 月起开始实施。这不论对企业还是监管机构来说都是一次重大的历史变革。新准则制定一直是人们关注的话题，并已被国际会计和审计界认可，这不仅是具有里程碑意义的事件，也是在全球推广和应用国际标准的重要一环。新准则实现了与国际接轨，许多重要概念和具体规定都表明我们的准则正在跻身高标准行列。可见会计准则和审计准则能有效防范财务舞弊行为，因此以新准则的实施为分界点，以财务信息舞弊被中国证监会和上交所、深交所处罚的上市公司为样本，统计分析各被处罚的上市公司在 2002~2006 年与 2007~2014 年导致财务信息舞弊的主要手段是否发生了变化，无论从现实意义还是学术贡献而言，都具有很好的研究价值。

财务信息舞弊问题一直是当今理论和实践关注的焦点。一系列脱颖而出的财务违规案件都印证了这样一个问题：舞弊的危害性和影响范围不容轻视，值得重点关注。这不仅从宏观上给国家的经济转型、企业的长足发展带来了危害，并且从微观上也给个人造成了巨大的损失。由此可见，研究和探索财务舞弊问题有着深远的意义和价值。

本文以 2002～2014 年因财务信息舞弊被上海、深圳证券交易所和中国证监会处罚的上市公司作为研究样本，以 2007 年新实施的会计准则和审计准则为分界点，统计分析随着会计准则和审计准则的变迁，导致财务信息舞弊的主要手段是否发生了变化。通过样本选取和数据收集，整理出舞弊主要类型和手段涉及的上市公司和管理人员数以及审计失败涉及的会计师事务所及注册会计师数，通过数据统计分类分析舞弊手段的变化趋势，从中分析舞弊主要手段存在差异的原因，得出结论并总结出相关完善建议。通过研究可以发现诸如哪些舞弊手段具有一致性，哪些舞弊手段已被遏制，哪些舞弊手段具有新颖性等问题，为会计准则和审计准则的制定者提供经验数据，具有重要的政策意义。本文的结论为监管部门提供需重点监管的领域，为创新会计、审计准则和监管手段提供重要理论依据，同时也可以为注册会计师提供需重视的高风险重大错报领域。

二 主要文献回顾

（一）财务舞弊的主要领域与手段的相关研究

阅读相关文献发现，国外对财务舞弊的领域与手段单独进行研究的较少，多是研究如何识别财务舞弊。可能是因为识别财务舞弊的过程更具有实用性，识别领域的研究更具吸引力。同时，研究识别财务违规会涉及相关领域和手段，这意味着，对国外舞弊行为的主要领域和手段进行综述包括了从舞弊识别的角度。Albreeht（1995）的研究发现，舞弊公司具有以下行为：财务报告中交易有利可图、收益质量下降、高水平债务或是应收账款未能及时收回等问题。Summers 和 Sweeney（1998）采用了实证研究，发现内幕交易、内幕交易变量以及相关具体财务特征可以作为财务舞弊的预兆来识别。Bell & Careelo（2000）对财务舞弊的识别进行了研究，主要通过分析财务报表获得舞弊的征兆。T. Wells（2001）认为绝大多数财务舞弊包括资产、重大事项等五类事项的故意遗漏。Mulford & Comiskey（2002）将会计舞弊划分为提前或虚假确认收入、延长摊销期会计政策和篡改损益结构以及现金流量结构等手段。

相比国外，我国对财务舞弊的研究多以规范研究为主，近年来随着信息技术的普及和发展，也出现了一些实证研究。李若山等（2002）采用问卷调查的方式实证研究了我国现存在的财务舞弊问题，通过对企业管理人员的调查发现了舞弊的动机、主要领域，并指出要建立有效内部管控机制、重视独立审计等来防范舞弊。翟英敏（2006）研究了公司常采用的财务违规手法，认为目前主要是利用不当会计政策和会计估计、利用"会计创新"、利用资产重组和关联交易、地方政府援助以及虚构经济业务这五种方式舞弊，对利用财务信息的人员起到了警示作用。袁小勇（2006）研究了虚假财务报告，指出最常采用的违规手段有高估资产、收入。管新成（2007）阐述了财务信息错报动机，同时他认为上市公司虚假利润手段五花八门，并列举了八种常见手段。王淑玲（2012）分析了治理财务舞弊的手段和方法，她认为财务舞弊的手段首先表现在财务报表附注中，同时对收入类以及资产减值损失的虚假也较普遍；舞弊手段涉及很广泛，还包括对报表的其他项目进行舞弊。此外，她还分析了舞弊的成因并提出了综合治理建议。张继德、栾艳辉（2013）采取了案例研究的方式引出对财务舞弊原因、防范等问题的思考，并对上市公司财务舞弊现象进行了深入剖析，他们发现，上市公司常虚构经济业务、通过关联方交易、会计政策和估计变更等手段来达到财务舞弊的目的。可见学者们对财务舞弊领域的研究多集中在利润表、资产负债表相关科目及披露类，主要手段包括通过虚构经济业务以虚增收入、成本等达到利润表造假的目的，通过高估资产、不当计提减值准备以提供虚假资产负债表，并利用不当会计政策和会计估计、利用资产重组和关联交易或是隐瞒重要事项的手段实现财务舞弊。

(二) 会计准则变迁影响财务信息质量的相关研究

关于会计准则变迁的影响，国外学者进行了少量研究。Francis & Schipper （1999） 发现随着会计改革的进程，美国资本市场 40 年来会计信息的价值相关性明显提高了。外界环境包括经济及准则质量高低都能影响财务信息质量。Begona Giner （1999） 选取了西班牙的一家证券交易所，发现新会计制度对会计盈余信息价值产生负向影响，但净资产的信息价值相关性有所提高。John Ammer, Nathanael Clinton & Greg Nini （2005） 采用盈余估计的实证研究方法，对会计准则和各国会计信息之间的关系分析，发现美国公认会计准则对财务会计信息质量的要求高于欧洲国家。

我国学者从多角度理论分析和实证检验了准则变迁的影响。沈烈、张西萍 （2007） 认为，由于新会计准则体系的完整性，缩小了盈余操作空间范围，企业盈余管理空间整体消大于长，一定程度可提高财会信息的质量。漆江娜、罗佳 （2009） 用证券市场数据实证研究会计准则变化对财务信息价值的影响，其结论是完善会计准则的操控机制，可以从整体上提高资本市场财务信息质量。梁爽 （2010） 以公司治理为视角，她认为改善会计准则执行环境，有利于提高披露的信息质量；完善公司治理结构有利于提高准则的执行效率，从而提高财务信息质量。黎明、卢婷婷 （2010） 以 2003～2005 年和 2007～2009 年为样本区间，通过对会计准则变化进程中会计信息价值的实证研究，得出了会计准则变迁后会计信息价值得到提高的结论。徐海泉 （2010） 也得出了同样的结论，支持新准则与企业财务信息质量正向关系。孙爱霞 （2011） 分析了新会计准则实施的积极影响，但同时也指出其在防范信息失真上存在局限。吴馨竹 （2011） 分析认为新准则在一定程度上有效遏制了财务舞弊行为。刘志亮 （2013） 首先对财务舞弊的不良现状进行了揭示，进而重点研究了会计准则变迁后新准则的实施对上市公司财务舞弊的影响，得出其提高了会计信息质量并较好地实现了国际趋同，一定程度抑制了上市公司财务舞弊，但同时也会给财务舞弊制造一些新的空间。可见学者们的研究集中于新准则的实施影响，多认为随着会计准则的变迁，财务信息质量能因此产生积极的影响，有效抑制财务舞弊行为，但也有学者认为这同时存在一定局限性，可能会给财务舞弊提供新的空间。

（三）审计准则变迁影响审计质量的相关研究

审计准则变迁实施效果的相关研究主要有：DeFond et al.（2000）发现，审计准则在 1995 年实施后，非标准审计意见的数量增加，审计质量有所提升。Sami & Zhou（2008）也得出了同样的结论，认为随着审计准则的实施，审计质量得到了提高，从而企业会计信息质量也得到提高。Willekens & Simunic（2007）的研究发现审计准则的精确度影响到审计质量和要求的内部控制质量。Carcello et al.（2009）对比利时规则导向审计准则的实施效果进行了检验，研究发现变迁后的审计准则产生着双重影响，取决于受影响者的分配顺序。

我国 2006 年颁布的新准则实现了国际趋同。此次修订引发了学术领域对新审计准则实施效果的研究热潮。张志（2007）研究了审计准则变迁后的新要求，认为新的审计准则使审计工作效率大大提高，降低了审计风险，从而审计质量有所提升。许真真（2011）认为新审计准则可以有效提高审计师的执业水平，规避可能存在的风险，提高工作质量。张薇（2010）实证分析了审计意见购买动机受准则变迁的影响，对监管部门具有借鉴作用，从而削弱了管理层意见购买的动机，提高了审计工作质量。李春洋（2011）从理论上分析了新审计准则的特点，认为其有效规避了风险和审计失败，改善和提高了审计质量。吕建路（2011）阐释了新审计准则对审计的作用，得出要积极贯彻落实审计准则提高审计质量的结论。赵学平（2011）从审计风险管理的视角研究了准则的变迁效果，他认为风险导向审计理论的引进，强化管理并降低了工作中的风险。张圣利（2011）以沪深两市 2004～2009 年的上市公司为样本，实证考察了新审计准则对审计质量的影响。结果表明新审计师更有动力遵循新审计准则，审计质量不断提升，从而降低了审计失败的概率。梁杰等（2012）针对审计准则近十年的两次变迁，考察了审计报告的市场反应变化。结果发现审计准则变迁后有助于提高审计报告的质量和权威性，可以规范审计和证券市场，降低审计风险和失败的发生。可见学者们从多角度对审计准则变迁的影响进行了研究，得出了新审计准则对审计工作积极影响的结论。归纳起来主要包括：提高了审计师执业水平和工作效率、控制了审计风险和失败、提高了审计质量等。

（四）监管政策变迁遏制财务舞弊的相关研究

随着监管政策和手段的不断变化，针对财务信息舞弊行为，国内外学者从不同角度提出了监管的意见和建议，以期达到遏制财务舞弊的目的。

J. Forker（1992）从监管董事会角度，提出了加强非执行董事的监督力度，来提高报表披露的质量。Bologna，Lindquist & Wells（1993）从社会监督的角度强调了应加强优良道德环境的培养和舞弊的防范。Albrecht，Wems & Williams（1995）也指出要创造良好的文化氛围，减少财务舞弊发生机会。Bologna（1995）认为要加强社会监督，采用舞弊审计等相关技术来防范和发现舞弊行为，达到有效遏制财务信息舞弊的目标。

我国学者谢永珍和王维祝（2006）认为合理的领导权结构对上市公司监管与决策有重要影响，发现董事长和 CEO 两职分离能明显提高监管效率，从而减少财务信息舞弊的发生。刘星和刘伟（2007）从上市公司股东监管的角度出发，实证研究其股权结构与价值的相互关系，结果得出保持一定程度的股权集中度有利于强化公司治理，提升财务信息价值，以防财务舞弊行为的出现的结论。唐跃军（2007）从公司治理的角度研究了大股东制衡与外部监管，发现提高外部监管的有效性可通过加强其他大股东对控制权股东的制衡力来实现，从而降低了信息不对称，这增加了公司的财务违规被监管部门惩处的可能性，及时有效地遏制财务舞弊行为的发生。向锐、李琪琦（2010）通过实证研究得出结论，董事会、监事会特征与审计委员会之间的正相关性，可有效加强公司内部治理。蒋海燕、谢柳芳（2010）研究新准则下上市公司会计信息披露的特点，采取有效控制措施，保证会计信息披露的质量，并为公司建立相应考评和评级方式来加强管理。刘美华（2009）、程仲鸣（2010）都提议构建一个政府与行业、社会三位一体的会计信息披露监督管理框架，通过三者的有机结合不断提高上市公司财务信息披露质量。余海宗、袁洋（2011）实证分析了证监会的监管处罚公告及被处罚公司舞弊手段与审计师责任之间关系，发现监管手段越发严厉，尤其对与收入相关的财务报表舞弊，审计师若未能识别并报告被审计单位存在的错报行为时受到处罚的可能性就会很大。可见监管力度和手段对上市公司规范财务行为以及审计师的行为决策都起到了一定的指导作用。学者们针对财务舞弊行为，从不同角度提出了监管意见，包括提高上市公司监管效率、加强外部监管对控股股东的制衡作用、建立相关信息考评管理制度体系以及基于监管机构的处罚公告对财务行为予以规范等，这些均能在一定程度有效遏制财务舞弊行为的发生。

通过回顾国内外相关领域的研究可以看出，对财务舞弊主要领域和手段的研究多从舞弊的识别入手，通过识别可能导致财务舞弊的相关征兆来达到预知和防范的目的，从而对发现的舞弊主要领域和手段进行分析以引起财务报告使用者的警惕和监管部门的重视。相比国外的研究，我国对财务舞弊的研究多以规范研究为主，直到近年来信息技术的不断发展陆续出现了实证研究。关于会计准则变迁对财务信息质量和舞弊的影响，学者们大多得出了相同的结论，认为准则的变迁以及新准则的出台带来了财务信息质量的提高，从而有效遏制财务舞弊行为的发生。对于审计准则的变迁，国内外学者也从审计意见、审计质量和风险管理等不同角度研究了新准则的实施带来的影响，结果大多支持审计准则变迁能够提高审计质量并降低审计风险和失败可能性，有效规范审计市场。随着准则的变迁，监管政策和手段也发生了相应的变化。学者们从多角度分析了公司内部以及外部监管治理机制对遏制财务舞弊行为的有效性，研究发现随着监管政策和手段的不断完善，大大提高了监管效率和财务信息披露的质量，达到遏制财务信息错报的目的。

三　2007 年以来监管政策变化及其对财务舞弊的遏制作用分析

（一）2007 年会计准则对财务舞弊的遏制作用分析

1. 2007 年会计准则对财务舞弊的遏制机理分析

关注近年来会计准则的不断修订和完善可以发现，会计准则的变化主要集中在以下一些方面，如可供出售金融资产公允价值变动的计量、长期股权投资核算的变化、应付职工薪酬的核算范围、财务报表的列报及合并财务报表的处理等，这些变化都会不同程度对企业的日常会计活动产生影响。关于会计准则变迁的影响，我国学者也给出了相关结论。沈烈、张西萍（2007）认为，由于新会计准则体系的完整性，缩小了盈余操作空间范围，企业盈余管理空间整体消大于长。在新准则体系下，一定程度可提高财会信息的质量。漆江娜、罗佳（2009）用证券市场近15年来的数据实证来研究会计准则变化对财务信息价值的影响，其结论是完善会计准则的操控机制，从整体上提高资本市场财务信息质量。黎明、卢婷婷（2010）对会计准则变化进程中会计信息价值的实证研究，也得出了会计准则变迁后会计信息价值得到提高的结论。可见学者们多认为新会计准则有利于提高会计信息质量，对规范财务行为起到了积极作用。

2007年新颁布实施的准则是在特定的环境下为了不断提高会计信息质量、提高财务监督的有效性而做出的适当性变革。对于上市公司的财务信息错报行为，利益相关方的利益会受到损害，当这种损害达到一定程度时，他们就会向相关监管部门反映，力求通过会计准则的不断修订和完善来维护他们的权益，进而遏制财务舞弊行为的发生，这一作用机理如图1所示。新会计准则在会计要素确认、计量等方面均取得了更高的完善，对可能导致财务舞弊行为进行了相应政策变革，并实现了多方突破，这些都能更好地规范上市公司财务行为，减少法律法规的漏洞，遏制财务舞弊的产生。

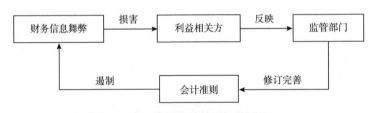

图1　新会计准则遏制财务信息舞弊机理

2. 2007年会计准则对财务舞弊的遏制领域分析

（1）新会计准则关于资产减值准备的规定变化，对遏制财务舞弊行为的影响

新的会计准则限定了资产内容，包括单项资产和资产组，规定在单项

资产减值准备难以确定时应按资产组确定，同时扩大了资产减值的适用范围，包括固定资产、无形资产以及除特别规定外的其他减值的处理。在可收回金额的计量上，新准则对于不存在减值迹象的资产规定不应估计其可收回金额。并且明确了计提的减值准备不得转回，与国际会计准则的规定有所不同，这在某种程度上切断了上市公司虚增利润的一大途径。当前一些公司利用资产减值准备来达到调节利润的目的，尤其像需特别处理的公司，通常先大幅度计提减值准备再利用各种手段转回，给外界带来本年获利的假象。由于资产减值准则主要适用于一些长期性资产，这些资产提取减值准备后价值回升不得转回，可以防止一些公司借此机会操纵损益，减少了利润波动，有利于提高会计信息质量。

（2）新会计准则关于存货管理办法的规定变化，对遏制财务舞弊行为的影响

新准则还对存货管理办法进行了变革，取消了原存货计价"后进先出"法，使得在市场物价不稳定时，对采用此法确定存货成本的公司的营运状况产生影响。在物价持续上升时，发出存货成本较高，期末存货价值量较低，使得当期获利相应减少，反之，则会增加盈利，这很大程度取决于市场价格趋势，具有不确定性。可见"后进先出"法侧重于反映企业短期经营情况，若企业在短期价格波动时利用该计价方法进行舞弊，很容易导致财务信息舞弊行为的发生。新的会计准则取消"后进先出"法可有效降低企业利用存货计价方法操纵短期利润的可能性，真实反映存货的实物流转情况，对遏制财务舞弊具有一定的积极作用。

（3）新会计准则关于关联方披露的规定变化，对遏制财务舞弊行为的影响

在对关联方披露的规定上，新准则扩展了关联方的范围。母公司管理人员及家庭成员或企业主要投资者等共同控制有重大影响的其他企业均包括在内，同时取消了有关免除个别财务报表中关联方关系和相关交易的信息披露。此项新准则的规定使得关联方关系和交易的信息披露更能反映实际内容，给财务报表使用者传递全面而可靠的信息。

（4）新会计准则关于合并报表的规定变化，对遏制财务舞弊行为的

影响

　　新的会计准则强调以控制为基础确定合并范围，使得原不纳入合并范围的一些不重要子公司或特殊业务子公司（如金融业）均在合并范围。这样增加了合并报表的资产、权益、收入和利润，对企业的财务状况、经营成果和现金流量都有较大影响。同时，新准则提高了合并报表质量和精确度的要求，剔除关联交易对合并报表的影响，进一步降低了企业财务风险。当母子公司来往业务较多时，应当调整子公司的会计政策或者另行编制财务报表使之与母公司保持一致。在合并报表范围的确定上，更注重实质性控制，侧重于实体理论，而非仅仅考虑控制权比例，只要持续经营的子公司无论所有者权益是否为正均应纳入合并范围。这一变革将大大影响上市公司合并报表利润，母公司承担所有者权益为负的子公司债务，使一些隐蔽的或有负债显现出来，可有效防止通过关联交易调节利润的手段。

　　新的会计准则的颁布在很多方面填补了原先准则的空白，拥有较好的现实性和前瞻性，并且在多领域有所突破。新准则相关重要条款的变化不仅能对上市公司年报业绩产生较大影响，也会影响上市公司年报，在一定程度上对遏制上市公司财务信息舞弊起到了积极影响和有利作用。

（二）2007 年审计准则对财务舞弊的遏制作用分析

1. 2007 年审计准则对财务舞弊的遏制机理分析

　　近几年来，随着审计环境的重大变化，国际审计准则做出了重大修订，我国审计实务界为顺应国际趋势，实现持续全面趋同，2010 年进一步修订完善了审计准则的相关项目，诸如注册会计师对关联方实施审计工作的目标发生了变化、对集团财务报表审计规范的内容和范围的变化以及审计报告中增加强调事项段和其他事项段的规定等。对审计准则的不断修订和完善不仅是适应社会经济发展、维护广大公众利益的需要，也是对新兴审计实务中面临的问题以待解决的迫切需要，从而提高注册会计师在不断变化的新形势下识别、评估和应对风险的能力。

　　2007 年新修订的审计准则一直是研究的热点话题，学术界掀起了研究热潮。我国一些学者也进行了相关的研究。张薇（2010）实证分析了审计意见购买动机受准则变迁的影响，对监管部门具有借鉴作用，从而削弱了管理层意见购买的动机，提高了审计工作质量。吕建路（2011）阐释了新审计准则对审计的作用，得出要积极贯彻落实审计准则提高审计质量的结论。张圣利（2011）以沪市、深市 2004～2009 年的上市公司作为样本，实证考察了新审计准则对审计工作质量的影响。结果表明审计师遵循新审计准则后的审计质量不断提升，从而降低了审计失败的概率。梁杰等（2012）针对审计准则近十年的两次变迁，考察了审计报告的市场反应变化，结果发现审计准则的变迁有助于提高审计质量，可以规范审计和证券市场，降低审计风险。可见，学者们普遍认为，审计准则变迁对审计质量产生积极的影响，并能使审计风险在一定程度上被遏制。

　　新审计准则是在原有准则基础上的修订和完善，为了不断提高审计监督的效率和效果，不断实现审计准则的新变革。由于财务信息舞弊行为会损害相关方的利益，政府和有关监管机构需不断采纳和吸取有利于维护资本市场稳定、有利于减少舞弊行为发生的建议。通过变革审计准则从而使其更加规范化，对会计师事务所及其执业人员的要求更高了，能够更好地指导注册会计师对可能存在重大错报风险的领域高度关注，及时识别和发现财务信息错报行为，保护相关者利益。同时一套更全面完善化的准则体系也能更好地规范上市公司的行为，以避免被查处和遭受监管部门的处罚。因此新审计准则的颁布在一定程度上能对遏制财务信息错报行为起到积极作用，这一相互作用机理如图 2 所示。

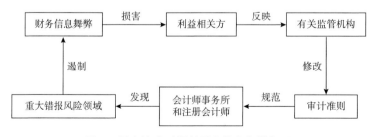

图 2　新审计准则遏制财务信息舞弊机理

2. 2007 年审计准则对财务舞弊的遏制领域分析

（1）新审计准则重视强调风险导向审计，加大对错报风险评估能力的影响

审计准则用来规范审计主体行为，其对提高审计质量、降低审计风险、维护健康有效的市场秩序具有积极作用。新准则的变迁使得我国在制度层面不断实现着与国际接轨，同时风险导向审计模式的引入，在原有的基础上实现了突破和创新。

为提高审计的效率和效果，2006 年实施的新准则体系的一大亮点，就是重视风险导向审计，全面系统地规范了风险导向审计流程。其中集中体现风险导向审计思想的审计风险系列准则——《中国注册会计师审计准则第 1211 号——了解被审计单位及其环境并评估重大错报风险》和《中国注册会计师审计准则第 1231 号——针对评估的重大错报风险实施的程序》，将风险导向审计理念贯彻于整套准则中。第 1211 号审计准则要求审计人员全面了解被审计单位及其环境，并以此识别和评估财务报表及认定层次的重大错报风险；第 1231 号审计准则要求审计人员针对上述财务报表层次的重大错报风险实施总体的应对措施，针对认定层次的重大错报风险进一步调整控制测试和实质性程序加以应对。

风险导向审计模式加大了对错报风险的评估能力，将审计视为控制风险的过程，通过识别和评估风险进而有针对性地应对风险，将其降低至可接受水平。审计人员在审计过程中贯彻执行风险评估程序，获取被审计单位性质、经营风险、财务业绩考核以及内部控制等一系列信息，并考虑有关客户的其他信息，及时发现可能存在的舞弊迹象，识别重大错报风险，并实施审计程序总体应对。此外，新准则也提高了对会计师事务所的规范。风险导向审计同时强调了对重大错报风险的关注，从这一点来说，评估能力能有效评价会计师事务所和注册会计师专业能力和审计质量的高低。会计师事务所在加强评估重大错报风险、落实各项审计业务责任控制以及提高审计质量的同时，也能在一定程度遏制财务信息错报行为，对约束被审计单位具有积极作用。

（2）新审计准则强化会计师事务所的质量控制，对提高审计效率、降

低审计风险的影响

对于会计师事务所而言，核心任务之一便是控制其质量。新执业准则更为细化地规定了如何控制质量，明确事务所每三年对已完成业务的自我检查工作以及对上市公司财务报告审计质量复核要求。

《中国注册会计师质量控制基本准则》于 1997 年 1 月 1 日实施，而此次修订的《会计师事务所质量控制准则第 5101 号——业务质量控制》做出的修改主要体现如下：

①项目负责人总职责：对各项审计业务的质量负责。

②项目负责人要对其组成人员的遵从审计业务独立性做出论断。

③项目负责人要对客户关系和特定业务的遵守情况形成的结论记录于工作底稿。

④项目负责人要确信项目组整体素质的恰当性和胜任能力，能按照相关规定执行审计业务，并出具适当的审计报告。

⑤对审计业务实施质量控制的相关方面。

由于新准则对会计师事务所的质量管控有了更高的标准，项目负责人需对审计业务的总体质量负责，应具有高水平专业技能和优良职业道德。在实务工作中要充分发挥带头作用，执行审计工作不仅要严格遵守法律、法规和审计准则的规定，同时要组织管理好项目组各成员的工作，确保有质量地完成审计工作。

（3）新审计准则强调了财务报表审计中对舞弊的考虑，对更多发现和纠正财务信息错报的影响

由于公司面对的竞争日趋激烈，管理人员试图粉饰财务报告的动机也越发强烈，近年来财务违规案时有发生。新审计准则的《中国注册会计师审计准则第 1141 号——财务报表审计中对舞弊的考虑》，更为系统地规范了注册会计师如何审计财务报表，以及应对舞弊行为的措施。可见新准则对注册会计师有效降低审计风险具有重大帮助。

此次准则的重大修订主要体现如下：

①拓展了发现、评价和应对重大错报风险的具体应用，指导审计人员更有针对性地发现舞弊行为。

②明确舞弊特征、动机和形式，以及相关负责人对防止和发现舞弊承

担的责任。

③要求注册会计师保持高度警惕，尽可能考虑一切导致财务报告错报的情况，要秉承独立谨慎客观的态度。

④项目组应讨论发生财务重大错报的概率，以及发生时如何应对。

⑤注册会计师应根据审计流程和审计证据评价评估的重大错报风险的恰当性。

⑥注册会计师对审计中获取的可疑迹象和信息应及早与管理层沟通并汇报。

⑦规定注册会计师对可能导致重大错报风险的情形做好审计工作记录。

由于新准则重视审计财务报表时对舞弊的关注，审计人员审查时虽然不是专门针对舞弊审计，但有了更加详细和系统的准则规范，注册会计师可以针对舞弊有目的地发现和评价，尤其是可能引发重大错报风险领域以及应对措施。

3. 2007 年前后发生审计失败的会计师事务所审计失败的原因及变化分析

表 1 为证监会公布的会计师事务所处罚公告。① 以 2007 年实施的新审计准则为界，将被证监会处罚的会计师事务所审计失败的原因②按发生审计失败的年份分为 2002～2006 年和 2007～2014 年进行统计。

表1　2002～2014 年会计师事务所审计失败原因统计

审计失败原因	2002～2006 年（样本：33）		2007～2014 年（样本：9）	
	数量（个）	百分比（%）	数量（个）	百分比（%）
未保持应有的执业谨慎，未勤勉尽责	24	72.7	9	100
未执行必要的审计程序	17	51.5	6	66.7
未能发现财务报告虚假内容	22	66.7	4	44.4
出具含有虚假内容的审计报告	19	57.6	9	100

---

① 2002～2014 年被交易所处罚的会计师事务所仅有 2 家，故本文不做具体分析。

② 每份处罚公告涉及的审计失败原因通常不止一个。

审计失败原因	2002～2006 年（样本：33）		2007～2014 年（样本：9）	
	数量（个）	百分比（%）	数量（个）	百分比（%）
未取得充分、适当的审计证据	12	36.4	5	55.6
计算差错	1	3.0	0	0

　　从表 1 统计的 2002～2006 年发生的会计师事务所审计失败原因可以看出，共涉及 33 家会计师事务所。审计失败的原因中，最主要是审计人员未保持应有的职业谨慎，未勤勉尽责履行审计职责，此项审计失败原因在所有处罚案例中占了 72.7%；其他依此是，注册会计师未能发现财务报告存在虚假内容、出具了含有虚假内容的审计报告以及未执行必要的审计程序，这三种原因分别占了所有处罚案例的 66.7%、57.6% 和 51.5%，属于审计失败的重要原因；而由于审计人员工作中的计算差错导致审计结果失败的案例只有一个，仅占 3.0%。由此可见，注册会计师本身的专业技能水平并非导致审计过程失败的原因，而很大程度取决于其是否具有必备的职业谨慎态度。2007～2014 年发生的会计师事务所审计失败，仅涉及 9 家会计师事务所。导致审计失败，最主要的原因除了审计人员未保持应有的职业谨慎，未勤勉尽责履行审查义务以外，还因为注册会计师出具了含有虚假内容的无保留意见审计报告，这两种审计失败原因在 9 家会计师事务所均出现。缺乏必要的审计程序以及未取得充分、适当的审计证据也是审计失败的主要原因，分别占了 66.7% 和 55.6%。所有处罚公告中，没有因注册会计师计算差错而导致审计失败的案例。

　　对比 2007 年前后发生审计失败的会计师事务所可以发现，颁布了新准则以后，注册会计师的专业技能保持着较高水准，并未在审计工作中出现计算差错的问题。而且近些年发生审计失败的事务所数量明显减少。但保持职业谨慎态度、勤勉尽责仍需引起审计界的高度关注。除此之外，注册会计师在审计过程中也需重点关注被审计单位财务报告的真实性与可靠性，避免出具的审计报告含有虚假内容。

　　进一步分析证监会对会计师事务所处罚类型，以 2007 年实施的新审计准则为界，将处罚类型分为 2002～2006 年和 2007～2014 年两类进行统计，如表 2 和表 3 所示。

表 2　2002 ~ 2006 年证监会对会计师事务所的处罚类型统计

处罚类型	会计师事务所		注册会计师	
	数量（家）	百分比（%）	数量（人）	百分比（%）
警告	7	50.0	20	48.8
罚款	10	71.4	27	65.9
10 万元以上	7	50.0	0	0
10 万元以下（含 10 万元）	3	21.4	27	65.9
没收违法所得	3	21.4	0	0
暂停执业	0	0	1	2.4
合计	20	—	48	—
数量	14	100	41	100

表 3　2007 ~ 2014 年证监会对会计师事务所的处罚类型统计（样本：24）

处罚类型	会计师事务所		注册会计师	
	数量（家）	百分比（%）	数量（人）	百分比（%）
警告	9	37.5	33	56.9
罚款	21	87.5	54	93.1
10 万元以上	16	66.7	1	1.7
10 万元以下（含 10 万元）	5	20.8	53	91.4
没收违法所得	13	54.2	0	0
暂停执业	0	0	0	0
合计	43	—	87	—
数量	24	100	58	100

从表 2 可以看出，总共 18 份处罚公告中，有单独对会计师事务所的处罚，或单独对注册会计师的惩处，还有同时对它们惩处的。涉及的处罚类型主要有：警告、罚款、没收违法所得以及暂停执业。其中对会计师事务所的处罚主要是警告和罚款，涉及的会计师事务所数量分别占 50% 和

71.4%，有 21.4% 被没收违法所得。对注册会计师的处罚主要也是警告和罚款，分别占 48.8% 和 65.9%，一人被暂停执业，仅占 2.4%。2002 ~ 2006 年总共 18 份处罚公告中，处罚了 14 家会计师事务所和 41 名注册会计师。

从表 3 可以看出，总共 24 份处罚公告中，处罚了 24 家会计师事务所和 58 名注册会计师，并且一家会计师事务所或一名注册会计师接受的处罚类型通常不唯一。对会计师事务所和注册会计师的处罚手段仍以警告和罚款为主，其中被警告的会计师事务所有 9 家，占了 37.5%，被罚款的有 21 家，占了 87.5%。此外，有 13 家会计师事务所被没收违法所得，占了 54.2%。对注册会计师的处罚手段集中为警告和罚款两类，并未涉及对注册会计师暂停执业的处罚。其中以罚款为最主要的手段，涉及人数占了总人数的 93.1%。

对比表 2 和表 3 可见，2007 年新准则实施以后，证监会对会计师事务所的处罚手段仍以警告和罚款为主，并且罚款通常伴随着警告一并发生，可见对违规行为的处罚常加以一定经济制裁。而且罚款的力度相比 2007 年以前也更大了，这对规范资本市场健康有效运行起到了积极的作用。被处罚的 24 家会计师事务所中有 16 家罚款金额在 10 万元以上，占了 66.7%，比之前增加了 16.7 个百分点。证监会对审计人员的处置手段为警告和罚款，尤以罚款为主。且 2007 年以后罚款范围涉及面明显增大，被处罚的 58 人中有 54 人被处罚款，占总人数的 93.1%。其中 2014 年河北华安会计师事务所的一名注册会计师被处罚金额高达 20 万元，可见证监会对个别严重违规人员处罚力度更大、处罚更为严厉了。

（三）证券监管政策主要变化及其对财务舞弊的遏制作用分析

1. 中国证监会监管政策主要变化及其对财务舞弊的遏制作用分析

中国证监会不断加强对上市公司年报编制公告的规定，对上市公司年度报告需披露的相关重大事项给予特别说明，并要求上市公司在日常的财务经营中严格按照相关公告规定执行。证监会对上市公司的监管路径如图 3 所示。近年来中国证监会的监管力度不断加大，涉及上市公司财务操作领域也尤为广泛，可见这些举措都致力于保护公司股东和投资者的利益，保证资本市场的健康运行。在制度规范下，上市公司管理层可以制定出更加健全的内部控制制度，从而确保财会信息质量的真实披露。同时财务人员在会计处理过程中也会依据更为规范化的准则体系操作，提高会计信息质量，减少财务风险的发生，有利于规避可能引发的财务信息错报行为。

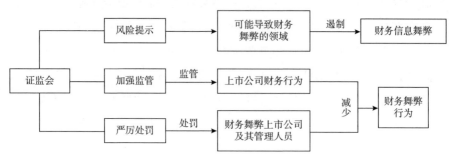

图3　证监会对上市公司监管路径

2. 中国证监会监管政策主要变化对财务舞弊的遏制领域分析

随着我国监管政策的不断改进和监管力度的加强，信息披露日趋完善，对年报编制的要求也越来越高，其优劣直接影响到投资者的行为决策。总结2007年以来中国证监会对上市公司的年报编制公告可以看出，有以下几项需重点关注的领域：

（1）内部控制的规定及其对财务舞弊的遏制作用

公告强调了内部控制制度的健全完善，并提出严保披露的信息质量。公司的董事会有责任建立完善的内部控制制度，并严格按照内部控制规范的有关要求，建立总体规划，同时组织有关部门进行协调，确保工作的落实。在"公司治理结构"中充分披露年度发生内部控制的重大缺陷，以及相关监督和自我评价的工作开展等。此外，在"董事会报告"中需披露相关责任声明，包括其对内部控制的责任，同时若提供了自我评价报告，也需说明评阅情况和与审计报告不同的情况。

在上市公司年报的编制过程中，建立健全有效的内部控制实施系统，可以提高信息披露质量，真实反映公司的财务管理工作，提高规范运作性、完善性，可有效减少财务信息错报的发生。

（2）关联交易和资金往来的规定及其对财务舞弊的遏制作用

公告对上市公司关联方交易及相互间往来给出了具体规范。要求在每年年度报告"重大事项"部分真实披露关联方关系及交易情况。公司应积极实现整体上市，增强其独立性，推动产业升级和行业的整合。尽可能减少关联交易，并严格履行相关决策程序和信息披露义务，使关联交易运作更加规范。同时要注重资金的相互往来，若存在非经营性资金占用的，应具体披露并防止相关使用方违规占用资金，侵害公司利益。上市公司还应对资金实施风险管理，重大事项责任到人，建立制度控制及安全保障措施，同时明智决策，提高相关信息的披露质量。

上市公司规范关联交易的发生，完善资金往来制度，防范违规占用资金，能够保护公司股东和投资者合法权益，防止以违法手段规避内部决策行为，有利于信息披露的真实、完整。

（3）内幕信息的规定及其对财务舞弊的遏制作用

年报编制要求中对内幕信息的规定也值得关注。所谓内幕信息是指证券交易活动中涉及公司经营、财务或者对证券市场价格有重大影响的尚未公开的信息。上市公司应制定信息保密规章，健全信息披露管理制度，维护信息披露公开公平进行，从而降低内幕交易风险，防范股东和实际控制人在发生重大事项前交易本公司股份。公告要求，上市公司在"董事会报告"部分披露对内幕知情者的管理、公司自查管理以及监管查处整改情况。

内幕交易会影响公司的股价，不利于投资者的投资决策。严格要求执行内幕信息管理制度、加强内幕信息披露、加大内幕交易违法处罚力度，能及时消除可能产生的财务违法违规隐患，使相关交易健康、透明化，这对规范上市公司健康、合法、有效运作具有重要作用。

（4）会计处理的规定及其对财务舞弊的遏制作用

不同的日常交易会计处理方法不同，上市公司利润大小也会受影响。因此对规范会计处理和信息披露尤应关注。证监会也在不断加强监管力度，对滥用会计政策引起财务信息错报的上市公司严加处罚，这在一定程度上提醒了上市公司日常会计处理应遵循谨慎性原则，不应过高估计收益或过低估计费用。

近年来监管手段越来越严格，相关政策法规也相继出台，这些措施都对遏制上市公司财务信息舞弊起到了积极作用。上市公司重点需关注的交易或事项主要有：资产减值准备的计提，相关交易经济利益的流入，所得税的确认和计量，合并报表会计处理等，这些交易或事项都会影响到公司财务报表的披露，并可能引发舞弊行为。新准则对这些会计处理规定的规范化和完善化有利于上市公司规范财务行为，杜绝财务违规隐患，可见加强外部监管和公司内部自律具有重要作用。

（四）证券交易所监管政策主要变化及其对财务舞弊的遏制作用分析

1. 证券交易所监管政策主要变化对财务舞弊的遏制机理分析

证券交易所是信息披露监管的"第一道防线"，不仅对监管负有直接责任，也受证监会监督。相比于证监会来说，证券交易所的监管要与证监会相互配合并在一定程度上依附于证监会，因而其与证监会共同发挥对上市公司监督管理的职权。近年来，证券交易所切实履行自律监管措施，充分发挥一线监管优势，严把内幕交易监管关，促使上市公司及各相关方规范运作。随着相关政策法规的不断完善，证券交易所在监管实践中的手段更为灵活，能及时发现证券市场中的交易异常并协助有关部门对违法违规对象进行查处。因此上市公司在日常交易活动中也会更加保持高度警惕，规范财务行为，以避免可能出现的财务信息舞弊行为而被查处，这能提高证券市场整体财务信息披露的质量，更好地防范市场风险，规范市场交易的公平正义，有利于遏制财务违规行为。

2. 证券交易所监管政策主要变化对财务舞弊的遏制领域分析

（1）对上市公司核准权的监管及其对财务舞弊的遏制作用

在对上市公司核准权限上，证券交易所主要核准股票等相关证券的上市，并安排政府债券上市；此外，对证券市场中的各关联方活动进行自律监督与管理。这一系列监管手段能保证参加交易活动的上市公司的质量，符合相关的规定，同时设置一定的门槛也有利于证券市场活动公平有序地进行，对提高财务信息质量、规避财务违规行为起到积极有效的作用。

（2）对上市公司信息披露的监管及其对财务舞弊的遏制作用

证券交易所实时监控证券的交易情况，并报告发现的异常交易；监督信息披露情况，并能做到及时、准确披露信息；制定相应规则，包括上市规则以及信息披露规则；登记、审核披露文件，并要求上市公司对存在错误或遗漏的报告做出说明等。这些规定使得上市公司在日常交易活动中严格规范自身的行为，以避免出现财务信息错报而被查处的风险，同时证券交易所也能及早发现可能存在的异常行为，并采取相应措施保证证券市场的公平交易，这些都对遏制财务舞弊行为有着积极的作用。

（3）对上市公司违法行为的监管及其对财务舞弊的遏制作用

证券交易所根据相关规定对涉及违法违规行为的监管对象采取措施，或者给予相关纪律处分，如公开谴责、通报批评等，并向证监会提出处罚意见。证券交易所的此项举措对规范上市公司财务行为起到警示作用，上市公司为避免因财务违规行为而被监管部门处罚，在日常交易活动中会保持更加小心谨慎的态度，严格财务处理程序，对可能存在的财务风险加以重视，这在一定程度上减少了财务信息舞弊行为的发生。证券交易所通过与证监会监管部门的相互分工和配合，在自己的管辖范围内监督信息，可以有效提高资本市场的财务信息披露质量，降低市场风险，有利于资本市场的健康高效运行。

（五）财政部监管政策主要变化及其对财务舞弊的遏制作用分析

1. 财政部会计监管政策变化及其对财务舞弊遏制作用机理分析

财政部门是负责对公司财务情况进行监管的机关，肩负着重任。财政部门的监管范围较为全面，能有效保证披露信息质量的真实、完整。并通常与其他部门相互配合，共同履行对上市公司会计信息质量的监督检查职责，有利于快速有效地识别财务信息披露错报，维护投资者和市场的健康稳定。

财政部门对上市公司会计监管的方式主要包括：公布国家统一的会计制度和监督检查上市公司会计制度的实施。同时财政部门作为会计师事务所管理的主管部门，依法对会计师事务所及其审计人员实行监督、指导，并对违法的会计师事务所实施行政处罚。

财政部门的监管工作主要集中在以下三个方面：

一是不断完善相关准则。财政部门通过准则的修订完善，有效规范上市公司财务行为，规范证券市场活动。

二是进行质量检查工作。定期开展上市公司会计信息质量检查和会计师事务所执业质量检查，明确检查重点、目标、手段等，运用特定检查工具、采用多种方式，以保证会计信息质量和执业质量的合法合规性。

三是实施行政处罚。针对质量检查工作中发现的问题，各地财政部门依法处理违规上市公司和会计师事务所及其审计人员。

财政部这一遏制财务舞弊的监管路径如图 4 所示。

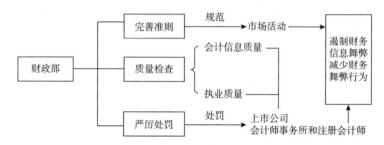

图 4　财政部遏制财务舞弊监管路径

2. 财政部的会计信息质量检查及其对财务舞弊的遏制作用分析

财政部从 15 年前就已开始进行大范围信息质量的检查工作。① 从近年来检查出的一些重大财务信息造假案可以看出，我国目前会计信息质量仍存在不少的问题，这需引起会计界的广泛关注。

近年来财政部门会计信息质量监督检查重点主要集中在以下方面：一是分布在重点行业、重点领域的大型中央企业；二是与群众生活紧密相关的大型零售企业；三是一些需重点关注的上市公司，以规范其信息披露、会计核算；四是具有执业资格的会计师事务所，对其会计核算、内部控制质量进行全面监督，以促进注册会计师行业更好地发挥应尽的社会责任。

财政部的会计信息质量检查公告，不仅引起了社会各界的广泛关注，

---

① 财政部官网 http：//jdjc. mof. gov. cn/zhengwuxinxi/jianchagonggao/。

还能对财务信息错报起到有效的遏制作用。郜进兴等（2009）回顾了近 15 年以来财政部对会计信息开展的检查，发现每次检查都有需重点关注的对象，都实施了大规模的查处力度，并查处了大量违法违规案件，事后也做出了处罚公告。从这些成果可以看出财政部门有效落实了会计信息质量检查工作，依据会计准则的规定贯彻执行，对于提高会计信息质量、遏制财务信息舞弊具有重大意义，有效打击了财务信息违规行为，切实保护了国家经济健康运行。郜进兴等的研究还发现，在该项检查工作开展的初期，被检查单位会计准则合规意识薄弱，会计信息质量整体低下。随着近年来市场经济秩序的不断完善以及检查工作的广泛开展，被检查单位的财务信息质量不断提高，建立起了良好的财务管控体制和内控制度。

由此可见，随着资本市场的不断发展和日趋完善，财政部门的监管政策和手段也趋于成熟，对发现的财务违法违规行为严肃处理。财政部结合新的会计准则和审计准则体系，与有关部门协同配合，监管合力，对遏制财务信息质量失真、财务信息舞弊具有积极的作用，为我国会计行业健康、有序运转营造良好的外部氛围。

（六）中国注册会计师协会的监管政策主要变化及其对财务舞弊的遏制作用分析

1. 中国注册会计师协会的监管政策主要变化对财务舞弊的遏制机理分析

中国注册会计师协会是一个社会团体组织，主要对会计师事务所及其审计人员进行监督和管理，间接辅助地监督上市公司披露财务信息的行为，对参与审计工作的会计师事务所以及审计人员加以考核，并对涉及违规行为的人员予以惩戒。

中国注册会计师协会的监管政策主要体现在三个方面。一是对年度审计报告工作中可能面临的风险予以提示，以提高审计师发现财务舞弊的可能性；二是进行审计准则执行情况和审计质量的监督检查，规范审计行为；三是严厉处罚违规的会计师事务所和注册会计师，督促提高审计质量，进而提高发现被审计单位财务舞弊的可能性。中国注册会计师协会的这一监管路径如图 5 所示。

2007 年是新准则体系施行第一年，为确保其规范实施，注册会计师协

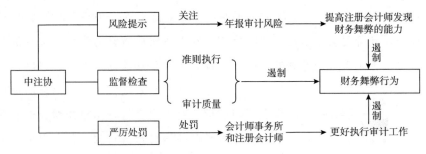

图 5　中国注册会计师协会遏制财务舞弊监管路径

会不仅大力宣传新准则，还重点检查新准则的执行是否恰当，严格检查会计师事务所各项活动执行情况。2007 年的质量检查与往年比较，具有高标准、严要求、处罚力度大的特点，检查重点是新施行准则的执行效果。当年注册会计师协会和各地方注册会计师协会实际共对全国 1361 家会计师事务所进行了执业质量检查，检查结果如表 4 所示。

表 4　2007 年会计师事务所执业质量检查情况

	会计师事务所（家）	注册会计师（人）
公开谴责	52	113
行业通报批评	107	175

资料来源：赵保卿著《我国注册会计师行业自律监管模式研究》，经济科学出版社，2012。

为进一步巩固 2007 年执业质量检查效果，针对检查中发现的问题，注册会计师协会分别向相关事务所发出了整改建议书和整改通知书，要求相关事务所在审计规程、质量控制制度和职业道德等方面进行认真整改，并在规定时间内提交整改报告。

由此可见注册会计师协会的监管力度在不断加大，这在一定程度上规范了会计师事务所的日常活动，保证审计人员在审计过程中严格按照准则、规章的要求行事，有利于提高事务所的整体审计质量，及时发现可能存在的重大风险领域，确保审计工作的顺利开展。同时注册会计师协会对事务所年报审计中的审计风险加以提示，也能使注册会计师更加关注可能存在的重大错报风险，强化审计中的风险控制，提高审计工作质量。这也能在一定程度上遏制上市公司的财务违规行为，警醒其规范财务行为并出具客观真实的财务报告，以避免被发现财务异常而受处罚。

2. 中国注册会计师协会监管政策主要变化对财务舞弊的遏制领域分析

中国注册会计师协会发布的《关于做好上市公司年报审计工作的通知》①，对强化事务所的质量控制做出了规定，也规范了其执业行为。会计师事务所要不断完善控制体系，深化信用建设，提高业务工作质量，同时要关注风险领域，警惕审计风险的发生，强化管控机制，做好年报审计的组织、落实等各项工作。

2007 年以来中国注册会计师协会以下简称"中注协"对会计师事务所年报审计风险的提示通知中需重点关注以下方面。

（1）对上市公司操纵利润的警惕及其对财务舞弊的遏制作用

会计师事务所在财务报表审计过程中，应严格按照相关规定执行，全面贯彻落实风险导向审计，要特别注意一些可能存在风险的关键点，如计量和确认收入、会计政策及估计变更、资产的减值以及重大非常规交易等。重点提示注册会计师在审计以上问题时，需恪守高水平职业谨慎态度。

自 2007 年新会计准则实施以来，限制了一些通过关联交易、债务重组等手段操控利润的行为，由此一些公司开始通过会计政策、会计估计的变更等手段操控利润，随意调节营业利润，扭亏为盈，以此避免被特别关注。对此，中国注册会计师协会提醒注册会计师要对高管层选用的政策机制的合理性进行评价，以及估计过程是否恰当，能否准确反映财务的运行情况以及经营效果。也要特别关注会计政策的变更依据，是否遵守会计准则规定，以防止上市公司在不同会计期间随意调节利润的行为。

中国注册会计师协会提示上市公司操纵利润的风险，对遏制财务信息舞弊起到了有效作用。在实际操作中，较多企业会利用应收款项的会计估计变更操控利润，通过应收款项坏账准备比例的变化，并在未来会计年度对应收款项减值准备大量冲回，由此调增利润，避免亏损。一些企业还会利用固定资产，通过会计估计变更，调节价值较大的固定资产折旧，从而引起会计利润的波动，在一定程度扰乱了市场秩序。中注协对类似可能导

---

① 中国注册会计师协会官网 http：//www.cicpa.org.cn/。

致财务信息舞弊的领域重点提示，可以有效规范上市公司的行为，也可以让会计师事务所在审计过程中重点关注会带来重大错报风险的领域。

（2）对审计监管的加强及其对财务舞弊的遏制作用

中国注册会计师协会发布的风险提示公告有利于开展监管工作，中注协获取的审计风险信息可能发生在审计过程中，也可能发生在审计业务开展前或实施后。因此，审计风险提示应发生在整个审计业务过程中，对于及时提示的可能存在的相关风险，会计师事务所可以采取相应措施加以防范，有利于及早发现可能存在的舞弊风险。对于中注协的监管方式，在内容和形式上的多样化有利于会计师事务所规避审计风险，对会计师事务所高效执业以及规范上市公司的经营活动具有重要作用。

通过中注协发布的加强审计监管的风险提示，可以间接对上市公司起到监督、指导的作用。一方面，可以使会计师事务所严于律己、坚守本职工作，保持应有的独立性，公允完整地发布上市公司的财务信息。同时，会计师事务所也会尤其关注可能涉及财务信息造假的上市公司，加强审计风险防范意识，加大审核复核力度，对可能出现的重大错报领域积极防范、有效应对。另一方面，注册会计师审计质量和效果的提高，可以使上市公司在编制其财务报告时提高警惕，讲信用，规范日常经营活动，履行应尽的社会责任。由此可见，中注协的监管手段可有效规范审计行为，提高审计质量，进而提高审计人员发现上市公司财务舞弊的可能性，降低财务风险，一定程度减少上市公司财务信息舞弊行为，使资本市场健康、高效、有序地运行。

四　2007 年前后财务舞弊主要手段差异的统计分析

（一）样本选取与数据收集

1. 研究对象的选取

本文研究的样本公司，仅限于财务信息舞弊行为已经暴露且被处罚的上市公司。因此，存在财务信息舞弊行为未被发现或虽被发现但未被处罚，或者虽被处罚但未被公开的公司，则不包括在本文研究对象之中。

2. 样本收集与数据整理

根据本文研究目的，我们以 2007 年 1 月 1 日新实施的会计、审计准则为界，将样本公司分为 2002～2006 年与 2007～2014 年两个时间段进行研究，证监会和深交所 2002 年之前的数据以及上交所 2003 年之前的数据未在网上公告，因此证监会和深交所收集的数据始于 2002 年，上交所收集的数据始于 2003 年。

依据中国证监会和上交所、深交所的处罚公告，手工收集整理出因财务信息舞弊导致的上市公司及其管理人员、会计师事务所及其注册会计师被处罚的样本。我们所获得的中国证监会和证券交易所处罚公告统计如表5 至表 7 所示。

表 5　中国证监会发布的处罚公告统计（2002～2014）

年份	实际公告总数*（条）	涉及上市公司公告数		涉及会计师事务所（或）注册会计师公告数		其他公告数	
		数量（条）	百分比（%）	数量（条）	百分比（%）	数量（条）	百分比（%）
2002	16	6	37.5	4	25.0	6	37.5
2003	34	15	44.1	5	14.7	14	41.2
2004	49	27	55.1	5	10.2	17	34.7
2005	43	12	27.9	3	7.0	28	65.1
2006	38	23	60.5	1	2.6	14	36.8
2007	35	15	42.9	3	8.6	17	48.6
2008	49	17	34.7	6	12.2	26	53.1
2009	57	13	22.8	4	7.0	40	70.2
2010	47	12	25.5	2	4.3	33	70.2
2011	56	14	25.0	1	1.8	41	73.2
2012	57	13	22.8	2	3.5	42	73.7
2013	76	9	11.8	4	5.3	63	82.9
2014	82	14	17.1	2	2.4	66	80.5
合计	639	190	29.7	42	6.6	407	63.7

*　中国证监会的处罚公告有个别缺失，本文以实际公告总数统计。

资料来源：中国证监会发布的 2002～2014 年处罚公告（http://www.csrc.org.cn）。

表 6　上海证券交易所发布的处罚公告统计（2003～2014）

年份	实际公告总数（条）	涉及上市公司公告数		涉及会计师事务所（或）注册会计师公告数		其他公告数	
		数量（条）	百分比（%）	数量（条）	百分比（%）	数量（条）	百分比（%）
2003	10	10	100	0	0	0	0
2004	23	22	95.7	0	0	1	4.3
2005	24	19	79.2	0	0	5	20.8
2006	21	19	90.5	0	0	2	9.5
2007	9	5	55.6	0	0	4	44.4
2008	5	3	60.0	0	0	2	40.0
2009	8	5	62.5	0	0	3	37.5
2010	9	5	55.6	0	0	4	44.4
2011	7	3	42.9	0	0	4	57.1
2012	10	7	70.0	0	0	3	30.0
2013	20	11	55.0	1	5.0	8	40.0
2014	45	24	53.3	0	0	21	46.7
合计	191	133	69.6	1	0.5	57	29.8

资料来源：上海证券交易所 2003～2014 年发布的处罚公告（http://www.sse.com.cn/）。

表 7　深圳证券交易所发布的处罚公告统计（2002～2014）

年份	实际公告总数（条）	涉及上市公司公告数		涉及会计师事务所（或）注册会计师公告数		其他公告数	
		数量（条）	百分比（%）	数量（条）	百分比（%）	数量（条）	百分比（%）
2002	92	23	25.0	0	0	69	75.0
2003	80	23	28.8	0	0	57	71.2
2004	46	30	65.2	0	0	16	34.8
2005	55	35	63.6	0	0	20	36.4
2006	41	27	65.9	0	0	14	34.1
2007	50	18	36.0	0	0	32	64.0
2008	45	17	37.8	0	0	28	62.2
2009	51	18	35.3	0	0	33	64.7
2010	54	12	22.2	1	1.9	41	75.9
2011	47	9	19.2	0	0	38	80.8
2012	48	18	37.5	0	0	30	62.5

续表

年份	实际公告总数（条）	涉及上市公司公告数		涉及会计师事务所（或）注册会计师公告数		其他公告数	
		数量（条）	百分比（%）	数量（条）	百分比（%）	数量（条）	百分比（%）
2013	61	18	29.5	0	0	43	70.5
2014	47	14	29.8	0	0	33	70.2
合计	717	262	36.5	1	0.1	454	63.3

资料来源：深圳证券交易所 2002～2014 年发布的处罚公告（http://www.szse.cn/）。

　　表5、表6、表7分别列示了中国证监会和上海、深圳证券交易所在 2002～2014 年发布的处罚公告情况，被处罚的对象包括上市公司、会计师事务所和注册会计师及其他（主要为证券公司或证券从业人员、期货经纪公司或期货从业人员、其他违规炒股的企业或个人）。

　　中国证监会的处罚公告中，被处罚的上市公司公告数共有 190 条；会计师事务所和（或）注册会计师因在执行上市公司财务报表审计中存在过失（如疏忽、重大过失或严重失职）被处罚的公告 42 条；证券公司、期货经纪公司、其他公司或人员因违反证券、期货相关法规被处罚的公告 407 条。在被处罚的 190 条上市公司公告中，有 19 家上市公司仅因为定期报告（年度报告或中期报告）披露不及时而被处罚[①]，各年具体分布情况如表8所示。

表 8　仅因定期报告披露不及时而被证监会处罚情况

被处罚年份	2003	2004	2005	2006	2007	合计
数量（家）	2	4	1	7	5	19

　　上海证券交易所的处罚公告中，被处罚的上市公司公告数共有 133 条；仅有 1 家会计师事务所（或）注册会计师因审计执业过失而被处罚；有 57 条证券公司、期货经纪公司、其他公司或人员因违反证券、期货相关法规被处罚的公告。在被处罚的 133 条上市公司公告中，有 17 家上市公司仅因为定期报告（年度报告或中期报告）披露不及时而被处罚，其中 2003～2006 年

---

　　① 2008～2014 年没有定期报告披露不及时的情况。

有 12 家，2007~2014 年有 5 家。各年的具体分布情况如表 9 所示①。

表 9　仅因定期报告披露不及时而被上交所处罚情况

被处罚年份	2004	2005	2006	2007	2008	2014
数量（家）	5	3	4	1	1	3

深圳证券交易所的处罚公告中，被处罚的上市公司公告数共有 262 条；也仅有 1 家会计师事务所和注册会计师因在执行上市公司财务报表审计中存在过失被处罚；有 454 条证券公司、期货经纪公司、其他公司或人员因违反证券、期货相关法规被处罚的公告。在被处罚的 262 条上市公司公告中，有 26 家上市公司仅因为定期报告（年度报告或中期报告）披露不及时而被处罚，其中 2002~2006 年有 19 家，2007~2014 年有 7 家。各年的具体处罚情况如表 10 所示。

表 10　仅因定期报告披露不及时而被深交所处罚情况

被处罚年份	2002	2003	2004	2005	2006	2007	2008	2009	2014
数量（家）	4	1	2	2	10	2	2	2	1

为使上市公司财务信息舞弊的主要手段研究更加准确，我们对证监会和上交所、深交所的样本数据整理如下：（1）剔除仅因信息披露（均为定期报告）不及时而被处罚的公司，分别为证监会 19 家，上交所 17 家，深交所 26 家。这是因为他们的违规行为比较明了，易于被监管部门和信息使用者识别。因此，剩余的因信息披露不及时而被处罚的公司均为临时公告披露不及时。（2）剔除仅因在资产评估中弄虚作假而被中国证监会处罚的 2 家上市公司，分别是中川国际和通富达（2004），因其不属于财务信息舞弊。（3）在统计处罚公告时，我们发现有个别上市公司被处罚多次，同时也出现一条公告处罚多家上市公司的情况。② 为保证本文研究的一致性，我们以网站公布的公告数统计，将出现在一条公告中的上市公司合并为一

---

① 未列示年份即没有定期报告披露不及时的情况。下同。

② 此类情形均出现在深交所的处罚公告中：其中 2002 年涉及 5 条公告，2003 年涉及 7 条公告，2004 年涉及 1 条公告。

个样本①，即证监会 190 条，上交所 133 条，深交所 262 条，分别剔除定期报告不及时的公司 19 家、17 家和 26 家以及资产评估中弄虚作假的公司 2 家。这样，我们得到的样本数分别为：证监会 169 个，上交所 116 个，深交所 236 个，总样本 521 个。其中：2002～2006 年 351 个样本，2007～2014 年 201 个样本②。具体分布如表 11 所示。

表 11　2002～2014 年财务舞弊上市公司数量分布情况

		证监会	上交所	深交所
2002～2006 年被处罚的上市公司（家）	2002～2006 年财务舞弊的上市公司	67	58	119
	2002～2006 年财务舞弊的上市公司	46	10	20
2007～2014 年被处罚的上市公司（家）	财务舞弊行为跨越 2007 年的上市公司	24	0	7
	2007～2014 年财务舞弊的上市公司	32	48	90

（二）上市公司财务舞弊的主要领域与手段分析

1. 上市公司财务舞弊的主要领域分析

根据财务信息舞弊最终结果的主要表现形式，将上市公司财务舞弊领域分成三大类：（1）利润虚假；（2）资产负债表虚假；（3）披露不充分③或虚假。

证监会的处罚公告中，2002～2006 年的上市公司存在利润虚假、资产负债表虚假和披露不充分或虚假分别有 63 家、43 家和 136 家；2007～2014 年分别有 15 家、9 家和 42 家。上交所的处罚公告中，2005～2006 年存在财务信息舞弊的上市公司存在利润虚假、资产负债表虚假和披露不充

---

① 此类情况数量不多，对整体分析影响不大。

② 此处以财务舞弊行为发生的年份进行统计。凡是财务舞弊行为发生在 2006 年之前的，统计在 2002～2006 年；之后的，统计在 2007～2014 年。如果财务舞弊行为发生在 2006 年及以前且持续到 2007 年以后（含 2007 年）的样本，则统计两次。故 2002～2006 年与 2007～2014 年样本数之和大于 521。

③ 此处包括不按规定时间披露临时公告（如对外担保、法律诉讼等）的情况。

分或虚假的分别有 3 家、2 家和 65 家；2007～2014 年分别有 3 家、0 家和 52 家。

深交所的处罚公告中，2002～2006 年上市公司存在利润虚假、资产负债表虚假和披露不充分或虚假分别有 11 家、4 家和 139 家；2007～2014 年分别有 8 家、3 家和 96 家。

我们将被处罚的存在财务信息舞弊的上市公司利润虚假、资产负债表虚假和披露不充分或虚假的数量汇总统计如表 12 所示。

表 12 上市公司财务信息舞弊行为涉及的领域分析
(2002～2006 年样本：351，2007～2014 年样本：201①)

财务信息 舞弊领域	利润虚假		资产负债表虚假		披露不充分或虚假	
	2002～2006 (年)	2007～2014 (年)	2002～2006 (年)	2007～2014 (年)	2002～2006 (年)	2007～2014 (年)
数量（家）	77	26	49	12	340	190
百分比（%）	21.9	12.9	14.0	6.0	96.9	94.5

表 13 列示了证监会和上交所、深交所披露的样本公司同时存在几类财务信息舞弊类型。

表 13 上市公司财务信息舞弊行为涉及的类型分析
(2002～2006 年样本：351，2007～2014 年样本：201)

财务信息 舞弊类型	1 种		2 种		3 种	
	2002～2006 年	2007～2014 年	2002～2006 年	2007～2014 年	2002～2006 年	2007～2014 年
数量（家）	268	172	56	20	27	9
百分比（%）	76.4	85.6	16.0	10.0	7.7	4.5

由表 13 可以看出，2002～2006 年，存在一种舞弊类型的上市公司有 268 家（占 76.4%），主要表现为披露不充分或虚假；存在两种舞弊类型的上市公司有 56 家（占 16.0%），主要表现为披露不充分或虚假以及利润

---

① 2002～2006 年与 2007～2014 年分别以 351 个和 201 个样本来计算百分比，以期发现各种舞弊类型和手段在舞弊公司出现的频率。由于上市公司财务信息舞弊通常同时存在多种类型和手段，因而一些百分比之和大于 100%。下同。

虚假，以被证监会处罚的居多，占 37 家；有 27 家（占 7.7%）上市公司同时存在三种舞弊类型，均被证监会处罚。2007 ~ 2014 年，存在一种舞弊类型的上市公司有 172 家（占 85.6%）；存在两种舞弊类型的上市公司有 20 家（占 10.0%），其中证监会处罚的公司（15 家）主要表现为披露不充分或虚假以及利润虚假，上交所处罚的公司（3 家）中 2 家同时存在披露不充分或虚假以及利润虚假，1 家表现为披露不充分或虚假以及资产负债表虚假，深交所处罚的公司（2 家）均表现为披露不充分或虚假以及利润虚假；存在三种舞弊类型的上市公司有 9 家（占 4.5%），其中证监会处罚了 7 家，其余 2 家被深交所处罚。

2. 上市公司财务舞弊的主要手段分析

（1）导致虚假利润表的主要舞弊手段

财务违规上市公司通常采用不同的舞弊方法以达到其欺诈目的。如利润虚假主要表现为虚增利润，主要手段有虚构收入（包括提前确认收入）[①]、少转成本、多计费用、虚减费用、少计利息、多计摊销等。表 14 所示为被证监会和上交所、深交所处罚的上市公司所采用的主要虚假利润手段。[②]

表 14　上市公司利润虚假的主要手段

舞弊手段	2002 ~ 2006 年（样本：351）		2007 ~ 2014 年（样本：201）	
	数量（家）	百分比（%）	数量（家）	百分比（%）
虚构收入	51	14.5	23	11.4
少转成本	7	2.0	4	2.0
多计费用	2	0.6	0	0
虚减费用	21	6.0	6	3.0
少计利息	2	0.6	3	1.5
多计摊销	0	0	1	0.5

---

① 虚构收入往往伴随着虚构成本、费用，我们将其归类为虚构收入；此处少转成本是指违规上市公司独立地少结转营业成本。其他方法也是一种独立的违规手段。

② 在进行统计时，不是以被处罚年份进行统计，而是以财务舞弊行为发生的年份进行统计。凡是财务舞弊行为发生在 2006 年之前的，统计在 2002 ~ 2006 年；之后的，统计在 2007 ~ 2014 年。如果财务舞弊行为发生在 2006 年及以前且持续至 2007 年以后（含 2007 年）的样本，则统计两次，下同。

舞弊手段	2002～2006 年（样本：351）		2007～2014 年（样本：201）	
	数量（家）	百分比（%）	数量（家）	百分比（%）
少提减值准备	14	4.0	7	3.5
虚构投资收益	14	4.0	7	3.5
会计政策变更	3	0.9	0	0
不恰当地合并报表实务	3	0.9	1	0.5

由表 14 可以看出，上市公司所采用的主要利润虚假手段在 2002～2006 年依次是虚构收入（51 家，占 14.5%），虚减费用（21 家，占 6.0%），虚构投资收益（14 家，占 4.0%），少提减值准备（14 家，占 4.0%）；此外不太常见的手段是少转成本（7 家，占 2.0%），会计政策变更和不恰当地合并报表实务（各 3 家，占 0.9%），以及多计费用和少计利息（各 2 家，占 0.6%）。在 2007～2014 年，虚构收入（23 家，占 11.4%）仍然是上市公司利润虚假的最主要手段，其次是虚构投资收益和少提减值准备（均有 7 家，占 3.5%），虚减费用（6 家，占 3.0%），少转成本（4 家，占 2.0%）和少计利息（3 家，占 1.5%）；除此之外仅涉及的个别手段包括多计摊销和不恰当地合并报表实务（均仅有 1 家，占 0.5%）。

对比 2007 年新准则施行前后对上市公司操控利润主要手段的影响，可以看出利润虚假的最主要手段是虚构收入，所占比重最大，而且多以虚构销售业务的手法虚增收入。如 2006 年以前兴发股份（000780）长期凭借伪造原始凭证，如缴款、电汇凭证等手段虚构营业收入和利润；紫光古汉（000590）在 2005～2008 年年度报告中会计信息均存在虚假记载，采用虚开发票等手段虚增收入和利润；万福生科（300268）为满足公开发行股票并上市的条件，2008～2011 年均存在虚增收入情况。可见准则的变迁对遏制此种手段具有一定的局限性。

新准则的实施，也在一定程度遏制了一些舞弊手段的发生，如采用虚减费用手段的上市公司明显减少，此外通过虚减费用以及不恰当地合并报表实务的手法虚增利润的上市公司比重均有所下降，且并未发现一家公司采用多计费用或会计政策变更手段。

但 2007 年以后也出现了具有新颖性的舞弊手段，如 2011 年被处罚的科达集团（600986）在编制 2007 年年度报告时对土地收购事项虚假记载，多计提无形资产摊销，该手段在以前并未出现。

综上分析，新准则的颁布实施在总体上对遏制财务信息舞弊起到了积极的作用，操纵利润的上市公司数量明显减少，对于虚构收入这一主要手段虽比重有所降低，但仍需加以重视。此外对于个别新颖性舞弊手段也需监管部门不断地创新会计准则、审计准则，同时加强监管的力度来加以遏制。

（2）导致虚假资产负债表的主要舞弊手段

财务违规上市公司虚假其资产负债表，目的是掩盖其真实财务经营状况，通常通过虚构交易或隐瞒重大交易虚构资产和股东权益、虚减负债等手段实现。表 15 列示了被证监会和上交所、深交所处罚的上市公司资产负债表造假的主要手段。

表 15　上市公司资产负债表虚假的主要手段

舞弊手段		2002～2006 年（样本：351）		2007～2014 年（样本：201）	
		数量（家）	百分比（%）	数量（家）	百分比（%）
资产虚假	虚　增	32	9.1	7	3.5
	虚　减	16	4.6	3	1.5
负债虚假	虚　增	0	0	0	0
	虚　减	14	4.0	4	2.0
股东权益虚假	虚　增	5	1.4	1	0.5
	虚　减	3	0.9	0	0

从表 15 可以发现，在上市公司所采用的资产负债表虚假手段中，虚增资产是主要手段，其次是虚减资产和虚减负债，它们往往相互对应以提高上市公司的偿债能力指标。

2002～2006 年，采用虚增资产造假的上市公司高达 32 家（占 9.1%），其次是虚减资产（16 家，占 4.6%），虚减负债（14 家，占 4.0%），虚增股东权益（5 家，占 1.4%），还有 3 家公司（占 0.9%）采用了虚减股东权益的手段。2007～2014 年，资产负债表造假的上市公司数量明显减少，仍以资产虚假（10 家，占 5.0%）居多，其次为负债虚假（4 家，均为虚减负债），仅 1 家涉及股东权益虚假。

进一步分析发现：2002～2006 年资产造假中，以虚构银行存款最多

（12 家，占 3.4%），其次是虚构其他应收款（7 家，占 2.0%）和存货（6 家，占 1.7%），虚构在建工程、无形资产、固定资产和货币资金（均为 5 家，占 1.4%），还有个别虚构预付账款（1 家，占 0.3%），多数公司同时存在多种资产造假行为。虚减资产主要表现为银行借款不入账（8 家，占 2.3%）、虚构收回其他应收款（6 家，占 1.7%）、虚构收回应收账款（3 家，占 0.9%），还有个别虚减对外投资和应收账款（均为 1 家，占 0.3%）。虚减负债主要表现为银行借款不入账（8 家，2.3%）和虚减银行借款（6 家，占 1.7%），还有 2 家（占 0.6%）应付票据不入账。股东权益造假的主要手段包括虚构实收资本（4 家，占 1.1%）、已付股利未入账（2 家，占 0.6%）和虚减未分配利润（1 家，占 0.3%）等。

2007～2014 年虚增资产的 7 家上市公司中，以虚增银行存款（3 家，占 1.5%）和固定资产（2 家，占 1.0%）为主，其次是虚增在建工程和预付账款（各 1 家，占 0.5%）。虚减资产的 3 家公司分别为虚减其他应收款和银行存款以及虚构收回应收账款。虚减负债的 4 家公司中，3 家分别表现为应付票据不入账、虚减其他应付款和应支付的员工奖金和业务费用未入账，另 1 家同时采用了虚减负债和虚增股东权益的手段，系 2010 年被处罚的绿大地（002200），其 2008 年年度报告存在重大会计差错，对销售退回未进行账务处理，导致虚减了应付账款、虚增了未分配利润和盈余公积。资产负债表虚假主要手段具体分布如表 16 所示。

对比 2007 年新准则实施前后上市公司资产负债表造假的主要手段分布情况，可以看出被处罚的上市公司数量大有减少，这表明准则的变迁和监管力度的加大起到了明显有效的作用，在一定程度上遏制了上市公司资产负债表造假行为。

被处罚的上市公司数量大有减少，但虚增资产仍是上市公司资产负债表虚假的主要手段，尤以虚构银行存款为主。潍坊亚星（600319）、华阳科技（600532）、草原兴发（000780）等公司均存在虚构银行存款虚增资产的行为，这就需要相关监管部门和审计人员提高警惕，重视容易产生舞弊的高风险领域。

此外并未发现虚构存货、无形资产和货币资金等现象，且采用股东权益造假的公司也明显减少，仅有 1 家，可见这些财务信息舞弊手段在一定程度已被有效遏制，准则的变迁和监管力度的加大起到了一定的积极作用。

表 16 2002～2014 年上市公司资产负债表虚假主要手段分布

舞弊手段		2002～2006 年（样本：351）		2007～2014 年（样本：201）	
		数量（家）	百分比（%）	数量（家）	百分比（%）
资产虚假	虚构银行存款	12	3.4	3	1.5
	虚构其他应收款	7	2.0	0	0
	虚构存货	6	1.7	0	0
	虚构在建工程	5	1.4	1	0.5
	虚构无形资产	5	1.4	0	0
	虚构固定资产	5	1.4	2	1.0
	虚构货币资金	5	1.4	0	0
	虚构预付账款	1	0.3	1	0.5
	银行借款不入账	8	2.3	0	0
	虚构收回其他应收款	6	1.7	1	0.5
	虚构收回应收账款	3	0.9	1	0.5
	虚减对外投资	1	0.3	0	0
	虚减应收账款	1	0.3	0	0
	虚减银行存款	0	0	1	0.5
负债虚假	银行借款不入账	8	2.3	0	0
	虚减银行借款	6	1.7	0	0
	应付票据不入账	2	0.6	1	0.5
	虚减其他应付款	0	0	1	0.5
	虚减应付账款	0	0	1	0.5
	应付员工奖和业务费用未入账	0	0	1	0.5
股东权益虚假	虚构实收资本	4	1.1	0	0
	已付股利未入账	2	0.6	0	0
	虚减未分配利润	1	0.3	0	0
	虚增留存收益	0	0	1	0.5

但新准则实施后也出现了具有新颖性的手段，如虚减应付账款和其他应付款、虚减其他应收款以及虚增留存收益等，针对这些方面我们仍需不

断创新会计、审计准则，同时加大监管的范围和力度，只有不断改进、不断完善，才能最大程度遏制上市公司财务信息舞弊行为的发生，使资本市场健康、高效运转。

（3）导致披露不充分或虚假的主要舞弊手段分析

上市公司应当在其财务报表中公允反映其财务状况、经营成果和现金流量，同时在附注中对相关事项进行披露，以便使用者全面了解其财务情况。但是，披露不充分或虚假已经成为上市公司财务信息舞弊的重要手段。表17列示了被证监会和上交所、深交所处罚的违规上市公司披露不充分或虚假的主要手段。

表 17　上市公司披露不充分或虚假主要手段分析

舞弊手段	2002～2006 年（样本：351）		2007～2014 年（样本：201）	
	数量（家）	百分比（％）	数量（家）	百分比（％）
募集资金使用情况披露不实	17	4.8	3	1.5
隐瞒股权或资产质押、抵押	17	4.8	10	5.0
隐瞒对外担保	99	28.2	50	24.9
虚假披露对外投资	10	2.8	3	1.5
关联销售或采购披露不实	9	2.6	1	0.5
隐瞒法律诉讼	23	6.6	20	10.0
临时信息披露虚假	10	2.8	31	15.4
隐瞒关联关系、关联交易	129	36.8	89	44.3
隐瞒其他重大事项	115	32.8	138	68.7
定期报告披露虚假	5	1.4	10	5.0
虚假披露其他关联关系及交易	2	0.6	5	2.5

分析表17上市公司披露不充分或虚假的主要手段，在2007年以前以隐瞒关联关系、关联交易（129家，占36.8％）、隐瞒其他重大事项（115家，占32.8％）以及隐瞒对外担保（99家，占28.2％）为主要手段。其次是隐瞒法律诉讼（23家，占6.6％）、隐瞒股权或资产质押、抵押（17家，占4.8％）、募集资金使用情况披露不实（17家，占4.8％）、临时信息披露虚假和虚假披露对外投资（各10家，占2.8％）、关联销售或采购披露不实（9家，占2.6％），还有少数公司（5家，占1.4％）定期报告披露虚假以及虚假披露其他关联关系及交易（2家，占0.6％）。

2007 年新准则实施以后，涉及财务违规的上市公司数量整体上有所减少，可见准则的约束力起到了积极的作用。上市公司披露不充分或虚假的主要手段仍然是隐瞒关联关系、关联交易（89 家，占 44.3%）以及隐瞒其他重大事项（138 家，占 68.7%），尤以隐瞒其他重大事项居多，如隐瞒变更募集资金用途、股权转让、重大合同的签署、划拨资金以及生产经营情况的重大变化等事项，可见这两类舞弊手段具有一致性，短期内加以遏制较为困难。

相比 2007 年以前，募集资金使用情况披露不实（3 家，占 1.5%）、隐瞒股权或资产质押、抵押（10 家，占 5.0%）以及虚假披露对外投资（3 家，占 1.5%）的数量均有所减少，且隐瞒对外担保（50 家，占 24.9%）的数量相比之前也减少了，可见准则的变迁和监管力度的不断加大一定程度遏制了这些违规手段的发生。

但同时也出现了个别新颖性的违规披露手段，虚假披露相关临时信息的公司数量明显增多，虚假披露定期报告以及关联关系、关联交易的公司数量也有所增加，如 2014 年被证监会处罚的四海股份（000611）2012 年半年度报告涉及虚假披露货币资金使用情况，上交所 2012 年处罚的中恒集团（600252）和东贝电器（900956）以及 2013 年处罚的上海新梅（600732）均存在虚假披露关联关系、关联交易的行为。

（4）上市公司财务信息舞弊手段数量分析

通常情况是被处的上市公司财务信息舞弊行为同时包括多种手段。表 18 列示了被证监会以及上交所、深交所处罚的上市公司财务信息舞弊的数量情况。[①]

表 18　上市公司财务信息舞弊手段数量分析

财务信息舞弊手段数量	2002～2006（样本：351）		2007～2014（样本：201）	
	数量（家）	百分比（%）	数量（家）	百分比（%）
1 种	119	33.9	94	46.8
2 种	118	33.6	47	23.4
3 种	69	19.7	36	17.9

---

① 以网站公布的实际公告数统计。若一条公告中涉及多家上市公司，且财务信息舞弊手段数量不同，则每种数量统计一次。

财务信息舞弊手段数量	2002~2006（样本：351）		2007~2014（样本：201）	
	数量（家）	百分比（%）	数量（家）	百分比（%）
4 种	29	8.3	18	9.0
5 种	7	2.0	3	1.5
6 种及以上	12	3.4	3	1.5

从表 17 的处罚情况可以看出，仅采用 1 种和同时采用 2 种财务信息舞弊手段的上市公司最多，其次是同时采用 3 种和 4 种，同时采用 5 种或 6 种及以上的公司数量相对最少。整体来看，违规上市公司的数量随着采用的财务舞弊手段数量的增多而呈递减趋势。

进一步分析，在 2002~2006 年，同时采用 2 种以内舞弊手段的上市公司数量占总违规公司数量的一半以上，其中采用 1 种舞弊手段的公司有 119 家（占 33.9%），主要表现为隐瞒对外担保，采用两种舞弊手段的达 118 家（占 33.6%）。同时采用 6 种及以上舞弊手段的上市公司达 12 家（占 3.4%），均被证监会处罚。其中有三家公司同时采用了 9 种违规手段，分别是吴忠仪表（000862）、科龙电器（000921）和科达集团（600986）。

2007 年以后，上市公司仍以采用 1 种舞弊手段为主，高达 94 家（占 46.8%），同时采用 2 种或 3 种舞弊手段的公司数量均有所减少，分别为 47 家（占 23.4%）和 36 家（占 17.9%）。同时采用 6 种及以上舞弊手段的上市公司数量明显减少，其中 2011 年被证监会处罚的科达集团（600986）同时采用了 9 种财务舞弊手段。这些同时采用多种违规手段方式的出现，增加了相关部门查处舞弊的难度。同时也给监管部门提出警示，在日常监管过程中要特别关注存在某类财务舞弊行为的上市公司，因为其很有可能还隐藏着其他舞弊行为，这需要监管者提高警惕。

对比 2007 年新准则实施前后上市公司财务信息舞弊手段数量的变化，可以发现违规上市公司的数量大体保持一致，同时采用 2 种或 3 种舞弊手段的公司数量有所减少，准则的变迁对一部分上市公司财务信息舞弊行为起到了遏制作用。但同时采用 4 种及以上舞弊手段的上市公司数量仍相对较多，这在一定程度增加了查处财务舞弊行为的难度，同时也要求具备更高专业能力的审计师和监管者，在审计和监管过程中要提高警惕，重点关注容易导致信息披露错报的高风险领域。

3. 上市公司财务舞弊最初年限与被处罚年限间隔的分析

监管部门对发生财务信息舞弊的上市公司处罚越及时，其处罚效果就会越好。但是，并不是所有公司的财务信息舞弊行为都会及时暴露。由于从上市公司发生财务违规行为，到其初步暴露，监管部门开始调查，直到监管部门做出最终的处罚决定，这都需要一个过程，而且往往是一段较长的时间。舞弊行为越隐蔽，从首次发生舞弊到被监管部门处罚所需的时间就越长。表 19 列示了被证监会和上交所、深交所处罚的上市公司财务信息舞弊的第一年距被处罚的年限①。

表 19 　上市公司被处罚距第一年财务信息舞弊的年限分析（总样本：521）②

财务信息舞弊持续年限	2002～2006（样本：244）		2007～2014（样本：277）	
	数量（家）	百分比（%）	数量（家）	百分比（%）
0 年	18	7.4	20	7.2
1 年	78	32.0	64	23.1
2 年	49	20.1	49	17.7
3 年	27	11.1	38	13.7
4 年	24	9.8	31	11.2
5 年	18	7.4	20	7.2
6 年	14	5.7	12	4.3
7 年及以上	16	6.6	43	15.5

从表 19 上市公司财务信息舞弊第一年距被处罚的年限可以看出，2002～2006 年处罚的上市公司中，两者相距 1 年或 2 年的较多，合计达 127 家公司，有 18 家公司（占 7.4%）在违规行为初次发生的当年被处罚。相距

---

① 以公告数统计，若一条公告中涉及多家上市公司，则按最长年限统计。若为被处罚当年发生的舞弊行为，则持续年限为 0，以此类推。

② 此处统计上市公司财务舞弊被处罚距舞弊第一年的时间间隔，故以被处罚年份进行统计，即 2002～2006 年处罚了 244 个样本，2007～2014 年处罚了 277 个样本，分别计算百分比。

时间在 7 年及以上的公司达 16 家（占 6.6%），其中相距时间最长的高达
11 年，为 2006 年被证监会处罚的方大集团（000055），其在 1995 ~ 2003
年间一直存在虚构利润、虚构资产负债表等违规行为。

　　2007 年新准则实施后被处罚的上市公司中，财务信息舞弊第一年距
被处罚年限仍以 1 年或 2 年居多。但相距时间 7 年以上的公司高达 43 家
（占 15.5%），相比之前明显增多。相距时间最长的高达 20 年，系被深
交所处罚的汇源通信（000586），其在 1989 年隐瞒披露的相关重大事项
直至 2009 年才被处罚。其次是 2014 年被证监会处罚的河北宝硕
（600155），相距时间达 13 年，另有 1 家 2012 年被处罚的金城造纸
（000820）相距 12 年，相距年限为 10 年的公司也有 4 家。可见上市公司
采用的财务信息错报手段越来越隐蔽，这给监管部门和审计人员的查处
工作带来了更大的难度。

　　在被查处的上市公司中，很多公司的违规行为发生在 2007 年以
前，而在新准则实施后才陆续被调查和处罚。可见这些行为的隐蔽性，
需要监管者和审计师们不断提高专业技能和发现问题的洞察力和敏锐
度，此外，存在财务信息舞弊的公司被处罚的越及时，其处罚效果也
会越好。因此这也给准则制定者和监管部门以警示，需不断创新现有
准则、加大违规行为处罚的力度，同时对于一些新颖性的手段要格外
注意，对于容易发生财务信息舞弊的高风险领域，审计师和监管者们
需提高警惕，尽可能高效高质量地查处违规行为，保证资本市场健康、
有序地运行。

4. 财务舞弊上市公司各年度数量分布分析

　　根据手工收集的 2002 年以来由于财务信息舞弊被证监会和上交所、深
交所处罚的上市公司数量，以及 CSMAR 数据库中对 A 股和 B 股所有上市
公司上市日期的披露，本文通过手工处理统计出 2002 ~ 2014 年各年年末上
市公司总数，各年发生财务舞弊的上市公司数量占年末上市公司总数的比
重统计结果如表 20 所示。

　　为更直观看出 2002 年以来被证监会和交易所处罚的各年舞弊上市公司
数量变化趋势，如图 6 所示。

表 20　2002～2014 年发生财务舞弊的上市公司数量分布①

年　份	财务舞弊上市公司数量（家）	年末上市公司总数（家）	财务舞弊上市公司数量/年末上市公司总数（%）
2002	142	1316	10.8
2003	115	1383	8.3
2004	110	1483	7.4
2005	62	1498	4.1
2006	55	1564	3.5
2007	59	1690	3.5
2008	41	1767	2.3
2009	36	1866	1.9
2010	30	2215	1.4
2011	38	2497	1.5
2012	42	2651	1.6
2013	19	2653	0.7
2014	8	2778	0.3

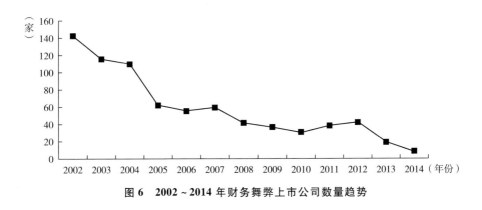

图 6　2002～2014 年财务舞弊上市公司数量趋势

　　由表 20 及图 6 清晰可见，从 2002 年开始，财务舞弊上市公司数量整

---

① 在进行统计时，不是以被处罚年份进行统计，而是以财务舞弊行为发生的年份进行统计。若财务舞弊行为持续一定年限，则持续期间的各年均统计一次，故 2002～2014 年财务舞弊上市公司数量之和大于 521。下同。

体呈下降趋势，2002 年财务舞弊上市公司数量最多（142 家），至 2014 年仅为 8 家。且从总体来看，2007 年以后涉及财务违规的上市公司数量明显比之前有所减少，尤其 2002～2004 年数量相对最多。究其原因：（1）由于上市公司财务违规行为从初步暴露到监管部门开始调查，直到最终被处罚需要一个过程，往往时间较长，很多财务舞弊的上市公司都是在其舞弊行为发生后几年才陆续被处罚，因而近几年违规上市公司数量减少可能是因为舞弊行为还未暴露或是虽已暴露但还未被处罚。（2）可能和 2007 年新准则的实施密切相关，结合之前对上市公司财务违规行为的分析可以看出，会计准则的变迁提高了整体信息披露质量，一定程度上遏制了上市公司财务舞弊行为。新颁布的会计准则初步形成了一个比较完整的体系，并逐步实现着与国际准则的趋同，同时进一步强化了提高会计信息质量、保护投资者和公众利益的理念，这一系列举措都能有效制约影响会计信息质量的行为，将会计信息质量保持在一定水平上。2007 年新准则的实施充分借鉴了国际会计准则的最新理念，并综合考虑了我国特殊的国际环境和会计发展，这在一定程度上限制了上市公司操纵利润的空间，而且近年来监管部门不断加大监管力度，加强监管，也有效遏制了财务违规行为，因而图 6 中显示新准则颁布实施后涉及财务信息舞弊的上市公司数量呈下降趋势。

5. 2002 年以来财务舞弊上市公司性质分析

本文根据手工收集的 2002 年以来因财务信息舞弊被证监会和上交所、深交所处罚的上市公司，并采用 CSMAR 数据库中对上市公司实际控制人性质的分类为依据，将所有财务舞弊上市公司划分为国有控股上市公司及非国有控股上市公司两种类型。与表 20 处理方法不同的是，在此我们按照上市公司名称统计，我们的统计结果如下：因财务信息舞弊被证监会和上交所、深交所处罚的上市公司共有 444 家①，除去 CSMAR 数据库中无对应控制人信息的公司 10 家，实际统计的上市公司总数 434 家，其中国有控股上市公司共 66 家（占 15.2%），非国有控股上市公司共 368 家（占 84.8%）。2002～2014 年各年具体分布情况如表 21 所示。

---

① 此处统计方法与上文不同，故样本数与上文不同。

表21 2002～2014年财务舞弊上市公司性质分布

年 份	国有控股上市公司（样本：66）		非国有控股上市公司（样本：368）	
	数量（家）	百分比（%）	数量（家）	百分比（%）
2002	27	40.9	178	48.4
2003	9	13.6	110	29.9
2004	6	9.1	104	28.3
2005	6	9.1	56	15.2
2006	5	7.6	50	13.6
2007	6	9.1	53	14.4
2008	5	7.6	36	9.8
2009	2	3.0	34	9.2
2010	0	0	30	8.2
2011	2	3.0	36	9.8
2012	3	4.5	39	10.6
2013	0	0	19	5.2
2014	0	0	8	2.2

由以上统计结果明显可以看出，因财务舞弊被处罚的上市公司中以非国有控股公司居多，且在2007年以后被处罚的公司较之前有所减少。究其原因，可能与我国新准则的颁布实施以及不断加强国有企业内部控制建设力度有关。2008年5月，财政部等五部委共同公布了《企业内部控制规范》给各企业的运转制定严格标准，在2010年4月又公布了《企业内部控制配套指引》，此项指引以防范风险、严控舞弊为中心，适应了中国企业实际发展情况，同时也汇入了国际领先的经验成果，可见不断加强企业内部控制建设显得尤为迫切。国资委出台的《国有企业内部控制框架》也探讨和研究了国有企业健全并完善内部控制系统、强化高效规避风险机制。随着国有控股公司的不断发展壮大，也会引发造假行为、财务报告不真实等违法违规行为，因此强化国有控股公司内部控制监督机制、提高其执行力度，这对有效遏制财务违规行为起着积极的作用。国有控股公司的不断改革与成长，实现着内控的完善化，因此也可能是导致统计结果的原因。

五　主要结论与政策建议

（一）主要结论

本文对我国近 13 年来证监会和交易所披露的财务信息舞弊的上市公司进行了统计分析研究。以 2007 年新实施的会计准则和审计准则为研究分界点，将样本公司分为 2002~2006 年和 2007~2014 年两个时间段做统计分析，通过对比新准则实施前后上市公司财务舞弊主要手段的变化，我们得出以下结论。

1. 上市公司财务信息舞弊主要领域研究结论

本文根据财务信息舞弊最终结果的主要表现形式将错报领域分成了三类，依次是披露不充分或虚假、利润虚假和资产负债表虚假。其中，涉及披露不充分或虚假的上市公司数量最多，披露不充分或虚假已成为上市公司财务信息舞弊的主要手段，且被处罚的上市公司多数只存在一种舞弊类型，表现为披露不充分或虚假，此外存在两种舞弊类型的上市公司主要表现为披露不充分或虚假以及利润虚假。

2. 上市公司财务信息舞弊主要手段研究结论

进一步研究上市公司财务信息舞弊领域的主要表现手段，分别研究虚假利润表、虚假资产负债表和披露不充分或虚假的主要手段，我们发现：

导致虚假利润表的主要手段是虚构收入和虚减费用，且虚构收入是利润虚假最主要的手段。新准则实施后，一定程度遏制了虚减费用、变更会计政策以及不恰当的合并报表实务等手法，且并未发现多计费用的手段。但同时也出现了一些具有新颖性的手段，如多计提摊销，可见仍需不断地创新准则并加以完善。

导致虚假资产负债表的主要手段为资产虚假、负债虚假和股东权益虚假，且多以证监会的处罚为主，其中以资产虚假为最主要手段。新准则实施后，并未发现虚构存货、无形资产和货币资金等现象，采用股东权益造假的公司也明显减少。但同时仍暴露出一些新的违规手段，如虚减应付账款和其他应付款、虚减其他应收款以及虚增留存收益等行为。

披露不充分或虚假是上市公司财务信息披露错报最常采用的手段，涉及的上市公司数量相比前两种手段也最多。以隐瞒对外担保、隐瞒关联关系和关联交易以及隐瞒其他重要事项居多，且 2007 年前后使用的最主要手段均为这三种。准则的变迁也有效遏制了一些错报手段，如隐瞒对外担保、募集资金使用情况披露不实、隐瞒股权或资产质押、抵押以及虚假披露对外投资的公司数量均有所减少。但同时虚假披露相关临时信息的公司数量明显增多，虚假披露定期报告以及关联关系、关联交易的公司数量也有所增加，这些都需要准则的创新和监管力度的加强来不断加以制约。

关于上市公司财务信息舞弊涉及的手段数量，我们的研究发现仅采用 1 种和同时采用 2 种财务信息舞弊手段的上市公司最多，其次是同时采用 3 种和 4 种，同时采用 5 种或 6 种及以上的公司数量相对最少。新准则实施后，同时采用 2 种或 3 种错报手段的公司数量有所减少，但同时采用 4 种及以上舞弊手段的上市公司数量仍相对较多，最多的同时采用了 9 种舞弊手段。

3. 上市公司财务信息舞弊最初年限与被处罚年限间隔的研究结论

本文统计了上市公司财务信息舞弊第一年距被处罚的年限，分析得出新准则实施前两者相距 1 年或 2 年的较多，但一些公司的违规行为并未及时发现，直到 2007 年新准则实施以后才陆续被查处，因而 2007 年以后被证监会处罚的公司中相距 7 年以上的公司明显增多，最长年限高达 20 年。可见一些舞弊行为的隐蔽性，尤其需要监管者和审计师不断提高专业技能和发现问题的洞察力、敏锐度，及时发现可能存在的财务违规行为。

4. 财务信息舞弊上市公司各年度数量分布及性质的研究结论

本文统计了自 2002 年以来因财务舞弊被证监会和交易所处罚的上市公司数量分布情况及性质，分析发现从 2002 年开始，财务舞弊上市公司数量整体呈下降趋势，且从总体来看，2007 年以后涉及财务违规上市公司的数量明显比之前有所减少，尤其 2002～2004 年数量相对最多，且财务舞弊上市公司中以非国有控股公司居多。分析得出会计准则的变迁提升了整体财务信息质量，一定程度遏制了上市公司财务舞弊行为的结论。

(二) 政策建议

1. 财政部及注册会计师协会制定会计准则、审计准则的建议

法制建设不仅有利于完善我国会计信息质量和审计制度，推动会计和审计事业向前发展，也是坚持依法处理会计工作，实现各项工作规范化的需要。因此需通过不断对相关准则的完善来加强立法，明确资本市场主体、相关执业规范以及管理模式等，以防止准则实施主体行为的随意性，建立一套规范完整的法律法规体系。

会计准则作为规范会计工作的基本工具，对开展会计工作起到了监督指导作用。2007年实施的新会计准则实现了一次重大的会计改革，对会计要素、计量等方面进行了深层次的完善，对规范会计秩序、不断与国际接轨有着里程碑的意义。

通过分析可知，在贯彻执行新准则的同时，相关会计人员要对可能引起财务信息披露错报的领域格外关注，提高财务信息披露质量，以避免财务信息错报行为发生：(1) 针对利润表的编制应尤其注意收入的确认是否真实、合法，警惕采取任何手段虚构收入行为的发生；(2) 针对资产负债表的编制应重点关注资产的披露是否真实，是否存在虚增资产的财务造假行为；(3) 财务报表附注中对相关信息的披露应做到充分、真实，尤其注意关联方之间的重大事项披露是否及时准确等。财务人员应严格按照准则的规定执行日常会计工作，并不断总结经验，对在执行会计制度中的意见和建议及时向财政部门反馈。财政部门也应重视企业的执行情况，保证会计准则与其他相关规定的相互协调及衔接，并对可能存在的有待改进的问题及时归纳汇总，以备在准则修订过程中充分考虑到存在的问题，使准则体系不断趋于完善化，使之能更好地服务于各相关方利益。

注册会计师审计准则是一套规范的基本准则体系，顺应我国社会主义市场经济进程要求和国际发展大势的需要。2007年实施的新审计准则有利于更好地提升我国注册会计师行业整体水平，对如何应对执业过程中遇到的问题具有指导借鉴作用。

注册会计师在审计实践中，应以准则的规定为指导，理解其中精髓和内涵，并将风险导向审计的思想运用到实践中以更好地提高审计质量、降

低审计风险：（1）在对被审计单位审计时，注册会计师应时刻保持高度谨慎态度，勤勉尽责履行职责，还应重点关注财务报告的信息内容是否可靠，保证出具的审计报告客观真实，避免失败案件的发生；（2）注册会计师对准则运用过程中遇到的问题也要积极总结，并反馈给财政部门、注册会计师协会等相关部门，为完善准则的制定提供宝贵建议，监管部门在制定准则的同时也应充分考虑可能存在的有待改进的地方，不断完善审计准则以便更好顺应现代化经济社会的发展要求。

2. 对中国证监会、证券交易所的政策建议

中国证监会是最主要的信息监管机构，其具有的权力既广泛又权威。证监会在行使监管权时应协同交易所一起，充分利用交易所收集信息的便利性，保留其对上市公司直接监督的权力，并对一些有重大违规嫌疑的公司重点检查，在交易所未能有效行使职能时履行其权力。通过与交易所的协调合作，更好地履行维护资本市场稳定的职责。对于证监会的监管重点：（1）可以侧重于宏观方面，并通过交易所自律监管间接监管，证监会应制定信息披露等方面的规章制度，通过交易所的自律性保证披露的真实有效，保护投资者利益。（2）在执法力度上，证监会也应严肃查处证券市场中存在的违法违规行为，提高信息披露质量，降低可能存在的信息披露错误风险，对审计异常的会计师事务所应严肃处理，加大经济制裁的力度，并对个别严重违规的人员予以特别处理。证监会与证券交易所相互协调配合，更好地维持证券市场稳定秩序。

作为密切连接投资者和上市公司的纽带，证券交易所的监察部门通过管控系统对证券交易实时监督控制，并对发现的异样情况及时汇报，协助有关部门查处证券交易中的违法违规行为，更好地规避市场风险，保证市场公平正义。证券交易所的监管相比证监会更为灵活，因此在监管实践中应与证监会相互配合，更好地利用自身监管特点采取丰富灵活的手段，以适应复杂多变的市场环境。例如目前证券交易所多采用口头或书面警示等监管方式，较少涉及取消交易资格、会员资格等较为严厉的手段，今后可以采用此类措施相互配合，创新监管方式使之更灵活有效。此外，还可以在制度层面统筹规划现有的监管措施，使其更具层次性，保证监管工作舒畅有序地执行，还能对广大投资者起到宣传教育的积极作用。同时，知识的更新是必不可少的，监管人员要不断创新金融、证券等相关领域的知识，灵活掌握制度的运用，更好地规范证券市场健康、有序、高效的运作。

3. 对独立董事及其审计委员会的政策建议

独立董事作为董事的一员，不仅具备普通董事所具有的权利和义务，而且为保证其功能的发挥，独立董事还具备不同于内部董事的一些权利和义务，如关联交易审查权等特殊权利。对于审计委员会中有财务背景的独立董事应具备独立审查权，核查财务报表的真实性，对可能引起财务信息错报的领域重点关注，如收入、资产等的披露是否真实有效，相关事项的披露是否及时公允，而非仅仅听取管理层的介绍。这种实质性的审查义务可以保证公司财务信息更加真实有效，提高财务信息质量，一定程度对遏制财务信息错报起到了积极有效的作用。此外，独立董事在审查管理层的提议及报告时，也应符合基本的规则程序，掌握充分的信息、采用集体讨论等方式，要严格按照程序行事，保证每一环节都能客观、公正地进行，以防财务错报现象的发生，减少财务风险。

董事会下设的审计委员会在整个财务报告过程中享有非常重要的地位，其对财务报告起到了最终监督作用，对确保财务信息的真实准确、防范财务信息违规错报具有重要作用。因此要加强审计委员会的独立性，一般要求成员均由外部董事组成，且多数为独立董事，监督公司的运营情况和管理层的表现。独立董事需具备相关专业知识，要能够独立处理可能遇到的问题并充分意识到其责任的重要性，且有足够时间投入其中。一般而言，审计委员会具有如下优势：（1）增强外部审计员与董事会的交流；（2）最优利用可使用的有限监督资源；（3）提高董事会的金融财会知识水平；（4）能够更好地准备会议事宜；（5）增强外部审计员的独立性；（6）增加董事会获得信息的途径；（7）促使董事会更加注重提高监督质量。因此，应充分利用审计委员会的优势，在财务信息质量上更好地发挥其监督职能，尽可能降低财务风险，遏制财务信息错报行为。

4. 对会计师事务所及其注册会计师的建议

为提高事务所及其审计人员工作质量，减少审计失败的发生，会计师事务所应不断强化组织自律监督，对审计质量加强管控。

（1）要明确会计师事务所的职责分工

为有效解决会计师事务所的管理层级设置问题，相关职责分工安排应明确。要根据自身发展特点不断调整组织构架，人员组成上应层次适当、责任明确，使之适应事务所的规模、业务发展特征等，以达到有效控制的目的。在信息传递过程中，传递层次过多不利于上下级的沟通，信息失真性的风险也会增大，决策也会缺乏灵活性。因此应根据事务所的规模选择适宜的层次体系，保证传递信息的质量，降低可能导致财务信息错误的风险。

（2）要建立会计师事务所质量控制制度

任何管理活动都离不开规范的制度体系，质量控制制度就是针对事务所的日常经营活动而规定的。为保证注册会计师的工作质量满足审计准则的要求，会计师事务所对审计人员的执业能力也应有更高要求，因为注册会计师对审计工作质量的影响非常大，需要一批高素质的审计人才。注册会计师在审计工作中除要保持较高的专业技能水平减少因计算差错带来的审计失败外，还要时刻持有职业谨慎态度，勤勉尽责履行职责，对审计程序的执行应做到充分、适当，不能遗漏必要的审计程序以避免审计失败，此外对被审计单位财务报告的审查也应重点关注可能存在重大错报的高风险领域，尽可能降低审计风险。同时还要定期组织内部培训工作，加速审计人员知识的更新，使其能掌握先进的审计方法、运用先进的审计工具，在执业过程中提高审计效率和效果，降低审计风险和失败，更多地发现和纠正财务信息错报行为。

（3）要强化对被审计单位利润真实性审计

鉴于本文第四部分对上市公司财务信息披露错报的领域和手段分析，注册会计师应格外注重财务信息披露的真实性，并强化实施充分、必要的审计程序。在审计过程中应重点关注以下情况：被审计单位是否存在虚构销售业务从而虚构收入的情况，尤以异常、大额业务为主；有无虚减费用、虚构投资收益的情况；资产减值准备是否计提以及计提是否恰当等情况。此外，对银行存款、其他应收款、存货等资产的审计是否真实公允，还应专项审查诸如银行借款不入账和实收资本记录真实性的情况。

由上文的分析可以看出，一家上市公司存在的财务报表错报行为通常不止一种，而是发生在多领域的，且其财务违规行为只有在被监管部门查处时才会停止。因此这也对会计师事务所和注册会计师提出了更高的要求，在整个审计工作中要保持高水平的职业谨慎态度，善于发现，敢于怀疑。由于披露不充分或虚假、虚构交易和事项，既具有隐蔽性特征且缺乏清晰的审计线索，又在管理层的掩盖之下，由此加大了审计的难度，增加了审计风险，容易导致审计失败。因此审计师应重点关注容易引起错报风险的相关重大交易和事项，保持职业质疑态度。鉴于上市公司财务错报手段和领域的多样性，注册会计师在审计过程中对发现的违规行为应作为其他线索的信号，追加必要审计程序以重新评估，而非独立的事件处理。只有这样审计工作的质量才能得以保证，审计风险和失败的概率才能降到最低。

参考文献

［1］ Albeeht, W. S., G. W. Wemz, and T. L. Williams. *Fraud*：*Bring the Light to the Dark Side of Business*. New York Irwin Inc. 1995.

［2］ Bell, Timothy B., and Joseph V. CaCeello. A Decision Aid for Assessing the Likelihood Fraudulent Financial Reporting. *Auditing*, Spring. 2000.

［3］ Giner, B., William Rees, A Valuation Based Analysis of the Spanish Accounting Reforms. *Journal of Management & Governance*, 1999, (3)：31 – 48.

［4］ Bologna, G. Jack, and Robert J. Lindguist. *Fraud Auditing and Forensic Accounting*：*New Tools and Techniques*. John Wiley & Sons, Inc. 1995.

［5］ Bologna, G. Jack, Robert J. Lindquist, Joseph T. Wells. *The Accountant's Handbook of Fraud and Commercial Crime*. John Wiley & Sons Inc, 1993.

［6］ Carcello, J. V. A. Vanstraelen, M. Willenborg. Rules Rather than Discretion in Audit Standards：Going – Concern Opinions in Belgium. *The Accounting Review*. 2009, 84 (5)：1395 – 1428.

［7］ Mulford, Charles W., and Eugene E. Comiskey, *The Financial Numbers Game*：*Detecting Creative Accounting Practices*. John Wiley & Sons, Inc. 2002.

［8］ Defond, M. L., T. J. Wong, Shuhua Li. The Impact of Improved Auditor Independence on Audit Market Concentration in China. *Journal of Accounting and Economics*, 2000,

28：269 - 305.

［9］ Francis, J., K. Schipper, Have Financial Statements Lost Their Relevance? *Journal of Accounting Research*, 1999, (3)：319 - 352.

［10］ Forker, J. J. Corporate Governance and Disclosure Quality. *Accounting and Business Research*, 1992, 22 (86)：111 - 124.

［11］ Sami, H., H. Zhou. Do Auditing Standards Improve the Accounting Disclosure and Information Environment of Public Companies? Evidence from the Emerging Markets in China. *International Journal of Accounting*, 2008, 43：139 - 169.

［12］ Ammer, John Nathanael Clinton and Greg Nini, Accounting Standards and Information：Inferences from Cross - Listed Financial Firms. *International Finance Discussion Papers*, 2005：16 - 24.

［13］ Wells, Joseph T. Irrational Ratios. *Journal of Accountancy*, 2001, August.

［14］ Summers, S. L. & J. T. Sweeney. Fraudulently Misstated Financial Statements and Insider Trading：An Empirical Analysis. *The Accounting Review*, 1998, 6：131 - 146.

［15］ Willekens, M., D. A. Simunic. Precision in Auditing Standards：Effects on Auditor and Director Liability and the Supply and Demand for Audit Services. *Accounting Business Research*. 2007, 37 (3)：217 - 232.

［16］ 程仲鸣：《我国创业板上市公司监管体系构建的思考》，《经济研究参考》2010 年第 52 期。

［17］ 郜进兴、林启云、吴溪：《会计信息质量检查：十年回顾》，《会计研究》2009 年第 1 期。

［18］ 管新成：《上市公司财务报告舞弊透析》，《会计之友》，2007。

［19］ 贺志东：《新旧会计准则差异比较》，机械工业出版社，2008。

［20］ 蒋海燕、谢柳芳：《新准则下上市公司会计信息披露监管探析》，《财会研究》2010 年第 22 期。

［21］ 李春洋：《新审计准则对提高审计质量的理论分析》，《经营管理者》，2011，第 233 页。

［22］ 黎明、卢婷婷：《会计准则变迁前后会计信息价值相关性研究》，《中国会计学会高等工科院校分会 2010 年学术年会论文集》，2010。

［23］ 吕建路：《落实新审计准则，提高审计质量》，《会计之友》2011 年第 12 期。

［24］ 梁杰、韩放、姜兴利、赵江涛：《基于审计准则变迁的市场反应考察——来自沪市 A 股上市公司的经验证据》，《财会月刊》2012 年第 10 期。

[25] 刘美华：《构建我国上市公司会计监管体系的设想》，《财政监督》2009 年第12 期。

[26] 李秋蕾：《我国上市公司会计舞弊监管制度研究——基于会计舞弊预警、识别和处罚制度》，天津财经大学，2012。

[27] 李若山、金彧昉、祁新娥：《对当前我国企业舞弊问题的实证调查》，《审计研究》，2002，第 17 ~ 22 页。

[28] 梁爽：《从公司治理角度看新会计准则对会计信息质量的影响》，《财经界》2010 年第 4 期，第 157 ~ 159 页。

[29] 李心合：《企业内部控制基本规范导读》，大连出版社，2008。

[30] 刘星、刘伟：《监督，抑或共谋？——我国上市公司股权结构与公司价值的关系研究》，《会计研究》2007 年第 6 期。

[31] 刘志亮：《新会计准则下上市公司财务舞弊的现状及治理建议》，《财经界》2013 年第 1 期。

[32] 漆江娜、罗佳：《会计准则变迁对会计信息质量价值相关性的影响研究——来自中国证券市场 1993—2007 的经验证据》，《当代财经》2009 年第 5 期。

[33] 孙爱霞：《浅谈新会计准则实施对会计信息质量的影响》，《现代商业》2011 年第27 期，第 228 ~ 229 页。

[34] 申根、车夫：《中国准则会计师执业准则重点难点解析》，大连出版社，2006。

[35] 沈烈、张西萍：《新会计准则与盈余管理》，《会计研究》2007 年第 2 期，第52 ~58 页。

[36] 唐建华：《新审计准则体系与风险导向审计思想》，《中国注册会计师》2010 年第12 期，第 37 ~ 41 页。

[37] 唐跃军：《大股东制衡、违规行为与外部监管——来自 2004—2005 年上市公司的证据》，《南开经济研究》2007 年第 6 期。

[38] 吴建忠：《论证券交易所对上市公司信息披露的监管》，华东政法大学，2013。

[39] 吴磐竹：《我国会计准则体系下财务舞弊的空间剖析》，《合作经济与科技》2011 年第 8 期。

[40] 王淑玲：《财务舞弊的手段与治理方法分析》，《现代商业》2012 年第 10 期。

[41] 王亚卓、莫桂莉：《新会计准则变化点及案例说明》，企业管理出版社，2010。

[42] 吴越、马洪雨：《证监会与证券交易所监管权配置实证分析》，《社会科学》2008 年第 5 期。

[43] 徐海泉：《小议新会计准则实施对提高企业会计信息质量的作用》，《中国会计

报》2010 年第 11 期。

[44] 向锐、李琪琦：《公司治理环境与自愿设立审计委员会——基于中国上市公司的经验证据》，《山西财经大学学报》2010 年第 12 期。

[45] 谢永珍、王维祝：《中国上市公司两职设置与公司治理绩效关系的实证分析》，《山东大学学报》2006 年第 1 期。

[46] 许真真：《新审计准则对审计质量的影响》，《现代商业》2011 年第 7 期。

[47] 阎长乐：《上市公司的会计舞弊分析》，《管理世界》2004 年第 2 期。

[48] 余海宗、袁洋：《财务报表舞弊、监管处罚倾向与审计师责任——基于中国证监会处罚公告的分析》，《中国经济问题》2011 年第 5 期。

[49] 袁小勇：《虚假财务报告研究——识别、侦查、治理》，经济管理出版社，2006；姚雪玉：《浅谈内部审计人员的素质要求》，《现代商业》2012 年第 5 期。

[50] 朱慈蕴等：《公司内部监督机制》，法律出版社，2007。

[51] 张军、沈佳坤：《我国会计信息质量的演变——基于会计信息质量检查和新会计准则的分析》，《现代管理科技》2012 年第 4 期。

[52] 张明：《财政部门的会计监管提升策略》，《齐鲁论坛》2014 年第 6 期。

[53] 张圣利：《新的审计准则提高了审计质量吗——新审计准则实施三年来的经验证据》，《山西财经大学学报》2011 年第 8 期。

[54] 张薇：《准则变迁对审计意见购买动机影响的实证分析》，《财会月刊》2010 年第 4 期。

[55] 赵保卿：《我国注册会计师行业自律监管模式研究》，经济科学出版社，2012。

[56] 张继德、栾艳辉：《我国企业财务报告舞弊的成因和防范——以华沐通途信息披露 "疏忽" 为例》，《会计之友》2013 年第 11 期。

[57] 朱锦余、高善生：《上市公司舞弊性财务报告及其防范与监管——基于中国证券监督委员会处罚公告的分析》，《会计研究》2007 年第 11 期。

[58] 赵学平：《谈新审计准则实施对审计风险管理的影响》，《中国外资》2011 年第 7 期。

[59] 朱晓琼：《提升企业财务人员素质的途径》，《山西财税》2013 年第 9 期。

[60] 翟英敏：《上市公司财务舞弊手段剖析》，《商场现代化》2006 年第 10 期。

[61] 张志：《从新审计准则看风险导向审计的新变化》，《中国乡镇企业会计》2007 年第 4 期。

经营租赁、内部控制与融资风险

陈　红　雨田木子

（云南财经大学会计学院）

【摘　要】大量上市公司滥用表外融资手段的实例说明研究如何规范经营租赁十分必要。经营租赁作为企业经营活动的事项之一，如何从企业内部对其进行规范必然涉及对企业内部治理机制的研究。基于融资风险视角，本文选取 2010～2012 年 A 股上市公司的样本，实证研究发现：一方面，在承租期内，存在经营租赁行为的企业面临着较大的融资风险；另一方面，在引入内部控制变量后，融资风险显著下降，说明内部控制作为一种内部治理机制，在企业的风险管控过程中确实存在积极作用，特别是，有效的内部控制可以通过对经营租赁产生规范作用，从而降低融资风险。

【关键词】经营租赁　表外融资　融资风险　内部控制

一　引言

随着我国市场经济的日益发展，外部环境的复杂性和不确定性为企业运营带来不可避免的随机性和风险性。近些年来，由于融资风险控制不当致使企业蒙受巨大损失的事件屡见不鲜，对社会和经济都造成了极大的负面影响。例如长航油运涉嫌将实际上的融资租赁作为经营租赁计入表外，形成巨额的表外负债，大量的负债无法偿还，长航油运对融资风险的无力管控使得企业连年巨亏，最终成为我国第一家从 A 股退市的央企。长航油运的问题再次引发学术界对经营租赁的关注。

在西方发达国家中，租赁以重视资产使用权的特征优势成为经济社会中重要的组成部分。已有研究表明，经营租赁有其合理的财务动机，如利用租赁双方的税率差共享租赁节税收益、帮助股权结构集中的公司分散风险、减小信息不对称成本和委托代理成本、利用租赁资产本身的可收回性为面临财务困难的公司融资提供便利等（Smith & Wakeman，1985；Sharpe & Nguyen，1995；Eisfeldt & Rampini，2005）。国际会计准则理事会（IASB）和美国财务会计准则委员会（FASB）于 2010 年 8 月 17 日联合发布了《征求意见稿——租赁》（以下简称"征求意见稿"），对于承租人，租期一年以上的租赁均需计入资产负债表，不再区分融资租赁和经营租赁，建立单一的租赁会计处理方法，充分体现了经营租赁表内化的趋势。而我国现行会计准则仍将经营租赁作为财务报表附注的披露事项。基于会计准则国际趋同的现状，对于经营租赁是否应该表内化的研究十分必要。那么，经营租赁作为一项典型的表外融资项目，究竟应该如何权衡其利弊，其与融资风险的相关性又如何，是经营租赁相关研究的重点。

　　大量上市公司滥用表外融资手段的实例说明研究如何规范经营租赁十分必要。作为企业的经营活动事项之一，如何从企业内部对其进行规范必然涉及对企业内部治理机制的研究。两权分离是现代企业组织的基本特征，这导致了管理层和股东，管理层和债权人之间的利益冲突，例如，作为股东的代理人，管理层有动机投资于风险更高的项目，因为股东希望借助杠杆化增加收益波动性，尽管这样可能导致债权价值的下降。而在不完全契约条件下，除了公司治理机制，内部控制也是有效缓解这些冲突的机制。美国 COSO 在 1992 年的《内部控制——整合框架》中明确提出：内部控制是保证企业经营的有效性和效率、财务会计报告信息可靠性、符合所适用的法律和法规的一个过程，属于企业自发行为。美国安然事件催生了美国 Sarbanes - Oxley 法案的出台，促使内部控制由自发性治理机制发展为监管机构强力推进机制。现如今，内部控制在实务中已经成为西方发达国家提高企业治理效率的重要手段，在国际上的研究日渐成熟。我国也在日益健全完善企业的内部控制；2011 年五部委联合发布了《关于做好上市公司内部控制规范试点有关工作的通知》，并要求自 2012 年起主板上市公司必须执行《企业内部控制基本规范》及配套指引，使得企业内部控制评价形成了全面的体系，企业披露的内部控制信息质量逐步提高，企业真实的内部控制状况得以较大程度的体现。随着内部控制的践行，委托人越来越能了解公司的财务状况和经营成果，从而降低信息不对称性，这有助于激励、制约和监督管理层的生产经营行为（李万福等，2010）。内部控制作为一种全面、科学的管理机制，作用于企业经营活动的各个环节、企业机构的各个方面，使得企业能够健全发展。

基于以上考虑，本文从融资风险视角出发，在搜集整理文献的基础上，探讨内部控制对经营租赁的规范作用。在选取 2010 ~ 2012 年 A 股上市公司的相关数据进行实证检验后发现：在承租期内，存在经营租赁行为的企业面临着较大的融资风险，且经营租赁金额越高面临的融资风险越大。另外，在引入内部控制后，融资风险显著下降，说明内部控制作为一种内部治理机制，在对企业的风险管控过程中确实存在积极作用，特别是，有效的内部控制可以通过对经营租赁产生规范作用，从而降低融资风险。

二 文献回顾与研究假设

（一）经营租赁与融资风险的关系

经营租赁作为典型的表外融资手段，从企业内部的角度看，其形成的不可撤销合约中规定了企业未来款项的支付义务，承租人在获得资产使用权的同时，形成负债义务，在未来期间内是否能按合约偿还租金的不确定性即使企业承担融资风险；此外，根据有限理性理论，决策者只能选择最满意而非最优方案。承租方是否签订经营租赁合约是一项现时决策，一旦签订，租赁合约期内都必须支付租金，经营租赁的合约期限一般在 3 年以上。如果企业由于未来经济活动发生改变导致经营租赁决策不当，则会引发经营租赁的违约风险。从企业外部的角度来看，经营租赁行业的监管尚无统一的标准，对其监管不力也是风险产生的一大诱因。经营租赁物的价值一般都较高、租赁数额较大，期限也较长，那么我国会计准则的变化、宏观调控政策的变动也会对经营租赁业务本身、未来最低付款额等产生影响，这些都是企业在签订经营租赁合同时必须承担的风险。

企业在财务报表附注中所反映的经营租赁，可能是企业进行以下活动的结果：一是企业自身经营的需要。根据权衡理论对企业最优资本结构的研究，在一定条件下，企业可以根据自身边际所得税率的高低调整债务融资比率，从而享受较高的节税收益。而在租赁市场完全竞争的条件下，出租人的边际税率大于承租人的边际税率时，出租人和承租人同样能共享节税收益，此时租赁融资决策优于债务融资决策（Miller & Upton，1976）。实务中，一方面，租赁业务本身就是经济社会发展的产物，企业以经营租赁的方式获得设备、厂房等的使用权以进行日常生产经营。例如远洋、航空运输以及制造业等，由于行业的特殊性，经营租赁更是此类企业常见的业务。另一方面，在银行借贷、商业信用等融资手段受限时，企业也可以通过经营租赁达到筹资的目的，其作为一种容易达成的融资途径能有效缓解宏观环境下融资困难的现状（陈红，2014）。二是管理层采取的手段。基于委托代理理论，由于所有者和管理者面对不同的利益目标，可能引发管理者的道德风险和逆向选择等问题，从而损害股东利益。那么，作为表外融资方式之一的经营租赁同样也可能沦为管理层操纵企业的工具。已有研究表明，经营租赁在当前的租赁会计准则下确实是一种真实活动盈余管理行为（陈林，2013）。例如，管理当局利用准则漏洞，将融资租赁（现行会计准则要求对融资租赁确认租赁资产和租赁负债）作为经营租赁核算，该项负债表外化，降低了报表上企业的资产负债率，达到操纵报表，欺瞒报表使用者的目的。

融资风险是企业在融资活动中，由于各种不确定性因素的作用，使企业融资活动的预期结果与实际结果产生的差异（高健，2006）。在我国现行准则体系下，表面上看，经营租赁表外披露的形式既不列报资产也不列报负债，报表附注要求披露的信息反映了企业作为承租人，经营租赁产生的未来款项支付义务，可以说，其性质类似于长期债务（陈红，2007）。虽然这种融资方式并没有增加资产负债表中的负债金额，但承租人在租赁期内，通过向出租人支付一定租金的方式，获取的仅仅只是租赁资产的使用权，租赁资产的所有权仍属于出租方，这实际上是企业作为承租方形成了一项负债，并通过表外融资的形式达到获取资产使用权。因此，企业因自身经营需要发生经营租赁业务时，实际上是一种表外融资行为，该事项的实质是形成一项长期负债，而由于未来的各种不确定性，自然会产生一定的融资风险；并且，对于第二种可能，管理层通过经营租赁将负债表外化，实质上也只是融资风险从表内向表外的转移，并不意味着企业不存在与该项业务相关的融资风险。汪平（2007）认为，融资风险是由于企业使用了负债而给普通股股东增加的风险。换言之，融资风险产生的基本原因就是企业在生产经营过程中运用负债，使用负债越多，融资风险越大；不使用负债，则没有融资风险。对于存在经营租赁业务的上市公司，经营租赁金额越大，说明承租方形成的长期负债金额越大，则该项隐形负债带来的融资风险可能越大。据此，笔者提出假设1和假设2。

H1：基于承租人视角，在其他条件不变的情况下，经营租赁业务与企业融资风险正相关。

H2：基于承租人视角，在其他条件不变的情况下，经营租赁金额与企业融资风险正相关。

（二）经营租赁及内部控制与融资风险的关系

由于金融机构的高杠杆和资产的非透明度加之信息不对称的存在，使得管理层有动机和条件进行风险转移（risk shifting），其结果是贷款组合的整体风险增加，转移源于股东与债权人之间的利益冲突（Kahn & Winton, 2004）。作为股东的代理人，管理层有动机投资于风险更高的项目，因为股东希望借助杠杆化增加收益波动性，尽管这样可能导致债权价值的下降。两权分离是现代企业组织的基本特征，这导致了管理层和股东、管理层和债权人之间的利益冲突，为了避免代理人侵害所有人的利益，所有者一般会采取两种措施：一是设计一种可以激励代理人按照经纪人利益最大化原则行事的制度对代理人进行监督和控制；二是要求代理人不侵害所有人的利益，并在侵害行为发生时对所有人给予补偿。两种措施的实行都会导致监督成本和约束成本，构成代理成本。在不完全契约条件下，内部控制成为有效缓解这些冲突并降低代理成本的有效机制。根据 COSO 在 1992年的《内部控制—整合框架》中对内部控制的定义，内部控制是保证经营的有效性和效率、财务报告可靠性、符合使用的法律和法规的一个过程（中国上市公司协会，2012）。随着内部控制的践行，委托人越来越能了解公司的财务状况和经营成果，从而降低信息不对称性，这有助于激励、制约和监督管理层的生产经营行为（李万福等，2010）。

　　COSO 内部控制框架认为，内部控制系统由五个要素构成，分别是控制环境、风险评估、控制活动、信息与沟通和监督，它们取决于管理层经营企业的方式，并融入管理过程本身。在企业实际经营的过程中，内部控制可以从上述五要素的层面对经营租赁产生规范化的作用：（1）控制环境。控制环境包括企业文化和价值观、领导者的风格、组织结构和权责分配等，为其他要素发挥作用提供客观条件，并在不同程度上对其他要素产生一定影响，控制环境是内部控制的基础。识别控制环境，才能明确经营租赁是在何种客观环境中存在的，以及可能对经营租赁行为造成的影响。（2）风险评估。对影响企业经营租赁可能引发的各种风险因素进行识别，并分析判断这些因素的重要程度。分析这些因素对企业的财务状况会造成多大影响，以及对企业整体财务目标的影响程度。对于经营租赁可能引发的融资风险的评估应该是一个持续性和重复性的活动。（3）控制活动。在对经营租赁可能引发的融资风险进行风险评估的基础上，根据评估结果制定相应的应对风险的方案，对于经营租赁可能产生的融资风险，可以采取风险回避、风险降低、风险对冲和风险接受等控制对策。（4）信息与沟通。有关经营租赁及其融资风险的信息与沟通不仅体现在企业内部各个层级之间的及时收集和相互交流，以便评估和控制风险，还包括对外部环境信息的掌握，例如宏观经济环境的改变、政策调整等，要及时更新信息使得企业可以及时调整目标以应对风险。（5）监控。内部控制要求企业对控制活动进行持续的自我监控，从而更迅速地识别可能产生的问题，及时做出改进。

　　基于上述分析，在企业运营过程中，有效的内部控制一方面通过强化组织结构设置，对经营租赁相关程序的实施进行控制与内部审计，从而防范管理层利用经营租赁进行报表操纵，降低其进行盈余管理的意愿及可能性，使企业真实的盈余管理水平符合预期。并且，内部控制通过风险管理可以有效降低企业经营的不确定性，减少经营租赁可能引发的融资风险。内部控制作为一种全面、科学的管理机制，作用于企业经营活动的各个环节和企业机构的各个方面，使得企业能够健全发展。我国企业内部控制制度仍然处于初步建成阶段，有待进一步完善。上述对内部控制是否能够切实体现对经营租赁的规范作用仅仅是理论分析，但在具体实践中，上市公司内部控制的作用是否能有效发挥，是否能对经营租赁加以约束，从而抑制融资风险仍待检验。据此，我们提出假设3。

H3：有效的内部控制可以规范企业的经营租赁行为，从而降低企业的融资风险。

三 研究设计

(一) 样本选择

本文以2010~2012年沪深两市A股上市公司为主要研究对象，并按照以下标准对样本进行筛选。(1) 由于金融、保险行业公司的财务结构不同，其所涉及的经营租赁的业务性质也有别于其他行业，所以剔除金融类上市公司。(2) 剔除全年暂停交易的上市公司。(3) 剔除年报中没有完整地披露本研究所需要数据的公司。最终，本文得到有效样本5143个。

(二) 数据来源

本文的样本数据主要来自CSMAR数据库和巨潮咨询网。(1) 经营租赁的相关数据采取逐一阅读上市公司年度财务报告的方式收集得到，上市公司年报均来自巨潮资讯网。(2) 内部控制有效性的数据来自于迪博企业风险管理技术公司提供的内部控制指数。(3) 财务数据等控制变量数据主要通过CSMAR数据库得到。(4) 通过STATA软件对数据进行回归分析。

(三) 变量设计

1. 被解释变量

在国内外的现有研究中，对于融资风险的衡量主要有以下三种方式：(1) 以某个具体财务指标的波动来衡量；(2) 构建风险预警模型；(3) 市场风险测度方法 (VaR)。考虑到我国资本市场较西方发达国家还很不发达，因此，本文借鉴国内学者主要采用的第二种方法——建立风险预警模型对融资风险进行测度。采用Altman (1968) 建立的 Z 指数模型作为融资风险的替代变量。[①] Z 指数数值越小，则企业可能面临的融资风险越大，而 Z 值越大，则表明企业融资风险越小。Altman 的研究结果表明：当 Z 指数大于 2.99 时，表明企业的财务状况良好，不存在严重的融资风险；当 Z 指数小于 1.81 时，表明企业财务危机严重，可能存在较大的融资风险；当 Z 指数介于 1.81 和 2.99 之间时，表明企业的融资风险处于中间水平，但应该引起对融资风险和企业的财务状况的必要关注。借鉴 Altman 的 Z 指数模型，具体计算公式如下：

$$Z = 1.2 \times (营运资金 / 资产总额) + 1.4 \times (留存收益 / 资产总额) + 3.3$$
$$\times (息税前利润 / 资产总额) + 0.6 \times (股票市价总额 / 负债账面价值总额)$$
$$+ 0.999 \times (销售收入 / 资产总额)$$

2. 解释变量

（1）是否存在经营租赁（*Polease*）。经营租赁的相关数据采取逐一阅读上市公司年度财务报告的方式手工收集得到，以上市公司财务报表附注中是否披露了不可撤销的经营租赁合约为准，披露了则认为上市公司存在经营租赁，该值记为 1，否则记为 0。

（2）经营租赁金额（*Olease*）。在确定经营租赁规模时，本文拟采用附注中披露的不可撤销经营租赁合约披露的数额，以 10% 的折现率计算现值并取其对数。对于不可撤销租赁期限，报表中披露的分别为 1，2，3，n，为了简便计算，对于 3 年后的不可撤销租赁，采用的付款期是未来的 10 年。

（3）内部控制有效性（*Icindex*）。在披露了内部控制评价报告和内部控制审计报告的上市公司中，99% 的上市公司都认为自己的内部控制体系是有效的，但这种有效性水平是有差异的，而且差异不能通过是否披露内部控制评价报告和内部控制审计报告有所体现，参见胡为民（2012）。因此，本文采用"迪博·中国上市公司内部控制指数"来衡量上市公司有效性水平。该指数体系满分为 1000，本文将原始数据除以 100，以避免与其

[①] Altman 建立的 Z 指数模型可用于预测企业破产的一个多变量融资风险预警模型，他使用 22 个财务比率经过统计筛选建立了著名的 5 变量 Z – score 模型。该模型通过加权汇总计算融资风险总的判别值，从而来判断公司融资风险的大小，是评价公司融资风险的经典模型。

他变量存在较大的数量级差，得出的数据作为衡量内部控制有效性的替代变量。

3. 控制变量

在参考已有的研究并结合本文相关理论分析的基础上，在实证研究中主要构建以下控制变量：（1）公司规模（Size）。用公司期末总资产的自然对数来表示。公司规模越大的企业，由于其扎实的经营资本和丰富的经验，更能有效应对企业的融资风险。（2）资产负债率（Lev）。资产负债率反映公司的负债比例，能够评价企业的偿债能力和财务状况，资产负债率高的公司面临较大的融资风险。（3）盈利能力（Roa）。使用总资产收益率作为盈利能力的替代变量，盈利能力越强的公司遭受融资风险的可能性越低。（4）成长性（Tobinq）。本文采用托宾 – Q 值作为公司成长性的替代变量，成长性较快的公司投资规模和融资规模都比较大，不确定性也较大，因而是影响融资风险的重要因素。（5）两职合一（Presmn）。两职合一是典型的公司治理董事长与总经理两职合一情况，兼任记为 1，非兼任记为 0。（6）独董比例（Dbd）。独立董事所占董事会人数的比例，反映公司的治理状况。（7）产权性质（State）。国有控股的上市公司赋值为 1，非国有控股的上市公司赋值为 0。（8）行业（Indcd）。根据中国证监会 2001 年颁布的《上市公司行业分类指引》，设置了 13 个行业虚拟变量。（9）年度（Year）。由于本文选取的是 2010 ~ 2012 年 3 年的数据，以 2010 年为基准，设置了 3 年度虚拟变量如表 1 所示。

表 1　变量定义

	名　称	变量代码	定　义
被解释变量	融资风险	Riskz	Altman 建立的 Z 指数模型
解释变量	是否存在经营租赁	Polease	以报表附注中是否披露了不可撤销的经营租赁合约为准，披露了则认为存在经营租赁，该值记为 1，否则记为 0
	经营租赁金额	Olease	附注披露中不可撤销经营租赁现值并取其对数
	内部控制有效性	Icindex	迪博企业风险管理技术公司提供的内部控制指数

续表

	名　称	变量代码	定　义
控制变量	公司规模	*Size*	期末总资产的自然对数
	资产负债率	*Lev*	总资产/总负债
	盈利能力	*Roa*	2 × 净利润/（期初总资产 + 期末总资产）
	成长性	*Tobinq*	市值/净资产
	两职合一	*Presmn*	董事长与总经理两职合一情况，兼任记为 1，非兼任记为 0
	独董比例	*Dbd*	独立董事/董事总人数
	年度	*Year*	2010 年为 1，2011 年为 2，2012 年为 3
	行业	*Indcd*	按照证监会 2001 版行业分类进行赋值
	产权性质	*State*	上市公司所有权性质，国有记为 1，非国有记为 0

（四）模型设计

本文拟采用多元线性回归模型对变量进行回归分析，对于假设 1，建立模型如下：

$$Riskz = \beta_0 + \beta_1 Polease + \beta_2 Size + \beta_3 Lev + \beta_4 Roa + \beta_5 Tobinq + \beta_6 Presmn + \beta_7 Dbd + \beta_8 Year + \beta_9 Indcd + \beta_{10} State + \varepsilon 1$$

针对假设 2，建立模型如下：

$$Riskz = \beta_0 + \beta_1 Olease + \beta_2 Size + \beta_3 Lev + \beta_4 Roa + \beta_5 Tobinq + \beta_6 Presmn + \beta_7 Dbd + \beta_8 Year + \beta_9 Indcd + \beta_{10} State + \varepsilon 2$$

针对假设 3，建立模型如下：

$$Riskz = \beta_0 + \beta_1 Polease + \beta_2 Icindex + \beta_3 Polease \times Icindex + \beta_4 Size + \beta_5 Lev + \beta_6 Roa + \beta_7 Tobinq + \beta_8 Presmn + \beta_9 Dbd + \beta_{10} Year + \beta_{11} Indcd + \beta_{12} State + \varepsilon 3$$

四 实证结果与分析

(一) 描述性统计

表 2 经营租赁按行业描述性统计

单位: %

行 业	百分比	行 业	百分比
农、林、牧、渔业	1.54	信息技术业	6.15
采掘业	2.31	批发和零售业	6.92
制造业	55.77	房地产业	6.15
电力、煤气及水的生产业	3.85	社会服务业	3.46
建筑业	2.31	传播与文化业	0.38
交通运输、仓储业	8.08	综合类	3.08

存在经营租赁业务的企业按行业分类的结果见表 2。从中可以看出，经营租赁广泛分布于各个行业，但在不同行业之间所占比重存在较大差距。其中制造业，批发和零售业，社会服务业，交通运输仓储业，信息技术业，房地产业和电力、煤气及水的生产业等 7 个行业占据整个经营租赁的绝大部分，制造业占 55.77%；而批发和零售业相比其他行业也出现较多的经营租赁，这与 Imhoff et al. (1991) 关于经营租赁行业分布的研究结论基本相符。

表 3 其他主要变量描述性统计

变 量	样本量	均 值	标准差	最小值	最大值
Polease	5143	0.129767	0.336078	0	1
Olease	712	16.17551	2.520978	6.629363	24.04382
Icindex	5143	6.944074	8.113372	1.66	9.95
Roa	5143	0.05423	0.069117	− 0.41605	2.933
Lev	5143	0.456053	0.22788	0.00708	1.6347
Size	5143	21.76955	1.231028	18.26586	28.28335
Presmn	5143	0.191523	0.393537	0	1
Tobinq	5143	2.136556	1.362329	0.758961	22.09763

变　　量	样本量	均　　值	标准差	最小值	最大值
State	5143	0.457409	0.49823	0	1
Dbd	5143	0.365167	0.052885	0.090909	0.8
Riskz	5143	6.163655	9.521289	– 10.9028	235.147

表 3 为其他主要变量的描述性统计结果。本文采用迪博公司所公布的中国上市公司内部控制指数来衡量内部控制的质量高低为了缩小与其余变量的数量级差距，本文将指数除以 100，使得满分为 10，从而得到内控指数中位数为 7。此外，内部控制指数标准差为 8.113，最小值为 1.66，最大值为 9.95，说明现阶段我国企业的内部控制取得了一定的成效，但在各个上市公司之间仍存在较大差异。

此外从表 3 中可以看到，5143 个样本中，Z 指数均值约为 6.16，说明上市公司融资风险平均水平较低，不存在重大危机，但最大值为 235.147，最小值为 – 10.9028，二者之间差距很大，说明上市公司的融资风险水平参差不齐，还是有一定数量的企业融资风险偏高；总资产收益率均值为 0.05，说明我国资产收益水平仍然较低，资产负债率（*Lev*）平均水平为 0.456，说明平均负债水平较为适中；两职合一（*Presmn*）的均值较小，说明我国还有相当数量的上市公司的内部治理机制存在缺陷。另外，产权性质（*State*）指标均值为 0.457，说明非国有企业相较于国有企业更倾向于进行经营租赁行为。这可能是因为国有企业存在更大的融资便利性，使得国有企业可以选择购买而非租赁得到所要的设备或其他与经营相关的标的。

为了检验多重共线性对回归结果的影响，本文进行了变量之间的相关性分析见表 4。经营租赁与 Z 指数显著负相关，说明经营租赁与融资风险呈正向变动的关系，这也验证了本文的观点，发生经营租赁业务的企业确实面临更大的融资风险。而内部控制与 Z 指数显著正相关，说明内部控制确实能在一定程度上控制企业融资风险，内部控制与经营租赁在 1% 的置信水平上负相关，说明内部控制机制对经营租赁行为有一定约束作用，具体的关系有待回归结果进行检验。此外，总体说来，主要变量之间的相关系数基本上不大，说明其相关关系比较弱，在对相关变量进行方差膨胀因子的检验后，发现本文所设计的模型基本上不存在严重的多重共线性问题。

表4 主要变量相关性分析

	Polease	Icindex	Roa	Lev	Year	Size	Indcd	Presmn	Tobin Q	State	Dbd	Risk	Olease
Polease	1												
Icindex	0.161***	1											
Roa	0.01	0.319***	1										
Lev	0.052***	-0.029**	-0.212***	1									
Year	-0.001	0.031***	0.039***	-0.154***	1								
Size	0.246***	0.506***	-0.006	0.395***	0.050***	1							
Indcd	0.052***	-0.021	-0.007	0.147***	-0.042***	0.027**	1						
Presmn	-0.048***	-0.011	0.076***	-0.163***	0.093***	-0.172***	-0.051***	1					
Tobin Q	-0.069***	-0.128***	0.233***	-0.123***	-0.220***	-0.399***	-0.015	0.023	1				
State	0.130***	0.115***	-0.105***	0.260***	-0.107***	0.392***	0.046***	-0.244***	-0.091***	1			
Dbd	0.064***	0.038***	-0.002	0.023	0.024*	0.053***	0.016	0.058***	-0.005	-0.038***	1		
Risk	-0.037***	0.0178***	0.214***	-0.456***	0.028***	-0.263***	-0.041***	0.104***	0.406***	-0.133***	-0.025*	1	
Olease	0.0550***	0.3153***	0.0517	0.2508***	0.0107	0.4694***	0.167	-0.0360*	-0.2306***	0.1565	0.1362	-0.2284***	1

* 表示在10%水平上显著，** 表示在5%水平上显著，***p<0.01 表示在1%水平上显著。

（二）检验结果及分析

1. 模型 1 的检验及分析

表 5　模型 1 的回归结果

变　量	解释变量：*Riskz*	
	Coef.	*P*
Polease	− 0. 07064 ***	0. 002
Roa	4. 965323 **	0. 040
Lev	− 17. 5616 ***	0. 000
Size	0. 451316 ***	0. 000
Presmn	0. 859898 ***	0. 003
Dbd	− 3. 42273	0. 1050
Tobinq	2. 694096 ***	0. 000
Year	0. 487514 ***	0. 001
State	0. 070208	0. 779
Indcd	0. 101034 ***	0. 009
_ *cons*	− 2. 1181	0. 417
N	5143	
R^2	0. 3347	

* 表示在 10% 水平上显著，** 表示在 5% 水平上显著，***表示在 1% 水平上显著。

　　模型 1 的检验结果从表中可以看出，*Polease* 与 *Riskz* 在 1% 的置信水平上显著负相关，而较高的 *Riskz* 意味着较小的融资风险，说明存在经营租赁的企业确实面临着较大的融资风险，二者呈正相关关系。公司规模与 *Riskz* 显著正相关，说明公司规模较大的企业融资风险更小，因为大规模的企业可能意味着更加完善的经营手段和有效的治理，更能有效应对企业内外部的不确定性情况。资产负债率与 *Riskz* 显著负相关，验证了负债比例越高的公司融资风险越大。*Roa* 也与 *Riskz* 显著正相关，说明盈利能力强的公司遭受融资风险的可能性更低，因为盈利能力直接决定了企业现金流的大小。而托宾 - Q 值也与 *Riskz* 显著正相关，说明成长性较快的公司融资风险反而较低，这与前文的假设相悖，可能是由于经营租赁并非高速成长期的企业选择的主要融资手段。此外，独董比例并不显著，从某种程度上说明目前我国上市公司的独立董事制度虽然建立了，但在实施过程中仍缺乏力度，并未体现其对融资风险的影响。

2. 模型 2 的检验及分析

表 6　模型 2 的回归结果

变　量	解释变量：$Riskz$	
	Coef.	P
Olease	− 0. 0085901 **	0. 037
Roa	− 12. 14861 ***	0. 001
Lev	− 15. 40485 ***	0. 000
Year	0. 5071961 **	0. 037
Size	0. 1915064	0. 212
Indcd	0. 0841526	0. 136
Presmn	− 1. 307583 ***	0. 010
Tobinq	2. 573339 ***	0. 000
State	− 0. 100138	0. 791
Dbd	1. 085753	0. 678
_ cons	2. 38923	0. 468
N	712	
R^2	0. 67	

* 表示在 10% 水平上显著，** 表示在 5% 水平上显著，*** 表示在 1% 水平上显著。

模型 2 检验了在其他变量不变的情况下，总体样本中存在经营租赁业务的 712 个样本的经营租赁金额大小与融资风险的关系。检验结果表明 Olease 与 Riskz 在 5% 的置信水平上显著负相关，说明经营租赁数额越大的企业面临的融资风险越高。

3. 模型 3 的检验及分析

表 7　模型 3 的回归结果

变　量	被解释变量：$Riskz$	
	Coef.	P
Polease	− 0. 9675 *	0. 061
Ocindex	0. 0001 ***	0. 003

续表

变 量	被解释变量：*Riskz*	
	Coef.	P
POlease × Icindex	0.0014 **	0.027
Roa	5.0016 ***	0.005
Lev	− 17.5734 ***	0.000
Size	0.4649 ***	0.001
Presmn	0.8618 ***	0.003
Dbd	− 3.3693	0.111
Tobinq	2.6958 ***	0.000
Year	0.4852 ***	0.001
State	0.0673	0.788
Indcd	0.1007 *	0.010
_ *cons*	− 2.4769	0.368
N	5143	
R^2	0.3344	

* 表示在 10% 水平上显著，**表示在 5% 水平上显著，***表示在 1% 水平上显著。

模型 3 在模型 1 的基础上引入了内部控制指数，并引入了其与经营租赁的交乘项，以检验内部控制对经营租赁及融资风险的影响。在引入了内部控制有效性指数后，经营租赁仍然与 *Riskz* 在 10% 的显著性水平下负相关。此外，内部控制指数与融资风险呈反向变动关系，说明内部控制作为一种内部激励机制，在对企业的风险管控过程中确实存在积极作用。特别地，交乘项参数为正，且在 5% 的置信水平上显著，说明企业内部控制作用于经营租赁后，能有效减少经营租赁引发的融资风险。独董比例始终不显著，这又一次说明虽然我国上市公司独立董事占比基本达到准则要求，但独立董事并未起到实质性作用，可能具有花瓶效应（唐清泉，2005）。

（三）稳健性检验

在实证研究中，本文借鉴 Altman（1968）的研究成果，采用 Z 指数计分模型作为企业融资风险的替代变量，这属于构建风险预警模型对融资风险进行度量的方法。在本节中，笔者采用财务杠杆（Fl）作为融资风险的替代变量①，财务杠杆系数越大，则融资风险越高。对 3 个模型的检验结果仍然支持了本文的主要观点。

五　结论

（一）研究结论

经营租赁活动引发的企业内部的偿债能力的不确定性和决策正确与否的不确定性，以及企业外部宏观环境的不确定性以及政策变化的不确定性必然导致企业承担融资风险，且经营租赁金额越大的企业与其相关的融资风险越高。另外，由于管理者的道德风险和逆向选择等问题的存在，可能使经营租赁沦为管理层操纵企业的工具。利用现行会计准则，经营租赁负债表外化的特性，降低了报表上企业的资产负债率，达到操纵报表、欺瞒报表使用者的目的。

在不完全契约的条件下，内部控制是缓解代理冲突并降低代理成本的有效机制。存在经营租赁业务的企业面临较大的融资风险，而内部控制有效的企业则融资风险较低。内部控制强调全面的风险管控，可直接对企业的融资风险进行管理和控制，另一方面，内部控制能有效约束和规范经营租赁行为，大大降低经营租赁引发融资风险的可能性。

（二）政策建议

一是加快改革我国经营租赁准则。会计准则作为一种对经济活动中种种契约的客观约束机制，对指导、规范企业的经营行为、会计操作和财务管理等方面都有着根本性的作用。然而，本文研究发现，经营租赁的不恰当使用确实可能增加企业的融资风险，这与租赁会计准则不完善有密不可分的关系，因此，经营租赁表内化的改革刻不容缓。我国准则制定机构在吸取国外先进研究成果的同时，应该在充分考虑我国资本市场和租赁业的现状的前提下，合理借鉴国外的科学理念，最终实现租赁会计准则的国际

---

① 财务杠杆系数 = 普通股每股收益变动率/息税前利润变动率。财务杠杆又称融资杠杆，通常情况下，财务杠杆系数的大小可以在一定程度上反映企业的财务风险。

趋同。

二是完善公司治理。由于管理者的道德风险和逆向选择等问题的存在，可能使经营租赁沦为管理层操纵企业的工具。并且，本文的实证检验结果也表明，我国上市公司内部的公司治理仍需完善。目前，我国上市公司存在许多问题，如内部人控制、大股东操纵股东会等，使得独立董事和监事会的独立性和监督作用较难发挥。为了强化董事会中的独立董事和监事会的监督作用和话语权，加强内部审计的作用，应完善独立董事制度和监事会制度，使他们在人格、经济利益等方面独立，不受控股股东或者实际控制人的限制和控制。

三是强化内部控制。根据前文的研究可以得知，有效的内部控制，必然能够在很大程度上规范和约束企业的经营租赁行为，减少经营租赁作为表外融资隐藏负债的可能性，是规避可能由此产生的融资风险的有效措施。内部控制还能够及时发现和纠正公司经营过程中的各种重大的错误、舞弊和不法行为，有效监督和约束管理层的行为，保证公司财务状况和经营成果的真实、可靠，保证公司财产的安全与完整。

（三）研究局限及未来展望

研究发现内部控制可以有效规范经营租赁行为，从而降低企业融资风险，但对于内部控制的作用机理的理论分析不够完善，没有充分研究内部控制究竟是通过作用于经营租赁从而降低融资风险，抑或是直接作用于融资风险，体现企业风险管控的作用，这在未来的研究中有待进一步分析和梳理。另外，实证分析的结果也表明，经营租赁业务的地区分布、行业分布等均有差异，但本文只是简单控制了行业、产权性质等虚拟变量，而行业差异和产权性质对经营租赁及内部控制的影响是进一步研究应重点关注的问题。

参考文献

[1] Altman, E. I. Financial Ratios, Discriminant Analysis and the Prediction of Corporate Bankruptcy. *Journal of Finance*, 1968, 23 (4): 589 – 609.

［2］ Beaver, Willam H. Financial Ratios as Predictors of Failure. *Journal of Accounting Research*, Vol. 4, No. 3, 1966: 77 – 111.

［3］ Doyle, Ge, McVay. Determinants of Weaknesses in Internal Control over Financial Reporting. *Journal of Accounting and Economics*, 2007 (44).

［4］ G4 + 1. Special Report Accounting for Leases: A New Approach. 1996.

［5］ G4 + 1. Special Report Leases: Implementation of a New Approach. 1999.

［6］ Hermanson. An Analysis of the Demand for Reporting on Internal Control. *Accounting Horizons*, 2000 (9).

［7］ Imhoff, Eugene A., Robert C. Lipe, and David W. Wright. Operating Leases: Impact of Constructive Capitalization. *Accounting Horizons*, 1991 (5).

［8］ Myers, S. C., D. A. Dill and A. J. Bautista. Valuation of Financial Lease Contracts. *The Journal of Finance*, 1976, 31 (3): 799 – 819.

［9］ Smith, C., Wakeman, L. Determinants of Corporate Leasing Policy. *Journal of Finance*, 1985 (40).

［10］ Sharpe, S., Nguyen, H., Capital Market Imperfections and the Incentive to Lease. *Journal of Financial Economics*, 1995 (39).

［11］ 陈红：《公司表外负债研究》，经济科学出版社，2007。

［12］ 陈红、陈玉秀、杨燕雯：《表外负债与会计信息质量、商业信用——基于上市公司表外负债监察角度的实证研究》，《南开管理评论》2014 年第 1 期。

［13］ 陈红：《公司会计治理的新视角——表外负债研究》，《会计之友》2008 年第 6 期。

［14］ 陈敏：《论企业表外筹资》，《会计研究》1995 年第 11 期。

［15］ 陈林：《经营租赁表内化与盈余管理》，硕士学位论文，云南财经大学，2013。

［16］ 陈磊：《基于不完全契约的表外融资研究》，财政部财政科学研究院，2012。

［17］ 陈汉文：《中国上市公司内部控制指数（2012）：制定、分析与评价》，《上海证券报》2013 年第 9 期。

［18］ 孙菊生：《表外筹资会计问题研究》，中国财政经济出版社，2000。

［19］ 财政部：《财会〔2008〕7 号，企业内部控制基本规范》，2008。

［20］ 财政部：《财会〔2010〕11 号，企业内部控制基本规范》，2010。

［21］ 鄂秀丽：《企业内部控制与财务风险相关性研究——基于吉林省省直企业的调查》，博士学位论文，吉林大学，2008。

［22］ 方红星、王宏泽：《COSO 制定公布．企业风险管理——整合框架》，东北财经大

学出版社，2005。

［23］葛家澍、林志军：《现代西方会计理论》，厦门大学出版社，2006。

［24］胡为民：《中国上市公司内部控制报告（2012）》，电子工业出版社，2012。

［25］克拉克（Clark，T. M.）：《租赁》，罗真瑞译，物资出版社，1984。

［26］李刚：《经营租赁动机研究综述》，《财会研究》2009 年第 12 期。

［27］李寿喜：《产权、代理成本和代理效率》，《经济研究》2007 年第 1 期。

［28］李万福、林斌、宋璐：《内部控制在公司投资中的角色：效率促进还是抑制?》，《管理世界》2011 年第 2 期。

［29］刘启亮：《产权性质、制度环境与内部控制》，《会计研究》2012 年第 2 期。

［30］刘玉廷：《全面提升企业经营管理水平的重要举措——〈企业内部控制配套指引〉解读》，《会计研究》2010 年第 5 期。

［31］汪平：《财务理论》，经济管理出版社，2008。

［32］喻胜华、李军：《基于神经网络方法的财务风险识别财经理论与实践》，《财经理论与实践》2008 年第 5 期。

［33］中华人民共和国财政部：《企业会计准则（修订版）》，经济科学出版社，2014。

［34］周首华：《论财务危机的预警分析——F 分数模式》，《会计研究》1996 年第 8 期。

上市公司内部控制缺陷披露对审计延迟的影响

佘晓燕　叶春娥

（云南财经大学会计学院　云南驰宏锌锗股份有限公司）

【摘　要】本文以 2012 年强制实施内部控制规范的 799 家公司为研究对象，实证检验了强制实施内部控制规范前后样本公司审计延迟的变化，并通过检验内部控制缺陷披露对审计延迟的影响进一步明确审计延迟变化的影响因素。研究发现：在控制其他变量之后，第一年强制实施内部控制规范体系的公司审计延迟缩短了；在内部控制自我评价报告中披露了内部控制缺陷的公司经历了较短的审计延迟；相对 2012 实施内部控制规范体系的公司，2011 年便开始实施内部控制规范体系的公司的审计延迟明显缩短了。

【关键词】内部控制缺陷　审计延迟　审计效率　内部控制规范

一　引言

2008 年 5 月，我国财政部、审计署、证监会、银监会和保监会五部委联合发布了《企业内部控制基本规范》（以下简称《基本规范》），于 2012 年 1 月 1 日在主板国有控股上市公司中开始强制实施，从此我国进入了分批分类实施内部控制规范的阶段。中国注册会计师协会在《企业内部控制审计指引实施意见》（简称《指引》）中指出，审计师应较多关注存在重大缺陷的高风险领域，可单独进行内部控制审计或将内部控制审计和财务报表审计进行整合，并强调审计证据和审计结论的相互参照，旨在提高审计效率。

《基本规范》强制实施后，研究内部控制缺陷的披露对审计报告及时性的影响，能进一步明确审计延迟的影响因素，有助于衡量和提高审计效率。

二　文献回顾与假设提出

（一）文献回顾

Chambers et al.（1984）第一次提出了报告时滞的概念，审计延迟是指会计年度结束日至财务报告披露日之间的天数，解决了对会计信息及时性的衡量。刘亚莉等（2011）进一步对财务报告及时性进行了分解，他们把会计信息及时性分为审计延迟（资产负债表日至审计报告签署日）和信息延迟（审计报告签署日至年报披露日）。

会计信息披露的及时性有助于信息使用者尽早做出正确决策，会计信息披露的及时性是提升投资者信心的关键，会计信息的延迟披露与更高的信息不对称性（Bamber et al.，1993；Hakansson，1977）、更高的审计质量（Leventis et al.，2005）、更低的信息质量（Knechel et al.，2001）和信息价值的缩减（Knechel et al.，2011）相关，并造成了不好的市场反应（Kross et al.，1984；Chambers et al.，1984），推后公布盈余公告的公司往往存在盈余下滑（陈汉文等，2004）。审计延迟作为影响盈余公告及时性最重要的指标（Givoly和Palmon，1982），影响了会计信息的及时性（Ettredge et al.，2006），监管者在缩减报告截止日前也应深入了解影响审计延迟的影响因素（Leventis et al.，2005），因而研究审计延迟对监管者和信息使用者都具有重要意义。

审计报告披露的及时性受限于事务所审计所需的时间，审计延迟与审计师采用结构化方法、需要的审计工作量和为客户提供及时性信息报告的激励有关（Bamber et al.，1993）。年报披露时间成为衡量信息披露及时性的关键性指标，而审计延迟（资产负债表日至审计报告签署日）对信息延迟（资产负债表日至年报披露日）的影响程度高于披露延迟（审计报告签署日至年报披露日）对信息延迟的影响（刘亚莉等，2011）。

SOX 404 条款的实施使得审计延迟在 2001～2006 年显著增加（Krish-nan et al.，2009）。Ettredge et al.（2006）研究了内部控制质量对审计延迟的影响，研究发现财务报告内部控制重大缺陷的存在导致了更长的审计延迟，对缺陷分类后检验发现，与特定重大缺陷相比，存在一般重大缺陷的公司与更长的审计延迟相关，这意味着执行 404 条款评估的要求使审计延迟显著增加。Munsif et al.（2012）对 Ettredge et al.（2006）发现与快速申报者相比，2008 年度非快速申报者存在内部控制重大缺陷的审计报告延迟增加更少；对于快速申报者，2009 年披露内部控制重大缺陷对审计延迟的影响显著低于 2008 年披露的公司，然而非快速申报者不存在这样的变化。研究还发现：整改了之前存在内部控制问题的公司，审计报告延迟明显缩短；然而，相比在两年中都拥有清洁 404 审计意见的公司，整改后的公司仍然有更长的审计报告延迟。

美国公众公司会计监督委员会（PCAOB）2007 年颁布了 AS No.5，替代了 AS No.2，AS No.5 强调自上而下，基于风险导向的审计，从而简化了内部控制审计相关工作，使内部控制审计工作更加高效。如果公司存在内部控制缺陷问题，审计师可能出于风险考虑对该公司进行更多审计工作，从而导致更长的审计延迟（Munsif et al.，2012）。虽然 SOX 法案实施后的第二、三、四和五年报告中的重大缺陷有所减少，即部分得到整改（Gordon 和 Wilford，2012），但那些未能整改重大缺陷，且连续三年披露相同重大缺陷的公司，随着重大缺陷数量的增加，审计费用也大幅度增加，审计师辞职的可能性也增加了，更可能收到非标意见和持续经营意见，并且很可能超过报告提交期限（Hammersley et al.，2012）。

内部控制质量较低的公司，尤其当其存在比较严重的内部控制缺陷时，更可能披露内部控制缺陷（Ashbaugh et al.，2007），而存在内部控制重大缺陷的公司往往伴随着更长的审计延迟（Schneider et al. 2009）。相反，就理论上而言，收到无保留内部控制审计意见意味着公司具有高质量的内部控制（Ettredge et al.，2006），提高了事务所的审计效率，从而减少了审计延迟（张国清，2010）。刘新琳等（2012）采用是否出具内部控制审计自我评价报告作为内部控制的衡量因素来研究审计延迟的影响因素，其结果显示内部控制与审计延迟呈负相关关系，但在统计意义上不显著。

从现有文献来看，审计延迟和信息披露延迟影响了会计信息披露的及时性。已有文献对审计延迟的影响因素做了大量的研究，包括：公司规模、盈利能力、资产负债率、行业类型、审计意见、内部控制、审计师类型、非常项目、子公司数量和公司消息类型（好消息和坏消息）等。

国外对内部控制强制实施和内部控制缺陷披露的研究较多，我国由于在内部控制审计实施之前内部控制实施情况的数据难以获得，对其衡量采用了调查数据、盈余报告和是否披露内部控制鉴证报告（自愿性披露时期）等弱的替代变量。在内部控制强制实施后，对内部控制缺陷披露和审计延迟关系的研究依旧非常有限。本文以内部控制强制实施前后的数据，研究了审计延迟的变化，并进一步研究了内部控制缺陷披露对审计延迟的影响。

（二）研究假设提出

1. 企业内部控制对审计效率的影响

遵循内部控制规范要求公司披露内部控制重大缺陷，考虑到内部控制重大缺陷的披露后会产生的一系列影响，除对公司造成的影响之外，可能会对管理层的薪酬，甚至是职位造成一定的不利影响，这些条款的实施使得企业不得不加强内部控制，公司在对内部控制测评时，容易发现企业自身所存在的缺陷。管理者在发现内部控制缺陷时，会尽力整改其存在的缺陷，使企业内部控制不断得到加强。

就我国而言，内部控制规范强制实施后，管理层必须依据《内部控制评价指引》中的认定标准来评价内部控制的情况，管理层提供的评价也更具参考性。内部控制的强制实施要求企业设置专门评价内部控制的工作组，与财务报告有关的内部控制提高了企业的财务信息质量，审计师评估风险则相应降低，进而减少了必要的审计程序。据此，提出本文的第一个假设。

H1：强制实施内部控制规范后上市公司审计延迟进一步缩短。

2. 良好的内部控制可以降低审计风险，提高审计效率

公司内部管理与外部审计存在的契约差异，使公司对其自身控制问题的识别程度高于外部审计师，公司透明和充分的内部控制信息可以为外部

审计师提供更有用的信息。内部控制信息质量较高的公司会更充分地披露内部控制信息，即内部控制信息披露质量更高，审计师对这类上市公司的审计风险较低。

审计师对内部控制进行审计时，管理层披露的内部控制自我评价报告是重要的信息来源。详细披露内部控制缺陷的公司严格实施了内部控制规范，使得内部控制自我评价信息的有用性大大提高，降低了审计风险。审计师在对内部控制审计师测试标准的合理性进行充分了解后，如果确认公司披露具体内容的缺陷，并且该缺陷正在整改、或已得到整改，则会认为该领域的审计风险较低，审计师就会减少测试程序，从而提高审计效率。财务报告审计和内部控制审计的整合审计使得审计师可以在很大程度上利用财务报告审计的信息来进行内部控制审计。

由此，提出本文的第二个假设。

H2：披露内部控制缺陷实质内容的公司的审计延迟会更短。

检验假设 H2 时，2012 年强制实施内部控制审计的公司有 799 家，其中 177 家公司为 2011 年已强制实施或试点实施内部控制规范的公司。第二年实施内部控制规范的公司，其内部控制制度更成熟一些，内部控制质量也相对较高，更加愿意披露具体内容的内部控制缺陷，外部审计师在进行测试时会相对顺利，审计效率得到提高。为进一步检验实施内部控制规范年限对审计延迟造成的影响，本文提出本文的第三个假设。

H3：与 2012 年开始实施内部控制规范的公司相比，2011 年便实施内部控制规范的公司的审计延迟更短。

三 实证研究设计

(一) 样本选取与数据来源

本文以我国强制实施内部控制规范的 A 股上市公司为研究样本，主要数据来自巨潮资讯和 CSMAR，部分数据通过手工收集得到。

截止到 2012 年 12 月 31 日，纳入强制实施的上市公司 853 家，其中境内外实施的 76 家，国有控股主板上市公司为 777 家。在纳入强制实施的上市公司 853 家中剔除 B 股 14 家、金融行业和主要数据缺失的公司 40 家，剩余 799 家公司作为本文研究样本，并就这 799 家公司 2011 年和 2012 年的数据进行研究，对比了这些公司强制实施内部控制规范体系前后审计延迟的变化。

（二）模型与变量设计

参考 Ettredge et al.（2006）、Munsif et al.（2012）、戚傲楠（2012）和张国清（2010）的研究，考虑可能影响审计延迟的其他因素。为检验假设 1，构建以下模型：

$$AUDITDELAY = \beta_0 + \beta_1 YEAR + \beta_2 RESTATE + \beta_3 AUDCHG + \beta_4 TENURE + \beta_5 OPINION$$
$$+ \beta_6 BIG4 + \beta_7 LOSS + \beta_8 LEVERAGE + \beta_9 ROA + \beta_{10} V1 + \beta_{11} SIZE$$
$$+ \sum_{i=1}^{11} YEAR \times CONTROL\_VAR_i + \varepsilon$$

其中：$YEAR$ 表示会计年度，$YEAR = 1$，表示年度为 2012 年，$YEAR = 0$，表示会计年度为 2011 年；$\sum_{i=1}^{11} YEAR \times CONTROL\_VAR_i$ 为 $YEAR$ 和 11 个控制变量的交叉项。

为检验假设 2、3，构建以下模型：

$$AUDITDELAY = \beta_0 + \beta_1 ICW + \beta_2 FORCE + \beta_3 RESTATE + \beta_4 AUDCHG + \beta_5 TENURE$$
$$+ \beta_6 OPINION + \beta_7 BIGA + \beta_8 LOSS + \beta_9 LEVERAGE$$
$$+ \beta_{10} ROA + \beta_{11} V1 + \beta_{12} SIZE + \varepsilon$$

其中被解释变量为 $AUDITDELAY$，用于表示外部审计师出具年度审计报告所需要的时间。审计延迟指审计开始日至审计报告签署日的天数，资产负债表日至审计开始日为公司材料准备期间（刘新琳等，2012），由于我国公布审计开始日的公司较少，本文借鉴已有研究（Ettredge et al.，2000；Leventis et al.，2005；李维安等，2005；Ettredge et al.，2006；Munsif et al.，2012）采用资产负债表日至审计报告签署日来衡量审计延迟。

解释变量为 ICW 和 $FORCE$，其中 ICW 反映上市公司是否披露了内部控制缺陷的实质内容。内部控制规范的强制实施要求上市公司建立健全其内部控制，对财务报告内部控制有效性进行审计并披露相关的内控信息，公司应在自我评价报告中根据内部控制缺陷认定标准对内部控制缺陷进行分类，并计算出该缺陷的数量。但上市公司实际信息披露存在不规范和不充分的情况。第一，并不是所有公司都披露了内部控制缺陷认定标准。纳入强制实施的公司中，仅有 67.11% 的公司披露了内部控制缺陷认定的标准（周守华等，2013）；第二，一些公司对内部控制缺陷的描述过于简单，仅披露数量；部分公司详细披露了内部控制缺陷的实质性内容。若公司披露了内控缺陷的实质内容则 ICW 取 1，否则取 0。FORCE 为强制实施内部控制规范体系的年限，取 1 表示 2011 年执行该体系，取 0 表示 2012 年实施内部控制规范体系。本文预期 2011 年开始执行内控体系的公司，由于内部控制更加成熟，使审计师进行测试时更加顺利，进而提高了审计效率，缩短了审计延迟。其他控制变量见表 1。

表 1　变量及其定义

	变量	定义
被解释变量	AUDITDELAY	审计延迟：资产负债表日至审计报告签署日的天数
解释变量	YEAR	公司年度：取 1 表示年度为 2012，取 0 表示年度为 2011
	ICW	是否披露内部控制缺陷：取 1 表示披露内部控制缺陷，否则取 0
	FORCE	强制实施内部控制规范体系的年限：取 1 表示 2011 年开始实施，取 0 表示 2012 年开始实施
控制变量	RESTATE	财务重述：取 1 表示该会计年度发生财务重述，否则取 0
	AUDCHG	审计师变更：取 1 表示发生了事务所变更，否则取 0
	TENURE	审计任期：会计事务所为该公司提供审计服务的年限
	OPINION	审计意见，取 0 表示标准无保留意见，取 1 表示其他
	BIG4	是否为"四大"：会计师事务所为国际四大及其国内合作所取 1，否则为 0
	LOSS	上市公司年度亏损：亏损取 1，否则取 0
	LEVERAGE	财务杠杆：负债总额与资产总额的比值
	ROA	总资产净利率：净利润与总资产的比值
	V1	股权集中度：第一大股东持股比例
	SIZE	公司规模：总资产的自然对数

四　实证分析结果与讨论

(一) 相关性分析

由表 2 可知，*AUDITDELAY* 与 *ICW* 在 10% 的水平上呈显著负相关关系，说明披露内部控制缺陷实质内容的公司审计延迟缩短了。*AUDITDE-LAY* 和 *FORCE* 呈显著负相关关系，在 1% 水平上显著，即相对 2012 年才强制实施内部控制规范的公司而言，2011 年便开始实施内部控制规范的公司所花费的审计时间更短，这可能是由于内部控制规范体系的实施为财务报告提供了合理保证，有效的内部控制制度的实施也让审计师测试更加顺利，进而提升了审计效率。这一结论与其他学者的研究结论是一致的，即内部控制越有效，审计延迟就越短。财务重述 (*RESTATE*) 与审计延迟 (*AUDITDELAY*) 呈显著负相关关系，这表明发生财务重述的公司有更短的审计延迟。

表 2　模型 2 主要变量的相关性分析

变　量	*AUDITDELAY*	*ICW*	*FORCE*	*RESTATE*	*AUDCHG*	*TENURE*	
AUDITDELAY	1						
ICW	- 0. 059 *	1					
FORCE	- 0. 107 ***	- 0. 077 **	1				
RESTATE	- 0. 097 ***	0. 069 *	- 0. 038	1			
AUDCHG	0. 032	0. 009	- 0. 035	- 0. 045	1		
TENURE	0. 029	- 0. 057	- 0. 023	- 0. 029	- 0. 372 ***	1	
OPINION	0. 126 ***	0. 059 *	- 0. 035	0. 04	0. 052	- 0. 049	
BIG4	- 0. 116 ***	- 0. 094 ***	0. 312 ***	- 0. 091 **	- 0. 006	- 0. 05	
LOSS	0. 093 ***	0. 065 *	- 0. 021	0. 144 ***	0. 101 ***	- 0. 079 **	
LEVERAGE	0. 090 **	- 0. 004	0. 076 **	0. 011	0. 053	- 0. 044	
ROA	- 0. 063 *	- 0. 028	0. 009	- 0. 143 ***	- 0. 097 ***	0. 039	
V1	- 0. 060 *	- 0. 04	0. 122 ***	- 0. 051	0. 028	- 0. 140 ***	
SIZE	0. 019	- 0. 067 *	0. 313 ***	- 0. 115 ***	0. 014	- 0. 063 *	

续表

变　量	AUDITDELAY	ICW	FORCE	RESTATE	AUDCHG	TENURE	
OPINION	1						
BIG4	− 0. 012	1					
LOSS	0. 220 ***	− 0. 055	1				
LEVERAGE	0. 279 ***	− 0. 005	0. 187 ***	1			
ROA	− 0. 230 ***	0. 060 *	− 0. 588 ***	− 0. 346 ***	1		
V1	− 0. 096 ***	0. 173 ***	− 0. 111 ***	− 0. 047	0. 103 ***	1	
SIZE	− 0. 143 ***	0. 426 ***	− 0. 144 ***	0. 054	0. 086 **	0. 350 ***	1

注：表中数据为相关变量之间的 Pearson 相关系数，*** 表示 1% 的显著性水平，** 表示 5% 的显著性水平；* 表示 10% 的显著性水平。

（二）单变量分析

表 3 是对模型 2 中的 799 家公司进行的单变量分析结果。根据表 3 的结果可初步得出，审计延迟与公司披露具体内容的缺陷（ICW）、是否是第二年执行内部控制规范（FORCE）、是否出现财务重述（RESTATE）、是否为国际"四大"事务所的客户（BIG4）和总资产收益率（ROA）呈负相关关系，与审计意见（OPINION）、公司年度亏损（LOSS）和资产负债率（LEVERAGE）呈正相关关系。

表 3　模型 2 单变量分析结果

变　量	Q1th	Q2th	Q3th	Q4th	t − value（p）
Min	17. 000	80. 000	87. 000	105. 000	.
Max	80. 000	87. 000	105. 000	117. 000	.
AUDITDELAY	67. 810	84. 310	94. 560	111. 400	− 46. 430 ***
[p50]	73. 000	85. 000	97. 000	113. 000	0. 000
ICW	0. 296	0. 170	0. 195	0. 210	1. 991 **
[p50]	0. 000	0. 000	0. 000	0. 000	0. 047
FORCE	0. 221	0. 355	0. 200	0. 110	3. 013 ***
[p50]	0. 000	0. 000	0. 000	0. 000	0. 003
RESTATE	0. 211	0. 125	0. 100	0. 140	1. 869 *
[p50]	0. 000	0. 000	0. 000	0. 000	0. 062

变　量	Q1th	Q2th	Q3th	Q4th	t - value（p）
AUDCHG	0.090	0.100	0.065	0.115	- 0.806
[p50]	0.000	0.000	0.000	0.000	0.421
TENURE	7.603	7.615	7.705	7.910	- 0.547
[p50]	6.000	6.000	6.000	6.500	0.585
OPINION	0.000	0.020	0.020	0.070	- 3.860 ***
[p50]	0.000	0.000	0.000	0.000	0.000
BIG4	0.111	0.235	0.090	0.020	3.718 ***
[p50]	0.000	0.000	0.000	0.000	0.000
LOSS	0.206	0.280	0.270	0.355	- 3.349 ***
[p50]	0.000	0.000	0.000	0.000	0.001
LEVERAGE	0.521	0.547	0.554	0.612	- 2.094 **
[p50]	0.507	0.549	0.577	0.601	0.037
ROA	0.036	0.032	0.031	0.026	1.968 *
[p50]	0.032	0.029	0.026	0.022	0.050
V1	0.397	0.417	0.410	0.374	1.452
[p50]	0.396	0.418	0.401	0.346	0.147
SIZE	22.360	23.000	22.610	22.470	- 0.781
[p50]	22.260	22.830	22.500	22.180	0.436

注：***表示1%的显著性水平，**表示5%的显著性水平；*表示10%的显著性水平。括号内为 P 值。

（三）回归检验

内部控制规范强制实施前后审计延迟的变化分析表4中的模型1（a）为该回归的结果。YEAR 的系数为负（- 8.989）且高度显著（0.000），这表示在控制了其他变量，2012 年内部控制强制实施后，上市公司的审计延迟明显缩短了9天，该结果支持假设1。表4中还分别给出了2011年的样本［模型1（b）］和2012年的样本［模型1（c）］，两个模型截距的差异接近 - 9（48.208 - 57.197），且该差异高度显著（P = 0.000），进一步支持了假设1。这表明2012年强制执行内部控制规范的公司明显降低了审计延迟，提高了我国财务信息披露的及时性。

表 4 的回归结果显示，审计延迟较短的公司更可能披露年报补充公告或年报更正公告、收到了标准无保留意见、聘请了国际"四大"会计事务所、盈利能力（总资产收益率）更好和公司规模也更小。

表 4 模型 1 的回归结果

被解释变量：*AUDITDELAY* 方法：*Least Squares*			
	模型 1（a）	模型 1（b）	模型 1（c）
YEAR	-8.989 ***		
	(0.000)		
RESTATE	-1.427 **	-1.436 ***	-5.383 ***
	(0.041)	(0.000)	(0.002)
RESTATE_ YEAR	-3.957		
	(0.187)		
AUDCHG	3.339	3.331	1.606
	(0.173)	(0.191)	(0.480)
AUDCHG_ YEAR	-1.698		
	(0.613)		
TENURE	0.371 **	0.340 **	0.134
	(0.010)	(0.014)	(0.267)
TENURE_ YEAR	-0.198		
	(0.259)		
OPINION	7.435 *	7.399 *	12.785 ***
	(0.057)	(0.068)	(0.001)
OPINION_ YEAR	5.378		
	(0.344)		
BIG4	-5.479 **	-5.483 **	-8.814 ***
	(0.013)	(0.018)	(0.000)
BIG4_ YEAR	-3.321 ***		
	(0.008)		
LOSS	7.036 ***	7.034 ***	5.041 ***
	(0.000)	(0.001)	(0.002)
LOSS_ YEAR	-1.899		
	(0.440)		

续表

被解释变量：*AUDITDELAY*　方法：*Least Squares*		
	模型 1（a）	模型 1（b）	模型 1（c）
LEVERAGE	2.788	2.782	3.898 *
	(0.239)	(0.259)	(0.060)
LEVERAGE_ YEAR	1.125		
	(0.727)		
ROA	−21.753	−21.746	7.146
	(0.144)	(0.161)	(0.651)
ROA_ YEAR	28.892		
	(0.194)		
V1	1.943	1.931	−6.181
	(0.658)	(0.672)	(0.138)
V1_ YEAR	−8.132		
	(0.189)		
SIZE	1.560 ***	1.553 ***	1.389 ***
	(0.006)	(0.008)	(0.007)
SIZE_ YEAR	−0.167		
	(0.833)		
_ *cons*	57.218 ***	57.197 ***	48.208 ***
	(0.000)	(0.000)	(0.000)
样本数	1598	799	799
adj. − R^2	0.108	0.101	0.110

注：***表示1%的显著性水平，**表示5%的显著性水平；*表示10%的显著性水平。括号内为 P 值。

模型 1 的回归结果表明，2012 年度强制实施内部控制的公司，审计延迟明显缩短了，为进一步检验审计延迟较少的因素，本文对模型 2 进行了回归，回归结果在表 5 中显示。方差膨胀因子的均值为 1.27，且各个变量的方差膨胀因子均小于 2，不存在严重的多重共线性，回归结果可靠。*ICW* 与 *AUDITDELAY* 的系数为负（−4.361），在 1% 的水平上显著（$P = 0.003$），与预期的符号相一致，假设 1 得到验证，这表明在内部控制自我评价报告中披露了具体内容缺陷的公司经历了较短的审计延迟。出现这一结果。可能的解释有：（1）详细披露内部控制缺陷的公司严格实施了内部控制规范，使得内部控制自我评价信息的有用性大大提高，降低了审计风险，审计师则减少测试程序，从而提高了审计效率；（2）财务报告审计和内部控制审计的整合审计使得审计师可以在很大程度上利用财务报告审计的信息来进行内部控制审计。

在模型2的样本中，有177家上市公司在2011年便开始实施内部控制规范体系，*FORCE*与*AUDITDELAY*呈显著负相关关系，表明在上一年度开始实施内部控制规范的公司，其内部控制制度更加完善和成熟，审计师在进行审计时花费的时间更短了，这与预期及实际相符。*RESTATE*与*AUDIT-DELAY*在1%水平上显著负相关，表明出现财务重述的公司提早公布了审计报告。审计师变更（*AUDCHG*）、审计任期（*TENURE*）、资产负债率（*LEVERAGE*）、总资产收益率（*ROA*）、股权集中度（*V1*）与审计延迟的关系在统计意义上不显著。

审计意见（*OPINION*）与审计延迟在1%的水平上显著正相关，即被出具非标审计意见的公司其审计风险较大，审计师进行了更多的测试，进而花费了更多的审计时间，增加了审计延迟。该结果与Chen et al.（2001）、和Bamber et al.（1993）的结论一致。

国际"四大"（*BIG4*）与审计延迟在1%的水平上显著负相关，即：相比非"四大"，"四大"事务所所完成的审计工作有着更短的审计延迟。虽然Ahmad和Kamarudin（2003）认为，国际"四大"在出具审计报告时更加谨慎，为保证审计质量及其审计工作的完整性，会投入更多的审计时间对其客户进行审计，从而延长了审计时间。但是，由于"四大"具有高效率的审计人才，在审计规模较大的公司时更迅速，审计效率较高。另外，"四大"代表了较高的审计质量，能够提升被审计单位对外发布财务报告的信心，促使管理者尽早发布审计报告（刘亚莉等，2011）。本文研究结果与刘新琳等（2012）、Leventis和Caramanis（2005）的一致。

公司年度亏损（*LOSS*）与审计延迟的关系为正（3.502），且在5%水平上显著（$P=0.037$），表明发生亏损的公司更倾向于更晚公布审计报告。

公司规模（*SIZE*）与审计延迟的关系为正（1.793），在1%水平上显著（$P=0.000$），即规模比较大的公司，其经营业务相对比较复杂，增加了审计师的工作量，从而导致了更长的审计延迟。

表5 模型 2 的回归结果

被解释变量：*AUDITDELAY* 方法：*Least Squares*

变 量	*Coef.*	*Std. Err.*	*t*	*P > t*	*VIF*
ICW	− 4.361 ***	1.460	− 2.990	0.003	1.02
FORCE	− 5.299 ***	1.551	− 3.420	0.001	1.17
RESTATE	− 5.266 ***	1.737	− 3.030	0.003	1.05
AUDCHG	1.319	2.232	0.590	0.555	1.18
TENURE	0.119	0.118	1.010	0.315	1.20
OPINION	13.200 ***	3.912	3.370	0.001	1.16
BIG4	− 7.229 ***	2.133	− 3.390	0.001	1.30
LOSS	3.502 **	1.675	2.090	0.037	1.59
LEVERAGE	2.442	1.945	1.260	0.210	1.22
ROA	1.823	15.440	0.120	0.906	1.70
V1	− 4.655	4.081	− 1.140	0.254	1.17
SIZE	1.793 ***	0.512	3.500	0.000	1.47
_ *cons*	50.760 ***	11.230	4.520	0.000	
样本数	799				
adj. − R^2	0.125				

注：***表示1%的显著性水平，**表示5%的显著性水平；* 表示10%的显著性水平。

（四）稳健性检验

为了使结果更可靠，本文进行了稳健性检验，选取了按规定境内外同时上市的公司68家和自愿试点的公司216家作为研究样本，剔除 B 股、金融行业和主要变量数据缺失的公司32家，剩余252家公司。其回归结果显示披露内部控制缺陷（*ICW*）与审计延迟（*AUDITDELAY*）的相关系数为 − 16.500，在1%的水平上显著（*P* = 0.000），这表明相对于没有披露内部控制缺陷实质内容的公司，披露了内部控制缺陷实质内容的公司审计延迟更短，这也支持了本文的假设 2。由于篇幅限制，其回归结果没有列示，其他变量的相关关系与表 5 显示中的一致。

五 结论与启示

本文检验 2012 年国有主板上市公司强制实施内部控制规范体系前后审计延迟的差异，并进一步检测了这些差异的影响因素。研究结果发现：在控制其他变量之后，第一年强制实施内部控制规范体系的公司审计延迟缩短了；在内部控制自我评价报告中披露了具体内容内部控制缺陷的公司经历了较短的审计延迟；相对 2012 年实施内部控制规范体系的公司，2011 年便开始实施内部控制规范体系的公司的审计延迟明显缩短了。

会计信息披露的及时性是提升投资者信心的关键，较长的审计延迟严重影响了会计信息披露的相关性和及时性，影响了会计信息质量。在《企业内部控制基本规范》《企业内部控制配套指引》颁布后，探讨内部控制缺陷的披露对审计报告及时性的影响，分析其经济后果。检验内部控制缺陷披露对审计延迟的影响，能进一步明确审计延迟的影响因素，有助于衡量和提高审计效率。

未来对该领域的研究可能集中在以下几个方面：内部控制强制实施后几年里审计延迟的变化；不同内部控制缺陷类型对审计延迟的影响；内部控制缺陷整改后审计延迟的变化。

参考文献

[1] 陈汉文、邓顺永：《盈余报告及时性：来自中国股票市场的经验证据》，《当代财经》2004 年第 4 期。

[2] 韩海文、张宏婧：《自愿性信息披露的短期价值效应探析》，《审计与经济研究》2009 年第 24 期。

[3] 刘新琳、谈礼彦：《审计延迟影响因素研究：基于上市公司的实证分析》，《财会通讯》2012 年第 12 期。

[4] 刘亚莉、石蕾、赵阳：《审计延迟、披露延迟与信息延迟：影响因素及差异性分析》，《中国管理信息化》2011 年第 1 期。

[5] 戚傲楠：《内部控制质量能影响审计延迟吗？——基于深市 A 股主板上市公司的研究》，硕士学位论文，西南财经大学，2012。

［6］张国清:《自愿性内部控制审计的经济后果:基于审计延迟的经验研究》,《经济管理》2010 年第 6 期。

［7］Ashbaugh – Skaife, H., D. W. Collins, and W. R. Kinney. 2007. The Discovery and Reporting of Internal Control Deficiencies Prior to SOX – mandated Audits. *Journal of Accounting and Economics*, 44（1 – 2）: 166 – 192.

［8］Bamber, E., L. Bamber, and M. Schoderbek. 1993. Audit Structure and Other Determinants of Audit Report Lag: An Empirical Analysis. *Auditing: A Journal of Practice and Theory*, 12: 1 – 23.

［9］Behn, K. B., D. L. Searcy and B. W. Jonathan. 2006. A Within Firm Analysis of Current and Expected Future Audit Lag Determinants. *Journal of Information Systems*, 20（1）: 65 – 86.

［10］Chambers, A., and S. Penman. 1984. Timeliness of Reporting and the Stock Price Reaction to Earnings Announcements. *Journal of Accounting Research*, 22: 21 – 47.

［11］Dechun Wang and Jian Zhou. 2012. The Impact of PCAOB Auditing Standard No. 5 on Audit Fees and Audit Quality. *Accounting Horizons*, 26（3）: 493: 511.

［12］Deumes, R. and W. R. Knechel. 2008. Economic Incentives for Voluntary Reporting on Internal Risk Management and Control Systems. *Auditing: A Journal of Praictice & Theory*, 27（1）: 35 – 66.

［13］Doogar, R., P. Sivadasan, and I. Solomon. 2010. The Regulation of Public Company Auditing: Evidence from the Transition to AS5. *Journal of Accounting Research*, 48（4）: 795 – 814.

［14］Ettredge, M., C. Li, and L. Sun. 2006. The Impact of SOX Section 404 Internal Control Quality Assessment on Audit Delay in the SOX Era. *Auditing: A Journal of Practice and Theory*, 25（3）: 1 – 23.

［15］Givoly, D. and D. Palmon. 1982. Timeliness of Annual Earnings Announcements: Some Empirical Evidence. *The Accounting Review*, 57: 486 – 508.

［16］Gordon, L. A., and A. L. Wilford. 2012. An Analysis of Multiple Consecutive Years of Material Weaknesses in Internal Control. *The Accounting Review*, 87（6）: 2027 – 2060.

［17］Hammersley, J. S., L. A. Myers, and J. Zhou. 2012. The Failure to Remediate Previously Disclosed Material Weaknesses in Internal Controls. *Auditing: A Journal of Practice & Theory*, 31（2）: 73 – 111.

［18］Jiang, W., and J. Wu. 2009. The Impact of PCAOB Auditing Standard 5 on Audit

Fees. *The CPA Journal*, 79: 34 – 38.

[19] Knechel, W., and J. Payne. 2001. Additional Evidence on Audit Report Lag. *Auditing: A Journal of Practice and Theory*, 20: 137 – 46.

[20] Krishnan, J., and J. Yang. 2009. Recent Trends in Audit Report and Earnings Announcement Lags. *Accounting Horizons*, 23 (3): 265 – 288.

[21] Krishnan, J., J. Krishnan, and H. Song. 2011. The Effect of Auditing Standard No. 5 on Audit Fees. *Auditing: A Journal of Practice and Theory*, 30 (4): 1 – 27.

[22] Kross, W., and D. Schroeder. 1984. An Empirical Investigation of the Effect of Quarterly Earnings Announcement Timing on Stock Returns. *Journal of Accounting Research*, 22: 153 – 176.

[23] Leventis, S., and C. Caramanis. 2005. Determinants of Audit Time as a Proxy of Audit Quality. *Managerial Auditing Journal*, 20: 460 – 478.

[24] Leventis, S., Weetman, P. and C. Caramanis. 2005. Determinants of Audit Report Lag: Some Evidence from the Athens Stock Exchange. *International Journal of Auditing*, 9: 45 – 58.

[25] Munsif, M., K. Raghunandan, and D. V. Rama. 2012. Internal Control Reporting and Audit Report Lags: Further Evidence. *Auditing: A Journal of Practice and Theory*, 31 (3): 203 – 218.

第五编

公司治理与国有企业改革

中国上市公司的独立董事制度有作用吗？

——基于一个外生冲击的实证检验

戴文涛[1]　刘秀梅[2]　蔡卫星[3]　解维敏[4]

（1. 云南财经大学会计学院，2. 香港科技大学工商管理学院，
3. 北京科技大学东凌经济管理学院，4. 东北财经大学会计学院）

【摘　要】本文借助一个外生政策冲击，通过研究独立董事辞职的市场反应探讨了我国独立董事制度是否有效。实证结果表明：政府官员背景独立董事辞职后，累计超额收益率为 1.181%，公司价值上升；学术机构背景独立董事辞职后，累计超额收益率为 −2.058%，公司价值下降；进一步研究发现，政府官员独立董事辞职的正向市场反应主要来自于代理成本较大的公司，学术机构背景独立董事辞职的市场反应在代理成本不同的公司并没有显著差异。本文结论表明并非所有类型的独立董事都有效，学术机构背景的独立董事能够发挥专家咨询作用，政府官员背景的独立董事则损害了公司治理效率，起到了负面作用。

【关键词】独立董事辞职　内生性　市场反应

一　引言

独立董事是"神兵利器"还是"橡皮图章"？这是学术界和实务界一直广泛争论的话题。一些学者认为独立董事可以提高董事会的独立性，从而更好地监督公司内部人，是解决股东与经理人之间代理问题的重要机制之一。然而，也有学者认为独立董事大都由管理层聘请，独立董事与管理层之间存在着信息不对称，独立董事的治理监督作用会受到很大限制。尤

其是在我国处于"新兴 + 转轨"的特殊制度背景下，上市公司股权高度集中，董事会受控股股东控制较为严重，独立董事更加难以发挥治理监督作用。理论上的分歧使得无论是在美国等成熟资本市场国家还是在中国等新兴转轨经济国家的实践中，关于独立董事治理作用的经验证据都是混合的甚至是互相矛盾的。随着对独立董事治理作用持怀疑态度的文献越来越多，一些学者以资源依赖观为理论基础，认为虽然独立董事在监督方面的作用会受到一定程度的限制，但是可以为组织带来稀缺资源［既包括各种人脉关系（尤其是政治关联），也包括利用专家擅长领域为公司发展提供专业的咨询意见］，从而提升公司业绩。然而，与代理理论相似的是，基于资源依赖理论得到的经验证据同样存在着不一致。

根据以往文献，独立董事作用经验证据差异较大的一个重要原因在于内生性问题，即独立董事是一个内生决定的变量，受到公司治理结构、公司业绩等变量的影响，如果不控制独立董事内生性而直接进行普通最小二乘回归，将导致严重的模型设定偏误问题。为了得到相对可靠的结论，近年来，一些学者采用了多种方式控制内生性，比如二阶段最小二乘和三阶段最小二乘回归、独立董事突然死亡与辞职等。然而，二阶段最小二乘和三阶段最小二乘回归高度依赖于工具变量的有效性，对其实证结论仍需持谨慎态度。虽然独立董事突然死亡可以在很大程度上控制内生性，但我国上市公司中类似的样本稀少，难以进行大样本的实证检验。独立董事辞职则具有很强的自我选择性，仍然不能摆脱内生性问题的困扰。除此之外，中国上市公司广泛存在独立董事辞职的"捆绑披露"现象①，纵使不考虑内生性的影响，已有研究也不能很好地区分投资者的市场反应究竟是来自于独立董事辞职还是"捆绑披露"的其他事件。因此，独立董事究竟能否发挥预期作用进而提升公司价值仍旧是一个待解的谜团，迫切需要学者对此提供更加稳健可靠的证据从而为相关政策制定提供理论指导。本文借助一个独特的外生政策冲击提供的研究机会，考察投资者对独立董事辞职的市场反应。

2013 年 10 月 19 日，中组部下发了《关于进一步规范党政领导干部在

---

① 即将独立董事辞职信息与其他信息打包在一起，以一个相对笼统的标题来披露。

企业兼职（任职）问题的意见》（"中组发［2013］18 号"，下文中简称为
"18 号文"），要求各地区各部门各单位限期对党政领导干部在企业兼职
（任职）情况进行清理。在此政策影响下，中国上市公司出现了一波前所
未有的独立董事辞职潮。由于这一政策基本上可以被视为一种强制性要求
并且辞职公告基本上都属于单独披露，这使我们可以避免以往研究中存在
的内生性以及"捆绑披露"问题，从而有助于得到更加可靠的结论。

根据中组部文件，受影响的独立董事主要来自两种背景：政府机构与
学术机构（高等学校和研究机构）。从资源依赖观的角度，政府官员背景
的独立董事构筑了一条企业与政府之间的关系桥梁，可以帮助公司从社会
上获取更多的资源，比如融资便利、税收优惠、政府补贴等。然而，从代
理理论的视角，官员与企业之间的利益交换可能会导致各种寻租行为，使
其难以发挥治理作用，进而降低公司治理效率。学术机构背景的独立董事
则可以利用自己的专业知识提供咨询，为企业以及社会创造价值。同时也
有大量文献的经验证据表明这类独立董事有助于提高公司治理水平。这两
种背景的独立董事发挥作用的内在机制存在着差异，那么其市场反应是否
也会相应地有所不同呢？更进一步，代理理论与资源依赖理论哪一种理论
对于不同背景独立董事作用的解释力度更强？上述问题的研究对于我们深
刻了解独立董事发挥作用的理论基础与内在机制具有重要意义。

本文的研究发现：（1）整体而言，政府官员背景的独立董事辞职带来
了 1.181% 的累积超额收益率，公司价值显著上升；学术机构背景的独立
董事辞职获得了 -2.058% 的累积超额收益率，公司价值显著下降。（2）
进一步研究发现，不同理论对于不同背景独立董事辞职的市场反应的解释
力度存在一定差异。代理理论对政府官员背景独立董事辞职的市场反应解
释力度更强，而资源依赖理论对学术机构背景独立董事辞职的市场反应解
释力度更强。具体表现在政府官员独立董事辞职的正向市场反应主要来自
于代理成本较大的公司，而学术机构背景独立董事辞职的市场反应在代理
成本不同的公司并没有显著差异。

本文的贡献在于：（1）借助一个独特的外生政策冲击在一定程度上控
制了先前文献中未能解决的内生性问题，从而丰富了独立董事方面的文
献。（2）以往对于代理理论与资源依赖观究竟哪一种理论更适合解读独立

董事的作用，学者尚未达成一致意见。本文的实证结果则表明这两种理论都有一定的适用性，但又具有一定的"状态依存性"，即理论的适用性与独立董事背景有着密切关系。（3）本文具有一定的政策贡献。首先本文结论表明"18号文"要求政府官员辞去独立董事对于提高公司治理水平有着非常重要的作用；其次，由于不同背景独立董事的作用不尽相同，所以政策制定部门应该注意区分这种性质，充分发挥学术机构背景独立董事的专家咨询作用。

本文以下部分的内容安排如下：第二部分是文献综述；第三部分是制度背景，介绍中国独立董事制度以及"18号文"的内容及影响；第四部分是研究设计，讨论本文实证研究的样本选取、核心变量以及计量方法；第五部分是实证结果及分析，包括描述性统计、组间比较以及多元回归结果；最后是研究结论。

二　文献综述

国内外学者主要是基于代理理论和资源依赖理论来讨论独立董事的作用。代理理论认为，独立董事比内部董事更加客观、独立，可以强化董事会的监督作用，防止管理者的机会主义行为损害股东利益。资源依赖理论则认为，独立董事通常具有丰富的管理经验和理论分析能力，能够更好地为公司发展出谋划策。以上述两种理论为基础，学者们对独立董事是否发挥预期作用并进而提升公司价值展开了大量实证分析，但结论却并不一致甚至是相互矛盾的。一些研究发现独立董事对公司价值有着正向的贡献，但也有一些研究发现独立董事对公司价值的贡献并不显著，部分研究甚至发现独立董事对公司价值有着负向的影响。

基于其他企业行为的视角，独立董事的作用同样存在较大差异。既有证据发现独立董事可以减少大股东的资金占用行为、提高盈余信息质量，也有证据表明独立董事并未提高会计信息质量、不能有效抑制大股东的掏空行为。甚至还有文献发现独立董事的作用是混合的。如刘慧龙等发现在国有企业改制过程中，独立董事可以减少因大股东的利益输送而造成的投资不足问题，但没有证据显示独立董事可以减少因管理者代理问题而产生的过度投资问题。

对于上述相互矛盾的发现，学者们给出了一些可能的解释：首先，现有研究主要是通过考察独立董事比例与公司价值或其他企业行为的关系来检验独立董事的有效性，但是这种处理方式可能受到内生性问题的影响，从而影响了研究结论的可靠性。其次，独立董事群体的个体差异显著，并非所有独立董事都能有效地发挥作用，不同背景的独立董事在董事会中的作用可能是不一样的。

考虑到上述问题，一些研究试图通过二阶段最小二乘和三阶段最小二乘等回归方法来控制内生性，但这种方法受工具变量有效性的影响较大，不同工具变量得到的结果很可能相差较大。Nguyen 等采用独立董事突然死亡事件来验证其价值相关性。这种方法虽然可以在很大程度上控制内生性，但限于中国上市公司类似的案例太少而难以进行大样本的实证检验。还有学者利用独立董事任命或辞职现象来考察独立董事的市场反应，以此检验独立董事制度的有效性。Rosenstein & Wyatt 发现任命新的独立董事带来了股价正向反应。Gupta & Fields 则发现独立董事辞职的市场反应显著为负。Dewally & Peck 进一步区分了辞职原因，发现不同情况下独立董事辞职的市场反应存在着显著差异。张俊生和曾亚敏讨论了中国上市公司独立董事辞职行为的信息含量，发现整体而言独立董事辞职的市场反应为负，但是并不显著。吴冬梅和刘运国对独立董事辞职的"捆绑披露"现象进行了研究，发现大约65%的独立董事辞职公告披露了存在着"捆绑披露"现象，但是他们并没有研究独立董事辞职的市场反应。

总体而言，现有研究围绕着独立董事有效性展开了大量研究，有助于我们更好地理解这一问题。特别地，虽然有文献开始关注独立董事辞职现象，但是仍然存在一些并未解决的关键问题，从而影响了研究结论的可靠性：首先，一般情况下独立董事辞职具有很强的自我选择性，从而依然存在着潜在的内生性问题。例如，独立董事更可能在公司业绩较差的时候辞职，那么即便此时发现投资者做出了负向市场反应，我们仍然不能排除负向市场反应是否由于公司业绩更差所导致的；其次，由于中国上市公司广泛存在的"捆绑披露"现象，纵使不考虑前述内生性问题的影响，现有研究也不能很好地区分投资者的市场反应是来自于独立董事辞职还是

"捆绑披露"的其他事件。考虑到现有研究存在的上述不足，本文拟借助一个外生政策冲击来控制内生性问题的影响①。我们试图通过对独立董事辞职市场反应的研究，为中国资本市场中独立董事有效性问题提供经验证据。

三 制度背景

2001 年中国证监会颁布了《关于在上市公司建立独立董事制度的指导意见》(简称《指导意见》)。这是我国首部关于在上市公司设立独立董事的规范性文件，标志着 A 股上市公司正式全面引入独立董事制度。《指导意见》规定在 2002 年 6 月 30 日前，董事会成员中应当至少包括 2 名独立董事；在 2003 年 6 月 30 日之前上市公司独立董事的比例不得低于 1/3。以此为标志，A 股上市公司独立董事制度得到稳步规范发展。②

根据证监会《指导意见》，我国上市公司逐步开始在董事会中增加独立董事。根据现有资料，监管机构对上市公司独立董事的任职资格与条件的规定主要来自《公司法》和 2001 年证监会发布的《关于在上市公司建立独立董事制度的指导意见》，这两项法规只规定独立董事不得持有任职公司 1% 以上股份、无亲属在该公司任职等，对独立董事的职业背景并无硬性规定。从上市公司独立董事制度的实践来看，独立董事有众多来源，包括大学和研究机构、律师、会计、其他企业高管等。其中，政府现任或退休官员是独立董事这一群体的重要构成部分。《中国青年报》2013 年的一份调查显示：沪深两市上市公司共有 8076 个独立董事职位，担任这些职位的约有 5760 人，其中 2590 位独立董事有"从政背景"，占比 44.9%。

---

① Larcker & Rusticus (2007) 的研究指出，通过引入外生事件冲击是克服内生性问题的有效手段之一。

　　魏刚等 (2007) 对中国上市公司独立董事制度的建立和发展进行了详细的回顾。

② 数据来源于 http://fanfu.people.com.cn/n/2013/0909/c64371 - 22852586.html。

　　根据中国现行的领导干部管理体制，高等学校和科研机构作为事业单位，其领导干部拥有相应的行政级别。根据我们的检索，众多高校均根据"18 号文"要求对领导干部兼职 (任职) 情况进行清理，其中一个例子可以参见 http://zzb.cafuc.edu.cn/Read.asp? ID = 1708。

随着政府部门背景的独立董事数量逐渐增加，这一现象引起了广泛的关注和讨论。许多学者和社会公众认为政府官员担任独立董事极容易产生"权力磁场"现象，他们可以利用其固有背景和人脉网络，为企业牟利，向相关政府机构施压，严重干扰正常的市场竞争秩序。

2013 年 10 月 19 日，中组部下发了《关于进一步规范党政领导干部在企业兼职（任职）问题的意见》的"18 号文"。在该文件中，中组部对党政领导在企业中的任职资格、离职期限、任职年龄、报酬等方面做了严格限制，要求各地区各部门各单位限期对党政领导干部在企业兼职（任职）情况进行清理。由于我国特殊的干部管理体制，受此政策影响的不仅包括政府官员独立董事，而且还有大量来自学术机构的独立董事。"18 号文"规定，参照公务员法管理的人民团体和群众团体、事业单位领导干部，按照本意见执行；其他领导干部，参照本意见执行。在"18 号文"的要求下，中国上市公司出现了一波前所未有的独立董事辞职潮。

由"18 号文"引起的独立董事辞职潮为我们从辞职视角研究独立董事制度有效性提供了难得的机会：首先，此次独立董事辞职是由于"18 号文"这样一个外生政策冲击所引起的，属于强制性规制范畴，这就有效避免了以往研究中独立董事辞职的内生性问题，从而提高研究结论的可靠性；其次，此次受到"18 号文"影响的不仅包括政府部门背景的独立董事，还包括高等学校和科研院所（下文简称学术机构）背景的独立董事，这有助于我们比较不同背景独立董事辞职的市场反应；此外，在"18 号文"影响下独立董事辞职公告的披露也更具有针对性，以往"捆绑披露"的现象很少出现，这为我们研究独立董事辞职现象提供了更加"干净"的样本，有助于更准确识别独立董事辞职的市场反应。

四　研究设计

1. 事件研究法

本文采用事件研究法（Event Study）来考察官员背景独立董事辞职的短期市场反应。具体而言：

（1）根据以往研究文献，采用资本资产定价模型（即 CAPM）来计算单个股票的异常收益率。依据有效市场假说，股票收益率为市场收益率的线性组合：

$$R_{jt} = \alpha_j + \beta_j R_{it} + \varepsilon_{jt} \tag{1}$$

其中，R_{jt} 为第 j 只股票在 t 日的预期收益率，R_{it} 为第 t 日股票市场的收益率。

理论上，如果股票价格受到特殊事件影响而出现异常波动，那么股票的实际收益就会偏离于基于 CAPM 模型所预测的收益水平。异常收益率等于事件窗口内股票实际收益率减去基于（1）式估计得到预期收益率，具体公式如下：

$$AR_{jt} = R_{jt} - R_{jt} \tag{2}$$

其中，AR_{jt} 为第 j 只股票在 t 日的异常收益率，R_{jt} 为第 j 只股票在 t 日实际收益率，R_{jt} 为在第 j 只股票在 t 日预期收益率。

那么，事件窗口期内的累计异常收益，即第 j 只股票在窗口期 $[t_1, t_2]$ 内的 CAR 值等于：

$$CAR_j = \sum_{t1}^{t2} AR_{jt} \tag{3}$$

（2）事件窗口的选择。我们以上市公司发布官员背景独立董事辞职公告日作为事件日，分别选取 $[-5, +5]$、$[-3, +3]$ 作为时间窗口。为了保证估计效度，对于预测区间内不足 30 个交易日的样本我们给予了删除。

2. 样本选择与数据来源

自"18 号文"颁布的 2013 年 10 月 19 日至 2014 年 6 月 20 日，沪深两市共有 324 人次辞去独立董事职位，涉及 299 家上市公司。由于 25 家公司在此期间内有超过 1 次以上的独立董事辞职行为，为了避免多次事件对 CAR 的影响，本文只计算了第一次独立董事辞职的 CAR 值。此外，本文还剔除了在独立董事辞职公告中明确说明辞职原因是任职期满的 20 个样本、虽然任期未满但不受"18 号文"影响的 10 个样本、捆绑披露的 28 个样本、预测区间不足 30 个交易日的样本以及事件半个月内发生过异常停牌与相关数据不全的 52 个样本，最后得到 189 个样本。其中：政府官员背景的独立董事 103 个样本，学术机构背景的独立董事 86 个样本。

参考以往的研究文献，本文按照行业相同（制造业按二级代码分类，其他按一级代码分类）、资产规模相近的原则选择了配对样本。独立董事辞职公告数据分别在上海证券交易所以及深圳证券交易所网站上手工搜集所得。其他数据来源于 CSMAR 数据库。

3. 控制变量

为了控制其他因素对独立董事辞职事件窗口中超额收益的影响，本文参考既有文献选择了以下控制变量：公司规模（Size）、资产负债率（Lev）、每股收益（EPS）、独立董事性别（Female）、任期（Tenure）、多重任职（Multi）。相关变量的定义见表 1。

表 1　主要变量及定义

变量名称	符　号	定　义
累计超额收益率	CAR	根据事件研究法估算出来的累计超额收益率
独立董事背景 1	Gover	当辞职的官员独立董事具有政府背景时取值为 1，否则为 0
独立董事背景 2	Scholar	当辞职的官员独立董事具有学术机构背景时取值为 1，否则为 0
公司规模	Size	用总资产的自然对数表示
每股收益	EPS	税后利润/股本总数
资产负债率	Lev	总负债/总资产
性别	Female	如果独立董事是女性，Female 取值为 1，否则取值为 0
任期	Tenure	如果辞职的独立董事的任期高于行业中位数则为 1，否则为 0
多重任职	Multi	如果辞职独立董事在其他公司还有任职则为 1，否则为 0

五　实证结果及分析

1. 描述性统计与分析

表 2 报告了主要变量的描述性统计，表 3 分组报告了政府官员背景独立董事以及学术机构背景独立董事主要变量的均值和中位数差异情况。

表 2　主要变量的描述性统计

变量名称	Obs	均　值	中位数	标准差	最小值	最大值
CAR [-5, +5]	189	-0.293	-0.115	7.323	-20.366	18.737
CAR [-3, +3]	189	0.044	0.074	6.032	-15.449	29.732
Gover	189	0.545	1.000	0.499	0.000	1.000

续表

变量名称	Obs	均 值	中位数	标准差	最小值	最大值
Size	189	22.262	22.055	1.608	19.470	28.933
EPS	189	0.377	0.290	0.484	−1.045	2.166
Lev	189	0.451	0.407	0.231	0.026	0.972
Female	189	0.116	0.000	0.322	0.000	1.000
Multi	189	0.751	1.000	0.433	0.000	1.000
Tenure	189	0.492	0.000	0.501	0.000	1.000

表3 政府官员组与学术机构组主要变量非参数检验

变量名称	均值比较			中位数比较		
	Gover 组 (N=103)	Scholar 组 (N=86)	均值差异	Gover 组 (N=103)	Scholar 组 (N=86)	中位数差异
CAR [−5, +5]	1.181	−2.058	−3.240***	0.907	−1.970	−2.877***
CAR [−3, +3]	1.057	−1.170	−2.226**	0.552	−0.072	−0.624**
Size	22.410	22.084	−0.326	22.093	21.956	−0.137
EPS	0.391	0.360	−0.031	0.280	0.305	0.025
Lev	0.475	0.421	−0.054	0.407	0.403	−0.004
Female	0.136	0.093	−0.043	0.000	0.000	0.000
Multi	0.670	0.849	0.179***	1.000	1.000	0.000***
Tenure	0.466	0.523	0.057	0.000	1.000	1.000

通过表2可以看出，独立董事辞职的 CAR 值在 [−5, +5] 11 天内为 −0.293% ($T-value = −0.550$)，在 [−3, +3] 7 天为 0.044% ($T-value = 0.100$)，二者都未显著大于0。表3的分组检验结果表明：在政府官员组，CAR [−5, +5] 的均值是 1.181% ($T-value = 1.658$)，CAR [−3, +3] 的均值是 1.057% ($T-value = 1.677$)，二者均显著大于0。在学术机构背景组，CAR [−5, +5] 的均值是 −2.058% ($T-value = −2.698$)，CAR [−3, +3] 的均值是 −1.170% ($T-value = −2.026$)，二者均显著小于0。进一步的均值 T 检验结果表明，政府官员组的 CAR 值显著高于学术机构组。中位数的检验结果与均值检验相类似。通过图1可以看出，当独立董事辞职后，政府官员的市场反应基本上都大于0，而学术机构的市场反应则基本都小于0。

上述结果说明，对于总样本而言，独立董事辞职在 [−5, +5] 与 [−3, +3] 的时间窗口内并没有显著的市场反应。产生这一现象的原因可能在于不同背景独立董事辞职引起的市场反应不同，产生了相互抵消的作用，进一步的分组结果在一定程度上支持了这一点。即不同背景的独立董事辞职市场反应并不相同，相比较而言，政府官员背景独立董事辞职的市场反应显著为正，公司价值上升，而学术机构背景独立董事辞职的市场反应则显著为负，公司价值下降。

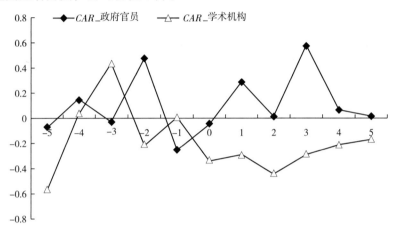

图 1　独立董事辞职的市场反应走势：政府部门 vs 学术机构

2. 多元回归结果分析

为了获得更为可靠的证据，我们采用回归分析来比较两类不同背景的独立董事辞职的市场反应，回归结果见表 4 和表 5。表 4、表 5 中的第（1）（2）栏报告了基于 CAR［-5，+5］时间窗口的估计结果，第（3）（4）栏报告了基于 CAR［-3，+3］时间窗口的估计结果。从表 4 和表 5 的回归结果，可以看出政府部门组独立董事辞职的市场反应为正，且在 5% 水平下显著。学术机构组独立董事辞职的市场反应都为负，且至少通过了 5% 水平下的显著性检验。这进一步支持了组间比较分析的结果，表明我国上市公司的独立董事制度的有效性与独立董事的背景有着密切关系，即学术机构背景的独立董事对公司价值有积极的正向作用，而政府官员背景的独立董事反而起到了负面作用。

不同背景的独立董事辞职的市场反应之所以出现如此大的差异可能由于以下原因：对于学术机构背景的独立董事而言，他们往往是某一领域的专家，有着较高的教育背景、扎实的理论功底和良好的专业能力，从资源依赖理论的视角，他们可以更好地为企业发展出谋划策。Johnson 指出，具有专长的独立董事能够从专业角度对公司战略和经营决策发表意见；从委托代理的视角，来自学术机构的独立董事往往具有较高的社会地位和良好的声誉。良好的声誉效应使得独立董事更有动力去对管理层行为进行监督，而较高的专业素质使得独立董事更有能力去监督管理层。叶康涛等发现，具有财会和金融背景的独立董事越有可能对管理层议案提出公开质疑。唐雪松等的研究发现，高校领导身份的独立董事更可能在独立意见中说"不"，而独立董事公开质疑行为有助于提升公司价值。对于政府部门背景的官员独立董事而言，尽管他们有着熟悉政策文件、人脉关系深厚等方面的优势，但是通过聘任政府官员担任独立董事本身就是一把"双刃剑"。从资源依赖理论的角度，尽管政治关联能够给企业带来诸如融资便利、税收优惠、政府补贴等，但是却可能也会给企业带来沉重的社会负担，进而损害公司价值；从委托代理的视角，政府官员的独立董事在为企业谋求各种资源时往往会存在各种寻租行为，这必然会损害独立董事的独立性，从而降低了其监督治理作用，进而有可能导致整体公司治理效率下降。

表 4　政府部门组回归结果

	(1)	(2)	(3)	(4)
	CAR [−5, +5]	CAR [−5, +5]	CAR [−3, +3]	CAR [−3, +3]
Gover	2.110 **	2.088 **	1.935 **	1.896 **
	(2.273)	(2.266)	(2.076)	(2.044)
Size		−0.410		−0.527
		(−1.178)		(−1.363)
Lev		6.780 ***		5.985 **
		(2.682)		(2.271)
EPS		1.907 *		1.658
		(1.653)		(1.304)
_ cons	−0.929	4.392	−0.878	8.286
	(−1.561)	(0.617)	(−1.279)	(1.074)
N	206	206	206	206
r2_ a	0.020	0.051	0.016	0.041

注：回归中控制了行业因素的影响，括号内的数值是基于异方差稳健标准误的 t 统计量，*、**、***分别表示10%、5%和1%的双尾显著性水平。

表 5 学术机构组回归结果

	（1）	（2）	（3）	（4）
	CAR ［-5, +5］	CAR ［-5, +5］	CAR ［-3, +3］	CAR ［-3, +3］
Scholar	-3.825***	-3.838***	-1.929**	-1.934**
	（-3.099）	（-3.165）	（-2.085）	（-2.099）
Size		0.404		0.228
		（0.672）		（0.494）
Lev		5.927		3.372
		（1.493）		（1.177）
EPS		-1.762		-0.955
		（-0.959）		（-0.776）
_cons	1.767*	-9.297	0.759	-5.565
	（1.820）	（-0.789）	（1.050）	（-0.597）
N	172	172	172	172
r2_a	0.048	0.085	0.019	0.031

注：回归中控制了行业因素的影响，括号内的数值是基于异方差稳健标准误的 t 统计量，*、**、***分别表示10%、5%和1%的双尾显著性水平。

3. 独立董事：监督还是咨询

既然资源依赖理论和委托代理理论都可以从不同视角解读本文发现的结论，那究竟是哪一种理论的解释力度更强？需要进行进一步的检验。既有文献表明，最终控制人现金流权和投票权分离程度在很大程度上表明了公司代理成本的高低。最终控制人两权分离程度越大，越有可能"掏空"上市公司、损害投资者利益，代理成本也就越大。我们按照最终控制人现金流权和投票权是否分离将样本分为两组：两权分离组和未分离组，然后检验两组样本中官员独立董事辞职的市场反应是否存在差异。如果代理理论解释力更强，我们预期可以观察到在两权分离组市场反应更加强烈，反之如果资源依赖理论解释力更强，则市场反应在这两组应该不会存在显著差异。检验结果见表6、表7和表8。

表 6　独立董事辞职市场反应的非参数检验：两权分离 vs 未分离

均值非参数检验									
	政府官员组（N=103）				学术机构组（N=86）				
	总样本	两权分离组（N=56）	两权未分离组（N=47）	均值差异	总样本	两权分离组（N=31）	两权未分离组（N=55）	均值差异
［-5，+5］	1.181	2.176	-0.004	-2.180*	-2.058	-1.813	-2.197	-0.384
［-3，+3］	1.057	2.437	-0.588	-3.025***	-1.170	-0.730	-1.417	-0.687

中位数非参数检验									
	政府官员组（N=103）				学术机构组（N=86）				
	总样本	两权分离组（N=56）	两权未分离组（N=47）	中位数差异	总样本	两权分离组（N=31）	两权未分离组（N=55）	中位数差异
［-5，+5］	0.907	1.977	0.187	-1.790*	-1.970	-1.064	-2.151	-1.087
［-3，+3］	0.552	1.397	-0.237	-1.634**	-0.072	0.039	-0.123	-0.162

注：*、**、***分别表示10%、5%和1%的单尾显著性水平。

表 7　政府官员独立董事辞职市场反应的回归结果

	(1)	(2)	(3)	(4)	(5)	(6)
	CAR［-5，+5］	CAR［-5，+5］	CAR［-5，+5］	CAR［-3，+3］	CAR［-3，+3］	CAR［-3，+3］
AgentCost	2.180	1.534	1.468	3.025**	2.936**	3.257**
	(1.546)	(0.872)	(0.834)	(2.488)	(2.129)	(2.249)
Female		-1.555	-1.628		-1.822	-1.770
		(-0.963)	(-1.100)		(-1.483)	(-1.516)
Multi		0.217	0.400		0.416	0.102
		(0.139)	(0.245)		(0.271)	(0.062)
Tenure		-2.280	-2.460		-0.572	-0.874
		(-1.384)	(-1.506)		(-0.460)	(-0.690)
Size			-0.501			-0.488
			(-1.060)			(-1.088)
Lev			7.074**			2.154
			(2.024)			(0.690)

续表

	（1）	（2）	（3）	（4）	（5）	（6）
	CAR［-5,+5］	CAR［-5,+5］	CAR［-5,+5］	CAR［-3,+3］	CAR［-3,+3］	CAR［-3,+3］
EPS			0.297			-1.022
			(0.225)			(-0.752)
_cons	-0.004	1.730	9.543	-0.588	0.294	10.953
	(-0.004)	(1.166)	(0.963)	(-0.721)	(0.185)	(1.157)
N	103	103	103	103	103	103
r2_a	0.013	0.004	0.010	0.047	0.024	0.024

注：（1）回归中控制了行业因素的影响，括号内的数值是基于异方差稳健标准误的 t 统计量；（2）*、**、***分别表示 10%、5% 和 1% 的双尾显著性水平；（3）AgentCost，虚拟变量，如果现金流权和投票权分离则为 1，否则为 0。其他变量定义见表 1。

表 8　学术机构独立董事辞职市场反应的回归结果

	（1）	（2）	（3）	（4）	（5）	（6）
	CAR［-5,+5］	CAR［-5,+5］	CAR［-5,+5］	CAR［-3,+3］	CAR［-3,+3］	CAR［-3,+3］
AgentCost	0.384	0.383	-1.073	0.687	0.653	-0.149
	(0.227)	(0.213)	(-0.709)	(0.542)	(0.487)	(-0.128)
Female		-0.048	-0.614		0.866	0.458
		(-0.015)	(-0.250)		(0.554)	(0.366)
Multi		0.741	1.829		0.147	0.759
		(0.331)	(0.879)		(0.090)	(0.459)
Tenure		-1.351	-1.309		-0.743	-0.692
		(-0.873)	(-0.846)		(-0.589)	(-0.521)
Size			0.867			0.454
			(1.189)			(0.806)
Lev			8.298*			4.435
			(1.720)			(1.104)
EPS			-4.898*			-3.031*
			(-1.941)			(-1.703)
_cons	-2.197**	-1.638	-23.552	-1.417**	-1.374	-12.757
	(-2.499)	(-0.771)	(-1.580)	(-2.103)	(-0.870)	(-1.123)

	（1）	（2）	（3）	（4）	（5）	（6）
	CAR [-5, +5]	CAR [-5, +5]	CAR [-5, +5]	CAR [-3, +3]	CAR [-3, +3]	CAR [-3, +3]
N	86	86	86	86	86	86
r2_a	0.001	0.016	0.135	0.004	0.012	0.029

注：（1）回归中控制了行业因素的影响，括号内的数值是基于异方差稳健标准误的 t 统计量；（2）＊、＊＊、＊＊＊分别表示10％、5％和1％的双尾显著性水平；（3）AgentCost，虚拟变量，如果现金流权和投票权分离则为1，否则为0。其他变量定义见表1。

从表6可以看出，对于政府官员组而言，无论是均值还是中位数，独立董事辞职的市场反应在两权分离组都显著高于未分离组，并且两权未分离组的市场反应均值为负，符号也发生了变化。而在学术机构组，独立董事辞职的市场反应在两权分离组与未分离组之间并没有显著差异。进一步通过表7和表8的回归结果可以发现，政府官员组在 CAR [-3, +3] 7天内，AgentCost 的系数显著为正，在 CAR [-5, +5] 11天内，AgentCost 的系数虽然不显著但同样为正；而在学术机构组，无论是 CAR [-3, +3] 还是 CAR [-5, +5]，AgentCost 的系数都不显著。

上述结果说明，政府官员背景的独立董事辞职所导致的正向市场反应主要存在于两权分离组。这表明市场反应更多是基于委托代理理论而非资源依赖理论，即此类型的独立董事很难发挥治理监督作用，他们的辞职会带来公司价值的提升。学术机构背景独立董事辞职的市场反应在两权分离组与未分离组之间有显著差异。这表明委托代理理论对于此类独立董事的辞职行为解释力度较弱，市场的负面反应更多是基于资源依赖观，即咨询作用。

4. 稳健性检验

（1）由于"18号文"公布于2013年10月19日，市场有可能会在文件发布的当日就做出反应，进而影响本文的实证结果。为此，本文采用了两种方法：一是考察了文件公布日前后 [-5, +5] 以及 [-3, +3] 不同时间窗口的 CAR 值，结果发现无论是政府官员组还是学术机构组，独立董事辞职的 CAR 值都未显著大于0。这说明市场并未在文件公布日做出反应，而是在独立董事真正辞职日才发生了反应。二是直接把文件公布日的

CAR 值作为控制变量引入到前文的回归模型中，结果未发生显著变化。（2）辞职时间越早，有可能市场反应会强烈，而晚辞职的独立董事有可能已经被市场预见到而提前做出了反应，所以不同公司独立董事辞职的时间不同也可能会影响本文的实证结果。为此，本文同样采用了两种方法：一是按照辞职公告时间将样本分为早辞职组和晚辞职组，结果未发现两个组之间的市场反应存在显著差异；二是把辞职公告时间作为控制变量引入前文的回归模型中，结果未发生显著变化。（3）学术机构背景独立董事辞职的市场反应随着代理成本的不同而没有差异的原因也可能是替代变量误差所导致的。为了消除这一影响，本文借鉴先前文献采用管理费用率与总资产周转率来衡量代理成本，结果仍未发生显著变化。

六　结论及启示

作为保护投资者利益的重要安排，独立董事制度受到了社会各界的广泛关注。那么，这一制度安排在公司实践中是否发挥了作用？借助一个外生政策冲击，本文利用受政策影响的两类特定样本，考察了独立董事辞职的市场反应。研究结果表明，政府官员背景的独立董事辞职后，超额累计收益率为正，公司价值上升；学术机构背景的独立董事辞职后，超额累计收益率为负，公司价值下降。进一步的研究还发现，政府官员背景独立董事辞职的正向市场反应主要来自于代理成本更高的公司，而学术机构背景独立董事辞职的市场反应在不同代理成本的公司并没有显著变化。上述结果表明我国独立董事制度能否发挥预期作用与其背景有着密切关系。政府官员独立董事虽然可以利用其特殊的政治地位为公司争取更多的社会资源，但各种寻租行为在很大程度上损害了其治理监督作用，最终导致公司价值降低。而来自学术机构的独立董事则可以充分发挥其专家咨询的作用，提高公司价值。

本文的结论对于上市公司、投资者以及监管机构均具有一定的启示作用。对于上市公司而言，重视独立董事工作、更好地发挥独立董事作用，有助于进一步提升公司价值；对于投资者而言，可以将独立董事作为选择投资目标公司的参考指标之一；对于监管机构而言，可以将独立董事制度建设作为保护投资者利益的重要手段。此外，我们的研究结果也表明"18号文"在一定程度上达到了预期目标，但是"一刀切"的政策也存在着意料之外的效果。

当然，本文的研究也还存在着一定的局限：我们的研究仅仅局限在政府官员以及学术机构两种背景的独立董事，这一结论能否推广到其他类型的独立董事还需进一步讨论。

参考文献

[1] 蔡卫星、赵峰、曾诚：《政治关系、地区经济增长与企业投资行为》，《金融研究》2011 年第 4 期。

[2] 陈运森、谢德仁：《网络位置、独立董事治理与投资效率》，《管理世界》2011 年第 7 期。

[3] 程新生、谭有超、廖梦颖：《强制披露、盈余质量与市场化进程——基于制度互补性的分析》，《财经研究》2011 年第 3 期。

[4] 高明华、马守莉：《独立董事制度与公司绩效关系的实证分析——兼论中国独立董事有效行权的制度环境》，《南开经济研究》2002 年第 2 期。

[5] 胡勤勤、沈艺峰：《独立外部董事能否提高上市公司的经营业绩》，《世界经济》2002 年第 7 期。

[6] 胡奕明、唐松莲：《独立董事与上市公司盈余信息质量》，《管理世界》2008 年第 9 期。

[7] 胡元木：《技术独立董事可以提高 R&D 产出效率吗？——来自中国证券市场的研究》，《南开管理评论》2012 年第 2 期。

[8] 李常青、赖建清：《董事会特征影响公司绩效吗》，《金融研究》2004 年第 5 期。

[9] 刘峰、贺建刚、魏明海：《控制权、业绩与利益输送——基于五粮液的案例研究》，《管理世界》2004 年第 8 期。

[10] 刘慧龙、吴联生、王亚平：《国有企业改制、董事会独立性与投资效率》，《金融研究》2012 年第 9 期。

[11] 刘慧龙、张敏、王亚平、吴联生：《政治关联、薪酬激励与员工配置效率》，《经济研究》2010 年第 9 期。

[12] 唐清泉、罗党论、王莉：《大股东的隧道挖掘与制衡力量——来自中国市场的经验证据》，《中国会计评论》2005 年第 1 期。

[13] 唐清泉、罗党论、王莉：《上市公司独立董事辞职行为研究——基于前景理论的分析》，《南开管理评论》2006 年第 1 期。

[14] 唐雪松、杜军、申慧：《独立董事监督中的动机——基于独立意见的经验证据》，《管理世界》2010 年第 9 期。

[15] 田利辉、张伟：《政治关联影响我国上市公司长期绩效的三大效应》，《经济研究》2013 年第 11 期。

[16] 王兵：《独立董事监督了吗？——基于中国上市公司盈余质量的视角》，《金融研究》2007 年第 1 期。

[17] 王跃堂、赵子夜、魏晓雁：《董事会的独立性是否影响公司绩效》，《经济研究》2006 年第 5 期。

[18] 魏刚、肖泽忠、邹宏：《独立董事背景与公司经营绩效》，《经济研究》2007 年第 3 期。

[19] 吴冬梅、刘运国：《捆绑披露是隐藏坏消息吗？——来自独立董事辞职公告的证据》，《会计研究》2013 年第 12 期。

[20] 萧维嘉、王正位、段芸：《大股东存在下的独立董事对公司业绩的影响——基于内生视角的审视角》，《南开管理评论》2009 年第 2 期。

[21] 谢德仁：《经理人激励与股票期权》，中国人民大学出版社，2004。

[22] 叶康涛、陆正飞、张志华：《独立董事能否抑制大股东的"掏空"》，《经济研究》2007 年第 4 期。

[23] 叶康涛、祝继高、陆正飞、张然：《独立董事的独立性：基于董事会投票的证据》，《经济研究》2011 年第 1 期。

[24] 余明桂、潘红波：《政治关系、制度环境与民营企业银行贷款》，《管理世界》2008 年第 8 期。

[25] 张俊生、曾亚敏：《独立董事辞职行为的信息含量》，《金融研究》2010 年第 8 期。

[26] 赵昌文、唐英凯、周静、邹晖：《家族企业独立董事与企业价值——对中国上市公司独立董事制度合理性的检验》，《管理世界》2008 年第 8 期。

[27] 郑国坚、林东杰、张飞达：《大股东财务困境、掏空与公司治理的有效性——来自大股东财务数据的证据》，《管理世界》2013 年第 5 期。

[28] Adams, R. B. and D. A Ferreira. Theory of Friendly Boards. *Journal of Finance*, 2007, 62 (1): 217 - 250.

[29] Adams, R. B. and D. Ferreira Strong. Managers, Weak Boards? *Cesifo Economic Stud-*

ies, 2009, 55 (5): 482 – 514.

[30] Agrawal, A. and C. R. Knoeber. Firm Performance and Mechanisms to Control Agency Problems between Managers and Shareholders. *Journal of Financial and Quantitative Analysis*, 1996, 31 (3): 377 – 397.

[31] Bertrand, M., F. Kramarz, A. Schoar and D. Thesmar. Politicians, Firms and the Political Business Cycle: Evidence from France. Unpublished working paper, University of Chicago, 2006.

[32] Bhagat, S. and B. S. Black. The Non – Correlation between Board Independence and Long – Term Firm Performance. *Journal of Corporation Law*, 2002, (7): 231 – 273.

[33] Core, J. E., R. W. Holthausen and D. F. Larcker. Corporate Governance, Chief Executive Officer Compensation, and Firm Performance. *Journal of Financial Economics*, 1999, 51 (3): 371 – 406.

[34] Dewally, M. and S. W. Peck. Upheaval in the Boardroom: Outside Director Public Resignations, Motivations, and Consequences. *Journal of Corporate Finance*, 2010, 16 (1): 38 – 52.

[35] Faccio, M. Politically Connected Firms. *The American Economic Review*, 2006, 96 (1): 369 – 386.

[36] Fama, E. F. Agency Problems and the Theory of the Firm. *The Journal of Political Economy*, 1980, 88 (2): 288 – 307.

[37] Fama, E. F. and M. C. Jensen. Separation of Ownership and Control. *Journal of Law and Economics*, 1983, (6): 301 – 325.

[38] Fan, P. H., T. J. Wong and T. Zhang. Politically Connected CEOs, Corporate Governance, and Post – IPO Performance of China's Newly Partially Privatized Firms. *Journal of Financial Economics*, 2007, 84 (2): 330 – 357.

[39] Fich, E. M. Are Some Outside Directors Better than Others? Evidence from Director Appointments by Fortune 1000 Firms. *Journal of Business*, 2005, 78 (5): 1943 – 1972.

[40] Gupta, M. and L. P. Fields. Board Independence and Corporate Governance: Evidence from Director Resignations. *Journal of Business Finance & Accounting*, 2009, 36 (2): 161 – 184.

[41] Harris, M. and A. Raviv. A Theory of Board Control and Size. *Review of Financial Studies*, 2008, 21 (4): 1797 – 1832.

[42] Hermalin, B. E and M. S. Weisbach. The Determinants of Board Composition. *The Rand*

Journal of Economics, 1988, (9): 589 – 606.

[43] Jensen, M. C. The Modern Industrial Revolution, Exit, and the Failure of Internal Control Systems. *Journal of Finance*, 1993, 48 (3): 831 – 880.

[44] Johnson, J. L., C. M. Daily and A. E. Ellstrand. Boards of Directors: A Review and Research Agenda. *Journal of Management*, 1996, 22 (3): 409 – 438.

[45] La Porta, R., F. Lopez – de – Silanes, A. Shleifer and R. Vishny. Investor Protection and Corporate Valuation. *Journal of Finance*, 2002, 57 (3): 1147 – 1170.

[46] Mace, M. L. *Directors: Myth and Reality.* Harvard Business School Press, Boston, Massachusetts, 1986.

[47] Nguyen, B. D. and K. M. Nielsen. The Value of Independent Directors: Evidence from Sudden Deaths. *Journal of Financial Economics*, 2010, 98 (3): 550 – 567.

[48] Rosenstein, S. and J. G. Wyatt. Inside Directors, Board Effectiveness, and Shareholder Wealth. *Journal of Financial Economics*, 1997, 44 (2): 229 – 250.

[49] Rosenstein, S. and J. G. Wyatt. Outside Directors, Board Independence, and Shareholder Wealth. *Journal of Financial Economics*, 1990, 26 (2): 175 – 191.

[50] Xie, B., W. N. Davideon, and P. J. Dadalt. Earnings Management end Corporate Governance: The Role of the Board and the Audit Committee. *Journal of Corporate Governance*, 2003, (9): 95 – 316.

[51] Yermack, D. L. Higher Market Valuation of Companies with a Small Board of Directors. *Journal of Financial Economics*, 1996, 40 (2): 185 – 211.

[52] Zahra, S. A. and J. A. Pearce. Boards of Directors and Corporate Financial Performance: A Review and Integrative Model. *Journal of Management*, 1989, 15 (2): 291 – 334.

对国有企业高管腐败的约束分析

——基于党组织治理与国家审计的视角

陈　红　刘丁荧

（云南财经大学会计学院　昆明市国家税务局直属税务分局）

【摘　要】本文以 2010 年至 2014 年的国有企业为研究样本，在党风廉政建设的政治背景和国有企业改革的制度背景下，企业高管腐败为切入点，从党和国家的视角，探究国有企业党组织治理和国家审计对国企高管腐败行为的约束。笔者研究发现，党组织参与国企治理能够减少高管腐败的发生，国家审计对国企高管腐败行为同样具有抑制作用，并且，国家审计是国家审计机关在党的领导下进行的工作，是党的反腐倡廉工作的手段方式。在党和国家整治不正之风背景下，党组织参与国企治理是反腐的精神支撑，国家审计是有力手段，两者有效配合，形成在国家层面的高管腐败约束。本文的研究肯定了党和国家审计机关反腐工作的成果，并为其今后更好地开展反腐工作提供经验证据。

【关键字】党组织治理　国家审计　高管腐败

一　引言

中国共产党第十八次全国代表大会将建立健全权力运行制约和监督体系作为会议要点之一，明确治理腐败、创建廉洁经济的目标为"干部清正、政府清廉、政治清明"。十八大以来，十八届中央纪委二次全会等多次会议对反腐工作进行了部署，习近平、李克强等领导人的多次讲话都强调了建设廉洁经济的重大意义，"八项规定"等政策的出台，对深入落实反腐倡廉工作提供制度保障。如今，党把拒腐防变作为一项重要精神深入贯彻和实施，由此对社会经济生活产生了深刻而广泛的影响。

在党着力加强廉政党风建设，国家出重拳反腐的背景下，不少国企高管因贪腐被查处。从最早的 2013 年 5 月公布中国农业银行原副行长杨琨严重违纪违法被开除党籍和公职，到涉案金额达 1.97 亿元的中国石油化工集团公司原总经理、中国石油化工股份有限公司原董事长陈同海被处理，厅局级以上行政级别的高管华润集团董事长、党委书记宋林涉嫌严重违纪违法被调查，等，都以廉洁自律的标准在各级党员心中树立严明党纪的戒尺。

国家审计是党和国家反腐工作的执行者，不仅维护了国家经济发展，保证社会主义市场经济的健康发展，也加强了对相关权力的监督，成为打击防治腐败的重要方式。国家审计是国家审计机关在党的领导下进行的工作，国家审计力度对国企高管腐败行为的约束，必然受到党组织加强党风廉政建设要求的影响。党组织、国家审计、高管腐败三者之间的关系表现为：党组织要求反腐，国家审计是反腐的有力手段，国家审计受党组织领导。国企党委会和国家审计工作是在党和国家层面防治国企高管腐败行为的两方面约束。本文以现今大力加强反腐倡廉党风建设为背景，检验国有企业中党组织治理和国家审计对高管腐败的约束作用。

二　文献综述

腐败被认为是"公务人员不正当地利用公务权力为自己牟取私利的行为"（Shleifer and Vishny，1993；Aidt，2009），相应的，企业高管腐败是指高管以权谋私、营私舞弊，并违背企业发展的长期目标，损害投资者利益的不道德行为（Pearce，2008）。一般地，企业高管腐败产生的原因是企业内部组织结构混乱或权力运行缺乏监督机制，而腐败的后果则是导致企业价值和投资者利益受到损害（Huang 和 Snall，2003；黄群慧，2006）。国内对腐败问题的研究，大多数都结合了腐败行为发生的政治背景，对转型经济背景、财政分权时期内的腐败行为的研究较多（徐细雄和刘星，2013；陈信元等，2009）。进行这类研究有其合理性，在变革过程中，企业外部的法律督制和内部的公司治理机制都处在不断调整和完善的动态过程中，内外部的监督空缺使得企业高管的职权缺乏有效的约束，从而形成了高管腐败的可能性。

既然学术界接受高管腐败行为妨碍企业价值的提升和投资者的投资获利的观点，那么研究如何对高管的腐败行为加以约束和惩治就具有学术价值和实际意义。对国有企业进行监督是国家审计的职责，因而国家审计是对国企高管腐败行为进行约束的手段之一（秦荣生，2004；刘力云，2005）。国家审计机关通过对国有企业不定期的审计行为，如对国有企业财务收支状况的审计、对国有企业领导人的经济责任审计以及专项资金审计等，完善被审计单位的内部控制制度，对国有企业高管的权利运行产生监督，防止权力异化而产生腐败行为（李江涛等，2011；李明辉，2014；陈宋生等，2014；陈安生等，2015）。

我国经济建设是在党的领导下进行的，国有企业是国家投资并参与控制的经济组织，党在国有企业层面的基层组织，必然对诸多公司行为产生重要影响。现有有关党组织的研究也已表明党组织在我国国有企业中的重要作用。如 Chang & Wong（2004）研究发现，在提高企业绩效方面，党组织如同双刃剑，一方面抑制大股东侵占小股东权益促进企业绩效的提升，另一方面，党组织的政治角色形成的较高代理成本却损害企业业绩；马连福等（2012）发现党组织参与治理能够有效促进公司治理水平的提高，并有助于提高董事会效率。

通过梳理相关研究，本文发现，虽有不少文献对国家审计对腐败行为的抑制作用进行了研究，但大多是理论的分析和阐述，经验数据较少；尚无针对党组织参与治理高管腐败的研究；结合党风廉政建设的政治背景以及国企改革的制度背景研究高管腐败是很有意义的。

三　理论分析与研究假设

国家审计对国有企业高管腐败的抑制作用主要表现如下：一是预防警示作用。从产生根源、滋生环境和发展轨迹可以看出，腐败问题源于高管权力过于集中、决策不民主、制度缺失和监督缺位，国家审计有助于完善制度、防范风险，使权力得到管束，行为受到监督。这主要得益于事前、事中和事后审计的前瞻性、预防性和震慑性，能够从根源上对不正之风防患于未然，并能及时查错纠弊，以警戒性的纪律制裁方式教育腐败行为；二是发现揭示作用。腐败问题涉及经济利益，不同程度地会在会计报告中有所体现，国家审计以审查账目、实物盘点的工作方法查找纰漏，发现并揭示腐败问题；三是查处惩治作用。国家审计对腐败责任人将采取通报批评、没收违法所得、处以罚款等处理，严重情形下移送纪检监察或司法机关，履行保护国家财产安全的使命。国家审计对国企高管腐败能够发挥预防警示、发现揭露并查处惩治的作用，从而减少国企高管腐败的发生。由此提出假设1。

H1：国家审计对国企高管腐败具有约束作用。

十八大以来，党风廉政建设和反腐败工作通过"三严三实"专题教育活动和中央"八项规定"的贯彻实施，清肃严明了党的纪律；通过巡视检查的全覆盖监督，构筑更加严格的监督体系，通过以零容忍的态度严厉打击腐败案件，对党员干部产生心理威慑，形成"不敢腐、不能腐、不想腐"的心理认识。此外，《中国共产党廉洁自律准则》和《中国共产党纪律处分条例》的出台，成为惩治腐败问题的制度保障。通过学习相关的文件精神，参与专题教育活动，党风廉政建设对国企党员高管起到了教育作用，预防高管腐败的发生；人民群众的监督以及派驻监督、中央巡视小组等形式的党内监督，对国企党员高管的行为形成了严格的约束，对高管腐败起到了威慑作用；对腐败案件的依法查处，并对相关高管作以开除党籍公职、判处刑事责任等处罚，惩治国企高管的腐败行为。党组织通过预防、监督和惩治，对党员高管的行为起到了约束作用，为其他高管做出榜样。

此外，党组织成员通过参与企业治理，以"双向进入、交叉任职"的领导体制参与公司重大问题决策，在公司治理的层面上抑制高管腐败的发生。按照相关规定，对于国有企业重大的经营决策，党委会议应先于其他会议进行商议，并由党组主要负责人向高管的非党组成员传达党委会议的商议结果，并进行沟通，之后再向党组织反馈沟通结果，若出现违背国有企业责任的行为，党委应当向上一级党组织报告。通过以上的沟通和意见传递，党组织的反腐精神能够渗入国有企业的治理中，对高管的腐败行为产生约束。综上，提出假设2。

H2：党组织参与治理对国企高管腐败具有约束作用。

四 党组织治理和国家审计对国企高管约束的实证分析

（一）样本选取说明与变量定义

1. 样本选取

本文以2010年至2014年沪深两市国有企业非金融类公司为样本，剔除ST、*ST、PT的公司。公司所处地区以公司注册地为划分标准。

2. 变量定义

（1）高管腐败。腐败行为一旦发生并被发现，必然受到法律法规的惩治，因此行为人必将隐藏腐败行为。高潜匿性是管腐败行为的特征之一，对其研究的关键在于以合适的变量进行度量。Cai（2013）认为招待和差旅费是企业的会计明细科目，而且对企业腐败活动的开销具有合适的涵盖性，因此采用招待费和差旅费作为企业腐败程度的度量。黄玖立和李坤望（2013）在此基础上，利用这一指标考察了企业中的吃喝、腐败与企业订单的关系。我国是一个人情社会，在社会交往和商业活动中，吃喝招待和差旅活动往往承载着大量的腐败活动，成为企业中常见的腐败方式。本文借鉴上述研究，亦采用招待差旅费占营业收入的比率来量度企业高管腐败行为。

（2）国家审计约束。由于无法获取审计实施情况的具体信息，但现有研究提供的经验证据表明，审计质量与程序审计质量显著正相关，查处的违规金额越高，国家审计对腐败行为的惩戒力度越大，因而对企业高管的约束力度越大（宋常等，2006；韦洪德等，2010）。本文采用审计机关披露的各省份地区违规金额与该省份财政支出的比率作为国家审计对国企高管腐败行为约束的度量。由于《审计年鉴》的滞后性，查处的违规金额变量的2010～2012年数据从《审计年鉴》中摘取，2013年及2014年数据从每年各省的审计工作报告中获取。

（3）党组织治理。党委会参与公司决策的主要途径和方式是通过"双向进人、交叉任职"的领导体制，实现党委会成员与公司董事会、监事会以及管理层人员的交叉重合，促进党中央的精神通过高管对企业经营管理做出的决策，贯彻落实到企业行为中。因而党委与高管的人员重合程度越高，党委会参与公司决策的程度就越大，越能对公司决策产生影响（马连福等，2012；马连福等，2013）。参考已有研究，本文用党委会成员在公司董事会、监事会和高级管理人员中的重合比例来衡量党组织参与国企的治理的情况。

（4）控制变量。结合已有的研究，本文将企业规模、董事会独立性、财务杠杆、第一大股东持股比、盈利能力和所属年份作为控制变量。

表 1　变量定义

变量名称	变量符号	说明
高管腐败	Corruption	企业业务招待费、差旅费占营业收入的比率
党组织治理	Party	董事会、监事会和高级管理人员中党组成员人数占总数的比例
国家审计约束	GoAudit	企业注册所在地省份被国家审计查处的违规金额占该省份财政支出的比率
公司规模	Size	企业总资产的自然对数
盈利能力	Profit	主营业务利润率
董事会独立性	Outratio	董事会中独立董事占全部董事的比例
财务杠杆	Lev	企业负债总额与资产总额的比率
第一大股东持股比	Largest	第一大股东持股比例
所属年份	Year	年度虚拟变量

（二）研究设计

为了验证假设 1，构建模型 1：

$$Corruption = \alpha_0 + \alpha_1 Party + \alpha_2 Size + \alpha_3 Profit + \alpha_4 Outratio + \alpha_5 Levt + \alpha_6 Larges + \alpha_7 Year + \varepsilon$$

为了验证假设 2，构建模型 2：

$$Corruption = \alpha_0 + \alpha_1 GoAudit + \alpha_2 Size + \alpha_3 Profit + \alpha_4 Outratio$$
$$+ \alpha_5 Levt + \alpha_6 Larges + \alpha_7 Year + \varepsilon$$

模型 1 考察党组织治理对国企高管腐败的影响，模型 2 验证国家审计约束对国企高管腐败的影响。

（三） 实证结果

1. 描述性统计

表 2　描述性统计

变　量	样本量	均　值	标准差	中位数	最小值	最大值
Corruption	1406	0.013	0.024	0.025	0	0.714
Party	1406	0.193	0.107	0.167	0.059	0.733
GoAudit	1406	0.071	0.590	0.025	0.001	6.935
Size	1406	22.087	6.928	22.831	1.080	26.156
Profit	1406	1.514	6.731	0.372	− 5.852	6.748
Outratio	1406	0.169	0.333	0.250	0.058	0.667
Lev	1406	0.518	0.542	0.176	0.078	0.970
Largest	1406	0.367	0.333	0.154	0.035	0.789

表 2 为各主要变量的描述性统计结果。国企高管腐败指标（*Corruption*）的最小值为 0，最大值为 0.714，均值为 0.013，说明平均而言，在 2010 至 2014 年 1.3% 的国企存在高管腐败行为。党组织治理指标（*Party*）最小值为 0.059，最大值为 0.733，均值为 0.193，即样本内党组织参与国有企业治理的平均程度为 19.3%。国家审计指标（*GoAudit*）最小值为 0.001，最大值为 6.935，极差较大，表明各个省份的国家审计力度存在较大差异，*GoAudit* 均值为 0.071，即国家审计对国企的平均约束为 7.1%。

2. 回归分析

表 3　回归结果

变　量	Model1	Model2
Constant	0.5093 ***	1.8113 ***
	(0.001)	(0.000)

续表

变　量	Model1	Model2
Party	− 0. 1565 *** （0. 001）	—
GoAudit	—	− 0. 6317 ** （0. 005）
Size	0. 1651 ** （0. 008）	0. 0878 ** （0. 009）
Profit	1. 3213 * （0. 002）	1. 0684 * （0. 008）
Outratio	− 0. 3811 （0. 087）	− 0. 2946 （0. 052）
Lev	− 0. 0197 * （0. 041）	− 0. 0152 ** （0. 008）
Largest	− 0. 0567 （0. 137）	− 0. 0729 （0. 014）
Year	控　制	控　制
N	1406	1406
Pseudo R^2	0. 0193	0. 0210

　　模型 1 中，Party 的系数为 − 0. 1565，通过了 0. 1% 的显著性检验，结果说明，党组织参与国企治理的程度越大，国企高管腐败发生的可能性越小，即党组织治理能够有效抑制国企高管腐败，从而验证了假设 1。模型 2 中，GoAudit 的系数为 − 0. 6317，通过了 1% 的显著性检验，这表明国家审计对企业的审计力度越大，企业中高管的腐败行为发生越少，即国家审计对国企高管的腐败行为存在约束效应。

　　Size 在两个模型中系数均为正，并都通过 5% 的显著性检验，表明国有企业的规模越大，企业高管发生腐败行为的可能性越大。Profit 的系数为正，并通过了 1% 的显著性检验，表明国有企业的盈利能力越强，高管腐败行为发生的概率越大。Outratio 在两个模型中的系数均为负，表明董事会的独立性越强，高管腐败发生的可能性越小，但独立董事对高管的腐败行为的抑制作用并不显著。Lev 系数均为负，模型一中通过了 5% 的显著性检验，模型二中通过 1% 显著性检验，表明企业的财务杠杠越大，债务压力越大，高管的腐败行为发生的可能性越小，即债务人监督能够有效减少国企高管的腐败行为。

（四）稳健性检验

本文做了如下稳健性检验：第一，对于国家审计对腐败的约束的度量，前文采用国家审计查处的违规金额指标，是以审计的执行力度进行度量。但考虑到国家审计工作的实效，国家审计的作用不应仅体现为"发现"违法违纪问题，更应体现在最终的结果上——是否履行了"矫正"职责。因此，本文从国家审计的纠正力度考虑，以国家审计工作所提出并被采纳的审计意见数作为国家审计约束的衡量变量，测试结果与前文并无实质差异。第二，对党组织参与治理的量度，前文采取党组织参与董事会、监事会和管理层的程度性指标。陈仕华等（2014）对国企党委会治理的度量采用党组织是否参与治理的二元指标测量方法，他们的考虑为：描述性统计结果显示仅有 13.20% 样本中的党组织参与治理，样本数据可能不服从正态分布而无法采用最小二乘法分析。借鉴上述方法，本文也采用二元指标测量进行测试，所得结果与前文也无实质差异。

五　研究结论与启示

本文在党大力建设廉洁经济的背景下，分析国家层面约束国有企业高管腐败的方式。党组织通过党员高管的模范带头作用以及国企党委"双向进人、交叉任职"的领导体制，发挥对国企高管腐败行为的预防、监督和惩治作用，是国企高管约束的精神控制；国家审计是党和国家反腐工作的有力执行者，发挥着对腐败行为的预防警示、发现揭露和查处惩治的作用，承担着对国企高管腐败的执行控制。在腐败防治工作中，党组织是国家审计的精神领导，国家审计是贯彻实施党和国家反腐倡廉精神的有效手段，两者有机统一，协调分工，有效合作，共同构成党和国家防治国企腐败的有效机制。

通过分析，本文认为，党组织参与国企治理能够抑制高管腐败的发生，国家审计对国企高管腐败行为同样具有约束作用。这一结论肯定了党在反腐倡廉工作的已有成果，佐证党把反腐倡廉工作作为一项经常化、长期性的工作深入持久地不断推进这一政策的科学性和有效性；并肯定了国家审计惩治国企高管腐败工作的成果，为国家审计机关今后开展相关工作提供动力；另外，党组织和国家审计机关作为精神领导和有力执行，构成党和国家层面的对国有企业高管腐败防治的有效机制，为今后在党的领导下国家审计和国企党委会对国企高管腐败的防治工作提供借鉴。

参考文献

［1］陈仕华、卢昌崇：《国有企业党组织的治理参与能够有效抑制并购中的"国有资产流失"吗?》，《管理世界》2014 年第 5 期。

［2］李妍：《我国政府审计与腐败治理》，《商业会计》2016 年第 3 期。

［3］彭华彰、刘晓靖、黄波：《国家审计推进腐败治理的路径研究》，《审计研究》2013 年第 4 期。

图书在版编目(CIP)数据

公司治理理论与应用研究／陈红主编．-- 北京：
社会科学文献出版社，2017.9
（云南省哲学社会科学创新团队成果文库）
ISBN 978 - 7 - 5201 - 0624 - 5

Ⅰ.①公…　Ⅱ.①陈…　Ⅲ.①公司 - 企业管理 - 研究
Ⅳ.①F276.6

中国版本图书馆 CIP 数据核字(2017)第 070856 号

·云南省哲学社会科学创新团队成果文库·
公司治理理论与应用研究

主　　编／陈　红
副 主 编／余怒涛　戴文涛

出 版 人／谢寿光
项目统筹／宋月华　袁卫华
责任编辑／袁卫华

出　　版／社会科学文献出版社·人文分社　(010)59367215
　　　　　地址：北京市北三环中路甲29号院华龙大厦　邮编：100029
　　　　　网址：www.ssap.com.cn
发　　行／市场营销中心　(010)59367081　59367018
印　　装／北京季蜂印刷有限公司

规　　格／开本：787mm × 1092mm　1/16
　　　　　印张：24.5　字数：385千字
版　　次／2017年9月第1版　2017年9月第1次印刷
书　　号／ISBN 978 - 7 - 5201 - 0624 - 5
定　　价／98.00元

本书如有印装质量问题，请与读者服务中心(010 - 59367028)联系